# O PSICODRAMA APÓS MORENO

## MORENO

### Inovações na teoria
### e na prática

Dados Internacionais de Catalogação na Publicação (CIP)
(Câmara Brasileira do Livro, SP, Brasil)

Holmes, Paul, 1947-
    O psicodrama após Moreno : inovações na teoria e
na prática / organizado por Paul Holmes, Marcia Karp e
Michael Watson ; [tradução de Eliana Araújo Nogueira
do Vale]. — São Paulo : Ágora, 1998.

Título original: Psychodrama since Moreno.
Bibliografia.
ISBN 85-7183-646-9

    1. Moreno, Jacob Levy, 1889-1974   2. Psicodrama
I. Karp, Marcia, 1942-   II. Watson, Michael.   III. Título.

98-4451                                      CDD-616.89

Índices para catálogo sistemático:

1. Psicodrama : Psiquiatria : Medicina   616.89

# O PSICODRAMA APÓS MORENO

## Inovações na teoria e na prática

Paul Holmes, Marcia Karp
e
Michael Watson
(organizadores)

ÁGORA

Do original em língua inglesa
*PSYCHODRAMA SINCE MORENO:*
*Innovation in theory and practice*
Copyright © 1994 by Paul Holmes, Marcia Karp e Michael Watson, organizadores;
capítulos individuais, autores; montagem das ilustrações, Ken Sprague.

Publicado originalmente pela Routledge, 1994.

*Tradução:*
Eliana Araújo Nogueira do Vale

*Capa:*
Gilherme Vianna

*Editoração eletrônica e fotolitos:*
JOIN Editoração Eletrônica

Todos os direitos reservados pela
Editora Ágora Ltda.
Rua Itapicuru, 613 – cj. 82
05006-000 – São Paulo, SP
Telefone: (011) 3871-4569
http://www.editoraagora.com.br
e-mail: editora@editoraagora.com.br

# Sumário

Notas sobre os colaboradores . . . . . . . . . . . . . . . . . . . . . . . . . . . . .     7

Prefácio
*Zerka T. Moreno* . . . . . . . . . . . . . . . . . . . . . . . . . . . . . . . . . . . . .    13

Introdução
*Paul Holmes e Michael Watson* . . . . . . . . . . . . . . . . . . . . . . . . . . .    17


PARTE I — O ENCONTRO COMO PRINCÍPIO DE MUDANÇA
*Comentário* . . . . . . . . . . . . . . . . . . . . . . . . . . . . . . . . . . . . . . . . .    23

1.  Tempo, espaço, realidade e o cosmos: os quatro princípios
    universais da filosofia de Moreno . . . . . . . . . . . . . . . . . . . . . . .    25

    Pisando no cosmos com os pés no chão
    *Ken Sprague* . . . . . . . . . . . . . . . . . . . . . . . . . . . . . . . . . . . . . . .    27

2.  Espontaneidade e criatividade . . . . . . . . . . . . . . . . . . . . . . . . .    59

    O rio da liberdade
    *Marcia Karp* . . . . . . . . . . . . . . . . . . . . . . . . . . . . . . . . . . . . . . .    61

3.  *Locus*, matriz, *status nascendi* e o conceito de grupamentos . .    89

    Asas e raízes
    *Dalmiro M. Bustos* . . . . . . . . . . . . . . . . . . . . . . . . . . . . . . . . . .    91


PARTE II — O *LOCUS* E O *STATUS NASCENDI* DO PSICODRAMA
*Comentário* . . . . . . . . . . . . . . . . . . . . . . . . . . . . . . . . . . . . . . . .   107

4.  Bucareste e Viena . . . . . . . . . . . . . . . . . . . . . . . . . . . . . . . . . .   109

    Os berços das contribuições de Moreno
    *René F. Marineau* . . . . . . . . . . . . . . . . . . . . . . . . . . . . . . . . . .   111

5. Sobre a moral, a ética e os encontros . . . . . . . . . . . . . . . . . . . 129

A filosofia moral e a ética psicodramáticas
*Jonathan D. Moreno* . . . . . . . . . . . . . . . . . . . . . . . . . . . . . . . 131

PARTE III — A MATRIZ DO PSICODRAMA
*Comentário* . . . . . . . . . . . . . . . . . . . . . . . . . . . . . . . . . . . . . . . . 149

A DIMENSÃO COGNITIVA E CONSCIENTE

6. Relações e papéis . . . . . . . . . . . . . . . . . . . . . . . . . . . . . . . . . . 157

A teoria de papéis e sua aplicação na prática clínica
*Max Clayton* . . . . . . . . . . . . . . . . . . . . . . . . . . . . . . . . . . . . . . 159

7. A mensuração das interações humanas . . . . . . . . . . . . . . . . . . 187

Sociometria e sociodinâmica
*Linnea Carlson-Sabelli, Hector Sabelli e Ann E. Hale* . . . . . . . 189

A DIMENSÃO TRANSPESSOAL E PSICOESPIRITUAL

8. O circo cósmico . . . . . . . . . . . . . . . . . . . . . . . . . . . . . . . . . . . 237

A religião e o espírito
*Martti Lindqvist* . . . . . . . . . . . . . . . . . . . . . . . . . . . . . . . . . . . . 239

9. A tarefa global: compartilhando o tempo e o espaço . . . . . . . . 263

O co-inconsciente
*Mónica Zuretti* . . . . . . . . . . . . . . . . . . . . . . . . . . . . . . . . . . . . . 265

A DIMENSÃO PESSOAL E INCONSCIENTE

10. A desintegração: seu papel na integração da personalidade . . . 287

A realidade adicional e mais além
*Leif Dag Blomkvist e Thomas Rützel* . . . . . . . . . . . . . . . . . . . 289

A DIMENSÃO INTERPESSOAL

11. Os alicerces da inversão de papéis . . . . . . . . . . . . . . . . . . . . . 319

A inversão de papéis no psicodrama
*Peter Felix Kellermann* . . . . . . . . . . . . . . . . . . . . . . . . . . . . . . 321

12. A dinâmica da preferência interpessoal . . . . . . . . . . . . . . . . . 343

A tele
*Adam Blatner* . . . . . . . . . . . . . . . . . . . . . . . . . . . . . . . . . . . . . 345

# Colaboradores

*Adam Blatner*, médico, professor concursado em psiquiatria infantil e adulta, é professor associado da University of Louisville School of Medicine, Kentucky, sendo também autor de livros bastante conhecidos, tais como *Acting-in* e *Uma visão global do psicodrama* (Ágora), juntamente com sua esposa Allee, e *The art of play*. Por meio de seus escritos e atividades de ensino, continua a desenvolver os fundamentos teóricos do psicodrama e suas aplicações práticas na sociedade.

*Leif Dag Blomkvist* é psicodramatista formado pela American and Nordic Boards of Examiners in Psychodrama. É diretor do Swedish Moreno Institute e fundador de um departamento de psicodrama hospitalar em Lund, Suécia, onde trabalhou por dez anos. É autor colaborador na Suécia, na Alemanha e nos Estados Unidos, com especialização na área de realidade adicional.

*Dalmiro M. Bustos* doutorou-se em medicina em 1956 e trabalhou como psiquiatra em hospitais de saúde mental nos Estados Unidos, de 1957 a 1962. É professor de psicopatologia, psicoterapia e psicologia profunda na Universidade de Córdoba, na Argentina. Formou-se em psicodrama com J. L. e Zerka Moreno, em Beacon, Nova York, e é diretor do Instituto J. L. Moreno, em Buenos Aires e em São Paulo. É autor de nove livros sobre psicodrama e orienta grupos de supervisão na América do Sul e Europa.

*Linnea Carlson Sabelli*, Ph.D., é diretora do programa de psicodrama no Rush-Presbyterian St. Luke's Medical Center, Chicago. É conhecida por seu trabalho pioneiro na ampliação da sociometria, por intermédio da introdução [dos conceitos] de contradição, ambiguidade e ambivalência quantificados nas relações interpessoais. A programação de psicodrama de Rush subvenciona um grande número de atividades educacionais e clínicas, incluindo um programa oficial de teatro terapêutico infantil, e oferece uma oportunidade única em termos de integração da formação psicodramática com pós-graduação em enfermagem.

*Max Clayton*, BA (Hons), Th.D., é diretor do Australian College of Psychodrama em Melbourne. Formou-se psicodramatista no Moreno Institute, em Beacon, Nova York, de 1967 a 1973. Foi diretor-fundador do Psychodrama Institute da Austrália Ocidental em 1971 e do Wasley Centre, em Perth, em 1975. Em 1980, fundou a Australian and New Zealand Psychodrama Association, e foi seu primeiro presidente. Supervisiona regularmente *workshops* de formação em psicodrama e trabalho de grupo na Austrália, na Nova Zelândia e na Europa.

*Ann E. Hale*, MA, é diretora do American Sociometric Institute, em Roanoke, Virgínia, e atual presidente da American Society of Group Psychotherapy and Psychodrama. É autora de *Conducting clinical sociometric explorations* (atualmente em revisão), bem como editora da edição estudantil do livro de J. L. Moreno, *Who shall survive*.

*Paul Holmes*, Ph.D., é psicodramatista em consultório particular, e psiquiatra de crianças e adolescentes no National Health Service. É co-autor (juntamente com Marcia Karp) do livro *Psicodrama: inspiração e técnica* (Ágora). Seu livro *A exteriorização do mundo interior: o psicodrama e a teoria das relações objetais* (Ágora) reflete seu interesse pela integração das teorias do psicodrama, da psicanálise e da terapia familiar. Ele tem participado da criação das normas da formação psicodramática fazendo parte de comissões da British Psychodrama Association, do UK Council for Psychotherapy, e por meio do seu trabalho na Europa Ocidental e na Rússia.

*Marcia Karp*, MA, é a pioneira do psicodrama na Grã-Bretanha, sendo reconhecida em muitos países como uma das melhores psicodramatistas e supervisoras psicodramáticas no mundo. Completou sua formação de diretora de psicodrama com J. L. e Zerka Moreno, no Moreno Institute, e é atualmente co-diretora de supervisão no Holwell Centre for Psychodrama. Marcia também é conferencista, escritora e interventora de crises, e realiza um trabalho num serviço de clínica-geral em Devon, que abrange tanto o atendimento de médicos como de pacientes. É presidente-honorária da British Psychodrama Association e membro da American Society for Group Psychotherapy and Psychodrama. É co-autora do livro *Psicodrama: inspiração e técnica* (Ágora).

*Peter Felix Kellermann*, Ph.D., é psicólogo clínico e diretor do Jerusalem Center for Psychodrama and Group Work. Formou-se em Beacon, Nova York, e recebeu o prêmio Zerka T. Moreno em 1993. É autor de *O psicodrama em foco: e seus aspectos terapêuticos* (Ágora), que apresenta uma análise sistemática e abrangente dos aspectos terapêuticos essenciais do psicodrama. Atualmente, dá aulas sobre psicodrama em Israel e na Escandinávia.

*Martti Lindqvist* é diretor de sociodrama, escritor e supervisor e reside em Mantyharju, na Finlândia. Tem doutoramento em teologia, e suas áreas acadêmicas incluem ética social e bioética. Foi colunista do principal jornal finlandês, *Helsingin Sanomat*, durante dezessete anos. Martti Lindqvist atuou como presidente da Finnish Psychodrama Association, e atualmente é presidente do comitê de ética dessa mesma instituição. Publicou vinte livros e foi premiado, por suas publicações, tanto pelo Estado quanto pela Igreja na Finlândia.

*René F. Marineau*, Ph.D., é psicanalista e psicodramatista. É professor de psicologia na University of Quebec, Trois-Rivières, onde faz especialização em história e epistemologia da psicoterapia. É membro-fundador da International Association of the History of Psychoanalysis, e autor da biografia de J. L. Moreno. Foi fundador e é diretor do Centre International de Psychothérapie Expressive, onde clinica e ensina uma abordagem que integra as teorias de Moreno, Freud, Reich e Rogers.

*Jonathan D. Moreno* é professor de pediatria e de medicina (bioética), e diretor da divisão de humanidades no State University of New York Health Science Centre, Brooklin. Publicou extensamente no setor de bioética e realizou *workshops* de psicodrama nos Estados Unidos e no exterior por muitos anos. É membro da American Society of Group Psychotherapy and Psychodrama.

*Zerka T. Moreno* é a decana da prática psicodramática, tendo sido responsável pela formação de muitos psicoterapeutas de grupo e psicodramatistas em muitos países. Até 1982, dirigiu o Moreno Institute em Beacon, Nova York (fundado por seu marido, J. L. Moreno) — o centro originário e mundial do psicodrama. Foi presidente da American Society of Group Psychotherapy and Psychodrama.

*Thomas Rützel*, psicólogo formado na Alemanha, trabalha em consultório particular como psicoterapeuta e é psicodramatista diplomado pelo Swedish Moreno Institute. Colaborou em artigos em alemão sobre os arquétipos na psicologia das questões do homem.

*Hector Sabelli*, médico, Ph.D., é formado pela Universidade de Buenos Aires e foi professor e reitor da Universidade de Rosário, na Argentina. Atualmente é professor de farmacologia e psiquiatria na Rush University, em Chicago. Suas pesquisas abrangem desde a bioquímica da depressão até métodos matemáticos aplicados à sociometria, indo da eletrocardiografia ao psicodrama. Entre outros prêmios em psiquiaria, recebeu o Zerka T. Moreno.

*Ken Sprague* tornou-se uma inspiração para muitos por atuar no psicodrama em áreas que extrapolam a clínica. Viaja regularmente para realizar grupos com assistentes sociais, homens de negócios, sindicalistas, grupos religiosos, e grupos de homens na Finlândia, Noruega e em outros países. É co-diretor do Holwell Centre, e diretor de sociodrama na Australian and New Zealand Psychodrama Association. Ken é gravurista, e ilustrou o livro *Psicodrama: inspiração e técnica*, tendo contribuído também com um capítulo em que descreve seu trabalho clínico como psicodramatista.

*Michael Watson*, Cert Ed, psicólogo, faleceu tragicamente durante os estágios finais da produção deste livro. Era catedrático de psicoterapia (psicodrama) no Departamento de Psicoterapia no North Staffs Health Authority. Era supervisor e psicoterapeuta na British Psychodrama Association, da qual era presidente por ocasião de sua morte. Seu principal foco de interesse era a integração do psicodrama com outras formas de psicoterapia, e com colegas com os quais lecionava em cursos oficiais de psicodrama e psicoterapia integradora.

*Mónica Zuretti*, é médica formada pela Escola de Medicina da Universidade Nacional de Buenos Aires. Formou-se em psicodrama no Moreno Institute, em Nova York, com J. L. e Zerka Moreno. Na Argentina, trabalhou tanto em hospitais públicos quanto em seu instituto privado, o Centro de Psicodrama e Sociodrama Zerka Moreno. Participou da formação de psicodramatistas nos cinco continentes. É membro-fundador da Sociedade Argentina de Psicodrama, e vice-presidente da International Association of Group Psychotherapy. É autora de muitos artigos e livros sobre psicodrama e sociodrama, inclusive *Sangre, odio y amor* e *El color de la mezcla*.

Este livro é dedicado a
*Michael Watson*
que morreu durante os últimos estágios de sua produção.
Mike, amigo de muitos colegas e
fonte de inspiração para seus alunos,
foi um pioneiro no campo do psicodrama na Grã-Bretanha.

Muitos dentre nós sentirão falta de seu calor humano,
de seu humor, de sua criatividade e de sua integridade.

# Prefácio

*Zerka T. Moreno*

Ao virar as páginas deste livro, meditando, perguntei-me: o que será que Moreno acharia disso, da produção da cria dele? Ele adoraria saber, e acho até que se sentiria lisonjeado por continuar a ocupar e estimular os que se seguiram a ele. Ele diria, como muitas vezes o fez após terminar satisfatoriamente algum trabalho seu: "Wir haben's herrlich weit gebracht" (Conseguimos dar uma boa andada!).

Como pensador, Moreno é muitas vezes considerado obscuro; alguns de seus postulados não são emoldurados por termos normalmente compreendidos pelos que praticam o pensamento crítico. Para esses, o aspecto poético-inspiracional de seu trabalho ensombrece sua exposição científica. À medida que os aspectos pessoais da minha relação com ele recuam no tempo, a totalidade do ser deste homem emerge mais e mais para mim. Foi seu espírito que me cativou desde o início. Eu era jovem, ingênua, e mesmo ignorante, mas algo na maneira pela qual ele se enrodilhou à minha volta me surpreendeu, me inspirou e me atraiu para ele. Eu disse a mim mesma: "Esse homem é um gênio. Dificilmente encontrarei alguém igual a ele em toda a minha vida".

Acho que Moreno não pertenceu a este tempo ou espaço; na melhor das hipóteses, teria pertencido às eras. Ele não fazia parte desta ou daquela família, de uma única nacionalidade, ou, possivelmente, mesmo de um único gênero, uma vez que sua sensibilidade era muitas vezes do tipo que designamos como feminino. De maneira tocante, Doris Twitchell Allen referiu-se a ele como sendo "um elemento, como o céu ou o oceano". Essa poderia ser bem a razão pela qual foi tão pouco compreendido, ao menos no começo; mas, afinal, todos os que têm esse tipo de natureza são malcompreendidos. Ainda assim, curiosamente, em certos níveis, ele era quase primitivo, a despeito de ser tão bem-dotado para "ver as pessoas".

Ele ajudou as pessoas a irem mais além do mundano, a se expandir; esse foi o significado do que disse a Freud: "Ensino as pessoas a sonhar de novo". Ele referia-se, é claro, a sonhos maiores e melhores, o que talvez para o Freud, da Europa Central, fosse uma idéia excessivamente americana.

Anos atrás, alguns colegas americanos se reuniram para discutir quais das idéias de Moreno eles achavam que os havia marcado, e fizeram então uma lista delas. Também tentei fazer uma lista, que acabou tendo várias páginas, incluindo o seguinte: a importância do encontro pessoal; a espontaneidade e a criatividade; ranços culturais que inibem a espontaneidade e a criatividade; a tele; a ação precede a fala; a aprendizagem interacional; não podemos separar o corpo do psiquismo; a importância dos grupos; um modelo sadio para nossas relações com as pessoas em vez de um modelo doentio; somos co-criadores de nosso mundo e do cosmos; responsabilidade pessoal; a capacidade interior de cura.

Lembro-me, também, de algumas das principais coisas que ele disse e que permaneceram gravadas dentro de mim. Em primeiro lugar, que um procedimento verdadeiramente terapêutico não pode ter como alvo menos do que toda a humanidade. Em segundo, sua definição de psicoterapia de grupo: uma pessoa sendo o agente terapêutico da outra, e um grupo o agente terapêutico do outro. Em terceiro lugar, que o psicodrama é a exploração da verdade subjetiva do protagonista por meio de métodos de improvisação dramática espontânea. Havia várias outras coisas a mais que anotei sobre seu psicodrama de criação: que a catarse de integração pode ser melhor obtida via ação e interação; que a catarse do ator aumenta a catarse do espectador; que cada segunda verdadeira vivência de uma experiência é o alívio e a descarga da primeira; que quando a realidade é opressiva demais, temos necessidade de ultrapassá-la no domínio da realidade adicional, conforme o que poderia ter ou deveria ter sido; que nossas experiências baseiam-se em nossa percepção desses eventos e pessoas, e que as percepções estão sujeitas a mudanças.

Havia seis importantes subsessões referentes às relações interpessoais que aprendi com ele. Primeira, duas pessoas sadias podem ter uma relação sadia, mutuamente produtiva e "suportiva". Segunda, que, por outro lado, duas pessoas sadias podem ter uma relação perturbada. Terceira, uma pessoa sadia e uma pessoa doente podem ter uma relação sadia, mutuamente satisfatória e benéfica. Quarta, uma pessoa sadia e uma doente podem ter uma relação patológica, que pode ser mutuamente destrutiva. Quinta, duas pessoas doentes, por assim dizer, podem ter uma relação sadia, sendo uma o agente terapêutico da outra. Sexta, dois indivíduos perturbados podem ter uma relação perturbada, para a qual eles contribuam ainda mais no sentido da perturbação.

Moreno legou-nos ferramentas práticas com as quais trabalhar: o psicodrama e suas várias técnicas; a terapia de ação sob forma dramática; o teste sociométrico; o teste de familiaridade; o sociograma; a sociomatriz; o diagrama de papel; o treinamento de papel; a criação de papel; a realidade suplementar.

Essa é parte da minha lista. Sem dúvida, há muitas outras coisas das quais você poderá se lembrar. A lista deve ser enriquecida por você. Talvez a melhor maneira de avaliar a contribuição de uma pessoa criativa seja considerar como seria a nossa vida se ela não tivesse vivido em nossa época. O que estaríamos fazendo em educação, psicoterapia, psicologia social e sociologia, para mencionar apenas algumas poucas categorias, se não dispuséssemos dessas riquezas que ele nos deixou?

Este livro apresentará algumas dessas idéias, numa perspectiva mais aprofundada.

Zerka T. Moreno      Jacob Levy Moreno

# Introdução

*Paul Holmes e Michael Watson*

> *Não devemos deixar de explorar*
> *E ao fim de nossa exploração*
> *Chegaremos ao ponto do qual partimos*
> *E conheceremos o lugar pela primeira vez.*

> T. S. Eliot, *Little gidding*

Este livro examina os conceitos-chave identificados com o psicodrama. Cada autor se encarregou de um conceito-chave moreniano, e descreve como este inspirou seu trabalho clínico enquanto psicodramatista. T. S. Eliot fala sobre começar a partir do fim, e como o fim é muitas vezes o começo. Começaremos, portanto, com o que Moreno nos deixou. Nenhum conceito de Moreno era um produto acabado. Ele chamou esses fenômenos de conservas culturais, advogando que deveríamos nos desfazer daqueles que sufocam nossa espontaneidade e criatividade e, ao mesmo tempo, fazer uso de outros como trampolim para a atividade criativa e espontânea.

Jacob Levy Moreno nasceu em Bucareste, em 1889, e morreu em Nova York em 1974. Era um grande homem, dotado de uma visão ampla, e uma figura controversa para sua época. Deixou ao mundo um legado rico e variado, incluindo aí suas visões criativas sobre filosofia e religião, assim como os poderosos e excitantes métodos do psicodrama e do sociodrama. Cada colaborador deste livro abordou um conceito geral dentro de sua própria visão individual, e deixou entrever uma nesga da tapeçaria multicolorida que foi esse homem. Alguns refletiram sobre seus interesses científicos e empíricos; outros, sobre suas preocupações humanas, enquanto que terceiros enfatizaram seus aspectos filosóficos,

17

psicoespirituais e cósmicos. Todos apresentam sua criatividade, comentando como esta se desenvolveu neles de formas diferentes. A variedade de estilos e conteúdos apresentados neste livro refletem a herança criativa de Moreno; eles demonstram quão longe ele viajou por diferentes disciplinas e que, freqüentemente, esteve na vanguarda das novidades filosóficas e terapêuticas do início deste século. A amplitude e a riqueza do psicodrama outorgam a ele um lugar central dentro do contexto maior das outras escolas de psicoterapia de grupo, muitas das quais compartilham raízes comuns com o trabalho de Moreno.

O legado do dr. Moreno está claramente ligado às suas próprias raízes complexas e divergentes. Ele foi o primeiro de seis filhos nascidos de uma mãe que, por ocasião do seu nascimento, tinha apenas 15 anos. Sua família mudou-se para Viena em 1894, onde Moreno permaneceu até 1925. Ele estudou filosofia e medicina na Universidade de Viena, de 1909 até 1917, e suas primeiras atribuições se deram na condição de diretor de um hospital infantil e de superintendente de uma comunidade em reorganização. Em 1919, tornou-se clínico-geral em Bad Voslau, um lugarejo ao sul de Viena, onde aplicou um tipo de terapia familiar junto à comunidade, que, certamente, foi precursor do seu trabalho clínico posterior nessa área. Durante sua estadia em Viena, esteve envolvido com os primórdios da filosofia existencial e foi figura proeminente na vida artística e dramática da cidade. Teve experiências tanto como estudante quanto, mais tarde, em quatro importantes áreas que viriam a ter uma influência significativa em seus trabalhos posteriores.

Primeiro, os lúdicos encontros informais com as crianças nos parques públicos ajudaram-no a desenvolver suas idéias sobre teatro e reencenação dramática. Em segundo lugar, no Das Stegreiftheater, ou Teatro da Espontaneidade (que ainda existe em Viena na qualidade de teatro de improvisação) ele ampliou seu trabalho com um grupo de atores, desafiando idéias preconcebidas sobre teatro e rompendo a conserva cultural. Sua terceira área de experimentação foi o trabalho com os socialmente desfavorecidos, como, por exemplo, grupos de prostitutas, que estabeleceu os alicerces para o posterior trabalho sistematizado de grupo. Finalmente, suas atividades com o grupo Daimon, uma associação informal constituída por artistas vienenses, pensadores e escritores ligados à revista literária de mesmo nome que Moreno editou, assistiram ao florescer de seu espírito artístico de livre-pensar.

Quando emigrou para os Estados Unidos, em 1925, Moreno iniciou suas contribuições mais formais à psicoterapia de grupo e ao psicodrama, à sociometria e ao movimento de encontro. Desenvolveu suas teorias a partir de iniciativas levadas a cabo em prisões, reformatórios e hospitais. Em 1932, cunhou o termo psicoterapia de grupo, e sua influência foi notável nos primórdios dessas terapias. Em 1936, fundou o Beacon Hill Sanitarium, destinado à prática e ao ensino do psicodrama, e a ele seguiram-se, em 1942, outros institutos em Nova York para a formação de psicoterapeutas de grupo e psicodramatistas. Ele lançou jornais influentes no setor e fundou a American Society of Group Psychotherapy & Psychodrama e o International Committee of Group Psychotherapy em 1951. Morreu em 1974, após uma vida de trabalho pioneiro na área de psicoterapia de grupo (ver Marineau, 1989).

Estabelecer um ponto inicial em sua carreira parece uma tarefa desanimadora. Ele não era o mais organizado dos teóricos, como referem alguns dos autores, e, como conseqüência, a amplitude de sua visão e filosofia não é sempre reconhecida. Nem talvez o seja sua influência no mundo mais amplo da psicoterapia e no estudo reconhecido das interações humanas, mas suas idéias indubitavelmente serviram de inspiração e informação para o trabalho de terceiros, embora as conexões diretas possam agora ter se perdido. Esperamos que o leitor possa, no decorrer da leitura destes capítulos, ser despertado para a originalidade do pensamento de Moreno.

Em sua Nota Introdutória a este livro, Zerka T. Moreno, a parceira profissional e pessoal de Moreno, comenta algumas das razões pelas quais as idéias dele não obtiveram uma aceitação ou reconhecimento tão amplo quanto as de seus contemporâneos. Blatner e Blatner (1988, pp. 32-42) sugerem outras resistências ao psicodrama e aos conceitos e filosofia de Moreno. Talvez tenha chegado o tempo em que suas idéias possam ser claramente identificadas como relevantes e importantes para outras escolas de psicoterapia.

Este livro divide-se em três partes principais, cada qual com um comentário introdutório.

A Parte I: "O encontro como princípio da mudança" consiste em três capítulos que, por meio do estilo de seus autores, exprimem bem tanto o espírito quanto a forma do psicodrama. A discussão sobre a filosofia de Moreno e seus conceitos de criatividade, espontaneidade, *locus*, *status nascendi* e matriz introduzem os leitores ao âmago da teoria e da prática do psicodrama.

A Parte II: "O *locus* e o *status nascendi* do psicodrama" considera o tempo e o espaço da criação do psicodrama à luz da própria história de Moreno. No Capítulo 4, René Marineau, biógrafo de Moreno, descreve as origens do homem e o método de psicoterapia de grupo que ele criou e oferece ao leitor um *background* histórico. As respostas de Moreno às influências do tempo e do espaço situadas na época em que ele começou a moldar suas teorias têm uma relevância especial para a compreensão do psicodrama.

No Capítulo 5, Jonathan, o filho de Moreno, considera as complexas questões morais e éticas que advêm das preocupações de Moreno tanto com o tratamento de indivíduos e de grupos, quanto com a criatividade artística do teatro. A amplitude de suas idéias e interesses, compreensível no contexto de sua vida em Viena, resultam num método de grupo que concilia a psicoterapia, a educação e o teatro, posição esta que, por vezes, coloca dilemas aos psicodramatistas profissionais e clínicos.

A Parte III: "A matriz do psicodrama", considera as formas do psicodrama moderno por meio da discussão de sete questões ou conceitos centrais ao trabalho de Moreno. O comentário considera a maneira pela qual esses conceitos refletem a natureza da psicologia de Moreno em termos dos próprios campos de estudo acadêmico, e da complexa dinâmica interior, ao seu próprio psiquismo. São apresentados, então, em maiores detalhes, os fundamentos subjacentes à organização dos últimos sete capítulos. Estes foram agrupados em quatro subgrupos, para ajudar a estabelecer as relações entre os conceitos considerados, bem como com outras escolas de psicoterapia.

O primeiro desses subgrupos, ao qual demos o nome de "A dimensão cognitiva e consciente", se ocupa da teoria dos papéis (Capítulo 6) e da sociometria (Capítulo 7).

Os dois subgrupos seguintes irão abordar as dimensões psicoespiritual (ou transpessoal) e inconsciente no psicodrama. Os Capítulos 8 e 9 tratam das idéias de Moreno sobre a religião e a vida espiritual e seu conceito de co-inconsciente, uma idéia que tem muito em comum com as teorias psicanalíticas de processos de grupo de W. R. Bion. O Capítulo 10 discute o conceito de Moreno sobre a realidade adicional, uma idéia instigante que constitui uma característica essencial do psicodrama e que o distingue de outros métodos de psicoterapia.

Demos ao subgrupo final de capítulos o título de "A dimensão interpessoal". O primeiro conceito abordado, de inversão de papéis, lida concretamente com o processo de "troca de lugares" com um outro significativo (Capítulo 11), enquanto que o capítulo final discute a tele, os processos afetivos e mentais que moldam nossas relações com os outros (Capítulo 12). Indicamos, em nosso comentário sobre a Parte III, que essa maneira de mapear as idéias de Moreno, isto é, em grupamentos, falha em satisfazer adequadamente todas as ricas e complexas nuances da teoria moreniana. De fato, os dois últimos conceitos — inversão de papéis e tele — têm características que permitiriam que fossem colocadas em mais do que um dos grupamentos anteriores. No entanto, achamos que apenas poderíamos fazer plena justiça a eles apontando sua ênfase nas interações humanas. Mas, enquanto que a inversão de papéis

20

tem uma dimensão mais consciente, a tele indubitavelmente envolve processos inconscientes.

E assim voltamos ao início novamente. Publicações recentes sobre o psicodrama enfatizam seu uso como uma forma de psicoterapia (Holmes, 1992; Kellermann, 1992; Kipper, 1986). Sem querer depreciar o importante alinhamento do psicodrama dentro da profissão da psicoterapia, uma ênfase nas aplicações clínicas poderia se arriscar a deixar de fora algumas outras contribuições significativas de Moreno. Um processo de integração com outros modelos terapêuticos, especialmente aqueles associados com a psicanálise, se, por um lado, enriquecem o psicodrama, correm o risco de perder a ênfase que Moreno colocava na importância dos aspectos transpessoais ou psicoespirituais de nossas relações e os conceitos filosóficos essenciais à compreensão do psicodrama.

Esperamos que este livro introduza as idéias centrais da psicologia de Moreno e sua prática inovadora aos leitores principiantes em psicodrama e psicologia, de forma que os inspire a ser mais criativos em seu trabalho. Acreditamos, também, que ele reintroduzirá os conceitos àqueles já familiarizados com o trabalho de Moreno de uma forma que ilumine sua psicologia e, ao mesmo tempo, os instigue a criar uma nova fusão de idéias e ação que conduzirá o seu trabalho numa direção de encontros mais diretos com os clientes.

Que Moreno foi, indubitavelmente, um dos mais dinâmicos e corajosos pioneiros no desenvolvimento da psicoterapia de grupo, assim como um pensador inspirador e original, fica evidente nessas páginas escritas por alguns dos seus estudantes mais inspirados.

## REFERÊNCIAS BIBLIOGRÁFICAS

BLATNER, A. e BLATNER, A. (1988). *Foundations of psychodrama: History, theory and practice*. Nova York, Springer. (No Brasil: *Uma visão global do psicodrama, fundamentos históricos, teóricos e práticos*: São Paulo, Ágora, 1996.)

HOLMES, P. (1992). *The inner world outside: Object relations theory and psychodrama*. Londres, Tavistock/Routledge. (No Brasil: *A exteriorização do mundo interior: O psicodrama e a teoria das relações objetais*. São Paulo, Ágora, 1996.)

KELLERMANN, P. F. (1992). *Focus on psychodrama: The therapeutic aspects of psychodrama*. Londres, Jessica Kingsley. (No Brasil: *O psicodrama em foco e seus aspectos terapêuticos*. São Paulo, Ágora, 1998.)

KIPPER, D. A. (1986). *Psychotherapy trough clinical role-playing*. Nova York, Brunner/Mazel.

MARINEAU, R. F. (1989). *Jacob Levy Moreno 1889-1974: Father of psychodrama, sociometry and group psychotherapy*. Londres, Tavistock/Routledge. (No Brasil: *Jacob Levy Moreno 1889-1974: Pai do psicodrama, da sociometria e da psicoterapia de grupo*. São Paulo, Ágora, 1992.)

# PARTE I

# O encontro como princípio da mudança

## Comentário

Os três primeiros capítulos demonstram a instigação clínica e o poder terapêutico do psicodrama na criação de mudanças e fazem uma reflexão sobre como o método carrega em si mais do que a soma de suas partes.

No Capítulo 1, Ken Sprague conduz o leitor ao âmago do psicodrama, com a discussão dos princípios da filosofia de Moreno: tempo, espaço, realidade e cosmos. Esses conceitos põem em xeque o modelo reducionista de algumas outras psicoterapias (que consideram que a causa do mal-estar humano reside no interior do indivíduo), estabelecem a diferença do psicodrama e, na verdade, o potencial de alienação do modelo médico-científico, que fundamenta a psicanálise e a psiquiatria.

No Capítulo 2, Marcia Karp discorre sobre duas pedras fundamentais das teorias de Moreno: criatividade e espontaneidade (que, juntas, ele acreditava constituir o maior dos recursos humanos), e demonstra de forma apaixonada como elas podem informar o trabalho do psicodramatista. Ela dá exemplos de algumas das maneiras pelas quais o terapeuta pode transformar a experiência de um grupo em relação a si mesmo. Refletindo tanto a autenticidade quanto as qualidades inspiradoras do psicodrama, ela conduz o leitor por relatos comoventes que demonstram como uma apreciação e uma aplicação desses conceitos podem transformar uma situação rumo à resolução de um problema bem como à sanidade.

No Capítulo 3, Dalmiro Bustos considera e desenvolve as idéias de Moreno sobre o *locus*, a matriz, e o *status nascendi*. Esses conceitos referem-se ao espaço e o tempo no qual algo se origina e sua forma final. Seu uso na prática clínica permite que sejam estabelecidas conexões entre a fonte de problemas emocionais e os métodos que podem permitir que a mudança ocorra. Alguns psicodramatistas talvez não estejam plenamente familiarizados com o potencial dessas idéias; elas são, todavia, centrais à metapsicologia de Moreno.

Moreno foi uma figura carismática, e há uma clara linha sucessória entre a geração de diretores formados por ele. Dois dos autores desta seção, Dalmiro Bustos e Marcia Karp, trabalharam com Moreno em Beacon. Cada um desses capítulos são de uma objetividade que, assim esperamos, animará e instruirá os leitores, tanto os novatos quanto os que já tenham familiaridade com o método.

# Capítulo 1

## Tempo, espaço, realidade e o cosmos
## Os quatro princípios universais da
## filosofia de Moreno

### Comentário

A longa tradição dos contos folclóricos que tentam atribuir um sentido ao mundo e dão sustentáculo a uma cultura encontram expressão em nosso primeiro capítulo, em que Ken Sprague rompe com a tradição acadêmica e usa sua própria técnica criativa de narrar histórias para nos introduzir no psicodrama e nos quatro princípios fundamentais da filosofia de Moreno: tempo, espaço, realidade e cosmos.

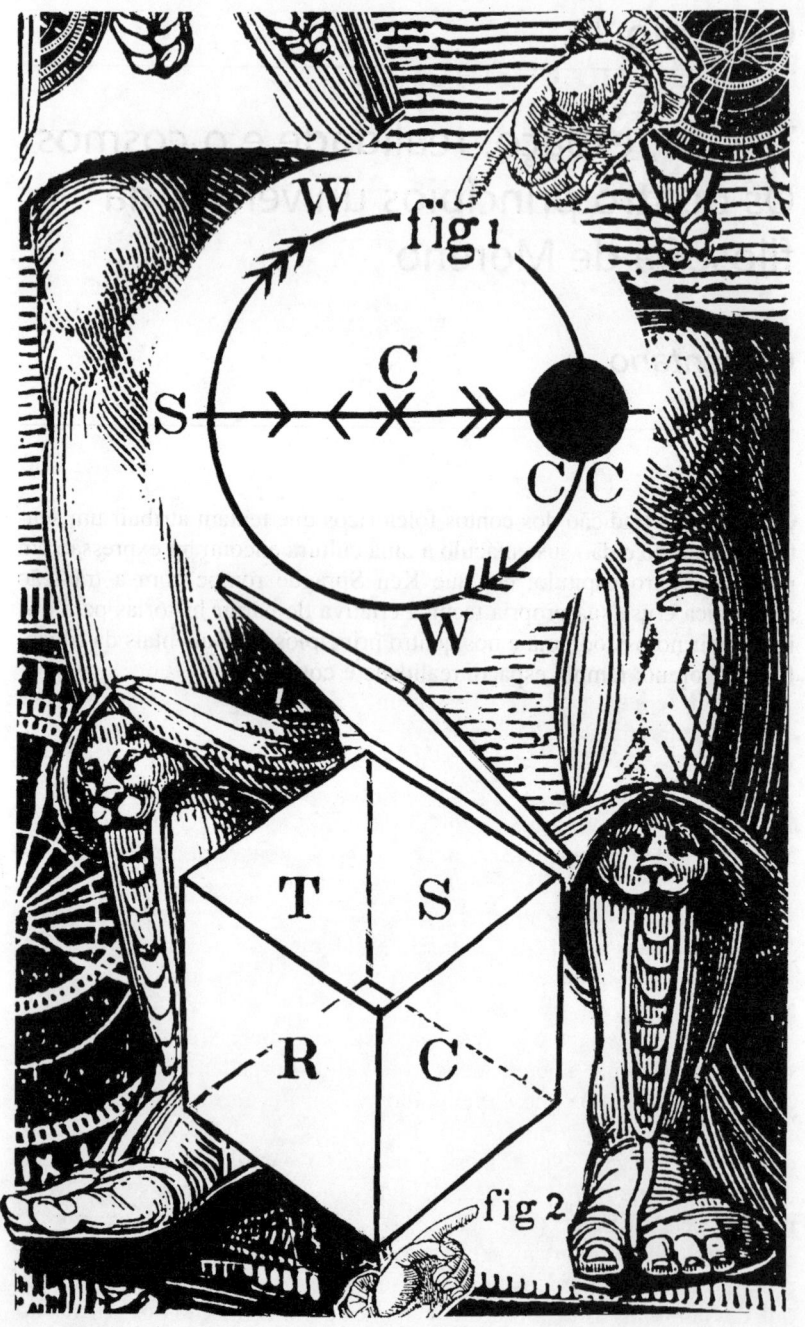

# Pisando no cosmos com os pés no chão

*Ken Sprague*

*A imaginação é mais importante do que o conhecimento.*

(Einstein, 1932, citação de pôster
da Hebrew University of Jerusalem)

Sou fascinado pela conexão existente entre o psicodrama, os livros e a arte de contar histórias. Para mim, cada sessão inaugura um livro ilustrado referente à vida do protagonista.

Página após página, passado, presente e futuro da experiência e dos sonhos de um membro do grupo são recriados diante de nossos olhos. Coisas que não aconteceram e talvez deveriam ter acontecido finalmente adquirem vida. O psicodrama refere-se ao que aconteceu, assim como ao que não aconteceu.

Tudo isso se passa na janela de tempo do aqui-e-agora. A energia do grupo flui para o palco em auxílio do protagonista. Cada membro aguarda, desejoso e disponível para ser ego-auxiliar, se convidado. As sementes da mudança estão semeadas.

Histórias e imagens sempre mobilizaram minha imaginação. Meus salários duramente conquistados como menino-padeiro de treze anos eram gastos minutos após terem sido pagos. Eu corria a toda para um sebo de livros para comprar periódicos semanais encadernados, porém, caindo aos pedaços. Numa incrível ocasião, o gentil livreiro me vendeu um exemplar de *Noites árabes: As mil e uma noites* impresso em 1835, por três pence.

Antes de comprar, insisti em que os livros tivessem ilustrações em preto-e-branco. Essas costumavam ser rústicos trabalhos de aprendiz, que deviam mais às histórias dos viajantes e à imaginação dos artistas do

27

que ao seu conhecimento real. (Algumas dessas gravuras serviram como base para as ilustrações deste livro.)

Imaginem a minha felicidade quando, anos mais tarde, Danny Yashinsky, da Toronto School of Story-telling [Escola de Narração de Histórias de Toronto] me deu a seguinte citação:

> Além do teatro, a coisa que mais me influenciou foram as histórias das *Mil e uma noites*. Para ser totalmente honesto com vocês, eu realmente devo muito a essas histórias e ao incrível mundo da Pérsia, e a como os papéis eram representados naquela época em nível de realidade nas ruas de Bagdá, e a como isso nos era contado de maneira tão maravilhosa. Assim, se vocês quiserem se tornar atores, é preciso que leiam esse livro de novo. Ele traz em si tudo o que queremos dizer a vocês esta noite.

(Moreno, 1948, transcrição não-publicada de uma sessão de psicodrama em Nova York)

Devido à importância de tudo isso para mim, essa visão pessoal da filosofia de Moreno será apresentada com histórias e comentários. Quero dizer o que representa para mim a filosofia subjacente ao psicodrama, mostrar como ela pode ser usufruída e sugerir modos pelos quais descobrir sua relevância para nós à medida que nos aproximamos do século XXI.

## Primeira história

O dr. Moreno estava caminhando no Columbus Circle em Nova York. Um policial e um negro estavam discutindo. Moreno interferiu e disse: "Desculpe-me, eu sou psiquiatra. Posso ajudar?". Ele pediu que cada um contasse sua versão da história. Por fim, o negro acabou recebendo permissão para prosseguir em seu caminho.

(Z. Moreno, 1993, depoimento pessoal)

Moreno não mudou de calçada achando que o que estava acontecendo não era de sua conta. Ele não rejeitou o evento classificando-o como um policial em serviço. Ele não aplacou sua consciência com a idéia de que o negro possivelmente era um vilão merecedor de uma reprimenda. Ele foi e se envolveu. Meteu o seu nariz no meio. Mais importante que tudo, tirou seu profissionalismo do consultório para mostrar que o psicodrama pertence tanto às ruas como à clínica. O problema é que muitas vezes deixamos nossas habilidades no consultório, e, enquanto isso, o mundo enlouquece! James Hillman considera essa questão de um outro ângulo:

Cada vez que tentamos lidar com nosso sentimento de ultraje em relação ao trânsito, à nossa infelicidade no trabalho, à iluminação, à merda da mobília, o crime nas ruas, ou seja lá o que for — cada vez que tentamos lidar com essas coisas levando para a terapia a nossa raiva e o nosso temor, estamos privando o mundo político de algo.

(Hillman, 1992, p. 5)

Certamente, Moreno antecipou esse dilema quando classificou o psicodrama como uma ferramenta para ser usada na vida, e não algo a ser usado apenas na clínica. Ele o explicita quando pede que nos visualizemos em funcionamento responsável em três dimensões: a pessoal, a social e a cósmica. Não há nada de místico nisso; ele está apenas dizendo: vamos manter os pés solidamente plantados no chão, tentando resolver os problemas referentes a ele, mesmo quando tentamos alcançar as estrelas: tudo isso se encontra ligado.

## Segunda história

Minha companheira Marcia Karp (que fez formação com Moreno) e eu participamos do 11º Congresso Internacional de Psicoterapia de Grupo em Montreal. No segundo dia, estávamos caminhando no Congress Plaza. Anoitecia, e o céu estava acinzentado, prometendo chuva.

Dois chineses idosos praticavam Tai-chi, sublinhando, com seus movimentos, o vazio do feio complexo de concreto e seus arredores. Uma jovem surgiu na esquina da Plaza e encaminhou-se, de cabeça baixa, em nossa direção. Nós a havíamos visto anteriormente no Congress Hall e sabíamos que fazia parte de uma das delegações do Leste europeu. Ela olhou para nós, hesitou por um momento e então deu uma guinada e afastou-se noutra direção. Ficou claro que algo de errado estava acontecendo.

Marcia e eu estávamos curtindo a companhia um do outro após um dia agitado de sessões plenárias, *workshops* e encontros apinhados de velhos e novos amigos — o tipo de coisa que rola num congresso internacional.

Marcia largou a minha mão, dirigiu-se à jovem, e disse baixinho: "Você está chorando, quer um abraço?". As duas mulheres se abraçaram, enquanto a mais nova chorava. Após alguns momentos, ela ergueu a cabeça, meio sem jeito. Marcia disse rapidamente: "Posso ser seu duplo?". Ela aquiesceu agradecida, e Marcia se postou diante da jovem, adotou a mesma posição levemente curvada, a mesma expressão sem jeito e disse: "Eu não suporto ser tratada como uma indigente. Ninguém entende como eu me sinto".

A jovem fez com a mão um gesto que indicava um movimento furtivo por detrás das costas e disse: "Sim, eles estão pondo dinheiro nas minhas mãos como se fosse um segredo de Estado. Eu não quero os dólares deles".

Marcia (como duplo) disse: "Sinto-me péssima. Eles fazem com que eu me sinta barata. Como posso dizer a eles que, internamente, sinto-me mais rica do que eles?".

"Sim, sim. Como posso contar a eles sobre a riqueza da minha própria cultura?", respondeu a jovem energicamente.

Ouvimos então a lenda sobre vir do Leste europeu (em si mesma uma tarefa nada pequena naquela época) para a escala desumana do Palais de Congrès e a opulência dos hotéis usados pelos delegados. Ficamos sabendo de mal-entendidos sobre dinheiro e sobre achar que a cara taxa do Congresso (enorme pelos padrões do Leste europeu) incluía as acomodações. Ao contrário, havia taxas para tudo: para café da manhã, para almoço, para jantar, para táxis, para ir e voltar das atividades. Nossa nova amiga mal havia comido desde sua chegada em Montreal.

Tudo isso num congresso intitulado "Amor e Ódio — Pela Resolução dos Conflitos em Grupos, Famílias e Nações".

O dr. Moreno, em Nova York, e Marcia Karp, em Montreal, fizeram uso da ação simples e direta de meter seus bedelhos nas situações.

Há três coisas que me mobilizam com relação a esses dois encontros:

COMO eles o fizeram. A isso eu chamaria de técnica e estilo pessoal: ambos são importantes no psicodrama.
POR QUE o fizeram. A isso poderíamos chamar de teoria — uma compreensão do que é essencial para todos os que praticam o método.
QUE eles o tenham feito. A isso eu chamaria de filosofia.

A filosofia do "encontro", a reunião de duas pessoas, é impulsionada por uma resposta espontânea a uma situação, e é aberta à idéia de uma troca criativa imediata no aqui-e-agora.

A idéia refere-se a homens e mulheres enquanto seres pessoais e sociais, mas também enquanto seres "cósmicos", ou seja, pessoas necessitadas de modular seu comportamento individual e coletivo de forma que a vida possa continuar não apenas na direção da sobrevivência, mas também da sobrevivência com amor. Esse é o objetivo que Moreno perseguiu, e as razões pelas quais ele desenvolveu o psicodrama. É uma honra à criação.

Betty Gallagher assinala que "meter o bedelho" em alguma coisa não é tarefa para os fracos de coração; é preciso coragem. Concordo, mas trata-se de algo mais do que coragem. É necessário que haja um profundo compromisso com a tarefa de aprender e compreender o que está se passando no mundo à nossa volta. Precisamos pôr em ação técnicas apropriadas, acrescentando-lhes algo e mudando-as se necessário. Em outras palavras, isso quer dizer que devemos fazer nossa lição de casa, treinando continuamente a espontaneidade e desenvolvendo a criatividade.

A nota do editor a seguir chega à essência da minha história de Montreal: "A importância de viver a verdade do outro na ação, a validade da realidade subjetiva; a premissa de um encontro aqui-e-agora entre indivíduos (incluindo cliente e terapeuta), e um profundo igualitarismo" (Fox, 1987, p. 3). A citação é retirada de *The essential Moreno*, editado por Jonathan Fox. Trata-se de um livro que é, para mim, uma maravilhosa fonte de compreensão. O Capítulo 1 sobre "Os quatro conceitos universais" é a melhor introdução à filosofia que Moreno nos legou. Muitas vezes à frente de seu tempo, quando estabeleceu seus quatro conceitos universais em 1966, ele era bem um homem "de" seu próprio tempo. No mesmo ano, Paul Abrecht, do World Council of Churches, clamou por justiça econômica mundial e doações beneficentes. Isso ocorreu quatro anos antes do lançamento de *Silent spring* (1965), de Rachel Carson, um livro irado e instigante exigindo que interrompamos a destruição de nosso planeta. Esse livro foi uma grande voz em prol da proteção de nosso hábitat natural; uma exigência para que amemos a vida.

Dois anos mais tarde, Moreno apresentou um trabalho na Universidade de Barcelona chamado "Paz universal em nossa era". O trabalho continha seu famoso princípio segundo o qual "Um procedimento verdadeiramente terapêutico não pode ter como objetivo menos que toda a humanidade" (Moreno, 1968, p. 175).

Moreno considerava essa citação como sua obra mais conhecida. Ela constitui a única sentença de abertura de *Who shall survive?*, um título que ele cunhou para indicar que o destino da humanidade pode estar na iminência de um perigo. Ele era "de sua época" porque as outras pessoas estavam começando a acertar o passo e a ser mais específicas em relação ao que estava errado.

À medida que nos aproximamos do final do século, as nações industrializadas perseguem loucamente o materialismo, enquanto que a outra metade do mundo morre de fome. A poluição da linha costeira e dos mares é maior do que nunca. Desastres envolvendo petroleiros são quase que lugares-comuns, e os escritores mais conhecidos ainda tratam "a vida selvagem" como algo que tem existência separada, e não como algo que afeta a nossa própria vida.

O professor Trevor Haywood chama isso de "não-lógica" num vídeo brilhante, *Managing for absurdity*: "Polua e envenene o mundo que é essencial à nossa sobrevivência de forma a manufaturar artefatos que não são essenciais, mas possibilitam um prazer momentâneo ou melhoram apenas de forma marginal a nossa conveniência" (Haywood, 1992). O jornalista John Pilger recorda aqueles jovens que, a seu crédito, trabalharam tão arduamente pelo "Live Aid", exatamente onde jaz o poder real:

Quantos de nós estávamos conscientes durante 1985 — o ano da fome etíope, e do "Live Aid" — de que os países mais famintos da África deram duas vezes mais dinheiro para nós do Oeste do que demos a eles: bilhões de dólares apenas em pagamentos de juros.

(Pilger, 1991, p. 64)

Entre as nações ricas, a brecha entre os tem e os não-tem aumenta assustadoramente. Os serviços de saúde se deterioram, o crime aumenta, o uso de drogas atinge proporções epidêmicas; o comércio bélico é uma indústria em crescimento, e as pessoas morrem por meio desses produtos tanto aqui como no exterior. Na Grã-Bretanha temos uma guerra em andamento que consumiu mais de três mil vidas inglesas, irlandesas, escocesas e galesas.

Os políticos vêm sempre com as mesmas idéias batidas: mais polícia, mais armas e mais exército. Um comandante militar aposentado joga isso de volta para os políticos dizendo que a única solução razoável seria a "política". São Tweedledum e Twedledee, com pena de morte para ambos os Tweedles[1].

Novas idéias, novos sonhos, uma visão fecundada pela espontaneidade e pela criatividade nunca foram tão relevantes. Quem sabe a filosofia subjacente ao psicodrama seja uma idéia cujo tempo é chegado? "O homem teme a espontaneidade, assim como seu ancestral nas selvas temia o fogo; ele temia o fogo até descobrir como produzi-lo. O homem

---

1. Tweedledum e Twedledee são dois personagens folclóricos da cultura britânica, que parecem gêmeos, e estão sempre discutindo um com o outro, sem jamais chegar a um acordo. (N. T.)

temerá a espontaneidade e a criatividade até descobrir como exercitá-la" (Moreno, 1953, p. 47). Eu gostaria de atualizar a última sentença dessa citação: "Homens e mulheres temerão a espontaneidade e a criatividade até aprenderem a reexercitá-la".

Quando somos crianças, essas qualidades vitais jorram em todas as direções. É apenas quando as máquinas de fazer lingüiça, a saber, escolas, trabalho e sociedade conseguem trabalhar em cima da gente, que esses dotes da infância se retraem. Eles se escondem, e terminamos por temê-los.

Moreno observava sua filosofia escondida no fundo de bibliotecas empoeiradas. Nos anos 90, vejo suas idéias como relevantes para nossa época, e estão sendo reconsideradas. Os estudantes que se candidatam à formação psicodramática em todo o mundo podem ser aqueles que lhes darão vida no próximo século. Como pioneiros do novo século, enfrentarão obstáculos colossais à mudança criativa. Os Golias estão maiores do que nunca, e no clima da reação do mundo atual, os Davis podem ser menores.

Há, no entanto, uma importante diferença. Os Davis agora têm Davidas a seu lado, as quais muitas vezes se adiantam a eles. As mulheres se liberaram! Isso, combinado com nosso estilingue de espontaneidade e criatividade, pode nos dar uma bela vantagem.

## Terceira história

Nos anos 60, quando a América estava considerando o bombardeamento da China, Moreno propôs um encontro psicodramático entre o presidente L. B. Johnson e o líder chinês Mao Tsé-tung. Ele queria que o evento fosse televisionado em rede mundial.

O fato de que isso não tenha acontecido não quer dizer que tais encontros não possam ocorrer. É verdade, claro, que há obstáculos consideráveis. Há uma falta de interesse meio compreensível, um sentimento de "não vai fazer nenhuma diferença".

Este século assistiu à destruição dos sonhos e das visões das pessoas sobre o futuro, vezes e vezes seguidas, promovendo a apatia e a falta de esperança. Ficamos corrompidos por nossa aparente impotência. As filosofias religiosas e sociais tornaram-se dogmas aborrecidos ou flagelos opressivos nas mãos de padres e de policiais. Ajudar as pessoas a sonhar novamente não é uma tarefa pequena.

## Quarta história

Em 1912, quando Freud perguntou ao jovem Moreno com o que ele estava trabalhando, este lhe respondeu: "Bem, dr. Freud, eu estou

33

começando do ponto em que o senhor parou. O senhor se encontra com as pessoas no esquema artificial do seu consultório; eu encontro com elas nas ruas e em suas casas, em seus locais naturais. O senhor analisa os sonhos delas; eu tento infundir-lhes coragem para que sonhem novamente.

(J. L., Z. e J. D. Moreno, 1964, p. 16)

Posteriormente, em sua vida, Moreno foi um pouco menos otimista, e bastante consciente das dificuldades quando escreveu:

Minha filosofia tem sido malcompreendida. Ela foi negligenciada em muitos círculos religiosos e científicos. Isso não me impediu de continuar a desenvolver técnicas por meio das quais minha visão de como o mundo seria poderia ser estabelecida de fato. É curioso que essas técnicas — a sociometria, o psicodrama, a terapia de grupo —, criadas para implementar uma filosofia de vida subjacente, foram quase que universalmente aceitas, enquanto que a própria filosofia subjacente foi relegada aos cantos sombrios das prateleiras das bibliotecas, ou totalmente descartada. (Moreno, 1953)

## Quinta história

Alguns anos atrás, tentando fazer com que os estudantes se interessassem pela filosofia subjacente, senti-me um pouco sozinho, encalhado em meio a uma série de técnicas maravilhosas que ajudariam igualmente pacientes, clientes e estudantes. É claramente difícil ajudar os indivíduos rumo à sanidade, enquanto que o corpo coletivo é tão doente. O perigo de se formar estudantes, bons no uso das técnicas, mas incapazes ou não desejosos de implementar os conceitos filosóficos subjacentes que as técnicas deveriam trazer à tona preocupou-me por muito tempo. Minhas tentativas de interessar as pessoas pela visão mais ampla teve pouco sucesso. Um colega em quem confio sintetizou as coisas da seguinte forma: "Eu ainda não aceito essa merda cósmica!". Aí, caiu a minha ficha: Quem sabe as pessoas não se interessassem pelas idéias, mas eu as estava apresentando da forma errada?

Os conceitos deveriam ser "demonstrados" psicodramaticamente. Estava na hora de usar os conselhos de meu avô, de acordo com a história que se segue.

# Sexta história

Um homem de Cornwall, interessado na compra de arreios de cavalo de um vendedor, disse: "O senhor terá que mostrá-los para mim" (sombras de Moreno), mas o homem de Devonshire, também interessado na compra, disse: "O senhor terá que pô-los em minhas mãos".

Ocorreu-me que poderíamos estabelecer um modelo filosófico, permitindo que as pessoas "vissem" as idéias, brincassem com elas e discutissem possíveis ações direcionadas para a mudança.

## A CAIXA DE HOLWELL

Havia muitas possibilidades de construção de um tal modelo: diferentes formas, tamanhos e materiais. No entanto, havia quatro aspectos básicos:

1. Precisa ser suficientemente grande para ser demonstrada para um grupo de vinte a cinqüenta pessoas.
2. Deve ser visualmente estimulante.
3. Deve crescer diante dos olhos das pessoas de forma que sua imaginação possa ser ativada e que se possa promover uma encenação e uma discussão.
4. Deve ser transportável.

Ao mesmo tempo, esse modelo deve poder ser desmontado e remontado, de modo que as pessoas saibam que, da mesma forma pela qual elas se opõem a conceitos importantes, também constantemente questionam a própria objeção. Elas precisam poder pegá-lo em suas mãos, testá-lo abertamente; de outra forma, os dogmas nos aguardarão. A caixa de Holwell foi a minha resposta, nascida dessas condições.

## OS QUATRO PRINCÍPIOS UNIVERSAIS — TEMPO, ESPAÇO, REALIDADE, COSMOS

### Sétima história

O primeiro protótipo foi construído no Riitta Vuorinens Institute, na Finlândia. Consistia de uma caixa de papelão doada pela loja ao

35

lado. No fundo dela escrevemos EC (espontaneidade e criatividade). Os quatro lados remanescentes foram nomeados T, E, R e C — os "quatro princípios fundamentais" de Moreno, tempo, espaço, realidade e cosmos (Ver Figura 2, na montagem que ilustra o início deste capítulo. O grupo dividiu-se em quatro subgrupos que dispenderam um certo tempo na escolha de com quem cada pessoa queria trabalhar.

Após alguns minutos de preparação frenética, cada grupo apresentou sua concepção sobre um dos quatro princípios universais. As apresentações incluíram: mímica, dança, uma farsa trágica sobre a realidade e uma discussão sobre o cosmos. A última assumiu a forma do pequeno grupo, simplesmente continuando a sua preparação para a discussão, enquanto o resto os assistia. O trabalho de cada pequeno grupo foi extremamente criativo e serviu de aquecimento para as outras pessoas. Desenhei o diagrama do "Cânone da criatividade" de Moreno num bloco grande, pretendendo fazer uma breve apresentação. No entanto, o grupo estava preparado para prosseguir; o momento para apresentações ou discussões havia passado; o grupo queria ação. Montamos, portanto, um diagrama de ação, um grande círculo que envolvia a todos. Pedi que se movessem no sentido horário, representando o campo de operações rotativas entre espontaneidade, criatividade e conserva cultural. Pedi-lhes que cantassem no ritmo do movimento que faziam, e, espontaneamente, eles adaptaram a palavra "aquecimento" à melodia de uma música popular. (O aquecimento é a expressão "operacional" da espontaneidade.) Pedi a um rapaz que usava um agasalho cinza que fingisse estar dormindo no centro do círculo. Ele representou a criatividade adormecida (C).

Se você olhar a montagem que ilustra o início deste capítulo, a Figura 1 corresponde à minha própria interpretação do diagrama de Moreno do *Who shall survive?* (Moreno, 1953, p. 46).

O círculo para o qual o dedo aponta é nosso anel de pessoas circulando. Uma mulher com um vestido vermelho-vivo não apenas se apresentou como voluntária para ser a "Espontaneidade" (E) como também, literalmente, dançou por essa oportunidade. Ela dirigiu-se para o centro do círculo ("C" na ilustração, designando a criatividade) e o acordou (E → C). O rapaz abriu os olhos, e respondeu à espontaneidade de dançar (E → C). Quem não o faria! Nasceu uma conserva cultural da hilária interação entre eles, cujos detalhes podem ser imaginados (E → C → CC). A conserva cultural (CC) é o resultado final do ato criativo, incluindo, é claro, nós outros, ou poderia ser um livro, uma pintura, ou um belo pão. Tudo, com o passar do tempo, torna-se gasto, superado ou envelhecido. De forma inversa, tudo tem também a possibilidade de tornar-se estímulo para uma nova criação.

Isso nos levou a explorar o fato de que as conservas culturais são complexas; elas se acumulam indefinidamente e permanecem "na geladeira".

O grupo tornou-se uma conserva cultural (CC) e congelou, como estátuas no depósito empoeirado de um museu. Isso causou um pouco de dificuldade e coçar de cabeças até que o catalisador (E) "Espontaneidade", ainda dançando, veio ao encontro deles para revitalizá-los (CC → E → CC). Todos ficaram exultantes por serem reativados. Eles eram um bálsamo para olhos cansados; um grupo de amigos que havia aprendido junto algo valioso, e se curtiam ao fazê-lo.

A espontaneidade não opera num vácuo, mas move-se em direção à criatividade ou à conserva. O conceito é inteiramente explicado no livro de Moreno *Who shall survive?* (1953, p. 46), mas eu o apressaria a ativá-lo caso você realmente queira que as pessoas "sintam" que o entenderam.

A filosofia da espontaneidade e da criatividade de cada ser vivo é, na minha visão, a base das idéias de Moreno; é por isso que as utilizei como base da Caixa de Holwell. Moreno insiste em que o potencial inato para a ação espontânea e criativa por parte de indivíduos e de grupos representa uma sanidade indizível. Ele constrói sobre essa base uma metodologia de ação que nos encoraja a liberar, desenvolver e aumentar nosso potencial e o potencial dos outros. No processo de atingir o limite de nosso potencial criativo, ele, por si só, expande seu limite.

Nossa espontaneidade, juntamente com a nossa criatividade podem tornar-se nossos próprios deuses. Cada aspecto necessita do outro numa relação criativa. Se falharmos nessa junção das duas, ou tomá-las em proporções inadequadas, poderemos causar problemas. Minha juventude proporcionou-me lições duras quanto a esse truísmo.

## Oitava história

Era uma vez uma tourada na grande arena romana de Nîmes, no Sul da França. O touro era grande, e o matador, famoso. Eu tinha dezoito anos e um senso de espírito esportivo britânico. As duas coisas fizeram-me pular na arena em defesa do touro. Ele estava em escandalosa minoria, e cruelmente ferido.

Minha ação foi espontânea, mas jamais criativa. O touro não falava inglês, não ficou impressionado com a minha assistência e estava louco para me ver fora da arena. A multidão concordava com o touro.

Tornei-me um exemplo ofegante de uma idiotice espontânea.

Todos os psicodramatistas precisam ter um compromisso permanente com o aprendizado. No topo da lista de aprendizagem encontra-se a necessidade de cuidar e desenvolver nossos dons espontâneos e criativos. Isso se aplica a cada um de nós e suspeito que, quanto maior a nossa experiência, mais necessitaremos polir e renovar esses dons. Assim como ocorre com espadas e arados, não devemos deixar que eles enferrugem. E, a despeito de tudo, como eles enferrujam!

## Nona história

Minha companheira e eu estávamos sentados na sala de espera de nosso dentista. Nós dois tínhamos consulta marcada, e a minha era a primeira. Marcia estava lendo uma revista, e uma outra mulher folheava um velho suplemento colorido. Por uma ironia do destino, eu estava lendo o capítulo sobre espontaneidade do meu livro favorito, *The essential Moreno* (Fox, 1987). Nós três estávamos imóveis e silenciosos. Os outros quatro pacientes, porém, nem tanto. Uma jovem mãe consolava uma criança ao seu lado. O pai estava sentado levemente à parte, fazendo de conta que lia uma revista sobre carros, enquanto observava ansiosamente uma segunda criança, que rolava pelo chão, empilhava e destruía brinquedos num canto da sala.

A criança, que tinha cerca de dois anos e meio, escolheu três brinquedos: uma almofadinha com uma cara risonha estampada, uma boneca de plástico e um grande dragão escocês. Ela atravessou a sala carregando-os, e, confiantemente, os colocou no meu colo. Seus olhos me testavam e aguardavam. Eu fiquei todo lisonjeado, pus meu livro de lado e, com um cuidado exagerado, olhei cada um dos brinquedos. A almofada com o rosto era grotesca, a boneca era dura, fria e desprezível.

Já o dragão era fofinho, macio, e seu toque remeteu-me à minha infância e à menininha que esperava diante de mim. Fiz alguns ruídos amistosos e recoloquei o dragão nos braços calorosos de minha nova amiga. Nesse ponto, a mãe disse em altos brados: "Você não vê que o senhor está lendo o livro dele?". As palavras sobressaltaram a criança e, efetivamente, excluíram-me. Senti-me roubado.

Eu gostaria de ter dito: "O livro na minha mão não passa de um monte de símbolos numa página. Em certo sentido, é algo morto, uma conserva cultural, enquanto que a troca com a sua filha está pulsando com vida. O livro pode ser lido num outro momento, mas poderá não haver outro momento para este encontro".

Por breves momentos, a criança e eu havíamos sido companheiros numa brincadeira. A intervenção da mãe havia posto fim à brincadeira e mudado meu papel. Se eu tivesse dado voz aos meus sentimentos, teria entrado em contato com os pais, ao passo que a necessidade do momento era permanecer em contato com a criança. A mãe estava agindo movida por preocupação, por possessividade, ou por ambos. Talvez também estivesse enviando a mensagem: "Não fale com estranhos!".

De repente, chegou a minha vez de ocupar a cadeira do dentista, e saí da sala. À medida que a porta se fechava atrás de mim, algo de maravilhoso aconteceu. A criancinha trouxe os brinquedos de novo e repetiu a abordagem com a minha companheira, Marcia. De novo, a mãe gritou: "A moça está lendo!". Tanto Marcia quanto a criança foram silenciadas pelo dito materno, e, espero, a menininha deve ter levado a imaginação dela para um outro lugar.

A despeito da censura da mãe e da nossa cumplicidade, a espontaneidade da criança se manteve intacta, e ela voltou para uma segunda tentativa. Seu impulso espontâneo aos dois anos e meio de idade deixou para trás todos os adultos, cuja espontaneidade enferrujava. Mas o que dizer de minhas próprias ações?

Considero-me um homem espontâneo e criativo. Há algumas evidências fundamentando essa afirmação, todavia, fiquei apenas observando enquanto uma deliciosa troca era destruída.

Por que não interpelei a mãe de pronto, de forma que a ação ficasse comigo? O dragão tinha uma comprida língua laranja-vivo. O livro de Jonathan Fox tem uma capa laranja-vivo do mesmo tom. Sendo uma brochura, ele vibra como uma língua se eu segurá-lo pela ponta. A criança e eu poderíamos ter, ambos, carregado dragões. O mundo das fadas e da fantasia estava à nossa disposição. Nós dois fomos roubados porque minha espontaneidade, assim como espadas e arados, havia enferrujado. O dito parental: "Eles estão lendo", a pretensa importância do comportamento adulto quanto ao brincar da criança, e a decoração da sala de espera são, todos eles, enferrujadores. Cada um precisando de uma boa lixada.

Essa ilustração da criança na sala de espera do dentista tem muitas conexões com a filosofia moreniana. Gostaria de considerar três delas:

1. A importância primária da ação.
2. O livro como conserva cultural.
3. O papel do sonhador.

39

Quando a menininha, corajosamente, atravessou a sala levando os brinquedos, não usou palavras; sua ação foi primária. Moreno chamou-a de rota real para o psiquismo.

Minha resposta foi importante para o desenvolvimento da ação que ela havia encetado. A forma pela qual ambos usamos o contato de olhos, a expressão facial e, à medida que um sentimento de confiança foi sendo construído, o toque físico, cada forma de contato teve sua contribuição. Minhas respostas vocais à entrega dos brinquedos eram sons de aceitação, "oh!" e "ah!" em vez de palavras.

Por intermédio do exercício de escolhas sociométricas a menininha me escolheu para receber os brinquedos. Meu livro não funcionou como barreira à sua ação. Moreno certamente haveria exultado com a iniciativa dela:

Do ponto de vista de uma revolução criativa, o livro tornou-se símbolo de um movimento reacionário, não tanto devido a seus conteúdos, mas enquanto *forma de comportamento criativo*.

Será que Deus começaria a criar o mundo escrevendo um livro? Será que Ele começou a criação do universo, bilhões de anos atrás, escrevendo o Gênesis?

(Moreno, 1953, p. xvi)

O psicodrama é um método de ação que nasce de um sistema de teorias que dá lugar à ação criativa.

O momento em que a criança segurou o dragão e eu segurei o livro que poderia ter se transformado num dragão foi o momento da criatividade abortada. Naquele segundo perdemos a chave da fantasia, a capacidade de imaginação. Desisti do papel de sonhador. Para mim e, acredito, para o psicodrama, a fantasia não é uma rota para o escapismo. Embora em uma sessão a fantasia possa ser usada como escapatória para um sentimento avassalador de tristeza ou de tensão, ela é primariamente um acesso à realidade. É a via do sonhador.

Quando comecei a trabalhar com Marcia Karp, em 1973, entrei num sonho psicodramático.

## Décima história

Havia uma clara necessidade de um centro residencial permanente para instituir o ensino e a prática do método na Inglaterra. Dois anos antes, eu havia comprado uma fazenda abandonada na montanha, em North Devon. O local tinha muitas árvores e amoreiras. Criaturas selvagens viviam em celeiros decadentes, mas ela mantinha a atmosfera de um Jardim do Éden abandonado. Era a matéria dos sonhos e, em concordância com isso, sonhamos.

Construções com novos objetivos, cores e formas surgiram na nossa imaginação. Estranhas pessoas e animais entraram e representaram suas vidas e fantasias. O amor imperava nisso tudo. A fantasia havia se tornado visão, e a visão tornou-se o processo de visualizar. Fizemos desenhos e pequenas maquetes de papelão, mas, acima de tudo, construímos. Meu pai e meu filho mais velho Sam ajudaram-me.

O sonho gradualmente tornou-se realidade, e vice-versa.

É importante associar continuamente a fantasia com a realidade de modo a participar de nossos próprios sonhos. Mesmo agora, vinte anos depois, Holwell, a fazenda que faz as pessoas crescerem, permanece, em parte, um sonho.

Nosso *workshop* internacional de verão é um exemplo disso. Sessenta pessoas de 22 países diferentes, fazendo uso de uma mistura de linguagens, vivendo e aprendendo juntas, discordando e caindo fora, negociando, confiando e amando. Tudo isso acontece, tudo é real, mas o mais importante é o fator fantasia. O que *pode* acontecer? Será que as pessoas vão sonhar de novo? O que cada uma construirá, o que será construído entre elas, e o que elas construirão quando voltarem a seus países?

## A CAIXA SE DESENVOLVE

O segundo protótipo da caixa de Holwell foi desenvolvido numa escola de música norueguesa, situada do outro lado do parque onde fica o Edvard Munch Museum. Ele era um pintor que conhecia o efeito dos "papéis" nas pessoas, e a sala de conferências do Museu, com sua grande pintura do sol, cósmica em sua concepção, daria um cenário fantástico para o psicodrama.

Dessa vez, nossa caixa era mais sofisticada — uma caixa de chapéu de mulher. A tampa era bem apertada, e tivemos que cortar uma abertura para que nossos dedos fossem introduzidos nela para abri-la. Essa abertura ficou parecida com uma caixa de correio, então, pedi a cada membro que escrevesse sua técnica favorita num pedaço de papel e a "postasse".

Inversão de papéis, duplo, espelho, aquecimentos, idéias de aquietamento — a caixa estava quase cheia — um modelo filosófico contendo as técnicas. Para que pudesse conter mais um pouco (e há sempre mais o tempo todo, é sobre isso que versa este livro), a caixa precisa se expandir.

Alguém produziu um facão de cozinha. Cortei a caixa e coloquei a base, espontaneidade e criatividade (EC) no meio do chão. Os quatro lados — tempo, espaço, realidade e cosmos (T, E, R, C) (ver Figura 2 na montagem que ilustra este capítulo) — foram levados até as quatro paredes do salão, deixando-nos com a tampa e a abertura.

Após a discussão e encenações cheias de humor, demos a ela o nome de "Divindade", e a suspendemos numa tubulação do aquecimento central no teto. Ela ficou pendurada lá, girando como um móbile, representando diferentes coisas para diferentes pessoas. A maior parte delas aceitou que seu nome fosse "Criação", e a relação direta com a etiqueta a nossos pés — nossa própria criatividade.

## Décima primeira história

Uma mulher aproximou-se de mim no congresso canadense. Ela havia participado da sessão da escola de música norueguesa. Estava toda entusiasmada com o que havíamos aprendido e falou sobre o crescente interesse de seus próprios alunos. Eu estava encantado com a vibração dela, quando ela revelou que o que realmente havia mobilizado sua imaginação tinha sido "a maneira ousada e perigosa que você abriu a sessão". Perigosa e ousada? Eu não me lembrava de nada disso.

Ela prosseguiu: "Sim, quando você terminou de cortar a caixa, você jogou a faca, e ela se fincou, vibrando, no chão — e todos nós ficamos estáticos!".

Na verdade, não tinha havido perigo algum. Eu tinha ficado de pé, no meio do salão, com quarenta pessoas sentadas num grande círculo ao meu redor. Depois de ter cortado a caixa, deixei cair a faca no chão, mas não a joguei. Na minha juventude, eu havia trabalhado num circo, e tinha sido amigo do atirador de facas. Foi realmente um caso de espontaneidade num encontro com o passado. Mas isso serve para nos lembrar de que um *showzinho* pode ir bem longe! Acho que o dr. Moreno provavelmente concordaria.

A caixa começou a despertar interesse nas pessoas como uma maneira de aprender a ver tridimensionalmente, a pensar mais amplamente, e a começar a agir mais de acordo com os conceitos unificadores do psicodrama. Eu não quero exagerar: a caixa não passa de um modelo; talvez ela possa ser um estímulo para que você faça seus próprios modelos e apresentações visuais.

# A CAIXA MELHORADA

O terceiro protótipo da Caixa de Holwell foi produzido no *workshop*, pelo carpinteiro do meu povoado, Dave Cross. Carpinteiros de povoado são pessoas interessantes de se conhecer! A caixa montada tem mais ou menos 35 × 35 cm, é lindamente etiquetada e feita de madeira encerada. As seis partes são fechadas com velcro, idéia de Dave. Um suporte separado permite que ela fique em exibição num canto, onde pode girar como o mundo e todas as estrelas. Ela cabe numa maleta, e viaja comigo. Examinemos os quatro lados da caixa e os "quatro princípios universais" em termos de procedimentos terapêuticos e profissionais. Começaremos com tempo, espaço e realidade.

## TEMPO, ESPAÇO E REALIDADE

### Décima segunda história

Tess tinha síndrome de Down, e na época desta história estava com 18 anos de idade. Ela dificilmente falava, exceto por uma única palavra, "Não!". Essa única palavra podia ser proferida de muitas maneiras, expressando seu estado de espírito, afirmação ou questionamento. Tess agitava os braços, machucando-se em quinas de mesa e na mobília escolar. Qualquer pessoa que estivesse em sua rota também estava sujeito a receber uma bordoada. Embora fosse considerada violenta, para mim Tess não passava de alguém tremendamente frustrado. Ela fazia parte de um grupo de jovens com dificuldades severas de aprendizagem; alguém isolado, que pouco participava das atividades do grupo.

Realizávamos encontros com eles do tipo "drama da vida", duas vezes por semana, em sessões com duração de duas horas. Numa discussão, os estudantes haviam concordado em realizar um projeto de quatro semanas de duração na "América". Todos, exceto Tess, queriam ser atores da Dallas TV; rapazes e garotas de filmes de gângster, ou visitar lanchonetes para comer hambúrgueres e cachorros-quentes. Nova York significava a chance, para os mais altos, de serem arranha-céus, e para a garota de suéter amarelo, ser um táxi nova-iorquino[2].

---

2. Na cidade de Nova York, todos os táxis são pintados de amarelo.

E assim foi por várias sessões. Então minha companheira Marcia, nascida no Meio-Oeste, apareceu para mostrar a loja de sapatos de seu pai. Eu queria que os jovens conhecessem uma outra América que eles nem imaginavam existir, e que oferecesse papéis que realmente pusessem em xeque a imaginação deles.

Construímos a loja no quarteirão do supermercado da cidadezinha. Demos ênfase à seqüência de construção de cena do reverendo Tom Wilson — primeiro consideraríamos o espaço, a seguir disporíamos as coisas no espaço e, finalmente, colocaríamos as pessoas. Um jovem autista, que declarou ser um teórico do *big-bang*[3], objetou à "Ê". Isso nos deu a oportunidade de derivar para uma mini-encenação da humanidade reinventando seus próprios mitos. Ampliem nosso campo de pensamento e caímos na mesma história. Primeiro, houve o *big-bang*, depois, as coisas evoluíram e apareceram as pessoas. As sessões são sempre conduzidas como se fossem um rio de atividades, no qual os planos preconcebidos dão lugar ao "momento".

Os carpetes da loja foram colocados, as prateleiras pregadas, e os membros do grupo viraram fazendeiros querendo comprar botinas de trabalho. Donas de casa procuraram sapatos confortáveis, e suas filhas nunca achavam o que queriam. Cada representante era encorajado a desenvolver seus próprios sentimentos relativos à sua parte.

Daryl era diferente. Ele desempenhava o papel de Jack, pai de Marcia, como ela havia mostrado para ele — alto, ereto, posando com seu charuto. Jack não fumava o charuto. Ele só posava com ele, um símbolo do homem de negócios americano e também um evocador de lugares excitantes que o dono de uma lojinha de uma cidade de interior jamais visitaria — Bolívia, Havana e Brasil, berço dos charutos. Todos nós estávamos curtindo, e ninguém mais do que Daryl.

Eu havia puxado Tess para o lado, com meu braço em seus ombros para conter a agitação dos braços dela, de forma a que não causassem estragos nem machucados. Depois de certo tempo, sua atenção dirigiu-se, pela primeira vez, para o palco. Ela se aconchegou a mim, curtindo o calor de ser abraçada por um professor e retribuindo com sua própria afeição. A tensão abandonou seu corpo, uma espécie de "desvanecimento", que me indicou que algo estava para acontecer. A mensagem foi claramente comunicada com o contato corporal.

Subitamente, para surpresa de todos, Tess disse em alto e bom som: "Acenda o charuto!".

---

3. *Big-bang* é uma teoria física sobre o princípio do universo, segundo a qual ele teria se originado de uma grande explosão de matéria.

Juntos, corremos para o palco. As mãos de Tess, cobertas de esparadrapo devido aos ferimentos auto-infligidos, se enfiaram em seu vestido, produziram um isqueiro imaginário, acenderam-no e, psicodramaticamente, acenderam o charuto de Jack.

Foi um triunfo. Choramos e aplaudimos.

Esse despertar poderia não ter acontecido se tivéssemos ficado sentados, e se não falássemos. Tess não falava e não conseguia ficar sentada por mais do que alguns minutos. Seu isolamento impedia-a de ter contato com os outros, a não ser batendo neles de forma violenta e altamente acidental.

## VIAGEM NO TEMPO

Não poderíamos ter trabalhado com o espaço sem o tempo, isso para não falar dos anos 60 da loja de fato de Jack, mas sim a reproduzida nos anos 60 do aqui-e-agora. Esse conceito de tempo possibilitou que o passado fosse trazido para o presente, e proporcionou-nos um relance do futuro — um indício de esperança e de mudança para Tess.

Considerar o tempo desta maneira tem importantes implicações para o comportamento pessoal, social e cultural. Podemos repetir o futuro, experimentá-lo quanto ao tamanho, e não ser punido pelos erros cometidos.

## ESPAÇO CRIATIVO

O espaço era o segundo elemento essencial, o preenchimento do espaço com os detalhes da loja de calçados e com as características peculiares aos fregueses de Jack. A maior parte das terapias ocorre num espaço, num consultório, ou em uma sala de hospital que, além de uma cadeira ou divã, não tem nenhuma relação com o processo terapêutico. A reforma do nosso espaço, transformando-o numa loja, foi imperativo para o que aconteceu.

## REALIDADE MULTIFACETADA

A realidade era mais complexa, uma variedade de percepções, as quais era meu trabalho alinhavar num todo dramático. Cada representante de papel desenvolveu sua própria concepção de uma pequena cidade americana. Eles produziram um aspecto da vida americana que nunca haviam considerado anteriormente; algo que demandava a criatividade deles. Marcia reviveu a realidade de sua juventude. Eu vivenciei a realidade de contatar a Tess escondida pela primeira vez.

E Tess? Ela saiu da realidade de seu isolamento, sentiu a realidade do amor do professor e o retribuiu. Ela entrou na nova realidade das atividades do grupo e viu algo que não se encaixava na realidade das coisas que ela havia visto. Isso levantou a questão dentro dela: "Qual é o sentido de se ter um charuto, se você não o acende?". Isso a levou a falar e a realizar sua ação linda e reasseguradora de esperança.

Examinemos mais profundamente a questão do espaço criativo. Nossa escola de arte local é um amplo espaço, uma fábrica de concreto construída no topo de um monte varrido pelo vento. Fica cerca de dois quilômetros e meio do centro da cidade e foi concebida como um edifício utilitário, por economistas que nada sabiam sobre arte ou artistas. Arquiteturalmente falando, viraram um armário sobre um dos lados, e o encheram de estudantes. As classes são pequenas e quadradas, com teto rebaixado. As janelas dão para qualquer face, dependendo da posição da sala. Nem sempre havia sido assim.

A antiga escola de arte tinha estúdios com pé-direito alto e amplas janelas na face norte. As salas necessariamente construídas na face sul eram destinadas aos estoques de material, a funcionários ou escritórios. Mas o mais importante de tudo era que a escola se localizava exatamente ao lado do cais, no meio do tráfego de barcos, navios, guindastes, pessoas e aves marinhas. As gaivotas podiam ser alimentadas das janelas. Tratava-se de um lugar de aprendizagem criativa, localizado no coração da criatividade diária da cidade. A posição que um espaço de aprendizagem ocupa dentro da comunidade é de grande importância.

Nos fundos da nova escola de arte e da escola técnica à qual ela está ligada há dois barracões pré-fabricados destinados às aulas para adolescentes com dificuldades sérias de aprendizagem. As salas são pequenas e entulhadas de mobílias de aço, armários e mesas com cantos pontudos. Os jovens que freqüentam esses barracões têm muitas limitações, tanto mentais quanto físicas. Levou algum tempo até que os barracões fossem equipados com rampas, e só recentemente construíram acessos para cadeiras de roda nos principais edifícios do colégio.

Os barracões foram construídos para abrigar um sistema designado a manter jovens estudantes excepcionais longe do complexo da escola propriamente dita e fora do alcance de uma sociedade que vive a mil por hora, à qual o resto da escola serve. Parece que a compreensão que a sociedade tem do espaço e da escala humanos é totalmente inadequada. As salas são adequadas para ensinar as pessoas capazes de absorver fatos, e podem mesmo ser adequadas para ensinar às pessoas o que pensar. Elas certamente não são adequadas para ensinar aos jovens como pensar, como se deslocar, ou como se expressar de forma espontânea e criativa.

Para o trabalho com jovens excepcionais, um espaço ambiental estimulante é de suma importância. As salas precisariam ser menos entulhadas, e muito mais livres; um espaço mutante no qual a mente, os movimentos e as emoções possam ser liberados para a ação. Não importa quais as condições, o psicodramatista tem que, primeiro, desimpedir uma área suficientemente grande para o aquecimento, para a encenação e para o compartilhamento. A sessão pode realizar-se em qualquer lugar, dependendo da habilidade do diretor e da vontade do grupo, e quero dizer literalmente em qualquer lugar — desde a rua ou o estádio de futebol, até a clínica ou a sala de aula. Idealmente, é claro, o espaço será especialmente construído para os métodos de ação; terá um espaço para o palco, um auditório, talvez luzes de ribalta para ajudar a criar uma atmosfera, e uma área de auditório para aqueles que não estão participando da ação, ou aguardando sua vez de serem chamados para ajudar. A razão para construir essa área de encenação, seja ela improvisada ou ideal, é proporcionar espaço para o grupo ou para o membro individual trabalhar seu problema. Os fundamentos da minha posterior compreensão da amplitude do conceito de espaço de Moreno foram estabelecidos em 1960. Embora eu não desse o devido valor na época, trazia em si os quatro elementos universais: tempo, espaço, realidade e cosmos.

## Décima terceira história

O rádio e a televisão estavam noticiando que o primeiro astronauta no mundo estava orbitando em redor da Terra. Algumas pessoas realmente viram a espaçonave da mesma forma que hoje os satélites podem ser regularmente vistos cruzando o céu. Enquanto eu tentava ver um lance dessa primeira espaçonave, ocorreu-me que ela carregava o Colombo do século XX. Uma nova era nascia, e eu achava que o jovem cosmonauta russo a bordo, o major Yuri Gagarin, era um homem que eu gostaria de encontrar e com quem gostaria de aprender. Felizmente, eu tinha dois colegas que concordavam comigo — Ray Bernard e John Gorman. A humanidade estava prestes a sofrer uma importante mudança. Nossa idéia de espaço estava sendo reavaliada diante dos nossos olhos.

Juntamente com nossos amigos, Dave Lambert (secretário-geral), e Fred Hollingsworth (presidente da Foundry Workers Union) ajudamos a trazer Gagarin para a Inglaterra. Na sede da união, em Manchester, ele recebeu uma medalha de ouro que eu havia desenhado, e recebeu o título de membro-honorário da união. O major Yuri, ele próprio um ex-metalúrgico, tornou-se o primeiro e, tanto quanto eu saiba, o único explorador do espaço a ser membro de uma união de trabalhadores britânicos. Estávamos na época da Guerra Fria, e a visita ocorreu em meio a uma maciça oposição do gigante do *establishment* britânico. Um grupo de Davis da classe trabalhadora pôs aquele Golias no seu devido lugar. Eles acrescentaram uma pequena vitória à luta pela paz na Terra.

Ao vir do aeroporto de Manchester para a sede da união, Gagarin foi surpreendido por uma tempestade torrencial. Havíamos alugado um Rolls Royce; ele havia sido usado pelo duque de Edimburgo no mês anterior, era um modelo novinho em folha, e o único Rolls Royce conversível da Inglaterra. O dono de uma barbearia emprestou-me uma pilha de toalhas quentes e entrei no toalete masculino com nosso intérprete e Yuri para enxugá-lo. Esse foi meu único momento de contato íntimo. Gostei do homem e perguntei-lhe, de forma meio ingênua: "O que você sentiu lá no alto?". Gagarin fez uma pausa e respondeu: "Uma beleza terrível". A primeira visão de temor reverencial para o nosso planeta azul era compreensivelmente bela. Mas terrível? — pensei. Gagarin percebeu a minha confusão e acrescentou: "Para quem eu poderia dizer isso?". Ao dizê-lo, uma lágrima correu ao longo de seu nariz. O primeiro Colombo, o descobridor da América, trazia uma tripulação consigo em sua jornada rumo ao desconhecido, embora essa tendesse ao motim. Mas esse segundo Colombo foi sozinho, sem saber se retornaria à Terra. Aí estava o homem mais corajoso que eu já conhecera. No entanto, sua lágrima era tão molhada quanto a minha.

Devido à euforia do momento e ao sucesso em conseguir efetivamente trazer esse homem notável a Manchester, contrariando todas as apostas, o pleno impacto de sua solidão não me atingiu por muitos anos. Sua lágrima suave deixa claro agora, para mim, que os seres humanos que existem no mundo têm mais semelhanças do que diferenças entre si.

Meu amigo John Gorman, em 1993, escreveu-me um lembrete segundo o qual, quando Gagarin chegou ao aeroporto de Londres, o governo teria enviado alguns oficiais abaixo do nível de major para encontrá-lo, alegando que o protocolo não permitia que eles enviassem alguém de patente mais alta, uma vez que Gagarin era apenas major. Ao final da visita, sua aclamação pública atingiu tal volume que ele foi convidado a tomar chá com a rainha no palácio de Buckingham.

## MUDANÇAS E NÃO-MUDANÇAS

Tive uma melhor compreensão do conceito mutante de espaço e da necessidade imutável dos seres humanos de serem amparados e terem contato amoroso catorze anos mais tarde, ao ler o discurso de Moreno proferido no Segundo Congresso Internacional de Psicodrama:

> Na verdade, a despeito do fato de que todas as terapias negligenciaram razoavelmente o elemento espaço, os físicos, os astrônomos e os astronautas não o fizeram. Na afluência cósmica da nossa era, o espaço e a comunicação física tornaram-se categorias enormemente importantes para a mente humana, em sua visão sobre a vida e o universo, na medida em que o homem planeja viajar até a Lua, os planetas e, eventualmente, as estrelas.

> (Moreno, 1987, p. 5)

Esta sábia concepção é a razão pela qual um diretor pede que um grupo ou um protagonista descreva e concretize o espaço no qual eles fazem suas investigações e intervenções. É também o espaço no qual o *insight* e a catarse adquirem vida.

Escrevi sobre o tempo, o espaço e a realidade em termos de sua formação no interior de uma sessão de psicodrama, mas, como mostrei, Moreno nos pede que trabalhemos além das paredes do teatro. É por isso que incluí a história de Gagarin.

Vivemos numa época de incríveis mudanças, que talvez constituam ou arrasem a humanidade. Tudo se candidata à mudança, até mesmo a ponto de se escolher de que sexo seremos. Minhas histórias, a Caixa de Holwell, são apenas pequenas ferramentas para nos ajudar a pensar mais além das paredes de nossas próprias mentes e corações, bem como da sala de terapia.

## COSMOS — O QUARTO PRINCÍPIO UNIVERSAL

O quarto princípio universal é o cosmos, um outro lado da Caixa de Holwell. Examinemos mais de perto como a idéia filosófica funciona na prática. Para parafrasear A. S. Neill em *A dominie's log*, publicado inicialmente em 1915: "Quando nossos estudantes descobrem que somos apenas seres humanos, aí eles gostam da gente, e nos ouvem" (Neill, 1986, p. 20).

Da mesma maneira, numa sessão de psicodrama, quando consideramos as razões humanas por detrás dos sentimentos, pensamentos e ações de uma pessoa, nós a escutamos com mais atenção. Compreendemos mais claramente que as pessoas são o produto de suas experiências e, mais particularmente, das relações entre si. Nossa vidas fazem de nós o que e como somos. A escuta atenta é uma das primeiras tarefas de uma

49

sessão. O psicodrama é uma educação e uma terapia, dentro e sobre as relações.

A filosofia criativamente aplicada por meio das técnicas une arte e ciência. Se aceitarmos o conceito de um drama cósmico contínuo, poderemos considerar também que a humanidade faz parte desse drama. Se, como Blake disse, vemos o mundo num grão de areia, ele também se encontra numa célula humana. Não importa onde estejamos, o drama cósmico está à nossa volta e fazemos parte dele. Quando entramos numa sala ou num espaço no qual uma sessão de psicodrama ocorrerá, o drama já está lá. Está quente ou frio, claro ou escuro, a chuva tamborila na janela ou o sol brilha no céu.

## Décima quarta história

Na Finlândia, um protagonista do extremo norte, separado da mulher, sentia a perda e a tristeza relativas a seu filho, que tinha uma lesão cerebral. Como diretor, perguntei: "O que você realmente quer para o seu filho?". O homem respondeu "A luz do sol". Era alto verão, e o sol entrava pelas janelas e iluminava um canto inusitado da sala. Pedi que todos rearranjassem rapidamente o lugar. A área de audiência foi mudada, e o palco, ou a área de encenação, recebia a plena luz do sol.

Imediatamente, a energia no grupo aumentou, enquanto as pessoas mudavam cadeiras e mesas do lugar, cutucando-se e interagindo, no desejo de proporcionar ao protagonista seu desejo — um pouco da luz do sol para seu filho. O sentimento grupal era bom; o protagonista sentiu-se homenageado. Havíamos criado um rico ponto de partida simplesmente conectando-nos ao desempenho cósmico em ação, com a luz do sol iluminando a sala. Dentro da sala, o estado de espírito do homem e do grupo foram acompanhados pela mutação do estado do tempo lá fora. O sol veio e se foi, e em dado momento começou a chover, como se o protagonista tivesse começado a chorar. Havia escuridão e luz, frescura e calor. Sentimos que pertencíamos a algo maior.

O ponto alto surgiu durante o compartilhamento. Sentamo-nos em círculo enquanto o sol se punha. Subitamente, o sol lançou os últimos raios do dia. De forma mágica, estes caíram sobre o protagonista exaurido e sobre o ego-auxiliar, que havia desempenhado o papel do filho lesionado. Foi uma experiência maravilhosa, de tirar o fôlego.

Não estou dizendo que o psicodrama é mágico. Estou dizendo que coisas mágicas podem ocorrer quando você está conectado ao drama cósmico. O diretor tem de ater-se aos fenômenos cósmicos para inspirar-se. Se for capaz de conectar o drama pessoal da sessão com o drama universal, então, por vezes, o universal entrará em sintonia com o pessoal. Quando o dr. Moreno pediu que nos considerássemos não apenas como indivíduos ou seres sociais, mas também como seres cósmicos, ele estava enxergando muito além das paredes do consultório. Ele estava mirando mais além, nas ruas, nos campos e nas montanhas, no próprio cosmos grandioso. Estava sugerindo que somos partes do todo, uma parte essencial, embora pequena, de um sistema maior em funcionamento. O que faz com que nossa pequenez seja um pouco mais significante é que somos criadores. Temos a capacidade de atuar e de pensar. Juntamente com essa capacidade está a nossa própria responsabilidade, com o mundo ao nosso redor e com os céus que circundam nosso planeta. Isso, me parece, é a visão holística de Moreno — uma visão que é tanto mais urgente quando pisamos no cosmos com nossas sondas e nossas espaçonaves. Moreno estava um tanto quanto à frente do Movimento Verde.

Minha própria visão considera que ele estava em íntimo contato com a evolução em curso do pensamento cósmico — Petra Kelly veio depois, mas São Francisco veio antes. Moreno tem um lugar importante nesse processo em andamento.

## A DIVINDADE

O maior modelo de "objetividade" que o homem jamais concebeu foi a idéia da Divindade, um ser que sabe e sente com o universo porque ele o criou, um ser ilimitado em sua capacidade de penetrar todas as facetas do universo e ainda assim ser inteiramente desprovido de "vieses".

(Moreno, 1953, p. xli)

A Divindade é o modo pelo qual o dr. Moreno representa simbolicamente a fonte de criatividade dentro do cosmos. Ao trabalhar com grupos na exploração dos conceitos de Moreno, com o uso da Caixa de Holwell, o mais contencioso dos seis lados é a Divindade. A "Divindade" é a designação do sexto lado ou tampa.

Essa beligerância é precisamente o porquê de ela ser tão importante para o meu próprio conceito de ensino. A idéia de diferença, de discussão, de concordância ou de discordância concordante é essencial para o desenvolvimento do psicodrama e para a criação de praticantes que sejam seres não-julgadores. Com isso quero dizer pessoas que considerem a variação humana e a dificuldade e aceitem, mesmo quando ajudam a mudar, essa dita realidade.

Moreno faleceu em 1974. A vida prossegue, e precisamos continuamente reexpressar suas idéias de forma que sejam válidas para a velocidade cada vez maior de mudança com a qual vivemos. Isso significa testar as idéias e métodos, principalmente os nossos. Em última instância, também significa aprender a conviver mesmo sem entender um ao outro!

Aprecio a visão de Moreno sobre o judaísmo e sobre o marxismo como importantes forças motivacionais de sua juventude. Também concordo com ele em que o primeiro tenha sido religião sem ciência, e o último, ciência sem religião. Eu usaria a palavra "espírito". Creio que a vida provou que Moreno estava correto em ambos os casos. Endosso ainda mais a maneira criativa pela qual Moreno se utilizou dos aspectos positivos de sua juventude e tentou criar um "terceiro" caminho para prosseguir.

## AQUI-E-AGORA

Numa época e numa cultura tão dedicadas ao materialismo, muitas pessoas sentem dificuldade com o conceito de Deus, e gastam um tempo enorme colocando a culpa na religião e na companheira, a política, por haverem "falhado". Minha própria observação é de que a falência reside no uso humano de idéias, mais do que nas próprias idéias. É como atribuir aos aviões a culpa por jogarem bombas ou aos aparelhos de comunicação por destruírem a privacidade das pessoas. São os homens e as mulheres que fazem essas coisas, e não as idéias ou a tecnologia resultante das idéias.

Os seres humanos têm buscado uma estrela-guia ou algum modelo de um sistema social ideal ou cientificamente seguro desde o início das eras. Essa longa tentativa tem se mostrado cheia de contradições. Após a Revolução de Outubro em 1917[4] e a tentativa de construir um sistema que rejeitasse a religião e a idéia de uma Divindade, ambas foram, de fato, recriadas. Um fervor religioso inspirou milhões de pessoas ao evento de 1917 e prosseguiu muito após o experimento ter se tornado totalmente corrupto. O sistema de crença daqueles que lutavam para criar o "Novo Homem e Mulher" cegou as pessoas para a corrupção de sua

---

4. Trata-se da revolução comunista russa de 1917.

52

crença. Também fez com que eles se cegassem para o comportamento dos novos deuses que haviam criado. As pessoas constantemente derivam forças de seus deuses, para não dizer do próprio deus dentro delas. Trata-se de importantes fontes de energia que precisam ser constantemente checadas para verificar se não se tornaram falsos deuses. Em seus escritos iniciais, *Dialogues of the here and now*, e, mais tarde, no *The words of the father*, Moreno desenvolveu uma nova dimensão, repetindo-a nos "Prelúdios" em *Who shall survive?*.

Uma dimensão que inconscientemente sempre esteve presente, mas nunca foi dita de forma adequada, teoricamente a dimensão do "Eu" ou Deus na "primeira" pessoa (em contraposição ao Deus "você" dos cristãos, e ao Deus "ele" da tradição mosaica), a dimensão da subjetividade, a dimensão do ator e criador, da espontaneidade e da criatividade.

A dimensão da subjetividade não priva a Divindade da objetividade, da neutralidade e da imparcialidade do velho modelo, mas libera o caminho para o exercício da empatia cósmica, do amor e da participação íntima; em outras palavras, para o psicodrama de Deus.

Pessoalmente, não vejo problemas em aceitar a demanda por subjetividade, neutralidade e imparcialidade de Moreno para os psicodramatistas, mesmo sendo eu um *partisan* vitalício. O objetivo dele em direção à empatia, ao amor e à participação é o que seria, para mim, o sentido do partidarismo.

## Décima quinta história

Ao usar a Caixa de Holwell com um grupo em Sheffield, uma mulher mais velha discordou da minha tentativa de explicar o que seria a Divindade. "Há muito tempo, quando tive meu primeiro bebê", disse ela, "toquei a moleira da sua cabecinha e senti que isso era a Divindade." Eu observei em voz baixa que estava muito satisfeito em saber que uma menina também pudesse ser a Divindade, uma posição reservada, no período ao qual ela se referia, aos bebês do sexo masculino. A mulher retrucou: "Ah! a cabeça dela não tinha nada a ver com sexo, ela *era* o futuro, a criança *é* o futuro".

Para mim, há espaço de sobra em meu conceito para a sabedoria poética dessa senhora.

# DE VOLTA PARA O FUTURO

Um dos aspectos da filosofia de Moreno a respeito do encontro sobre o qual não li nem ouvi muita discussão é o processo corrente do auto-encontro por intermédio do psicodrama. Repetidamente, as pessoas que participam de sessões de psicodrama encontram partes de si próprias, ou "outros *selfs*", das quais tinham apenas uma leve consciência anterior, ou mesmo das quais não tinham consciência alguma. Isso acontece não apenas com os protagonsitas, mas também com os diretores ao construir relações com os protagonistas. Também pode acontecer que um ego-auxiliar assuma um papel aparentemente desconhecido e descubra uma familiaridade com algum aspecto escondido do *self*.

## Décima sexta história

Minha primeira filha nasceu em 1952, e demos a ela o nome de Janey. Ela era muito linda, e morreu dois anos mais tarde.

Janey foi enterrada num lindo dia de verão, numa colina próxima a Carlisle. Sua mãe e eu entramos num período de choque, perguntando-nos vezes seguidas a eterna questão dos pais enlutados: "Por que nós?". À medida que o patético caixãozinho descia ao solo, tudo pareceu muito irreal. Aquilo não podia estar acontecendo. A cena não passava de um cenário de papelão, e as pessoas, atores em algum tipo de peça bizarra. Senti que a cortina estava se fechando. Aplaudiríamos e voltaríamos todos para casa discutindo a peça.

Aí, de chofre, fui conduzido de volta à realidade do pequeno túmulo pelas palavras de meu amigo Walter Wallace. Ele discorria sobre a verdade cósmica da criação em andamento, segundo a qual, enquanto nossa filhinha principiava seu descanso eterno, uma outra criança já estava crescendo na barriga de minha mulher. Suas palavras fizeram com que eu tivesse consciência dos meus pés sobre o chão, e a minha percepção tornou-se de súbito aguçada. As árvores ao redor do cemitério, que se agitavam ao vento, estavam emolduradas pela cor do milho maduro. Entre as árvores, via meus vizinhos de roupas e sobretudos escuros. Alguns tinham vindo direto da mina de carvão e da ferrovia, e suas bicicletas negras contrastavam com o milho. Nenhum deles se aproximou muito, temerosos de invadir a dor privativa de minha família. Não consigo me recordar de suas faces, mas jamais me esquecerei do toque reconfortante de suas mãos quando deixamos o cemitério. Desde esse dia, o marrom-dourado do milho maduro tornou-se minha cor predileta.

Minha mulher retraiu-se numa dor silenciosa, alimentada por outras tragédias da vida que talvez a tenham levado a morrer de câncer aos 44 anos.

Minha própria maneira de lidar com tudo isso consistiu em me endurecer, ficar mais "macho", como parecia adequado a um homem que trabalhava na indústria de minas de carvão. Nunca chorei ou falei sobre nossa tragédia; enterrei-me na política sindical e despendia o meu tempo livre ajudando terceiros a fundar a Spastics Society.

Vinte anos mais tarde, fui o protagonista numa sessão de psicodrama, a minha primeira. Senti-me cheio de dúvidas com relação a isso, percebendo que o que se passava dentro de mim era apenas da minha conta!

Meu diretor foi Doug Warner, de Maryland. Não me senti particularmente atraído por esse homem, que fumava cachimbo e era meio desligado, e, no entanto, 25 anos depois, tenho uma afeição fraterna por ele. Trata-se de uma fraternidade nascida de sua relação criativa comigo, nessa específica sessão psicodramática.

Quando a representação chegou ao ápice, Doug fez com que o grupo viesse para o palco e se tornasse o milharal. Era milho virando gente, e gente virando milho — realidade adicional total. Eu não havia regredido no tempo, o tempo é que tinha se atualizado para nós naquele brilhante espaço dourado.

Minha filhinha, uma médica indiana num lindo sari florido, tocou minha mão e caminhou para dentro dos pés de milho, que se fecharam sobre ela. Foi uma segunda separação maravilhosa.

Eu me encontrava em estado de choque psicodramático; pouco ouvi do compartilhamento, mas nas semanas que se seguiram a esse encontro com o meu velho *self*, mudanças importante ocorreram. Meu mecanismo de endurecimento para lidar com as coisas pareceu tornar-se inadequado. Acalmei-me, sem temer mais a minha vulnerabilidade.

Minha dor se manteve, mas as crises de tristeza tornaram-se menos freqüentes, e mesmo essas eu achava que eram compartilhadas por pais enlutados, por intermédio da história e do mundo. O que havia sido um jeito de lidar com as coisas tornou-se uma maneira mais consciente e abrandada de vê-las, e uma maneira mais criativa de prosseguir com a vida.

O terceiro encontro com o *self* ocorreu vinte anos mais tarde, e está diretamente relacionado com aquela sessão de psicodrama dirigida por Doug Warner.

Tive uma hemorragia aguda, e descobriram que eu estava com câncer no intestino. A cirurgia foi longa, seguida por nove dias numa UTI.

Trata-se de um período que se perdeu na minha consciência, exceto por uma coisa que creio ter ocorrido durante a operação.

## Décima sétima história

Eu estava caminhando por um milharal maduro. A cor do campo em movimento era dourado árabe; eu o sabia por haver presenciado o sol iluminar o flanco marrom-amarelado de um garanhão em Bagdá. Isso aconteceu na época em que Saddam era o queridinho do *establishment* inglês, que o estava abastecendo de armamentos dos mais pesados. Minha mente percebeu tudo isso com clareza, e também o significado subjacente a tudo.

Tudo estava brilhante e claro como cristal.

Minha filhinha veio em minha direção, pelo milharal, que se movia no ritmo do seu caminhar. Ela era exatamente aquela garotinha de dois anos, de novo, e estendeu os seus bracinhos para mim. Nossos dedos quase se tocaram, quando uma voz disse em meu ouvido direito: "Espere, Ken, ainda não está na hora". As palavras são minhas, mas a voz não era. Tratava-se de uma voz por detrás de mim, talvez a voz da sabedoria coletiva de pais e crianças perdidas. Minha filhinha parou, um sorriso perpassou sua face, e, sem tristeza, ela virou-se para se perder novamente em meio ao brilho.

Esse foi meu terceiro encontro comigo mesmo e a terceira separação de minha filha. Foi um encontro simples, quase banal, profundamente lindo e totalmente sem mágoa.

Minha mente me diz que não se trata de um sonho ou de uma visão desencadeada pelo anestésico; meus sentimentos me dizem que foi uma mensagem que me ajudou a sair do hospital e me mobilizar rumo à recuperação. Ao fazê-lo, mudei novamente. Eu valorizo cada momento e, todavia, sinto-me preparado para partir quando chegar a hora. Essa última frase "quando chegar a hora" parece inadequada. Quero decidir o tempo e o lugar; quero ser o meu próprio Deus. Morrer me parece ser um caso da combinação certa das razões para isso. Simplesmente um processo da vida em andamento.

Doug Warner apresentou-me àquele velho *self* que não sabia prantear, o qual, por sua vez, conduziu ao nascimento de um homem vulnerável — orgulhoso da sua vulnerabilidade. O combatedor do câncer chamou de volta a cena de psicodrama de Doug Warner para evitar a morte, para transformar tudo isso em sangue redentor de vida e para prosseguir com a vida.

Cada encontro com um *self* antigo, porém ainda vivo, parece dar origem a um *self* mais adequado. Adequado às circunstâncias que mudaram e, esperamos, às demandas futuras. É a isso que chamo de processo psicodramático em andamento.

## CONCLUSÃO

Enquanto escrevo este capítulo, nossa tecnologia de mídia está sendo usada para veicular dois itens principais.

O primeiro é a infidelidade ridícula do futuro rei da Inglaterra e companhia. É um sinal dos tempos que deixa muito a desejar, sem falar dos controladores da mídia. O psicodrama poderia ajudá-los todos, plebeus e reis!

O segundo item diz respeito à dissolução da União Soviética, e saiu hoje na manchete do meu jornal "de qualidade": "As Idéias de Marx Falharam para seu Povo". Toda a minha vida eu ouvi metade das pessoas dizerem isso, enquanto que a outra metade dizia o mesmo sobre as idéias cristãs. A verdade é que não são as grandes idéias humanistas que falham para as pessoas; as pessoas é que falham para as grandes idéias humanistas. Sua cobiça, sua fragilidade, seu desejo de poder e estupidez se interpõem ao caminho. Para ser justo, mesmo os melhores dentre nós se cansam, e seus sonhos morrem. Mas o maravilhoso sobre as pessoas é que em algum lugar alguém sempre recomeça. Elas trabalham em prol de algo melhor e começam a sonhar de novo.

Mesmo agora, nesse período desanimador e vazio de visões, algumas pessoas têm coragem de sonhar de novo. Incluindo aí os psicodramatistas! É um processo revolucionário em andamento, um eterno contínuo de criação.

O que me traz de volta à filosofia do dr. Jacob Levy Moreno. Ela não é um guia confiável para nos ajudar a enfrentar os problemas atuais? Não são idéias relevantes para carregarmos conosco para o novo século, melhorando, ampliando, mudando e aperfeiçoando-as ao caminharmos?

## REFERÊNCIAS BIBLIOGRÁFICAS

CARSON, R. (1965). *Silent spring*. Londres, Penguin Books.

FOX, J. (ed.) (1987). *The essential Moreno*. Nova York, Springer.

HAYWOOD, T. (1992). *Managing for absurdity*. Videoteipe produzido pela University of Central England, Birminghan, ou em forma de livro (artigo em inglês), *Bibliotek-hagen Bendick Rugaas*. Oslo, Riksbibliotekt-Jenesten.

HILLMAN, J. (1992). *We've had a hundred years of psychotherapy and the world's getting worse*. San Francisco, Harper.

MORENO, J. L. (1941). *The words of the father*. Nova York, Beacon House.

_____. (1953). *Who shall survive?* Nova York, Beacon House.

_____. (1968). "Universal peace in our time". *Group Psychotherapy*, v. 21, Nova York, Beacon House.

_____. (1987). In: J. Fox (ed.). *The essential Moreno*. Nova York, Springer.

MORENO, J. L., MORENO, Z., MORENO, J. D. (1964). *The first psychodramatic family*. Nova York, Beacon House.

NEILL, A. S. (1986). *A dominie's log*. Londres, Hogarth Press.

PILGER, J. (1991). *Distant voices*. Londres, Vintage.

# Capítulo 2

## Espontaneidade e criatividade

*Comentário*

Para os que tentam entender as relações humanas, o psicodrama enquanto forma de trabalho psicoterapêutico tanto pode ser atraente por sua espontaneidade quanto ameaçador por seu modo direto de se expressar. Na verdade, seu potencial de instigação e drama e sua crença no enfraquecimento da rigidez, reduzindo a pedagogia destrutiva e derrubando velhos totens de crença, podem, em parte, explicar a cautela manifestada por algumas pessoas no decorrer dos anos.

O diretor de psicodrama, talvez mais do que qualquer outro psicoterapeuta de grupo, pode tornar-se uma espécie de pára-raios, canalizando a energia latente do grupo. Neste capítulo, Marcia Karp demonstra, de forma vigorosa, como as forças da criatividade e da espontaneidade podem ser metabolizadas para promover mudanças.

# O rio da liberdade

*Marcia Karp*

A essência da descoberta é aquela improvável mistura de repolhos e reis, de quadros de referência ou universos de discurso previamente não relacionados, cuja união virá a solucionar o problema previamente insolúvel.

(Koestler, 1989)

## INTRODUÇÃO

Anos atrás, eu subia a espiral de pinturas no Guggenheim Museum, em Nova York. Tive a sorte de caminhar atrás de um garoto todo entusiasmado com as pinturas que ia vendo. Ele parou diante de um Kandinsky e berrou: "Olha só esses elefantes, Mamãe!". "Que elefantes?", perguntou a mãe. Ele se aproximou mais da pintura, olhou cuidadosamente, encolheu os ombros e prosseguiu. O momento fora uma oportunidade ganha, e, depois, perdida. No que diz respeito a mim, fiquei grata por ter visto os elefantes; no que diz respeito a ele, nunca os verá novamente. Ele aprendeu que sua descoberta não existia; eu aprendi que a sua descoberta existia.

Este capítulo refere-se à aprendizagem e à descoberta por meio da criatividade e da espontaneidade. É a espontaneidade que catapulta pessoas criativas e métodos criativos em direção à ação. O psicodrama é um desses métodos, cujas várias técnicas, quando conduzidas por uma mão inspirada, promove uma espontaneidade mútua entre o instrumentador das ferramentas e seus sujeitos. A espontaneidade é contagiosa. Torna-mo-nos afetados e infectados por essa liberação de energia que flui livremente, produzida primeiro pelo diretor, e, depois, pelo grupo.

J. L. Moreno, ao apresentar o psicodrama para um grupo de estudantes da Berkeley University, conseguiu uma inesquecível identificação com eles, que eram uns sessenta anos mais novos do que ele. Um estudante levantou-se e perguntou: "Dr. Moreno, qual é a diferença entre o senhor e Freud?". Moreno olhou para a multidão de faces barbadas dos anos 60 diante dele. "Freud tinha uma barba batida, aparada por um barbeiro; a minha barba era solta e espontânea." Os estudantes adoraram essa resposta cosmética, porém filosófica, para uma questão teórica. Ela foi eloqüente para eles. A resposta foi adequada para o momento, despertou o riso e permitiu que os outros tivessem acesso a um momento lúdico e espontâneo. Moreno era ótimo para aquecer uma audiência de qualquer tamanho, grande ou pequeno. Ele falava a partir do momento. Falava daquilo com que estivesse envolvido naquele dia, ou do que estivesse contemplando. Ele transmitia a impressão de que qualquer coisa poderia acontecer. Sua autenticidade cativava as pessoas que o ouviam. Ele contatava os membros da audiência fisicamente, com um aperto de mãos. Isso lhe dava uma sensação somática da pessoa que falasse com ele — se ela estava ansiosa ou relaxada, pronta ou não para um encontro profundo. Com Moreno, o aquecimento espontâneo era orgânico à sessão. Sua fala endereçada à audiência, quando o grupo começava, era muitas vezes afiada, engraçada, envolvente, e nunca era a mesma. Ela era confeccionada sob medida para aquele grupo, aquele diretor e aquele momento.

Uma noite, no teatro público de psicodrama de Nova York, havia uma senhora obesa que veio até o palco desejosa de trabalhar sua relação com o marido. Ela andava vagarosamente e sem motivação, parecendo aprisionada num corpo de inatividade. O diretor pediu a ela que corresse ao redor da periferia do palco circular de madeira. Ela pareceu aborrecida: "Há anos que eu não corro!". Mas ergueu a barra do vestido e começou a correr. Parecia um carro dando umas guinadas para a frente, após anos sem uso. Ela correu várias voltas e, sem a intervenção do diretor, subiu pisando duro no palco, encarou o ego-auxiliar que representava seu marido e disse bem alto: "Eu estou abandonando você!". A sessão a seguir referiu-se aos preparativos para abandonar um marido ultrajante. O movimento físico de correr fez com que emergisse seu movimento emocional. Finalmente, ela disse ao marido o que sentia. Seu "encalhamento" residia no corpo e na alma e, uma vez que o corpo conseguiu se mexer, a alma pôde se libertar.

## INOVAÇÕES

Têm havido incontáveis momentos inspirados de autenticidade e espontaneidade nos grupos de psicodrama realizados no mundo todo.

Os momentos inovadores que acontecem são variados e maravilhosos. Como e por que eles ocorrem é algo a ser avaliado, mas que acontecem, é fato. Descreverei alguns desses momentos e os trarei de volta às suas raízes na teoria moreniana. Meus momentos pessoais serão escritos para que vocês se lembrem dos seus.

## Primeiro momento — a cadeira vazia

Cem brasileiros, uruguaios e paraguaios postavam-se em círculo, de frente para uma cadeira vazia. Para a maior parte deles, tratava-se de uma manhã comum de maio, no Rio de Janeiro. Para mim, não era. Várias horas antes, eu havia recebido a notícia de que meu marido havia sucumbido a uma crise e estava internado num hospital para ser submetido a uma cirurgia abdominal de emergência, há milhões de quilômetros de onde eu me encontrava. Naquele momento, eu ainda não sabia do resultado da cirurgia; mais tarde, fiquei sabendo que ele havia sobrevivido. Senti que o conflito entre o papel pessoal e profissional era enorme. Naquele instante, os dois papéis gentilmente se fundiram e se juntaram no âmago da minha existência. Eles tinham de se juntar, caso contrário, eu teria ficado tão cindida que não poderia ter continuado. Agarrei-me à idéia de Carl Rogers segundo a qual aquilo que é o mais pessoal é o mais universal.

Eu estava ansiosa e temerosa por me apresentar tão-somente com meu dilema pessoal. Mas "no momento em que o temor penetra em sua carne, a roda de sua carruagem mergulha na terra", diz o herói em *Mahabharata*, a lenda hindu.

Fiquei de frente para o grupo, solitária e quieta. "Meu marido foi operado hoje cedo. Estou feliz por ele estar vivo." Coloquei uma cadeira no centro do salão. A audiência foi convidada a ficar de pé e formar um círculo em volta da cadeira. "Pense em alguém em relação a quem você simplesmente sente-se grato por estar vivo." Comecei a sentir-me mais encorajada, lembrando-me de que não é importante ser herói, mas sim agir heroicamente.

Em trinta segundos, as cabeças estavam inclinadas ou fixadas na cadeira, e a profundidade do silêncio descia sobre nós. Para minha surpresa, a primeira pessoa a falar fui eu. Disse algumas sentenças em voz baixa a Ken. A próxima a falar foi uma voz chorosa em português. Ela dirigiu-se à filha, que quase havia morrido; um homem falou com seu pai, que havia sobrevivido a um ataque do coração; uma mulher falou com sua irmã, que estava morrendo de câncer, e, assim por diante, as pessoas ao redor do círculo começaram a se endereçar à cadeira vazia.

Algumas pessoas estavam com os braços ao redor das outras, algumas soluçavam, todas estavam envolvidas. Lembrei-me de uma canção escrita por uma cantora chilena, Violeta Parra: "Gracias a la vida" ("Obrigado pela vida"). À medida que eu cantava as primeiras palavras, todos aderiram, e a canção nos uniu de forma inesquecível. Como escreveu W. B. Yeats, "Deus me guarde dos pensamentos que os homens pensam em suas mentes solitárias. Aquele que canta uma canção duradoura pensa dentro da medula do osso" (Yeats, 1936).

A incongruência entre "repolhos e reis" faz mais sentido para mim quando me lembro desses momentos na América do Sul: incongruências tais como essa de eu ser a *expert* que nada sabia; de existirem enormes barreiras culturais e de linguagem, e de que havia uma grande sensação de perda e de dor. Se a essência da descoberta refere-se a esquemas de referência previamente não-relacionados, certamente nós os tínhamos. Esses fatores contribuíram para resoluções na aprendizagem experimental de um grupo.

## Momento dois — eu mereço os sapatos

Fazia calor quando a diretora foi para a Finlândia. Uma amiga tinha dado a ela um par de sandálias feitas à mão que não lhe serviram. Ela as havia colocado em suas mãos quando se despediram uma da outra. Dias mais tarde, estava fazendo um *workshop* no interior da Finlândia e as experimentou. Elas eram lindas, mas grandes demais para seus pés. Ela as trouxe para o grupo e resolveu que as daria a alguém, mas quem melhor se adequaria a elas? Colocou as sandálias num círculo de estudantes ansiosos e pediu que cada um pensasse numa boa razão pela qual as sandálias deveriam lhe pertencer. Uma a uma, as pessoas testaram as razões por estarem merecendo as sandálias. A maior parte experimentou as sandálias ao falar. A auto-estima corria alto.

Uma delas disse: "Não é que eu precise delas. Elas já são minhas". O grupo deu risada das suas palavras ladinas. Um outro, nesse caso um homem, disse: "Eu preciso de mais cor em minha vida, uma nova imagem. Os sapatos são um lembrete disso, a cada passo". Uma outra disse que havia trabalhado duro para o grupo, e que o grupo devia a ela as sandálias. Uma outra disse: "Estou para romper com meu companheiro. Parece impossível. Preciso da sua ajuda, e se eu pudesse andar por um caminho, e vocês comigo, a distância não seria uma batalha tão solitária". Ela ganhou as sandálias.

Desse exercício, emergiu um protagonista que ficou tão tocado por esse artesanato que começou a produzir as sandálias. Elas faziam-no lembrar-se de sua região natal, no Norte da Finlândia. Sua questão se resumia em como manter o primitivismo de suas raízes na vida da cidade. A descoberta do trabalho desse grupo foi novamente uma incongruência: brincadeiras e merecimento. Cada pessoa pôde brincar com seu próprio merecimento de forma segura e honrada e criou sua própria razão para merecer "os sapatos na vida", usando a própria espontaneidade para demonstrá-la.

## Momento três — um psicodrama de trás para a frente

Havia uma expectativa de brilho crescente nas avaliações da conferência que eram apresentadas aos membros do grupo ao final de cada *workshop* para avaliar o líder. À medida que a diretora preparava sua própria apresentação, a avaliação começou a parecer um intruso em seu plano espontâneo de ação. Ela decidiu tirar essa maldita coisa do seu caminho, bem como do grupo. Então, resolveu conduzir o *workshop* de trás para a frente. Uma vez que a avaliação viria em primeiro lugar, teriam de lidar primeiramente com ela.

### *Avaliação*

"Imaginem", disse a diretora a uma sala cheia de pessoas ansiosas pela conferência, "que vocês acabaram de sair de um *workshop* muito útil e memorável." Ela colocou uma cadeira vazia na frente do grupo. "Por favor, digam à diretora que está sentada nesta cadeira por que esta foi uma sessão tão incrível." O grupo irrompeu em superlativos. "Você trabalhou de forma profundamente universal." "O humor foi tecido de forma patética." "Havia humildade e grandeza. Era nossa." "Todos estavam envolvidos. A sua voz parecia um rio tocando cada pessoa da sala." A avaliação prosseguiu por um longo tempo. Todos conseguiram dar sua concepção de uma grande sessão. Os membros do grupo haviam acabado de se encontrar. Nenhum *workshop* havia acontecido ainda, mas, a despeito disso, cada um sabia o que teria feito para que ele fosse bom.

### *Processamento*

"Fechem os olhos", disse a diretora.

Imaginem que vocês acabaram de realizar a quintessência do psicodrama. Enquanto protagonistas, vocês finalmente conseguiram trabalhar numa questão que os têm espreitado indeterminadamente por alguns anos. Ela tornou-se cristalizada nesta sessão, e vocês conseguiram deslocar alguns bloqueios importantes, rumo a um novo aprendizado.

Imaginem sobre o que foi a sessão. Vejam-se na sessão e visualizem-se fazendo conexões novas e profundas.

O grupo estava em silêncio. Ela colocou 12 cadeiras vazias na frente do grupo. "Se vocês forem capazes de nos dizer a essência do que aconteceu no psicodrama, por favor, venham e sentem-se numa das cadeiras." As revelações que se seguiram foram de monumental importância para cada pessoa que falou. Uma mulher resolveu uma longa pendenga entre ela e a irmã, e rapidamente nos contou como conseguira fazê-lo. Um homem revelou que finalmente havia se confrontado com relação à sua sobrevivência na guerra. Durante a guerra, ele havia visto amigos e inimigos morrerem ou ficarem feridos. Na sessão, assumiu a responsabilidade por sua participação. Ele chorou e se regozijou por estar vivo. Tornou-se claro que esses freqüentadores de conferências, na maior parte psicodramatistas avançados, quando tinham a oportunidade de fazer um psicodrama interno, abocanhavam-no com inteligência e trabalhavam duro para chegar à resolução.

## Compartilhamento

Após o processamento de cada uma das 12 sessões, a diretora perguntou para o grupo: "De tudo o que foi descrito, com quem vocês se identificam mais, e por quê?". Uma mulher, em lágrimas, levantou-se e disse que sua irmã e ela não se falavam há anos, e, ao ouvir um dos protagonistas, ela deu-se conta do que deveria fazer com sua irmã. Um outro veterano de guerra veio e abraçou o protagonista da época da guerra e compartilhou seus pensamentos e sentimentos como se houvesse estado com ele há muitas horas. Eles se encontraram onde a experiência de vida os uniu. Isso foi dolorosamente posto para fora em algumas sentenças-chave do protagonista. Como se vê em sessões integrais de psicodrama, quando o conteúdo emocional une as pessoas, o encontro é realizado num nível profundo e inesquecível. A profundidade do encontro permitiu que duas pessoas tivessem sessões centradas no protagonista durante o dia do *workshop*.

## Aquecimento

Após uma resolução do trabalho do protagonista, o compartilhamento tornou-se o aquecimento que encerrou os trabalhos do dia.

Coloquem uma cadeira em frente de si. Identifiquem quais questões trabalhadas pelos protagonistas são as questões de vocês. Digam a si mesmos como lidarão com elas quando se forem daqui. Vejam-se claramente e falem diretamente a si próprios sobre como lidar com essas questões.

Isso durou vários minutos, enquanto as pessoas se aqueciam para as questões que as aguardavam quando voltassem para um mundo maior. Elas se dedicaram a integrar o que havia acabado de acontecer num grupo grande com o que ocorria na realidade de suas próprias vidas.

Lentamente, as pessoas se despediram umas das outras, da sala e da diretora. Como uma pessoa pode, na realidade, avaliar tal experiência? Poder-se-ia argumentar que o aquecimento do diretor foi a avaliação. A avaliação tornou-se o aquecimento do grupo, levando a sessões de psicodrama internamente imaginadas, que produziram representações na realidade.

## O universo é infinita criatividade

Usei o exemplo acima para mostrar que, mesmo com um método criativo como o psicodrama, há sempre inovações à vista. Os dons mais criativos podem tornar-se prisões se os tratarmos como conceitos congelados. Moreno, por exemplo, estava sempre maquinando palavras para fazer face a uma situação específica. Uma vez, ele perguntou a uma mulher na audiência: "Você é casada, solteira, ou 'misturada'?"[1] Ele se referia às pessoas conectadas ao cosmos mais amplo como "cosmonautas, e facilmente as misturava com astronautas. Uma outra palavra que Moreno usava, ao lado de neurose e psicose, era "normose". Ele achava que grande parte da humanidade era acometida de "normose", ou a luta para ser normal.

A criação de novos movimentos no método psicodramático mantém o praticante renovado e inspirado. Não há nada pior para os membros do grupo do que sentir que tudo isso já foi feito antes, e melhor. O diretor pode modelar a sintonização de seu próprio nível de conforto e interação assim como uma videira na primavera se orienta em direção ao sol e ao crescimento. A videira cresce diferentemente a cada ano, dependendo das condições. Da mesma forma, o diretor muda a cada momento, de-

---

1. No original: "Are you married, singled or 'mingled'?", que produz uma rima que se perde na tradução.

pendendo das condições. Isso dá aos participantes a oportunidade de sentir a mudança ocorrer no preciso modelo em que confiam. Isso pode fazer com que as pessoas sintam que, se a mudança pode ocorrer no modelo, pode ocorrer nelas também.

Ao discutir a espontaneidade e as funções do diretor do psicodrama, Moreno falou sobre o diretor enquanto (i) produtor; (ii) terapeuta chefe e (iii) enquanto analista social.

Como produtor, ele é um engenheiro de coordenação e produção. Diferentemente de um dramaturgo, ele tenta encontrar sua audiência e personagens primeiro, arquitetando para eles material para um argumento. Com a assistência deles, cria uma produção que vai ao encontro das necessidades pessoais e coletivas dos personagens, assim como da audiência disponível. Sua tarefa é fazer com que os sujeitos ajam naquele nível espontâneo que beneficia seu equilíbrio total, para induzir os egos-auxiliares.

Como analista social, ele usa os egos-auxiliares como extensões de si próprio para obter informações sobre os sujeitos no palco, para testá-los e para influenciá-los.

(Moreno, 1977, p. 252)

O diretor tem a oportunidade de fazer muitos usos novos do método psicodramático. Todos eles têm suas raízes na surpresa, na espontaneidade e na singularidade da resposta, que são características do ato criativo. Apresentamos alguns exemplos aqui para ilustrar essas oportunidades para a criatividade infinita. O primeiro é a emergência espontânea de mais do que um protagonista numa sessão psicodramática.

## Múltiplos protagonistas no psicodrama

No psicodrama clássico, um protagonista emerge do grupo como uma voz representativa. A fase de aquecimento do psicodrama muitas vezes cria uma prontidão nos membros do grupo para que examinem sua vida como ela é, como foi, ou como poderia ser. À medida que a sessão se desenrola, a ação daquele protagonista pode servir de aquecimento para outros no grupo. Em certos momentos, os indivíduos ficam prontos para se expressar, por meio do processo de observar e participar das emoções de outra pessoa. Nesses momentos, as pessoas são como frutas maduras prontas a serem colhidas; suas emoções, idéias e pensamentos estão na frente de batalha. Para mim, tem havido indicações cada vez mais claras sobre quando é apropriado que mais de uma pessoa participe como protagonista no mesmo psicodrama. Essas indicações são as seguintes: (i) quando o pulso emocional do protagonista cai e o pulso de um membro do grupo se acelera; portanto (ii) a fome de ação do membro do grupo é maior que a do protagonista numa dada cena; (iii) o(a) protagonista é capaz de compartilhar seu espaço físico e emocional com outra pessoa; (iv) quando fica claro que o protagonista deseja expressar um sentimento particular e pode se fortalecer com o que ouve, expresso por outra pessoa — isso então reativa o protagonista original; eles se iluminam mutuamente.

Discutirei os três primeiros pontos.

## O pulso emocional do protagonista decresce

Quase três dentre quatro nascimentos em hospitais nos EUA são cesáreas. Uma das razões é que está postulado que, se o bebê morrer, o médico poderá ser legalmente processado. Uma vez que o pulso do bebê cai antes do nascimento, os médicos podem considerá-lo como um sinal de alerta de que as coisas possam não estar indo tão bem, e, portanto, de forma não-natural, removam o bebê por meio de uma cesariana para assegurar-se de que o pulso continue, e não diminua. Há uma situação paralela entre o diretor e o protagonista. Acho que faz parte do desenvolvimento natural que, antes da catarse, o pulso emocional do protagonista possa cair. Diretores inseguros podem interromper a cena porque "ela não está levando a nada". Na verdade, procedendo-se normalmente, isso pode ser a calmaria antes da tempestade. Há muitas maneiras de se lidar com a calmaria. Pode-se usar técnicas como o duplo, a inversão de papéis para produzir contra-espontaneidade, a entrevista, a expressão não-verbal, o espelhamento e muitas outras que podem reforçar ou exagerar os sentimentos implícitos, que podem então vir a ser explicitados. Um outro tipo de intervenção pode ser o uso de um protagonista alternativo bem no momento da queda do pulso. O diretor deve conferir sua percepção para ver se o membro do grupo está, de fato, prestes a dar à luz. A gravidez em alguns observadores participantes fica às vezes clara quando eles choram, quando se sentam na beirada da cadeira, quando ficam raivosos, ou, num dos casos, quando adormecem — a negação completa muitas vezes vem a ser exatamente o seu oposto. O membro adormecido do grupo acordou lépido e alerta, pronto para expressar-se, como o fazem outros quando o tempo está amadurecido.

*A fome de ação de um membro do grupo é*
*maior que a do protagonista*

Se as dores de parto do membro do grupo forem reais, a pessoa precisa apenas ser conduzida ao palco para se confrontar com o seu próprio "outro significante", tal como um membro da família, ou um conceito, como a morte ou a paternidade, por exemplo. Às verdadeiras emoções que permaneceram silenciosas até aquele momento são outorgadas seu próprio nascimento no período certo. O protagonista original ainda está no palco, ainda faz parte da cena, mas a verdade não dita começou. Quando o segundo protagonista terminar, a inversão de papéis poderá ser indicada e, também, completada. Se outros na audiência estiverem igualmente aquecidos, também podem expor o que estão sentindo, novamente com o protagonista original ainda no palco ouvindo sua própria versão particular de uma história similar.

*O protagonista é capaz de compartilhar*
*seu espaço emocional*

Se o protagonista parecer muito chocado ou sobrecarregado com o que está ocorrendo, é sensato reduzir, em vez de incrementar, o número de protagonistas. Com mais freqüência, o protagonista é encorajado por uma irmã ou irmão protagonista que expresse emoções similares às suas numa situação de vida real, e, espontaneamente, prossiga a partir do ponto em que o outro parou. É semelhante ao encaixe que ocorre no duplo múltiplo; entretanto, o conceito é levemente diferente.

Com relação ao duplo múltiplo, Moreno escreve o seguinte:

O protagonista se encontra no palco com vários duplos de si mesmo, cada um representando uma das partes do paciente, uma como ele é agora, uma como era há cinco anos, uma terceira, como era quando tinha três anos de idade e ficou sabendo que sua mãe havia morrido, uma outra como ele será vinte anos à frente. As múltiplas representações do paciente estão simultaneamente presentes e atuam em seqüência, cada uma prosseguindo a partir do ponto onde a outra parou.

O protagonista ou paciente numa produção psicodramática tem como propósito retratar cenas e incidentes de seu próprio mundo privado, o que, para cada pessoa, é único.

(Moreno e Moreno, 1975, p. 240)

Aqui, devido ao fato de que cada protagonista múltiplo está apresentando seus próprios sentimentos, e não os de outra pessoa, os detalhes podem ser, na verdade, diferentes. Verifiquei que a catarse experimentada pelo segundo ou terceiro protagonista é tão útil como experiência de aprendizagem para cada um deles como se tivessem tido seu próprio psicodrama pleno. Ela auxilia o protagonista original com resultados, e não por planejamento, e o autoriza.

Na Conferência da ASGPP de Nova York (American Association of Group Psychotherapy and Psychodrama), em abril de 1981, demonstrei inicialmente o uso de protagonistas múltiplos numa sessão de um dia de duração. Foi muito interessante observar como a protagonista primária conseguiu dar expressão a sentimentos profundos, e então parar, ouvir a expressão profunda dos outros, e daí, facilmente, escorregar de volta para sua própria tarefa inacabada. Ela dava mostras de estar sendo auxiliada e continuamente reenergizada por saber e sentir que não estava sozinha em sua batalha. Na condição de seres humanos, travamos uma luta para ser a pessoa que gostaríamos de ser — para negociar e navegar remapeando continuamente a rota. Quão confortador é saber que cada um de nós não se encontra sozinho no vasto mar!

## Formas de desbloquear a espontaneidade

A compreensão sobre o local onde a corrente original de liberdade torna-se bloqueada é um excelente começo para a construção de novas respostas para velhas situações. A seguir, veremos alguns exemplos das maneiras pelas quais a espontaneidade pode ser desbloqueada.

As bonecas russas "matrioshka", aquelas que se encaixam umas dentro das outras, podem ser utilizadas para lidar com bloqueios de desenvolvimento que proíbem a expressão espontânea. Sempre que abrimos uma boneca e a tiramos da seqüência das outras bonecas, uma outra estará aguardando para ser aberta. A remoção sucessiva de cada boneca pode ser acompanhada de uma afirmação do tipo: "Eu não posso demonstrar espontaneidade porque não quero demonstrar vulnerabilidade". Quando a próxima boneca for removida, a próxima afirmação poderia ser: "Eu não posso demonstrar vulnerabilidade porque posso demonstrar necessidade. Se eu demonstrar necessidade, poderei estar mostrando mágoa". Lágrimas e risos se integram a esse exercício à medida que respostas inesperadas vão surgindo.

A descoberta de pautas ocultas em cada afirmativa geralmente faz voltar a um ponto de encalhe no desenvolvimento da pessoa. Por exemplo:

Eu demonstro minha necessidade porque não quero mostrar a minha independência. Eu não quero mostrar a minha independência porque posso perder o apoio. Eu não vou me arriscar a perder o apoio porque isso demonstraria a minha solidão. Eu não quero mostrar a minha solidão porque então teria que revelar a minha vulnerabilidade.

Nos dois exemplos acima, a questão volta sempre ao mesmo ponto — a vulnerabilidade —, que pode ser um ponto de fixação.

Uma exploração psicodramática das raízes da dificuldade, no caso, a vulnerabilidade, poderia vir a liberar uma expressão espontânea que havia ficado represada como folhas velhas numa correnteza. Quando as folhas são removidas, a correnteza se move na direção da intenção natural.

Uma das participantes sentiu que ajudava a entrar em contato com seu *self* sombrio. À medida que ela procurava o que estava bloqueando sua expressão espontânea, a remoção de cada boneca levou-a cada vez mais próximo de seu *self* interior. "Se eu for espontânea, mostrarei minha vulnerabilidade; se eu demonstrar vulnerabilidade, demonstrarei medo; se eu demonstrar medo, mostrarei minha necessidade, e se eu demonstrar minha necessidade, poderei me tornar espontânea, e se eu for espontânea, serei aniquilada." O aniquilamento era um bloqueio comum nesse grupo. Isso levou a uma discussão sobre a necessidade de se descobrir os aspectos claros e obscuros da pessoa na obtenção da espontaneidade. Mas a atividade assustadora de se arriscar a contatar as partes escuras e potencialmente destrutivas da gente parece criar um intenso medo de desapontamento, e, portanto, o *self* se fecha ou desaparece. No momento do temor, a pessoa se lembra de tentativas de espontaneidade na infância que foram punidas ou não recompensadas. A afirmação parental "Eu quero, não vai ter" pode ser um exemplo desse efeito de "banho de água fria".

Precisamos usar tanto as energias joviais quanto as sombrias na produção espontânea. Uma outra participante que entrou em contato com seu lado sombrio refletiu posteriormente:

> Em psicoterapia, ao mesmo tempo em que é importante abordar e compreender as origens pessoais/históricas da angústia da pessoa, é também essencial aceitar e tomar posse do seu lado "sombra", pois isso dá acesso a uma energia vitalizante dirigida à criatividade e à inteireza, e nos libera da necessidade contínua de pôr a culpa nos outros ou na "vida" pelas nossas insuficiências. Viver criativamente, portanto, é conviver com o paradoxo — é abraçar nossos dois lados espelhados na Alegria e no Desespero, na Vida e na Morte.

(Elizabeth Ash, 1989, manuscrito não publicado)

Um uso posterior dessa técnica consistiria em começar pela boneca maior já vazia, e prosseguir em ordem decrescente de tamanho a cada revelação. Por exemplo, serei espontânea porque não serei aniquilada. Não serei aniquilada porque não demonstrarei medo; e assim por diante, com as bonecas, até que cada uma for sendo guardada de novo.

As respostas mais comuns a por que "eu não devo ser espontâneo" foram:

Eu não poderei fazer parte.
Eu poderia ser aniquilado.
Eu posso não ser gostado.
Eu posso me tornar um aborrecimento.
Eu posso não ser amado.
Eu não confio em mim mesmo.

Muitas pessoas acham que a mensagem original recebida de uma figura parental havia sido: "Tenha cuidado para não reagir naturalmente, porque isso lhe trará problemas". A mensagem posterior na vida após a entrada em terapia torna-se oposta a essa: "O problema existe porque as respostas naturais foram abortadas. Seja você mesmo". É interessante notar que o estado mais ambicionado pelas pessoas que procuram ajuda psicológica é "ser simplesmente eu mesmo".

Para "ser apenas eu mesmo" é preciso coragem e confiança. A coragem e a confiança podem ser treinadas nas pessoas, com a ajuda de um grupo.

Esse curioso conflito entre ser a gente mesmo numa situação e não sê-lo no outro restringe muitas pessoas em suas vidas. O treino da espontaneidade, uma aparente contradição em termos, ajuda as pessoas a reverterem o dito negativo: "Não seja você mesmo", para o positivo: "Seja você mesmo". Elas aprendem tanto a adequação quanto a propriedade de uma resposta. Quando a espontaneidade é severamente proibida, a pessoa pode tornar-se ansiosa ou hiperativa. Ela aprende a fazer qualquer coisa, apenas para estar fazendo algo. O oposto também pode ocorrer. O indivíduo pode se fechar totalmente e ficar temeroso com relação a fazer qualquer coisa no caso de a resposta ser julgada errada. Ambas as respostas requerem um encorajamento amoroso que conduza de volta a um lugar de autenticidade, onde o rio da liberdade, da espontaneidade e da criatividade possa voltar a fluir novamente.

## O trem (Merlyn Pitzele, 1989, em conversa)

A seqüência do trem pode ser usada tanto como aquecimento quanto como uma sessão em si. Ela evoca os estágios da vida da pessoa, as pessoas que fazem parte deles e seus eventos principais.

Pede-se à pessoa que imagine sua vida como um longo trem; as pessoas entram e saem; os eventos acontecem; há perdas e ganhos, e a viagem prossegue até o final.

*Nascimento*

Colocam-se algumas cadeiras no palco para representar o primeiro vagão do trem. Isso representa o início da vida. O diretor pergunta: "Quem estava lá com você? Quem saiu do trem? Que eventos ocorreram na primeira viagem da vida?".

O protagonista inverte os papéis com cada passageiro do trem e fala sobre sua relação com o recém-nascido, o papel que cada um desempenhou e os eventos que ocorreram. Avós, tias e tios especiais, ou babás, podem ser cruciais para esse período de vida.

Uma protagonista usou esse vagão para vivenciar um sentimento de profundo amor por uma babá que foi uma mãe para ela, tanto quanto a sua própria.

*Infância*

O trem da vida arranca e resfolega à medida que o protagonista observa os anos passarem. O diretor pode perguntar: "Quem ainda está no trem, e quem saiu?". O protagonista pode inverter os papéis com um avô que morre e diz uma mensagem final antes de partir, ou inverter papéis com um professor especial que semeou as sementes da mudança, e que podem ser evocadas pelo encorajamento da ação do professor na inversão de papéis.

O trem pára em muitas estações durante a vida de uma pessoa: na juventude, na idade adulta, no casamento, e assim por diante. A projeção no futuro pode ser importante. Se a morte for uma preocupação, e o tempo tiver fixado a visão da pessoa, então trata-se de um evento importante no qual "viajar", imaginando quem estará lá e que reação terá.

## Espontaneidade-criatividade, conceitos gêmeos

A sessão "Inovações" deste capítulo descreveu várias maneiras de se liberar a espontaneidade. O produto acabado de um esforço criativo, a que Moreno chamou de "conserva cultural" (Moreno e Moreno, 1975, p. 268), como por exemplo uma sinfonia, um livro ou uma canção, tem em seus primórdios um processo criativo. Esse processo tem ligações com o ato, com o criador e com a espontaneidade, que é o adubo ou o terreno fértil do crescimento criativo.

Espontaneidade e criatividade são com freqüência considerados como conceitos gêmeos. Um alimenta o outro e ajuda a redefinir a categoria formal do "presente" como um processo espontâneo-criativo mais dinâmico chamado "o momento".

A dualidade da espontaneidade-criatividade é distinta de uma espontaneidade impulsiva ou automática que negligencia "o significado mais profundo da espontaneidade, tornando-a algo incontrolável e particularmente característica do comportamento animal" (Moreno e Moreno, 1975, p. 268).

No que consiste, então, ser espontâneo? Trata-se de algo perigoso? De onde vêm as raízes das inovações inventadas num momento de inspiração?

No *Psychodrama*, v. 3, Moreno e Moreno afirmam: "A espontaneidade é o nível variável de resposta satisfatória que um indivíduo manifesta numa situação com um nível variável de novidade. A raiz dessa palavra vem do latim *sua sponte*, correspondente a livre escolha" [ou de dentro de alguém] (Moreno e Moreno, 1975, p. 270). É interessante notar que, na edição de 1975 do livro acima, o psicodrama está catalogado no glossário da seguinte forma:

[...] um termo cunhado por Moreno. Ele significa plena psicorrealização. Nesse termo estão incluídas todas as formas de produção dramática nas quais os participantes, atores ou espectadores produzem: (a) o material-fonte; (b) a produção e (c) são os beneficiários imediatos do efeito catártico da produção. Cada sessão é um ato cooperativo comunitário: nenhuma parte da produção vem ou é produzida por pessoas de fora. O psicodrama pode ser exploratório, preventivo, diagnóstico, educacional, sociológico e psiquiátrico em sua aplicação. Três formas principais são diferenciadas: (i) o psicodrama totalmente espontâneo, (ii) o psicodrama planejado, no qual o grupo e os egos-auxiliares podem ou não incluir o assunto da sessão no planejamento, dependendo da necessidade da situação; e (iii) o psicodrama ensaiado, no qual uma síndrome específica de um sujeito é trabalhada em detalhes, em diálogo, escrito, e com as partes designadas.

(Moreno e Moreno, 1975, p. 270)

A forma totalmente espontânea é a mais usada e ensinada hoje, em 1993. Poder-se-ia perguntar por que essa forma específica tornou-se popular, e não as outras. Creio que o ponto central do trabalho de Moreno era a liberação da espontaneidade, e não o seu planejamento ou ensaio. Moreno e Moreno descrevem o psicodrama espontâneo como:

> [...] ao menos conscientemente, totalmente não-planejado; apresenta-se um conflito ao redor do qual os membros do grupo podem desenvolver uma sessão assistidos por um diretor e seus egos-auxiliares. Embora extemporânea, a unidade diretora [diretor e egos-auxiliares, Ed.] é em geral cuidadosamente organizada e treinada para manejar as situações.

> (Moreno e Moreno, 1975, p. 269)

A próxima sessão deste capítulo continuará a examinar as raízes da criatividade e da espontaneidade, tal como utilizadas no psicodrama.

## RAÍZES

"Deus foi antes de mais nada um criador, um ator, um psicodramatista. Ele teve que criar o mundo antes que tivesse tempo, necessidade ou inclinação para analisá-lo" (Moreno, 1953). O universo é infinita criatividade. Uma criança é um exemplo visível do ato criativo, e o frescor com que a criança entra em cada situação pode ser chamado de espontaneidade.

> Nasceram muito mais Michelangelos do que aquele que pintou as grandes pinturas; nasceram muito mais Beethovens do que o que escreveu as grandes sinfonias, e muito mais Cristos do que o que se tornou Jesus de Nazaré. O que eles têm em comum é a criatividade, e idéias criativas. O que os separa é a espontaneidade que, nos casos bem-sucedidos, possibilita que a carreira assuma pleno comando de seus recursos, enquanto que fracassos são uma perda com todos os seus tesouros. Eles sofrem de deficiências em seus processos de aquecimento. A criatividade sem espontaneidade torna-se desvitalizada.

> (Moreno, 1953, p. 40)

## A criatividade sem espontaneidade torna-se desvitalizada

Meu marido Ken estava dando uma palestra para um grupo de mulheres que eram artistas amadoras da comunidade. Como aquecimento para o evento, fomos ver a mostra delas numa igreja em Barnstaple. Ao entrar no recinto, tínhamos a impressão de já termos estado lá anteriormente, e de que lá estaríamos de novo. Tratava-se de pinturas estereotipadas, melhor dizendo, cada uma era uma cópia do que já havia sido feito. Por exemplo, um chalé coberto de rosas, uma marinha copiada, uma natureza-morta estereotipada — nenhuma muito interessante ou que demonstrasse um sentimento de inspiração.

Ken fez então uma palestra sobre a importância de se usar histórias como base para as pinturas. A mulher de um fazendeiro, que morava perto de nós, perguntou se podia contar uma história. Toda alvoroçada, ela nos contou a história sobre a venda de um porco, ocorrida em meio a uma bebedeira. Uma noite, seu marido resolveu vender um porco. O comprador chegou, e os dois fazendeiros começaram a bater papo e a beber. Após muito beberem, à uma hora da manhã e à luz do luar, os dois fazendeiros resolveram colocar o porco no banco de trás do carro do comprador para que ele pudesse levá-lo para casa. Os dois fazendeiros e suas mulheres morreram de rir tentando enfiar o porco no banco do carro. Margaret, a contadora do caso, disse que jamais se esqueceu da visão de um porco sendo espremido no banco de trás de um carro ao luar. Que idéia para uma pintura! Essa idéia tornou-se a base para seu novo trabalho, e o nível de espontaneidade finalmente entrou em sua criação.

A espontaneidade prepara o sujeito para a livre ação. Se se consegue o aquecimento para um ato, e a pessoa falha em completá-lo, é como ter um trabalho de parto eterno sem o nascimento. Quando o pleno estado de prontidão é abortado, surge a ansiedade. Quando o nível de ansiedade está alto, a espontaneidade está em baixa, e quando a espontaneidade está em alta, a ansiedade está em baixa.

Paul Holmes sugere que a presença da ansiedade é a causa de uma perda de espontaneidade: "é a ansiedade crescente, associada a mudanças fisiológicas necessárias a uma resposta física adequada ao perigo, que reduz a espontaneidade e a capacidade de encontrar soluções criativas" (Holmes, 1992, p. 143).

"A espontaneidade é o estado de produção, e é o motor que dirige o ato criativo" (Moreno, 1953, p. 334).

## O ato criativo — quatro características

Segundo a teoria moreniana, há quatro características (às quais ele se refere como caracteres) no ato criativo (Moreno, 1977, p. 35). O primeiro caractere seria sua espontaneidade. A espontaneidade prepara o sujeito para a livre ação. O segundo caractere seria um sentimento de surpresa, o aspecto inesperado do ato. O terceiro seria a quebra da realidade existente, de alguma forma. E o quarto caractere do ato criativo seria a atuação *sui generis*, ou o estado único. Para que o momento seja *sui generis* é preciso que ocorra uma mudança na situação, que a mudança proporcione um sentimento de novidade, e que a novidade percebida envolva atividades por parte do sujeito, ou seja, um ato de aquecimento para um estado espontâneo (Moreno, 1977, p. 104).

A história de Margaret sobre o porco ilustra as quatro características de um ato criativo. A novidade de enfiar um porco no assento traseiro de um carro, ao luar, cria um excitamento na narrativa do caso. Produzir a história é permitir que ela seja narrada e liberada pela pessoa que a vivenciou. Esse imediatismo bruto forma um processo que pede para ser dito. Quando se permite que esse fenômeno de precisar contar possa se desdobrar, ocorre a expressão espontânea. O sentimento de surpresa fica claro na narrativa da história. O dinheiro envolvido na transação jamais chegou a ser mencionado, por exemplo. O modo de vender o porco, o ato de beber e socializar foram os elementos-chave da surpresa. A venda do porco em si só ocorreu no final da história. Ela quebrou a realidade existente porque o olho humano vê uma ilusão. É difícil que se contemple vendas de porcos a essa hora, a essa luz. Certamente, trata-se de um estado único (quarta característica), uma vez que a transação da venda apareceu apenas como um epílogo da diversão de uma noite. A venda do porco foi um pequeno detalhe no quadro maior, formado por alqueires de fazenda, casa, carros, tratores, tudo isso banhado pelo luar.

As pinturas de Brueghel sobre as paisagens flamengas têm a mesma qualidade de espontaneidade e surpresa que rompe a realidade existente e cria a novidade. No *The fall of Icarus* [A queda de Ícaro], pode-se ver o primeiro plano ocupado por um fazendeiro cultivando o campo, e, no fundo da cena, vê-se a pequena figura de Ícaro caindo do céu. Eu aprecio enormemente esse quadro. Ele faz com que os assuntos mais importantes da vida apareçam como detalhe. No trabalho inovador de Brueghel, sua espontaneidade permite que ele pegue um assunto formidável — Ícaro caindo do céu — e coloque-o em perspectiva entre os atos quotidianos significativos dos camponeses flamengos. Cada ato deles é tão proeminente quanto o tema da pintura. Da mesma forma, o primeiro plano de nossa espontaneidade permite que o pano de fundo da criatividade assuma sua própria perspectiva. A criatividade não vive a menos que a espontaneidade a alimente com sua matéria-prima. Ela catalisa e alimenta o processo. Ícaro, enquanto tema, só aparece no quadro de Brueghel como fundo para um fazendeiro flamengo comum realizando suas atividades diárias. A grandiosidade contra a pequenez oferece à vista uma nesga de campesinato em grandiosidade, e da grandiosidade de Ícaro em ponto menor.

O psicodrama, assim me parece, é uma produção de pequenas histórias à luz magnífica da espontaneidade, deslocando-se rumo à resolução criativa. A resolução criativa advém apenas após o sujeito ser liberado para a ação, e quando a ação for uma novidade. Romper com o *script*, jogar fora as linhas do velho, criar novas fronteiras por meio das quais a mudança comportamental possa ocorrer é freqüentemente a tarefa de uma pessoa que vem pedir ajuda em terapia.

## Formas de espontaneidade

Em *Psychodrama*, vol. I (1977, p. 89), Moreno discorreu sobre as formas de espontaneidade em termos de ser criativo, original, dramático, juntamente com uma adequação na resposta.

Na forma *criativa* de espontaneidade, poderá surgir uma nova criança, novos trabalhos de arte, invenções tecnológicas, ou a criação de novas situações sociais.

Na forma *original*, um livre fluxo de expressão, por exemplo, dos desenhos e poemas infantis, se acrescenta a uma forma original, sem mudar sua essência. Meu filho pequeno, Jackson, num dia em que estava brincando e rindo, atirou a cabeça para trás e disse: "O que seria da minha vida sem mim?". Ele estava deliciado com a própria presença de espírito e se questionando sobre a impossibilidade da própria perda. Uma outra configuração desse pensamento ocorreu quando ele tinha quatro anos e estava sendo acariciado. A carícia era pura e uma bênção, tanto para a mamãe quanto para o filhinho. Ele olhou para mim e disse: "Ah! Mamãe, será que algum dia amarei alguém tanto quanto eu te amo?". Um dos dilemas humanos enunciado tão livre e facilmente! Minha resposta foi: "Você amará alguém esse tanto, mas de forma diferente". Um ato criativo trouxera cada um de nós ao mundo, mas nossa espontaneidade expressava o estado de nossos verdadeiros *selfs* naquele momento.

A forma *dramática* está relacionada à qualidade da resposta, à novidade nos sentimentos, nas ações e na fala.

A *adequação de resposta* é a quarta forma, refere-se à adequação das respostas a novas situações. Essa é a mais diagnóstica no processo psicodramático. Pode haver três maneiras possíveis de reagir ao se encontrar uma nova situação: (i) não responder; (ii) dar uma nova resposta a uma velha situação; (iii) dar uma resposta nova ou adequada a uma nova situação. A incapacidade de responder adequadamente é de especial interesse para o diretor de psicodrama.

*Adequação na resposta*

Alguns papéis no psicodrama deixam o protagonista sem fala. O nível de patologia de uma relação é freqüentemente demonstrado pela capacidade ou incapacidade de a pessoa assumir determinado papel em relação ao seu próprio. Por exemplo, numa relação difícil entre mãe e filha, a filha poderá achar impossível dizer qualquer coisa no papel da mãe, ao representá-lo pela primeira vez. Essa paralisia ou falta de resposta no papel da mãe manifesta-se por meio de expressões tais como: "Eu não sei o que ela pensa, ou eu não sei o que ela diria". A impossibilidade parece ser um indicador de quão invadidos os papéis estão, e como as fronteiras do papel estão rigidamente estabelecidas. No trabalho original realizado com crianças, em Viena, Moreno logo aprendeu quão facilmente elas conseguem entrar e sair do papel com os pais e os irmãos. Em papéis patológicos as coisas ocorrem de outra forma. Particularmente, no que diz respeito a papéis abusivos, o protagonista deveria ser protegido de desempenhar o papel do perpetrador do abuso. O papel do protagonista não é o de entender por que o abuso ocorreu, mas sim o de concentrar-se em expressar os sentimentos que ocorreram quando do abuso (Karp, 1992, p. 109). A mesma realidade abusiva pode estar presente no protagonista que não consegue assumir o papel de uma outra pessoa. É importante distinguir o caso do protagonista que não consegue assumir um papel porque ele é abominável para ele, do caso do protagonista que simplesmente não consegue assumir um papel porque não o entende ou jamais levou em consideração o ponto de vista do outro. A falta de resposta num papel psicodramático será discutida no exemplo a seguir, o qual faz uso dos princípios da espontaneidade.

Uma mulher estava trabalhando a relação entre ela e a mãe. A mãe estava morrendo. A protagonista não fora capaz de ter contato físico com ela durante anos. Ela não conseguia dar nem receber um abraço, e queria, após muitos anos de análise, quebrar essas barreiras emocionais e físicas antes que sua mãe morresse e a oportunidade não mais existisse. Ao embarcarmos na viagem psicodramática dessa jovem, façamos uma revisão nos princípios da espontaneidade. Eles compreendem o processo de aquecimento, a fome de ação e a catarse, e uma resposta adequada a uma nova situação, ou uma nova resposta a uma velha situação (Moreno e Moreno, 1948-77, p. 45).

*O aquecimento*

A cena se passou no quarto do hospital onde a mãe morava na época. Tratava-se de um asilo, e o tempo era escasso; não se esperava

80

que fosse haver uma recuperação. À medida que a protagonista se aquecia para o encontro com a mãe, ela expressava em voz alta, num solilóquio, sua ambivalência. Uma parte dela se sentiria aliviada se a mãe morresse; a outra parte sentia-se idiota pensando dessa forma, e queria fazer uma reparação antes que fosse tarde demais.

Quanto mais ela falava, mais ficava claro do que tinha medo. Este estava relacionado à possibilidade de que viesse a se tornar parecida com a mãe. Temia que as partes da mãe que ela detestava estivessem vivas nela. Seu aquecimento para despedir-se de uma mãe moribunda era a percepção furtiva de que talvez ela nunca conseguisse dizer adeus. Não era de espantar que não fosse capaz de assumir o papel da mãe no psicodrama. Ela simplesmente não o queria. Seu aquecimento começara anos antes dessa sessão específica.

Ao descrever o aquecimento, Moreno escreveu em *Who shall survive?*:

Constatou-se que os movimentos corporais seguem-se uns aos outros numa certa ordem de sucessão de acordo com aquele que for o iniciador. Se a sucessão for interrompida, a ordem temporal é danificada, e o estado de sentir-se liberado fica confuso.

(Moreno, 1934, p. 334)

Cada um de nós, quando começa a agir ou a falar, tem uma série de iniciadores corporais. Limpar a garganta, franzir a testa, cerrar os punhos, apertar os olhos ou arrastar os pés podem ser modos pelos quais impelimos nosso corpo à ação. Essas preliminares ao processo de aquecimento foram estudadas por Moreno e consideradas como parte da evolução da expressão.

Uma vez que o corpo precisa pôr-se em funcionamento, o protagonista freqüentemente tem vários começos. Um aquecimento pode produzir parte do processo e, quando completado, quase que implora pelo próximo passo. Numerosas técnicas, tais como a inversão de papéis, a auto-apresentação e o exagero de resistência auxiliam nesse processo.

A protagonista do exemplo acima começou a andar pela sala quando confrontada com o ter de falar com a mãe moribunda. Seu corpo encheu-se de tensão, hesitação e ansiedade. Ela cerrou os dentes e se aqueceu para expressar o ódio que sentia. À medida que se aproximava da mãe no hospital, começou a encarar sua própria ambivalência. Conforme se movia em cena, sua ansiedade aumentava e sua espontaneidade foi bloqueada. Seu corpo tremia, sua voz silenciou. Como se faz normalmente em psicodrama, pedi à protagonista que nos mostrasse o papel de sua mãe. Ela me olhou embaraçada. Sua mente dizia: "Que pedido estranho!". Suas emoções diziam: "Não, eu não posso fazê-lo". Ela começou a fazer o papel da mãe, mas não conseguia pensar em nada para dizer. Iniciou, então, uma conversa distanciada sobre sua doença, sobre a inadequação da filha etc. A incapacidade da protagonista em desempenhar o papel logo revelou-se não uma falta de conhecimento, mas um dissabor em estar desempenhando exatamente o papel do qual não gostava. Enquanto ela própria, falou para a mãe o quanto havia se sentido não-amada na infância, como ela não era o tipo de mãe que ela desejava e como, porque a mãe precisava dela agora, esperava-se que ela fosse amorosa. Ela não podia e não o faria.

*Fome de ação*

A expressão espontânea de sua raiva e suas lágrimas possibilitou que a protagonista participasse na sua fome de ação real, ou seja, expressando toda a dor que sentia com relação à mãe. À medida que sua ansiedade aumentara, havia ficado evidente que era aí que a espontaneidade estava bloqueada. A fome de ação de expressar seus verdadeiros sentimentos levou-a a uma cena de aniversário infantil, no qual se sentiu desrespeitada e não-amada.

*Catarse*

A protagonista permitiu que essas emoções fluíssem livremente, da forma que a criança do trauma precoce em sua infância havia sido incapaz de fazer. Ela se livrou do núcleo do sentimento represado. Agora já dava para ela sentir o alívio ocasionado pela remoção do bloqueio.

Voltamos, então, à cena original no quarto do hospital. A protagonista estava livre da emoção e gozava agora de um estado de relaxamento e de livre fluir. Usando o princípio segundo o qual as pessoas são mais espontâneas em outro papel, pedi-lhe que invertesse os papéis com a mãe na cama do hospital. Ela o fez e, meio espontaneamente, estendeu os braços e disse: "Eu sinto muito, e agora estou morrendo". Ela abraçou a filha e chorou as lágrimas de uma infância e uma maternidade perdidas. No papel de mãe, a protagonista estava livre para escolher uma nova resposta para uma velha situação. Ela havia ultrapassado os limites do papel e descoberto espontaneamente a resposta que a mãe queria lhe dar, e que era de proximidade física. Era impossível para a filha fazer essa descoberta em seu próprio papel, mas ela o conseguiu no papel da mãe. Ela então inverteu os papéis e, pela primeira vez em anos, abraçou a mãe, algo que havia desejado fazer desde menininha.

# Fome de ação

Um outro princípio da espontaneidade é a fome de ação, ou a ação que o protagonista está faminto por completar. A adequação da resposta a determinada situação precisa se encontrar com a fome de ação. O desejo que a maior parte das pessoas mostra no psicodrama é o de completar um ato que não foi completado na vida. A completude desse ato pode validar a experiência emocional do protagonista e seu sentimento de escolha ativa (Goldman e Morrison, 1984).

A motivação é a chave para a mudança comportamental. Alguns protagonistas precisam fazer a sessão que desejam antes que queiram fazer aquela de que necessitam. Com isso quero dizer que os protagonistas podem achar que a área de trabalho de que necessitam é com o pai deles, por exemplo. A sessão prossegue; o trabalho pode ser adequado, mas a noção preconcebida do que e como trabalhar pode ter interrompido um aquecimento mais natural para o material real. A sessão desejada, em vez de a necessitada, pode parecer um tanto quanto formal, e, muitas vezes, o diretor acaba por acompanhar o protagonista, mais do que realmente numa cooperação mútua. A diferença é a mesma existente entre um touro sendo conduzido por uma corrente e dois cavalos trotando juntos, sem estarem acorrentados.

A completude da fome de ação real é reconhecida quando (i) o protagonista indica claramente quando a ação está encerrada: "É isso aí", ou "Eu o consegui"; (ii) o protagonista espontaneamente demonstra um sentimento de surpresa ou de novidade por ter sido capaz de criar uma nova resposta: "Eu nunca havia feito isso antes", ou "Não acredito que eu consegui fazer isso!"; (iii) claro alívio no corpo do protagonista: "Sinto-me como um gato que comeu o sorvete"; (iv) o grupo aplaude, dá apoio e se congratula com o protagonista. O grupo pode concluir, surpreso: "Nunca pensamos que você fosse capaz de fazer isso!".

O relatado acima resulta de minhas observações. É fácil reconhecer quando o clímax da expressão chega ao fim. Na fome de ação, geralmente o nível de espontaneidade possibilita um resultado criativo.

## O nível de espontaneidade possibilita um resultado criativo

Recentemente, trabalhei com uma protagonista que havia sofrido um severo abuso por parte de um pai alcoolista, e tinha sido emocionalmente abandonada por uma mãe dominadora. Ao arrumar a cena do seu atual quarto de dormir, ela inverteu papéis com o objeto mais significativo do quarto, seu ursinho de pelúcia. "Eu tenho estado com você há

32 anos. Eu nunca o traí como eles o fizeram. Eu estarei com você durante esse próximo período difícil, como sempre estive". A protag nista pareceu meio chocada em pensar que esse bicho de pelúcia gasta era o membro mais leal e bravamente suportivo de sua família. Em cenas posteriores, quando precisou traçar as origens de seu próprio padrão de ingestão de álcool, foi necessária uma confrontação ameaçadora com seu pai. Ela achava que não havia sido suficientemente forte para se ombrear com ele. "Quem poderia?", perguntei-lhe. Então, ela assumiu o papel de seu urso, rosnou para o pai e encenou uma cena na qual ele a espancava. No papel do urso, ela finalmente expressou um pouco da raiva acumula-da dentro de si e falou sobre a tremenda indignidade com a qual havia sido tratada por ele. Foi a primeira vez em que uma confrontação plena foi possível, e sua fome de ação completou-se. Sua espontaneidade em vida havia sido bloqueada pelo medo e pela ansiedade reais com relação a abusos posteriores. Essa nova resposta para uma velha situação com o pai foi apenas o que se fazia necessário para romper suas fronteiras de papel.

O fenômeno da espontaneidade tem efeitos no corpo. A energia vital criada durante a vigência do ato espontâneo pode alterar o estado mente/corpo. A espontaneidade é o fator que anima os fenômenos men-tais de forma a que se apresentem viçosos, novos e flexíveis. Esse in-tenso sentimento de novidade parece resultar da reestruturação cognitiva. O ator/ pensador substitui as soluções conhecidas por possibilidades comportamentais recém-reconhecidas. A espontaneidade encontra-se na fonte dessa transição. Leonard Laskow, médico pioneiro na área da medici-na das relações mente/corpo, afirma que o corpo físico é um campo de energia que assumiu determinada forma e que, por meio da reestrutura-ção de padrões de energia, da intenção direcionada e do imaginário, podemos melhorá-lo ou mesmo curá-lo (Laskow, 1992, p. 189).

## A relação de espontaneidade: a criatividade e como ela se encaixa na direção psicodramática

A espontaneidade é o motor que dirige o ato criativo. O processo do psicodrama está relacionado ao movimento de conservas culturais e a seus papéis estereotipicamente prescritos para um repertório de papéis ampliado, nascido da espontaneidade. Os protagonistas desenvolvem maiores habilidades ao assumir papéis e se liberam das velhas atitudes e papéis cristalizados, tornando-se mais autênticos e abertos. Parece razoá-vel pressupor que, à medida que os protagonistas experimentam outros papéis na situação psicodramática, eles comecem a mudar os sentimentos e pensamentos em seus novos papéis. As pessoas relatam que passam a ver o mundo de forma diferente e olhar para a própria vida a partir de uma nova perspectiva. O psicodrama apresenta uma série de situações novas, que requerem total atenção do protagonista e dos membros do grupo para a produção de respostas adequadas. A ocasião para a emergência da espontaneidade é maximizada na criação de novos comportamentos.

O líder na criação de novos comportamentos é o diretor, que deveria ser um modelo de espontaneidade para a emulação dos membros do grupo. Da mesma forma que o protagonista estabelece o papel do "outro" na sessão, o diretor estabelece o papel do "membro espontâneo do grupo".

Embora no psicodrama as questões de transferência sejam minimizadas em vez de maximizadas, existe para muitos diretores o papel de progenitor bom ou progenitor mau em relação a determinados membros do grupo. Poderá ser um esforço consciente para um diretor desempenhar o papel de um bom progenitor para um protagonista injuriado. Para isso, é necessário que haja responsabilidade e consistência da parte do diretor. É perigoso, assim como antiterapêutico, permitir que um membro espoliado seja novamente posto de lado por uma figura de autoridade devido à insensibilidade ou falta de alerta terapêutico da mesma. Pode ser também um esforço consciente para o membro do grupo empurrar o diretor para um papel parental. Se, por qualquer que seja a razão, isso ocorrer — agradar, irritar, amar ou odiar —, é essencial que o diretor continue a se relacionar de forma espontânea. Noções preconcebidas e calculadas são logo sentidas, e, então, copiadas. Assim que se fareja o calculismo, surgem chamas de evitamento e um fogo devastador de inautenticidade. O oposto também é verdadeiro. Se a fumaça emocional for autêntica, então a espontaneidade entra em combustão. O diretor poderá falhar em suas tentativas de se comunicar com membros difíceis nos primeiros estágios do grupo. Como diretora, já ouvi: "Não fale comigo, não me toque, não me olhe", e assim por diante. O melhor que eu podia fazer era tomar conhecimento dos sentimentos do outro e ter os meus igualmente respeitados. Se a existência é respeitada no membro do grupo, então, deve sê-la também no diretor. O fracasso é momentâneo, é a tentativa que é mais validada. Como atriz, Mary Pickford dizia: "Isso a que chamamos de fracasso não é a queda, mas o ficar caído".

O diretor recomeça continuamente. Como diz Peter Kellermann, de modo sensato:

O diretor de psicodrama é uma pessoa comum com um trabalho extraordinariamente demandador. Ele não é um mágico, mas um indivíduo razoavelmente espontâneo e criativo, em geral com um tanto de integridade maior que a média. Poder ser ele mesmo, com suas limitações, seu repertório de papéis e sua autenticidade parece ser um requisito básico. Portanto, é possível funcionar como diretor psicodramático sem agir de forma onipotente.

(Kellermann, 1992, p. 66)

A longa formação do diretor ajuda-o a aprender a guiar a ação por campos minados bem como floridos, com o diretor sempre ágil e pronto a prosseguir na direção que o protagonista indicar. A partir da adaptação de uma lista para diretores de psicodrama elaborada por Kellermann (1992, p. 168), incluí algumas das muitas tarefas nas quais o diretor usa sua espontaneidade. Para aqueles que efetivamente dirigem psicodrama, congratulem-se pela enorme tarefa assumida cada vez que vocês estão juntos e sozinhos. Assim, o diretor:

1. constrói suficiente coesão e clima de trabalho construtivo no grupo;
2. estimula os membros individuais do grupo suficientemente e os aquece rumo à ação;
3. estabelece uma aliança terapêutica;
4. identifica tanto as mensagens verbais quanto as não-verbais do protagonista;
5. identifica questões centrais na representação e ajuda o protagonista a mostrar para o grupo o que aconteceu, mais do que falar sobre isso;
6. usa adequadamente técnicas psicodramáticas tais como a inversão de papéis, o duplo, o espelhamento e o solilóquio para mover a ação da periferia do problema para o seu núcleo;
7. maximiza adequadamente o núcleo da questão que pode estar relacionado a uma catarse de emoção, de *insight*, de risos ou de integração;
8. compartilha de sua própria história de vida.

## O RIO DE LIBERDADE, ESPONTANEIDADE E CRIATIVIDADE

Alguém já disse: "Não apresse o rio". Fazer o que você ama traz todas as outras coisas que você acha que quer.

A liberdade de fracassar é vital se você quiser ter sucesso. Assim, deixe o rio fluir, faça o que você ama, e não tenha medo de falhar.

Num dia ensolarado, um vendedor de balões deu a uma menininha um balão com um longo cordão. Ele a olhou no fundo dos olhos e disse: "Solte-o, e ele voltará; você colhe aquilo que semeia".

## REFERÊNCIAS BIBLIOGRÁFICAS

GOLDMAN, E. e MORRISON, D. (1984). *Psychodrama: Experience and process*. Dubuque, Iowa, Kendall Hunt.

HOLMES, P. (1996). *A exteriorização do mundo interior*. São Paulo, Ágora.

KARP, M.(1992). "Psicodrama e piccalilli", in: P. Holmes e M. Karp (1992). *Psicodrama: Inspiração e técnica*. São Paulo, Ágora.

KELLERMANN, P. F. (1992). *Focus on psychodrama*. Londres, Jessica Kingsley. (No Brasil, *O psicodrama em foco: e seus aspectos terapêuticos*. São Paulo, Ágora, 1998.)

KOESTLER, A. (1989). *The act of creation*. Londres, Arkana.

LASKOW, L. (1992). *Healing with love*. San Francisco, Harper.

MORENO, J. L. (1934). *Who shall survive?*. 1ª ed., Nova York, Beacon House.

_____. (1953). *Who shall survive?* 2ª ed. (No Brasil, *Quem sobreviverá?*. Goiânia, Dimensão, 1992.)

_____. (1977). *Psychodrama*. Vol. 1, 4ª ed., Nova York, Beacon House.

MORENO, J. L. e MORENO, Z. T. (1948-77). *Psychodrama*. Vol. 1, 4ª ed., Nova York, Beacon House.

_____. (1975). *Psychodrama*. Vol. 3, Nova York, Beacon House.

YEATS, W. B. (1936). *Prayer for old age*. Collected Poems, Londres, Macmillan.

# Capítulo 3

## Locus, matriz, status nascendi e o conceito de grupamentos

## Comentário

A constituição psíquica ou psique de um indivíduo pode ser compreendida tanto em termos de seu *locus* e *status nascendi* (o lugar e o momento do nascimento) quanto de sua presente estrutura, a que Moreno chamou de matriz e que ele considerou ser, em parte, formada por grupamentos de papéis psíquicos na mente.

Dalmiro Bustos retoma esses conceitos, que são partes subapreciadas da teoria moreniana, e demonstra como os desenvolveu em elementos-chave que guiam seu trabalho. Mais adiante, neste livro, consideraremos o próprio psicodrama nos termos usados neste capítulo. Esses aspectos da metapsicologia de Moreno explicam o que muitos psicodramatistas têm observado, embora não tenham entendido exatamente seu significado conceitual quando dirigem uma sessão. Esclarecendo a teoria, Bustos proporcionou aos psicodramatistas informações que eles podem aplicar conscientemente em seu trabalho com os clientes. Seu exemplo clínico demonstra a humanidade do método e como ele pode vir a transformar uma vida anteriormente bloqueada. Ele faz também uma associação comovente entre as histórias do velho e do novo mundo.

# Asas e raízes

*Dalmiro M. Bustos*

Numa filosofia momentânea, há três fatores a serem enfatizados: o *Locus*, o *status nascendi*, e a matriz. Eles representam três aspectos de um mesmo processo. Não há "coisa" sem que tenha seu *locus*, nem *locus* sem *status nascendi*, e nem *status nascendi* sem sua matriz. O *locus* de uma flor, por exemplo, está no canteiro em que ela está nascendo. Seu *status nascendi* é o de uma coisa crescente, na medida em que brota da semente.

Sua matriz é a própria semente fertilizada. Cada ato ou *performance* humana tem um padrão de ação primário, um *status nascendi*.

(Moreno e Moreno, 1977, p. 58)

Aqui, Moreno oferece algumas características para uma abordagem racional, a partir de uma perspectiva compreensiva da realidade. Se são válidas para todos os atos ou *performances* humanas, poderíamos aplicá-las para compreender o método psicodramático? Ele prossegue dizendo:

Este princípio pode ser aplicado às origens do organismo humano: o *locus* é a placenta no útero materno, o *status nascendi* é o momento da concepção. A matriz é o óvulo fertilizado a partir do qual o embrião se desenvolve.

Iniciei minha carreira como psiquiatra clínico, trabalhando por cinco anos, de 1957 a 1962, como residente em hospitais psiquiátricos nos Estados Unidos. Após essas importantes experiências, estudei e pratiquei a psicanálise tanto individualmente quanto em grupos. Freud, Klein e Bion foram meus guias. Em 1964, conheci J. L. Moreno durante um congresso psicodramático em Paris. Eu havia assistido ao Sixth Psychotherapy Congress, em Londres, onde uma indiferente Ana Freud era a estrela maior. Misteriosa e distante, ela era o símbolo do reino inconsciente. Eu havia sido convidado por um amigo para assistir ao congresso de psicodrama onde Moreno se apresentava no esplendor de seu começo, e o vi dirigir uma sessão tendo Zerka Moreno e Anne Ancelin Schutzenberger como egos-auxiliares. Imaginem o meu choque ao descobrir que Moreno não era absolutamente indiferente, mas se apresentava de braços abertos à emoção esfuziante. Virei-me para meu amigo e sussurrei: "Eu é que não gostaria de ser tratado por esse palhaço".

Imaginar uma aliança era, todavia, profético, pois não muito tempo depois daquele encontro iniciei minha formação no Instituto de Moreno, em Nova York. Lá, gradualmente comecei a incorporar uma nova forma de observar a realidade. Isso foi fundamental para mim e mudou radicalmente a minha direção. Zerka e J. L. Moreno me deram permissão para ser espontâneo. Aprendi o prazer de ser eu mesmo, até com meus múltiplos defeitos. Aprendi a tratar meus pacientes a partir de uma posição existencial de encontro, não porque ela é menos responsável e séria, mas, ao contrário, porque a partir dessa posição enxerguei muito mais e aumentei meu contato com a vida. É claro que tem havido também momentos de angústia. Parece que a angústia e a espontaneidade são duas fases do mesmo processo.

Tomar essa decisão de viver numa contínua recreação do meu universo, sem totens, é o mesmo que pular do trapézio sem rede de segurança: tem-se que estar pronto para qualquer coisa. Às vezes, olho com inveja para essas pessoas que conseguem viver com dogmas fechados, mas a inveja logo desaparece (embora por vezes não muito rápido), e sinto o alívio da instabilidade. Havendo assumido a posição de viver e pensar em união fiel comigo mesmo, continuo redescobrindo Moreno. Suas técnicas e formulações são as minhas raízes, nutridas no fértil solo do psicodrama moreniano. Mas ser fiel a meus professores tem também a ver com possuir minhas próprias asas e voar sem trair minhas raízes. Sei que Moreno gostaria que eu usasse as minhas asas. Uma vez fiz essa pergunta a ele, ao desempenhar seu papel num psicodrama. Ele respondeu: "Se você mantiver meus ensinamentos de forma dogmática, estará me traindo. Eu lhe disse para 'ser você mesmo', e não tentar ser igual a mim".

## A TEORIA DE MORENO

Levei pouco tempo para incorporar as técnicas dramáticas ao meu trabalho. Logo após haver iniciado a minha formação, eu estava pronto para dramatizar pequenas cenas e praticar a inversão de papéis. Tornei-me mais próximo dos meus pacientes, mostrando e compartilhando os meus sentimentos com eles. Mas eu tinha dificuldade em compreender a teoria. Acostumado com a clara sistematização da psicanálise, eu não conseguia penetrar no caos com que Moreno apresentava seus pensamentos. Ele se contradizia milhões de vezes e deixava as pessoas livres para organizar sua própria espontaneidade. Ele não nos legou uma doutrina acabada.

Marineau (1989) diz que Moreno despendeu um tempo viajando e ensinando psicodrama que ele poderia ter dedicado a sistematizar suas teorias. De certa maneira, acho que isso é verdade, mas acho também que o processo de sistematização era oposto ao pensamento dele, que não era metodológico nem estruturado. Ele apenas atingiu uma teoria metodológica e estruturada em *Who shall survive?* (Moreno, 1934-53) em relação à sociometria. A verdade é que agora é a nossa vez, de nós, seus discípulos, reorganizarmos seu trabalho criativamente sem trair as raízes.

Ao longo dos anos, enquanto praticava e ensinava psicodrama, tive dificuldades para comunicar o método de outra forma que o modo ativo, experiencial. A melhor forma de se aprender psicodrama é praticando-o, nos papéis de protagonista, de diretor, de ego-auxiliar e de membro do grupo. O fator emocional é a estrela-guia. Contrariamente à psicanálise, que exalta o racional, a emoção assume um lugar central para os psicodramatistas. Quando submersos na escuridão, os psicodramatistas sentem o seu caminho, enquanto que os psicanalistas pensam no deles.

Confundir o pensar com a racionalização é errôneo, assim como o é confundir a emocionalidade com a instabilidade emocional. Tentei, então, na busca das minhas raízes morenianas, encontrar algo que me permitisse organizar de forma racional a teoria do método psicodramático. Em primeiro lugar, é clara a razão pela qual o próprio Moreno não a desenvolveu. O psicodrama era concebido para funcionar como um ato terapêutico: ou seja, tratava-se de uma terapia reduzida a apenas uma sessão, ou, pelo menos, a uma seqüência de apenas duas ou três. Moreno nunca pensou nele como um método para aplicar num longo processo psicoterapêutico. Foi a primeira vez que uma abordagem terapêutica possibilitava um início, meio e fim num curto espaço de tempo. A psicanálise propunha sessões diárias, até que a pressão da vida real tornaram-nas impraticáveis. É impossível demonstrar uma sessão psicanalítica em público, porque ela não foi concebida para se adequar a tal formato. É possível falar, escrever e pensar sobre a psicanálise, mas ela não pode ser exibida. Muitas vezes, durante uma sessão psicanalítica, nada aparentemente significante ocorre: ela precisa ser compreendida a partir do processo. O psicodrama possibilita a compreensão independentemente de um processo interior à dele. Ele pode ou não ser descrito. Mas quando aplicamos o psicodrama como método no tratamento individual (*psychodrama à deux*) ou num grupo, precisamos de um enquadre metodológico diferente. Muitas pessoas se voltam para a psicanálise quando confrontadas com o problema de uma aparente ausência de base teórica.

Antes de continuar, precisamos enfatizar o uso específico da palavra "matriz". Ela vem do latim *mater*, que quer dizer mãe, a nutriente-mor, enfermeira, a terra. "Matriz" também era usada em latim para designar o útero. Mas Moreno usa as palavras de forma criativa (às vezes de forma caprichosa). O que ele define estritamente como *locus* (o canteiro onde ela nasce, ou placenta no útero da mãe) seria uma matriz, de modo geral. Isso confunde. Se respeitarmos o sentido de Moreno, veremos que o termo *locus* determina o lugar onde *algo* nasceu. *Status nascendi* seria então a dimensão temporal, o momento em que isso ocorre. Portanto, o termo matriz designa esse *algo* em sua especificidade máxima.

Se continuarmos mantendo o conceito de matriz enquanto óvulo fertilizado ou semente germinada, veremos que ele contém os elementos de informação genética que determinarão no futuro se se trata de uma planta ou de um bebê. Trata-se de algo específico e que não pode ser repetido. É a esse aspecto de *algo* que Moreno está se referindo. O termo *locus* é um fator condicionador, mas não determinador *per se*. Ele não é específico, mas tem uma grande influência no caractere final desse algo. O solo no qual uma semente é plantada pode ser mais ou menos fértil, a placenta pode prover nutrição rica ou pobre. Essas condições podem determinar se uma rosa será mais bela e colorida, com pétalas robustas ou frágeis, mas elas não podem transformar uma rosa numa violeta ou numa margarida. Assim, também, um bebê do sexo masculino não pode ser transformado num do sexo feminino ou vice-versa. O momento ou *status nascendi* é uma dimensão temporal, sem forma, exceto pelo espaço onde ele ocorre. Ele também desempenha um papel condicionador: Uma planta que germina no momento certo, quando o solo oferece o máximo de fertilidade, é diferente daquela que germina no momento errado, quando os fatores ambientais não são favoráveis.

## O *LOCUS*, O *STATUS NASCENDI* E A MATRIZ DO PSICODRAMA

Olhemos agora para o método psicodramático. Um paciente vem fazer uma consulta a respeito de determinada queixa. Isso é equivalente àquele "algo": uma flor ou um bebê. É o "que" teremos de investigar agora. Consideremos então o seguinte:

1. Uma determinação clara e específica sobre o que está errado e o que precisa ser rearranjado.
2. Uma investigação do *locus* ou do grupo de fatores condicionadores onde esse algo foi criado.
3. Uma investigação da resposta específica determinadora que a pessoa deu aos estímulos que estavam presentes, isto é, a matriz.
4. Uma investigação do momento específico em que essa resposta emergiu, isto é, o *status nascendi*.

## A sessão

Consideremos uma sessão específica de psicodrama. Temos uma protagonista com uma certa queixa, a quem chamaremos de Betty. Ela não consegue relacionar-se com os homens. Quando ela se envolve com um homem, sente-se totalmente fraca e aceita qualquer coisa que ele diga ou faça. Sua queixa é representada no palco, com egos-auxiliares, durante uma sessão de grupo. Ela mostra uma cena na qual acaba desistindo de tudo o que tem para ir atrás de um homem que a maltrata. Temos aqui a tarefa para a primeira parte do psicodrama, ou seja, investigar na ação o "que" será o foco da sessão. Por meio da técnica da concretização, ela escolhe um ego-auxiliar que representará este comportamento específico. Deveremos manter esse ego-auxiliar no palco o tempo todo. Betty diz que esse comportamento é um padrão constante, independentemente das características de qualquer de seus namorados. Ela deu a esse comportamento o nome de "a mártir agradável". Na inversão de papéis com a mártir agradável, ela nos informa que nasceu para agradar as pessoas. Nesse ponto, perguntamos a ela quando foi criada por Betty e para quê. Ela se lembra de uma cena do início da infância. Ela está com quatro anos, isso aconteceu em 1945, e ela se encontra com suas duas irmãs mais velhas e os pais, ao emigrarem para a Argentina.

Ninguém explicou a ela por que se mudaram da Alemanha. Ela não entende o espanhol. Quando perguntamos o que ela está sentindo, ela responde: "Medo", e se abaixa. Ela diz que devemos falar baixinho. Pergunto-lhe quem somos "nós". Ela responde: "Todos nós, incluindo você". A falta de discriminação entre a realidade e o psicodrama dá uma idéia do nível de envolvimento. Nós estávamos todos lá.

Ela diz: "Não deixe meu pai ouvir a gente. Se ele ouvir, ele a matará". Com muito cuidado, ela escolhe o ego-auxiliar para desempenhar o papel do pai. Quando ele sobe ao palco, peço que inverta papéis com ele. Acho que poderá não conseguir inverter os papéis com ele devido ao seu grande temor. Mas ela o faz, e, rapidamente, muda sua expressão e postura corporais. No papel do pai, diz que ele foi sargento do exército nazista. Ele decidiu deixar a Alemanha após ter sido ferido. Conseguiu fugir do hospital, mas se sente um covarde. Ele diz: "Os homens nasceram para defender seus ideais, e estar prontos para matar ou morrer". Pergunto-lhe: "E as mulheres?". Ele prossegue: "Elas são frágeis e precisam ser protegidas. Elas não são capazes de pensar por si mesmas". A cena continua entre o pai, a mãe e as três irmãs.

Em um dado momento, a irmã mais velha, representada por Betty na inversão de papéis, começa a chorar e acusa o pai aos gritos de estar torturando toda a família. No momento seguinte, no papel do pai, ela se volta para a mãe e bate nela. Eu me surpreendo. A irmã de Betty grita e quem é punida é a mãe? Betty, no papel de pai, diz:

Tenho que mantê-las todas sob controle. Este país está cheio de judeus. Se a minha família começar a dizer o que não deve, estaremos todos correndo sério perigo. Eu punirei a mãe delas por qualquer coisa que elas fizerem. A culpa é a melhor tábua de salvação.

Até este ponto, investigamos o *locus*, a combinação das condições sociais e familiares que cercam a protagonista. A questão principal agora é saber como ela reagirá a essa situação. Que tipo de resposta dará que seja específica, e, num certo nível, escolhida por ela? Essa resposta constitui a matriz. Nossa ênfase no psicodrama deveria ser a investigação do *locus*, a fim de operarmos na matriz. Freqüentemente, as terapias despendem tempo demais trabalhando na série de circunstâncias, muitas vezes trágicas, que condicionam o processo de maturação do paciente, em vez de ir diretamente ao ponto no qual a resposta operou. Uma vez que a resposta é dela, ela pode mudá-la. Betty poderia haver negado toda a situação, ou aprendido a fugir, ou talvez ter se tornado, ela também, uma nazista. A resposta particular que damos aos estímulos é nossa, e depende de vários fatores. Como destacou Moreno:

A área que varia entre as influências hereditárias e as operações da tele são dominadas pelo fator E. O fator E é, então, o solo no qual, mais tarde, a matriz criativa e espontânea da personalidade se desenvolverá. Essa personalidade pode ser definida como uma função de G (Gens), E (Espontaneidade), T (Tele) e M (Meio).

(Moreno e Moreno, 1977)

Betty é defrontada, no psicodrama, com a sua resposta à situação, e confronta o ego-auxiliar que representa o papel da "mártir agradável": "Se eu não tivesse usado você, a situação teria sido pior, muito pior". Peço-lhe que me mostre como essa "martirzinha agradável" resolveu a situação. A mártir agradável retruca: "Eu sorrio com a dor, aceito a punição que ele estava infligindo à minha mãe, como se fosse a coisa mais natural do mundo, aí, então, ele interromperá". No papel do pai, isso é aceito, e ele diz: "Ela é a única que me faz sentir culpado, e como eu não suporto esse sentimento, ela me controla".

Assim, ela vence, sendo a perdedora. Ela então retruca: "Se eu não fizesse isso, sentiria tanta raiva que o mataria". Digo que ela pode fazê-lo agora, e proporciono-lhe o espaço para experimentar novas formas de lidar com sua agressividade. Ela tem uma forte catarse agressiva, mas, depois, diz: "Eu não quero matar você, eu preciso de você". Ela então abraça o pai ternamente. Pergunto a ela o que fará com a "mártir agradável" agora.

Esse é o momento da rematrização: ela criou esse padrão de comportamento de modo que possa mudá-lo caso agora compreenda por que se comporta dessa maneira. Ela pode recriar sua vida, e, assim, nascer de novo. Ela ajuda o ego-auxiliar que está representando o papel da "mártir agradável" a se levantar e diz: "Agora você está livre. A questão não se resume em ser mártir para controlá-los, caso contrário você os matará. Você não está feliz fazendo isso, então, levante-se e comece a tentar se mexer".

A catarse é necessária antes da rematrização, caso contrário a quantidade de tensão interferirá no restabelecimento da espontaneidade. Ela havia desenvolvido um padrão fixo de comportamento defensivo, que estava, por sua vez, articulado à ansiedade em vez da espontaneidade. Direcionando-se para a sua resposta, ela assume uma responsabilidade adulta e assertiva com relação a seu comportamento, como um primeiro passo em direção à mudança positiva.

## O CONCEITO DE GRUPAMENTOS

Até aqui, limitei-me a descrever a teoria do método do psicodrama, esperando que isso ajude os psicodramatistas na condução de sessões. Mas uma outra das minhas preocupações ao praticar e ensinar o psicodrama é: podemos entender o sofrimento humano de forma sistemática, sem ter que recorrer às formulações clássicas sobre a psicopatologia? Esses conceitos são largamente aceitos em nossa cultura. Termos como neurose, psicose, histeria etc. fazem parte da nossa linguagem cotidiana, sendo também categorias diagnósticas nas classificações psiquiátricas e psicológicas. Moreno sempre teve fortes objeções ao uso de formulações psiquiátricas que tivessem uma ideologia subjacente e, em oposição,

97

ofereceu uma nova maneira de olhar para o sofrimento humano que era mais simpática, além de se basear na sanidade, e não na patologia. Dentro dessas formulações teóricas podemos encontrar alguns conceitos que, se adequadamente desenvolvidos, nos ajudarão a completar este trabalho teórico sem trair a sua essência.

O conceito de "grupamentos" (ver Figura 1) é uma das formulações de Moreno que achei que poderia nos fazer caminhar nessa questão. Ele diz: "Os papéis não são isolados, eles tendem a formar grupamentos. Há uma transferência de E dos papéis não atuados para os presentemente atuados. Essa influência é chamada de Efeito de Grupamento" (Moreno e Moreno, 1977). Novamente em seu livro *Who shall survive?*, ele diz, ao referir-se a esse diagrama de papéis: "Ele apresenta os grupamentos de papéis dos indivíduos e a interação entre esses papéis" (Moreno, 1934). Isso quer dizer que os papéis se *intercomunicam*: eles têm a capacidade de troca experimental. Um padrão de comportamento adquirido no papel do pai pode ser aplicado a outros com dinâmica semelhante, no qual o exercício da autoridade predomine; por exemplo, o papel de patrão, ou o papel de professor.

Quais são as dinâmicas essenciais de um ser humano? Para responder a essa questão, devemos observar as primeiras experiências evolucionistas. Nessa matriz de identidade, que é indiferenciada, o bebê se encontra totalmente indefeso. Sua sobrevivência depende de sua mãe ou do adulto responsável por cuidar dele e alimentá-lo. Essa dependência é total, e as ações do bebê estão relacionadas à ingestão de comida. A defecação é involuntária, uma vez que o bebê ainda não tem nenhum controle ativo sobre ela. Esses são os papéis aos quais Moreno chamou de *psicossomáticos*. Prefiro pensar que eles podem ser chamados de funções do papel do bebê, pois não se conformam completamente ao conceito de papel, que é uma unidade psicossocial de comportamento, e pressupõem um processo de duas vias com regras que governam a ação. Assim, do meu ponto de vista, os papéis psicossomáticos deveriam ser como protopapéis, ou funções inerentes do papel do bebê, e não papéis no sentido estrito da palavra.

| Os três grupamentos principais | |
| --- | --- |
| Primeiro grupamento | Incorporar passivamente e depender |
| Segundo grupamento | Procurar aquilo que queremos, conseguir a autonomia |
| Terceiro grupamento | Compartilhar, competir e rivalizar |

*Figura 1.* Os grupamentos principais

# Primeiro grupamento

Voltemos ao papel da criança no começo de vida. Ela é dependente, passiva, incorporativa. Se essas experiências ocorrem com maior espontaneidade do que ansiedade, então, sua capacidade de aceitação adulta da dependência será positiva. Culturalmente falando, a palavra dependência é um tanto quanto denegrida: há uma enorme pressão cultural no sentido de se ser autônomo, auto-suficiente e não precisar de ninguém. Nossa cultura exalta a figura autônoma que está muito próxima da solidão. Mas sabemos que, para sermos capazes de amar como adultos, precisamos aprender a depender espontânea e amadurecidamente do ser amado. Não apenas nessas circunstâncias é necessário assumir uma posição de dependência. A vida, mais cedo ou mais tarde, nos confronta com perdas e frustrações. Ninguém vive num estado constante de sucesso e triunfo. A perda dói. Ela se encontra lá, quando é necessário aceitar ser passivo e dependente, e podemos nos permitir ser cuidados e amparados até que a dor passe.

A antecipação espontânea desse amparo possibilita assumir riscos no amor e, então, sentimo-nos mais fortes. Se, ao contrário, essas primeiras experiências gerarem ansiedade, que está ligada ao abandono e à solidão, então elas se acrescentarão à dor natural que está presente em qualquer mudança, frustração ou perda. A ansiedade negada leva a um evitamento da busca por consolo e amparo. Chamo a essa experiência de primeiro grupamento, que unifica funcionalmente esses papéis nos quais a dinâmica é passiva-dependente-incorporativa. Ele incluiria os papéis de filho, filha, aluno, paciente etc. Nesses papéis há um espectro de dependência necessária e inerente.

## Ligações simétricas e assimétricas dentro dos grupamentos

Neste ponto é importante mencionar que as possíveis ligações entre os papéis podem ser simétricas ou assimétricas. Os simétricos são aqueles em que os papéis complementares têm a mesma hierarquia e responsabilidades equivalentes. São reconhecidos porque a ligação tem um nome próprio, como por exemplo irmãos, amantes, companheiros, amigos. São essencialmente simétricos na medida em que as mesmas regras são aplicadas a ambos os papéis na interação. Os papéis assimétricos não têm um nome próprio e têm que ser nomeados pelas duas pessoas da interação, por exemplo, pai-filho, professor-aluno, terapeuta-paciente, patrão-empregado. Diferentes responsabilidades e hierarquias marcam esses papéis. São relações nas quais o poder é claramente manipulado por um dos dois na ligação.

Foi importante explicar isso aqui, de forma que a ligação de dependência pudesse ser entendida. Na relação dependente há duas partes: uma que alimenta, cuida e tem responsabilidade e poder. A outra é a que é alimentada, cuidada, é passiva e dependente. Além desses papéis específicos, a capacidade de dependência é uma função necessária em outros papéis, por exemplo, marido-mulher, onde um deles periodicamente assume a função de amparo, dependendo das circunstâncias. Se isso não ocorrer, então a dinâmica interacional falha.

## Segundo grupamento

Se avançarmos ao longo do processo de desenvolvimento, saberemos que a criança passa da total dependência para uma percepção mais autônoma. Ele ou ela passa a colocar a comida na própria boca, aprende a controlar os esfíncteres, a caminhar e a atingir seus próprios objetivos. A figura predominante durante esse estágio de crescimento às vezes é o pai, que pode estar ligado a atividades e ao mundo exterior. Embora isso seja culturalmente e não naturalmente determinado, é comum que a criança tenha a experiência de ter a mãe como primeira figura de amparo. É o rosto dela que a criança primeiro aprende a discriminar, o que estaria ligado ao primeiro estágio. Mais tarde, aparece a outra figura, o pai, que coincide com a aquisição de uma posição ativa e autônoma. Essa dinâmica define o segundo grupamento e condiciona a *performance* de papéis ativos relacionados ao trabalho, à autoconfiança, à capacidade de conquistar, ao exercício do poder. Eles também são assimétricos, mas pressupõem uma prevalência da autonomia e da atividade.

## Terceiro grupamento

O primeiro e o segundo grupamentos permanecem na vida adulta como alternativas circunstanciais e existem como alternativas potenciais. A potência dessas alternativas pode estar mascarada porque os papéis mais exercitados são os simétricos, correspondentes ao terceiro grupamento. O protótipo desses papéis é a relação fraternal. Um irmão, uma irmã, um(a) amigo(a), um(a) companheiro(a), um(a) colega, atuam como modelos para essas ligações simétricas. Ninguém cuida ou é responsável pelo outro oficialmente. Tem-se que aprender a competir, a rivalizar, a compartilhar. Mas o papel do terceiro grupamento sabe tanto ou tão pouco quanto nós mesmos sabemos. Tais papéis impõem limites, cuidam de possessões, atacam ou se defendem da agressão. Dentro desse campo, aprendemos a nos cuidar com mais atenção. Assim, essas são as três dinâmicas essenciais.

Ter um acesso adequado a cada uma delas poderia ser a resposta para aquele equilíbrio instável chamado maturidade. Mas a vida sempre deixa cicatrizes ao passar. É aí que esses conceitos podem nos ser úteis para a compreensão da dinâmica dos pacientes. Deveríamos procurar os ferimentos nos diferentes grupamentos. Quais são os papéis preservados? Quais os papéis mais afetados? Quais as funções que necessitam de retreinamento e de reparação?

## OS GRUPAMENTOS NA SESSÃO DE BETTY

Voltemos ao caso de Betty. Sua queixa referia-se ao fato de que não podia amar ou devotar-se a alguém. Ela se sentia humilhada diante dos homens e readquiria seu poder por meio da culpa. A autonomia era impossível na ligação amorosa a que ela se submetia. Seu pai, um fator no *locus*, nunca permitiu que uma pessoa independente e forte se aproximasse dele, e sua capacidade de modelar papéis ativos e autônomos era muito baixa. O segundo grupamento foi o primeiro a ser reparado. Betty lentamente começou a dar respostas assertivas. O mito de que "a agressão destrói", que a havia levado ao papel de mártir, deu lugar a uma demonstração de assertividade mais aberta. A catarse agressiva necessária para que isso acontecesse durou vários meses de terapia. Em sua vida diária, ela tornou-se capaz de começar a estabelecer limites para os agressores.

A matriz que gerou a mártir como resposta adaptativa estava aberta para ser reaprendida. Meu papel como terapeuta estava claramente localizado no grupamento dois. Eu era o pai que permitia que ela se rebelasse sem se submeter a demandas. Ela podia ser agressiva, aprender a dosar sua agressão, manejá-la e usá-la de forma mais apropriada. Isso possibilitou que ela aceitasse papéis de comando em sua profissão. Mas sua relação ao fazer parte de um casal não melhorou. Durante uma sessão, emergiu um ponto importante pela primeira vez. Betty afirmou que quando estava sozinha sentia-se ansiosa. Em vez de se perguntar o que deveria fazer, ela entrava em contato com o que queria fazer e, então, sua ansiedade aumentava.

### Betty em sessões individuais

Essa sessão foi individual, sem egos-auxiliares. Pedi que ela fechasse os olhos e que fosse aquela ansiedade. Quando perguntou: "O que eu quero?", inclinou-se novamente para a frente, mas, dessa vez, cobriu a cabeça. Ela disse que sentia um "amargo vazio", igual ao de um bebê que não é alimentado. Ela só sentia fome, frio, falta de proteção; não havia sentimentos cálidos. Ela se tornara um bebê de três ou quatro meses de idade, e era o ano de 1941. Sua cena foi montada sem memórias reais; ela apenas tinha sensações corporais para prosseguir. Isso é crucial para lembrar que o sentido de memória contém os registros mais primitivos do ser humano. Antes de possuir faculdades afetivas e intelectuais, o ser humano vive num mundo de sensações.

Só mais tarde aparecem as representações afetivas e intelectuais. Betty disse que estava com três meses, e só tinha essas sensações corporais. Perguntei quem tomava conta dela, e ela respondeu que a mãe de alguma forma estava nas imediações, e pegou uma almofada para representar a mãe. Pedi que invertesse os papéis. No papel da mãe, a.primeira coisa que fez foi me pedir luvas. Eu não tinha nenhuma no consultório, e disse a ela. "Então, é impossível representar o papel", retrucou. Peguei dois pedaços de pano, e ela os usou como luvas. Desde os 17 anos, Hanna (a mãe) não tirava suas luvas, nem para dormir. Durante um curto período de tempo, o marido a proibiu de usá-las, mas durante a guerra, enquanto ele estava na frente de batalha, voltou a usá-las. Ela disse-me que se tratava de uma questão de higiene. Betty, no papel da mãe, disse-me que, quando era adolescente, seu pai a havia estuprado. A partir daí, ela havia usado luvas para não se sentir suja e ela continuou dizendo: "Graças a Deus que eu tenho três filhas, que eu nunca toco diretamente, pois todo contato pele a pele é sujo. Eu cuidei bem delas, mas nunca as acariciei, isso era desnecessário".

Ela então conseguiu olhar a cena usando a técnica do espelho. Ela se viu como um bebê, sua mãe, as luvas e o avô estuprador. Começou a ter contato com sua agressão. Agarrou uma das "batakas" que tenho em meu consultório e a atirou na direção do avô, deixando sair juntamente a agressão dela e da mãe. Depois, destruiu simbolicamente as luvas, olhou para a mãe (representada pela almofada) e chorou. Ela a abraçou e disse: "Como eu precisei do contato com o seu corpo".

(Havia se tornado muito importante para ela ser tocada por uma outra mulher. Betty tinha tido contatos homossexuais na tentativa de retomar essas sensações ausentes. Mas não foi suficiente recuperar as sensações para confirmar sua existência. Ela interrompeu a recognição do que necessitava, especialmente o contato com os outros.) Nesse momento, ela pegou o bebê no colo (representado por outra almofada) e o acariciou. Eu devolvi Betty a seu papel original, e percebi que ela, como bebê, estava tensa. Gentilmente, a acariciei na cabeça, e ela me abraçou chorando: "Eu quero ser cuidada!".

Investigamos o primeiro grupamento, e eu me conduzi principalmente no papel de mãe. Betty havia recobrado uma agressividade sadia, autônoma e a capacidade de ficar só sem se fragmentar. Mais tarde, após haver se recuperado, fizemos uma revisão do que ela necessitava para sua sanidade emocional e para ser cuidada. Ela só conseguiu ter boas relações depois de ter recuperado funções do terceiro grupamento.

## Sessão de acompanhamento

Durante uma sessão de grupo, um membro do grupo chamado Célia foi a protagonista, e chorou pela primeira vez. Suas feridas pertenciam ao primeiro grupamento e impediam-na de "se soltar". Betty fez um comentário crítico e disse que ela era uma pessoa chorosa, incapaz de compartilhar. Representamos então uma cena com a irmã mais velha de Célia. Ela era a frágil da família, a que chorava, a que era doente. Era protegida por todos. Isso deixou Betty enciumada. Emma (sua irmã) havia nascido durante o período de paz, em que chorar era possível. Novamente, a história foi contada a partir do papel da mãe. Quando Betty nasceu, durante a guerra, Hanna (a mãe) achou que teria sido melhor se Betty fosse um menino. Embora ela detestasse meninos, a guerra era uma época para homens. Ela ficou muito desapontada, mas o desapontamento do marido foi maior: ele não quis vê-la durante muitos dias. No seu próprio papel, Betty disse: "Eu nunca quero ficar com as minhas irmãs, porque elas sempre têm direitos que eu não tenho. Eu finjo que não faço questão de ficar com elas". (Ela simulou desdém, preferindo a sua própria companhia.) (Essa era sua matriz.)

Sua atitude de ser superior às suas companhias fez dela uma pessoa desagradável para os outros, o que contrastava com o papel de "mártir agradável" visto anteriormente. Isso criou ligações difíceis, nas quais ela parecia fria e distante, quando o que, na verdade, ela queria era contato. No papel de homem possível em sua vida, Betty compreendeu sua responsabilidade pelo que lhe acontecia, e, sem se sentir culpada, corrigiu essas respostas inadequadas. A partir de então, Betty tomou posse de sua vida. Ela havia criado as suas respostas, de modo que, agora, podia brigar para mudá-las.

Os ferimentos no primeiro grupamento são muito comuns na nossa cultura. A síndrome de Rambo, na qual não se precisa de ninguém, inclui homens e mulheres. Há algum tempo, um médico que havia acabado de ter um ataque cardíaco veio me consultar, dizendo:

103

Minha vida tem sido um constante treino para evitar encontrar alguém. Ao invés disso, fui treinado para atender às necessidades dos outros, a responder às urgências dos meus pacientes, de minha mulher e de meus filhos. Minha mãe me superprotegeu e meu pai se divorciou dela quando eu tinha três anos. Para não me tornar uma criança boba, tive de inventar o "homem de aço" para mim mesmo. Mas a dor da impotência e a necessidade de sentimentos e carinho infiltraram meu coração, e, ao tentar recuperá-los, quase dei cabo de minha própria vida.

A verdade sempre consegue um jeito de se expressar, e quando nosso comportamento cria uma barreira, ela pode se alojar no nosso corpo, de onde tenta se fazer notar.

Pessoalmente falando, a compreensão dos três grupamentos me iluminou consideravelmente e me ajudou a esclarecer as coisas para os meus alunos. Há alguns anos, vivenciei isso com um outro modelo. Por intermédio de testes sociométricos, tentei entender a dinâmica da personalidade usando sinais positivos, negativos e neutros. Mas isso não foi suficiente. Usei as minhas "asas" para desenvolver uma leitura sociométrica da psicodinâmica baseada numa modificação do teste perceptual. Eu ainda o uso em meus grupos de estudo, mas o conceito de grupamentos é muito mais útil. Mas há espaço para uma evolução posterior. Meu objetivo é abrir um espaço reflexivo para apresentar as questões essenciais, sem preconceber nada sobre sua futura elaboração.

## EPÍLOGO

O psicodrama é uma fonte rica e inesgotável. Ele oferece um mundo de aventuras perigosas e alguns momentos pacíficos. Alguns psicodramatistas abandonam a profissão e se voltam para outras técnicas. Eu tenho me dedicado a ensinar psicodrama há anos, e observei que muitos dos que abandonam sua prática o fazem porque seu estilo pessoal necessita de um instrumento mais racional. Para dirigir o psicodrama é necessária uma forte capacidade de dar respostas adequadas rapidamente aos estímulos, e nem todos têm essa capacidade. Durante momentos de crises pessoais, achei muito difícil pôr minha espontaneidade para funcionar. Nesses momentos, uso mais as palavras, e sou mais capaz de controlar as emoções do que quando estou usando o psicodrama.

Durante períodos de conflito social, o sociodrama permitiu que eu ajudasse aos outros, bem como a mim mesmo. Meu filho foi soldado na triste Guerra das Malvinas (o conflito das Falklands). Dois governos, cada qual envolto em sua própria paranóia, tolamente, enviaram muitos homens para a morte. Juntamente com minha mulher, também ela psico-dramatista, reunimos outros pais, e, com o sociodrama, criamos um *locus* de antiloucura em meio ao caos. Éramos setecentas pessoas compartilhando nossa angústia e levando à frente atividades que dessem suporte aos nossos filhos. Ao mesmo tempo, sem saber, meus amigos Marcia Karp e Ken Sprague estavam se utilizando do sociodrama para trabalhar com famílias de soldados britânicos. A grande descoberta de Moreno estava sendo usada para criar pontes de paz entre os dois países, enquanto seus governos se impeliam em direção à morte e à destruição. Moreno teria se sentido muito orgulhoso. Ele acreditava na grandeza potencial dos seres humanos, e criou um instrumento capaz de alcançá-la.

Ao estudar a obra de Moreno, sempre tentei não cair na armadilha de desqualificá-lo em função de sua grandiosidade. Compreendi que categorizá-lo como paranóico e megalomaníaco era um equívoco em relação a seu convite para um "Encontro de deuses". Ele de fato disse: "Eu sou Deus". Mas ele também nos convidou a sermos deuses ao lermos seus trabalhos. Um "Encontro de gênios", no qual o gênio de um não ameaçaria o do outro. Apenas se estivermos em contato com nosso próprio gênio, ousando usar nossas asas, estaremos prontos para ler e para entender Moreno. Cada uma de suas idéias está madura para novos desenvolvimentos. As raízes oferecem-nos ricos nutrientes para transformá-las com nossas asas e levá-las a lugares ainda não alcançados.

Vejo minha própria vida como um pacto contínuo entre minhas raízes e minhas asas. Quando tenho vontade de estar tranqüilo, descansando com segurança e um sentido de permanência, minhas asas logo se agitam para alçar vôo novamente. Então, inicia-se uma luta, que às vezes se resolve, às vezes não. Quando isso ocorre, sinto-me sufocado até encontrar uma saída. Identifico-me mais com minhas asas, mas amo todas as minhas raízes: meus pais, meus irmãos, minhas irmãs, meus professores. A psicanálise foi uma abertura para um mundo fascinante. [Melanie] Klein e sua teoria das relações objetais deram respostas a algumas das minhas questões. Klein deu-me algo sólido a que me segurar no mundo interior. Moreno brigou com essas pessoas, mas essas eram as asas dele, não as minhas.

Para concluir, gostaria de falar um pouco mais sobre nossa amiga Betty. Ela conseguiu voltar à sua terra natal, a Alemanha, onde ficou por dois meses. Parou de se punir como único meio de resolver sua culpa, seu conflito com os pais e com os outros. Ela orou num campo de concentração e depositou flores nos túmulos abandonados de seus avós. Chorou muito e, com esse chorar, apagou alguns dos seus ferimentos. Voltou para a Argentina e está tentando viver com seu companheiro.

Eles querem adotar uma criança. Quando ela voltou para o grupo, aproximou-se de Célia, o membro do grupo a quem havia chamado de "pessoa chorosa". Ela a abraçou e chorou em seus braços. Célia é judia.

## REFERÊNCIAS BIBLIOGRÁFICAS

MARINEAU, R. F. (1989). *Jacob Levy Moreno 1889-1974*. Londres, Routledge. (No Brasil, traduzido sob o mesmo título, São Paulo, Ágora, 1992.)

MORENO, J. L. (1934/1953). *Who shall survive?*. Nova York, Beacon House.

MORENO, J. L. e MORENO, Z. T. (1977). *Psychodrama*. Vol. I, 4ª ed., Nova York, Beacon House.

# PARTE II

# O *locus* e o *status nascendi* do psicodrama

## Comentário

Os dois capítulos dessa seção colocam Moreno e sua criação — o psicodrama — num contexto histórico e filosófico. René Marineau descreve os anos iniciais de Moreno em Bucareste e Viena, considerando ser o seu trabalho resposta às suas experiências pessoais e culturais, enquanto que Jonathan Moreno (o filho de Jacob e Zerka Moreno) considera o psicodrama tanto a partir de sua posição como professor de ética médica quanto de psicodramatista. René Marineau, no Capítulo 4, lida com os conceitos morenianos de encontro e criatividade, descreve como Moreno viveu incialmente entre esses dois conceitos, e como eles se desenvolveram no contexto específico de sua família e das duas culturas de Bucareste e Viena. Jonathan Moreno também lida com o conceito de encontro no Capítulo 5 e discute como seu pai tomou uma direção diferente da de Freud. Ambos os capítulos tratam do lugar onde o psicodrama nasceu e do momento de sua criação, quando muitos fios se entrelaçaram para Moreno. Chegamos a uma compreensão de como Jacob L. Moreno respondeu a essas forças em torno de si e como foi capaz de organizá-las em sua criação, o psicodrama.

107

# Capítulo 4

## Bucareste e Viena

### Comentário

Neste capítulo, René Marineau considera o *locus* e o *status nascendi* do psicodrama, por meio da discussão sobre as origens de Moreno na Europa. Ele chama a atenção para o quanto o uso de metáforas por Moreno constituiu, de início, grande parte de seu pensamento literal, mas, mais tarde, tornou-se mais diferenciado e simbólico. Esse uso aparentemente concreto da linguagem talvez seja uma das principais razões pelas quais as idéias de Moreno tenham sido subseqüentemente rejeitadas por alguns de seus contemporâneos.

Marineau localiza essa tendência firmemente no contexto do desenvolvimento de Moreno em sua família e cultura, que influenciaram todas as suas extravagâncias. É nos escritos iniciais de Moreno que Marineau detecta o desenvolvimento de alguns dos seus conceitos-chave: que a vida deveria se basear na ação, nas relações cósmicas e no poder da realidade adicional. Esses escritos também revelam como a dualidade da revolta e da criação em Moreno o acompanharam durante toda a sua vida. Ele era um revolucionário social na ação e na escrita, considerando o teatro como um devotar-se à liberação das conservas culturais, e constantemente fomentando a criatividade e facilitando encontros em muitas esferas. É por isso que suas idéias ainda podem gerar um novo interesse e amplo apelo: elas podem atingir partes do leitor que, em outras circunstâncias, poderiam estar adormecidas ou desinteressadas.

# Os berços das contribuições de Moreno

*René F. Marineau*

No começo, havia a ação.

No começo, havia a relação.

Essas duas frases, a primeira da autoria de Moreno (1975, p. 25) e a segunda de Buber (1969, p. 38), são as melhores ilustrações para sintetizar as origens e os significados da herança de Moreno. Toda a sua vida ele trabalhou incansavelmente para implementar um modo de vida que incrementasse a criatividade pela ação e desenvolvesse o encontro por meio de reuniões — duas realidades diretamente ligadas ao fazer e ao se relacionar. Ele era um modelo vivo de uma pessoa cósmica, mostrando o caminho por intermédio do desenvolvimento de métodos e técnicas cientificamente válidas e úteis para a humanidade.

As duas riquezas principais da filosofia de Moreno são os conceitos de *criatividade* e *encontro*, complementares e interligados ao seu comportamento, a seus escritos e aos métodos terapêuticos que desenvolveu. Eles podem ser considerados a base de todas as suas idéias filosóficas e a pedra fundamental de seus legados científicos e profissionais.

Para compreender os dois conceitos e o próprio desenvolvimento posterior de Moreno, uma rápida revisão histórica se faz necessária, a qual consideraremos a partir de duas perspectivas: a primeira está relacionada com seus primeiros valores e atitudes internalizados em Bucareste, especialmente em relação a seus pais e seu mentor religioso, Bejerano; enquanto a segunda trata de seu desenvolvimento pessoal e profissional posterior, em Viena.

# BUCARESTE E MORENO: SEU DESENVOLVIMENTO INICIAL

Moreno nasceu em Bucareste, em 1889 (Marineau, 1989). Seus pais eram muito criativos, à sua própria maneira, orientados para a ação e intuitivos. Quando olhamos para o que poderia ser chamado de processo psicológico de internalização de Moreno, especificamente falando, de sua identificação com as figuras de origem, temos que começar por Bucareste e avaliar a influência de seu pai e de sua mãe.

Moreno Nissim Levy, o pai, foi uma intrigante figura: um cidadão ativo, um homem de negócios falido e uma figura de pai ausente, que seria ainda mais idealizado por seu filho mais velho devido à distância e ao afastamento que mantinha com relação à família. Esse homem, nascido turco, casou-se com pouco entusiasmo, trabalhou a maior parte do tempo distante de casa, mas manteve sua autoridade com relação aos filhos. Um homem de negócios que repetidamente fracassou em várias aventuras financeiras, permaneceu todavia um cidadão envolvido com a comunidade, viajando pelo "mundo", ajudando amigos e vizinhos. Embora fosse, pelos padrões tradicionais, um modelo pobre de papel como pai e marido, teve êxito em influenciar o filho mais velho nas áreas da imaginação, na educação autodidata e na primazia da ação. Na verdade, ele tornou-se uma figura quase mítica para o jovem Jacob, que mais tarde transformou o próprio nome para incorporar o prenome do pai como seu novo sobrenome, tendo o antigo Jacob Levy se tornado Jacob Levy Moreno. A capacidade dessa criança em transformar uma relação real, porém insatisfatória, numa relação imaginária mais aceitável, iria se tornar a marca registrada de Moreno durante toda a sua vida. Ser criativo significaria desenvolver a capacidade de transformar a verdade histórica numa verdade poética ou psicodramática mais aceitável, e descobrir na vida cotidiana, mesmo que tediosa ou difícil, um "adicional de realidade".

A relação do jovem Jacob com sua mãe Paulina Iancu foi igualmente importante para ele. Essa mãe muito jovem era uma mulher calorosa e alegre, também muito ativa na comunidade sefardita. Ela era bem educada para sua época, poliglota, e refinada. Ela iria se sentir muito mais à vontade, diferentemente de seu marido, quando a família se mudou para Viena. O filho mais velho, Jacob, ou Jacques, como ela costumava chamá-lo, era o seu favorito, que se tornaria seu braço direito, substituindo o marido ausente. Ele respondeu, quando criança, a esse novo papel, com espontaneidade e dedicação: temos numerosos casos em que Jacob desempenha o papel de Deus, ou assume a liderança nas brincadeiras infantis. Embora mais tarde ele fosse se safar das responsabilidades da paternidade, inicialmente, na família, levou seu papel a sério. A espontaneidade e a imaginação foram as raízes da sua criatividade, e as responsabilidades elevaram-no ao nível de Deus.

Criar a família em Bucareste não era fácil. A família tinha de lidar com uma crise econômica, situação essa que se tornaria ainda mais difícil devido aos repetidos fracassos financeiros e às ausências do pai. Não obstante, o jovem Jacob Levy era uma criança feliz. Além dos seus pais, ele foi também influenciado pelo rabino Bejerano, uma impressionante figura na comunidade judaica. Esse homem era diretor da escola naquela época, e o jovem Moreno ficou tão impressionado pelo seu conhecimento da linguagem da religião que ele tornou-se um duplo quase físico para sua imagem de Deus. Na imaginação daquela criança, duas figuras dominavam sua imaginação e brincadeiras: a figura de Deus (representada por seu próprio pai e pelo rabino Bejerano), e a pessoa de Jesus introduzida a Moreno por sua mãe, a partir de sua educação anterior numa escola católica. Numa idade precoce, o jovem Moreno vivenciou encontros significativos com Deus e Jesus, na realidade, na imaginação e nas brincadeiras, no que poderia ser considerada uma "megalomania normal" que persistiu por toda sua vida. De certo modo, ele poderia dizer genuinamente eu-Deus, ou eu-Jesus. Durante a adolescência, ele chegaria a professar para se tornar Jesus voltando à terra.

Em suma, poder-se-ia dizer que, antes de deixar Bucareste, o jovem Moreno já havia internalizado, por intermédio da relação com o pai, com a mãe e com o rabino, a maior parte das atitudes criativas e valores que se tornariam partes integrantes dele. As sementes da criatividade (que requerem imaginação, audácia e ação), e, em menor escala, do encontro haviam sido plantadas.

Antes de prosseguirmos, faz-se necessário um comentário. Moreno gostava de pensar e falar por meio de metáforas, que se ancoravam na realidade. Quando se comparou a Deus, e mesmo chamou-se de Deus, temos que nos lembrar de que isso foi para ele, no começo, muito real. Só mais tarde é que foi capaz de considerá-lo como imagens, e não realidade. Quando criança, no período que chamou de sua megalomania normal, ele se considerava Deus, Jesus, um profeta. Quando adolescente, ainda estava avaliando o real significado dessas imagens. Mais tarde, aprendeu a considerá-las como um modo de falar sobre si, embora não saibamos ao certo, às vezes, qual o real significado das palavras que ele usou e da ação que praticou.

Quando veio para os Estados Unidos, escolheu abandonar o vocabulário metafórico-religioso que nos ajuda a entender sua filosofia. Ele mudou-se para o mundo da psiquiatria e privou seus alunos de uma plena compreensão da sua filosofia. Um dos meus objetivos, aqui, é preencher as lacunas de forma a mostrar a unidade da sua contribuição. Para fazê-lo, terei que restaurar as palavras que usou para se descrever; as imagens dele mesmo como Deus e profeta, tanto como criador como co-criador do universo.

Quando a família Levy deixou Bucareste rumo a Viena, em 1895 ou 1896, o pequeno Jacob já estava envolvido em brincadeiras nas quais assumia o papel de Deus. Ele tinha uma relação muito ambivalente com o pai e demonstrava muito apego à mãe. Já podemos ver o tipo de perspectiva religiosa, num sentido muito amplo, que ele exibiria mais tarde numa busca por uma pessoa cósmica. Por outro lado, em seus últimos trabalhos, notamos poucos traços além desses referentes ao meio cultural da Romênia, além de canções e brincadeiras infantis. Ainda assim, seria perigoso subestimar a tremenda influência que esses primeiros anos tiveram em seu desenvolvimento posterior, especialmente nas áreas da filosofia, da religião e da educação, que estão nas raízes de sua espontaneidade, imaginação, criatividade, da inversão de papéis, do duplo e do encontro. Se considerarmos esse período inicial em termos dos métodos e técnicas do psicodrama, poderemos observar a capacidade precoce de Moreno para inverter papéis e ser duplo (de Deus).

## VIENA E MORENO: O DESDOBRAR CRIATIVO

A família mudou-se para Viena quando Jacob tinha seis ou sete anos. O menino ajustou-se rapidamente à nova vizinhança. Viena era uma cidade que ele veio a apreciar, embora, assim como seu pai, sempre tenha se sentido como um refugiado entre as famílias vienenses já estabelecidas lá de longa data. Nesse sentido, Moreno nunca se tornou um verdadeiro vienense como aqueles descritos por Hofmannsthal em *Rosenkavalier*, que "falam com fluência e graça, habilidosos no assumir papéis e suaves em seus gestos e na maneira geral de abordar a vida".

Embora fosse exibir muitas dessas capacidades mais tarde na vida ("as maneiras adequadas que fazem toda a diferença entre um verdadeiro vienense e os outros" (Schorske, 1985)), ele com freqüência exibiria seu lado mais rude e teimoso em certas circunstâncias, mais do que aquelas origens mais cultivadas. Todavia, sendo extrovertido, vivo e envolvido, Moreno deveria tornar-se, no todo, uma criança bem adaptada na escola.

É importante, ao dizer isso, reconhecer a influência que Viena teve sobre Moreno, e acompanhá-la através de seu desenvolvimento, na medida em que ela mostra sua integração no meio no qual ele cresceu. Como indicado anteriormente, os dois pilares principais a partir dos quais o legado de Moreno pode ser examinado são seus conceitos de criatividade e de encontro. Se examinarmos seus primeiros textos e atividades com e para as pessoas, encontraremos a maior parte dos subseqüentes métodos e técnicas. Tendo isso em mente, revisemos o meio no qual Moreno cresceu e alguns casos ocorridos nessa época em Viena. Moreno gostava de brincar de Deus e, por meio da identificação, de ser Deus. Podemos observá-lo em relação a isso nessas brincadeiras infantis (quando ele se sentava entronizado entre seus irmãos, irmãs e amigos) e, mais tarde, quando contava histórias para criancinhas empoleirado no alto das árvores. Em todas as situações, ele ocupava o lugar de honra. A necessidade de Moreno de ser visto e reconhecido iria ser parte de sua contínua ambivalência sobre ser Deus entre deuses menores, e, ainda assim, tentar fazer com que todos fossem iguais. Isso ficava evidente em sua busca pelo anonimato e suas constantes tentativas de atingir a fama. Isso teria também um impacto importante, como veremos, em sua maneira de considerar o palco psicodramático.

Moreno freqüentou a escola no segundo distrito de Viena, uma área essencialmente judia. Enquanto menino, foi exposto à cultura austríaca e aprendeu as bases religiosas e culturais da herança austro-húngara. Ele viveu numa cidade onde a história estava presente em cada canto, e a criatividade era não apenas uma idéia, mas uma realidade cotidiana. Pessoas tais como Mahler, Klimt, Schnitzler, Altenberg e Freud se empenhavam ativamente na criação de novas idéias e desenvolvimentos para a cidade. Comparada a Berlim, Paris ou Nova York, Viena era uma metrópole pequena e provinciana que, todavia, teve um papel muito especial na história do século XX, e é lembrada como o berço de muitas revoluções: políticas, sociais, econômicas, religiosas, artísticas e médicas.

Foi em meio a esse novo contexto sociopolítico que Moreno cresceu. Ele testemunhou, por exemplo, a queda do Império austro-húngaro, a emergência do comunismo, o surgimento do nazismo e o desenvolvimento do socialismo em Viena. Porém, Moreno nunca foi ativo na política. Seus próprios valores foram talhados e testados num meio de pluralismo, opostos ideológicos e contradições. Sua própria filosofia política viria a refletir a visão de um homem que estava acima de partidos políticos e de sectarismos. Ser Deus, ou um profeta, fez com que ele olhasse à distância a política e a religião. Todavia, era um campeão tanto do individualismo, "Somos todos deuses", quanto do comunismo, "Todos nós precisamos compartilhar nossos encontros de saúde e de apoio". Não surpreende que ele defendesse o anonimato, e, mesmo assim, lutasse pelo reconhecimento pessoal. Quando decidiu partir-se de Viena, em 1925, podemos assim entender por que ele hesitou, e mesmo agonizou entre a Rússia e os Estados Unidos. A partir de uma perspectiva religiosa e política, ele exigiu uma espécie de território universal para si. O *locus nascendi* (um conceito básico da filosofia de Moreno) dessa pessoa cósmica teria que estar em algum lugar num navio, fosse ele espanhol, grego, turco ou romeno. Essa exigência possibilitou que ele, mais tarde, dissesse que um diretor de psicodrama ou de sociodrama estava acima e além dos membros de um grupo.

Mesmo as raízes de Moreno na comunidade judaica eram freqüentemente minimizadas, exceto em tempos de crise. Mas, lá no fundo, podemos observar sua ligação com os membros dessa comunidade em seus textos sobre seu amigo próximo e duplo, Chaim Kellmer. Esses fatos mostram-nos que Moreno era e não era um verdadeiro vienense, um ativo militante judeu ou um cidadão envolvido. À sua própria maneira, fazia apaixonadamente parte do meio cultural e social de Viena, enquanto que sua criação religiosa e seus valores fizeram com que se tornasse sensível, antes de tudo, ao sofrimento das pessoas. Como veremos, isso ficou muito claro quando ele se postou diante de uma estátua de Jesus em sua adolescência.

A idéia de *criatividade* está por toda a parte na tradição vienense, e pode ser explicada de numerosas maneiras, que vão da variedade étnica do Império austro-húngaro, passando pelo papel da comunidade judaica, ou a situação geográfica da Áustria no Danúbio, até a posição de Viena entre as tradições do Leste e do Oeste, ou seu sistema educacional. A Áustria é uma terra de contradições, e é difícil pôr em palavras a essência de sua cultura, que faz parte de uma reavaliação mundial de idéias, e, ainda assim, é tão diferente de outros países. Talvez a melhor definição venha novamente de Hofmannsthal, ao dizer que, para que alguém seja um verdadeiro vienense, deve ter o "jeito", uma mistura de *savoir-vivre*, polidez, conhecimento cultural e tempo para longas discussões (Schorske, 1958, p. 8).

A primeira experiência de Moreno com educação foi bastante tradicional e tipicamente vienense. Todavia, quando adolescente, passou por um período de revolta e deixou a escola para encontrar o próprio aprendizado à sua maneira. Sua adolescência foi um período de rebelião, que pode ser interpretado tanto como uma época de confrontação e de distanciamento de uma família disfuncional (que culminou com a separação de seus pais), quanto de uma reavaliação da sociedade na qual ele vivia, e que lhe parecia artificial e falsa.

Esse período de revolta pode ser apreciado em alguns dos textos iniciais de Moreno. Ele flui verdadeiramente na corrente do Expressionismo, um movimento que se desenvolvia naquela época na Áustria e na Alemanha. Num monólogo imaginário, Moreno está conversando com Deus:

Antes de mais nada, por que Você criou o universo? Você poderia nos haver poupado da vida.

Por que Você não começou por mim? E, afinal, por que Você me criou? Eu não me sinto bem. Eu não gosto de mim. Eu tenho que comer. Mas a melhor comida sai pelos fundos. Tenho que andar, mas posso cair. Tenho que envelhecer, ficar doente e morrer. Por quê? Você deve ter me criado quando Você estava doente e velho, quando sua energia já havia se esvaído.

Por que Você me dividiu em dois? Eu sei que sou um ser imperfeito e indigno. Quando Você viu que eu era incompleto, Você me desfez em pedaços e trouxe um outro ser, uma mulher. Eu era suficientemente inferior, mas ela era ainda mais inferior.

Esse foi o começo de uma miséria e futilidade infinitas, a cadeia de nascimento e morte...

(Moreno, in: Marineau, 1989, p. 22)

## A VISÃO EM CHEMNITZ

Esse tipo de escrita não é usual para um adolescente. Todavia, a ela seguiu-se, no caso de Moreno, uma experiência mística que mudaria o sentido de sua vida. Quando estava em Chemnitz, teve uma visão na frente da estátua de Jesus:

De pé, diante da estátua, eu sabia que tinha que tomar uma decisão, que determinaria o futuro desenrolar da minha vida. Creio que todos os homens têm de tomar esse tipo de decisão em sua juventude. Esse foi o momento da minha decisão. A questão estava em como eu escolheria: seria o universo a minha identidade, ou estaria ela na família ou clã específico no qual eu havia crescido? Decidi pelo universo, não porque minha família fosse inferior a qualquer outra, mas porque queria viver em benefício do meio maior ao qual cada membro da minha família pertencia, e ao qual eu queria que retornassem...

A partir desse momento, houve um novo adicional de significado em tudo o que fiz, e em tudo o que foi feito à minha volta. Houve um excesso de sentimento, de alegria, de depressão, de amor ou de raiva. Foi a mesma sensação que os amantes sentem em sua primeira excitação ao se encontrar. O sol, as estrelas, o céu e as árvore pareceram maiores. As cores pareceram mais vivas. Todos os eventos pareceram mais dinâmicos para mim do que pareciam para as demais pessoas. Se uma criança nascesse, se um homem morresse, se um incêndio irrompesse, se um estranho aparecesse à porta, tudo isso parecia profundamente significativo, irrompendo em enigmas e questões, e um desafio ao meu sentido mais interior de valores.

(Moreno, in: Marineau, 1989, p. 23)

Moreno nunca olhou para trás. Ele fez escolhas posteriores nessa linha, inclusive a escolha de valorizar sua relação com um cosmos maior em vez de ser um estudante, um austríaco ou um judeu. Ele abraçou uma vida muito maior, baseada na ação que surgiu de suas escolhas religiosas e filosóficas. A descrição acima é interessante sob vários aspectos. Do ponto de vista psicodramático, podemos observar uma definição precoce da realidade adicional e o futuro compromisso de um diretor como líder universal.

## MORENO E O MOVIMENTO EXPRESSIONISTA

Além disso, esse texto, escrito por volta de 1904-5, mostra-nos um Moreno bastante sintonizado com o período que viveu em Viena. Seus valores são muito semelhantes ao que seria típico desse novo movimento filosófico, literário e artístico chamado Expressionismo. Ao olharmos para o desenvolvimento de Moreno, temos que reconhecer que ele fez parte desse movimento. Seus textos iniciais, inclusive *Invitation to a meeting* (1914) e *The words of the father* (1920), como veremos, estão bem na linha dessa filosofia.

O Expressionismo não foi uma escola: ele não tinha líder, nem teórico. Muitos de seus protagonistas não se conheciam. O Expressionismo nasceu antes da Primeira Guerra Mundial, mas, de fato, desenvolveu-se durante e imediatamente depois dela. Pode ser definido como um chamado profundo da alma e do coração. Para salvar o mundo, poetas, filósofos e artistas fizeram um apelo à nova geração para que se livrassem do antiquado ("matar os pais") e manifestassem seus gênios criativos, sua pureza moral no desenvolvimento de uma nova ordem de mundo. Para sacudir e destruir a sociedade "burguesa" que era responsável pelas organizações sociais e políticas em falência, a juventude precisaria manifestar violência e desespero, e livrar-se tanto das instituições quanto de seus protagonistas ("os pais"). Foi até mesmo necessário mudar os meios de expressão, tais como a linguagem e a arte. Em última instância, novas qualidades emocionais e expressão seriam encontradas nas experiências cotidianas. "Destruamos e reconstruamos a partir de novas perspectivas" era um dos lemas do movimento.

Obviamente, os primeiros escritos de Moreno mostram sinais do movimento dual: revolta e reparação, sua revolta contra Deus seguida de um ato de fé na Criação. Por meio da revolta contra os bens, da arrogância dos ricos e do encontro com os pobres, essas almas carentes eram então elevadas ao nível de deuses.

Essa dualidade de revolta-criação deveria achar expressão mais tarde na vida de Moreno, especialmente quando escreveu *The words of the father* (1920). Em nenhum outro lugar isso fica tão óbvio quanto nesse livro, um ensaio religioso e filosófico que ele escreveu juntamente com sua namorada Marianne. Se o lermos como expressão da filosofia de Moreno, reconheceremos que uma nova ordem de mundo seria possível caso cada indivíduo:

1. restaurasse sua capacidade primária de criar (usando sua espontaneidade e seu potencial imaginativo);
2. acreditasse em sua própria capacidade, reconhecendo assim que é Deus;
3. assumisse a responsabilidade por tornar-se um co-criador cósmico do universo;
4. reconhecesse que todos são igualmente Deus; e
5. reconhecesse que o futuro da humanidade reside no encontro significativo de todos os deuses.

(Moreno, 1920)

Moreno escreveu esse ensaio filosófico-religioso enquanto vivia razoavelmente feliz com sua musa, Marianne: essa boa relação permitiu que ele fosse criativo. Esse ensaio, inicialmente publicado no jornal *Daimon*, mostra um Moreno que deu uma guinada de 360 graus: o "profeta" que costumava usar um manto verde na universidade fala criativamente porque se vivencia como uma pessoa completa (ele e sua parceira formando uma unidade). Isso não foi possível enquanto esteve só e infeliz. Ele mostrou aqui que, quando adolescente, estava "partido ao meio" e só poderia se revoltar, mas quando se tornou uma pessoa "completa e unificada" (especialmente por meio de uma relação amorosa significativa), pôde "tornar-se pai" do universo. A criatividade e o encontro estavam interligados para Moreno, e muito concretamente. Quando, mais tarde, encontrou sua futura mulher Zerka, novamente reconheceu que, para ser criativo, precisava encontrar essa outra metade, que faria com que fosse possível que ele respirasse, se mexesse e falasse (Moreno, in: Marineau, 1989, p. 40). A importância de uma musa na vida de Moreno seria um fator persistente na manifestação de seu gênio criativo.

119

Resumindo, digamos que o autodesenvolvimento de Moreno fez com que ele se associasse a idéias do movimento expressionista, e que essas idéias encontrassem em seus relacionamentos e escritos uma manifestação concreta. Em ambos, Moreno deixou explícito que, mais do que o "produto final", era o processo de criação e a natureza da relação que contava (Moreno, 1985, p. 1). É interessante notar que, entre os colaboradores do jornal *Daimon*, que Moreno criou com um grupo em 1918, encontraremos muitos escritores e artistas associados ao movimento expressionista: Franz Werfel, Oskar Kokoschka, Georg Kaiser, Albert Ehrenstein, Heinrich Mann. De fato, o conteúdo desse jornal era tal que poderia ser considerado um veículo do movimento. Durante toda a sua vida, Moreno exibiria essa natureza dual, o revolucionário e o criador, uma cisão exibida também por alguns de seus contemporâneos e colegas, como o pintor vienense Egon Schiele, o dramaturgo August Strindberg, e o arquiteto Walter Gropius.

## DA FILOSOFIA À AÇÃO

Moreno, o adolescente que correu nu pelas ruas de Viena, também escolheu dedicar a vida a seus compatriotas e, em primeira instância, às crianças de Viena. A história é bem conhecida.

Quando jovem, ele gostava de ir ao parque, juntar crianças ao seu redor, contar histórias e fazer brincadeiras. Sua tentativa de resgatar a criatividade das crianças era óbvia, sugerindo folguedos que punham em evidência a espontaneidade e a reavaliação dos valores educacionais tradicionais. Ele trouxe a revolução aos jardins de Viena promovendo a criatividade e encontros com e entre as crianças. Como em outras áreas de sua vida, Moreno desempenhou múltiplos papéis junto às crianças. Reencenou seu prazer de ser criança, e uma criança que aspirava a ser Deus subindo ao topo das árvores; apreciava o lugar especial que as crianças davam a ele na realidade e nos sonhos; agia como um guia no desafio das crianças aos papéis de autoridade.

Todos esses papéis deveriam vir a fazer parte de Moreno, o psicodramatista. Mais tarde, ele se divertiria ao dirigir os protagonistas, identificando-se com eles, invertendo papéis, espelhando e fazendo o duplo para eles, para desafiar suas conservas culturais e pessoais, sem deixar de ser o veículo para a viagem deles.

Numa experiência que foi precursora à terapia de grupo, ele também trabalhou com prostitutas e as ajudou a acharem seu caminho. Isso tornou-se uma espécie de grupo de auto-ajuda, que foi possível devido à homogeneidade das participantes. Essa experiência pode ser considerada precursora de uma organização que funcionou bem, baseada em escolhas sociométricas e encontros verdadeiros. No entanto, temos de nos lembrar que, na mesma época, Alfred Adler estava bem ativo no desenvolvimento de escolhas profissionais para adolescentes, e Wilhelm Reich se direcionava para o uso do trabalho do corpo em psicoterapia. Moreno fazia parte de um contexto maior, em que a experimentação era muito popular.

Com alguns amigos, entre eles Andreas Petö, Moreno fundou também uma casa para refugiados. Aqui, novamente, deu mostras de sua preocupação para com o próximo (ele também havia sido um refugiado), mas agora num contexto em que sua casa era mais do que um teto sobre a cabeça de pessoas necessitadas. Ele o fez juntamente com colegas de estudo, numa atmosfera de dedicação, de alegria, de espírito comunitário e de criatividade; em suma, uma espécie de Beacon antes da época. Essa casa era um lugar, mas refletia também uma filosofia: a religião do encontro.

O jovem Moreno também gostava de reencenar julgamentos de tribunal nos quais ele assumia vários papéis, inclusive o de juiz, e no qual era capaz de predizer o veredicto. Moreno, que trouxe o conceito de papel para a psiquiatria, seguiu aqui sua trilha original de ação, experimentando por intermédio da inversão de papéis, do duplo, do solilóquio, do espelhamento usando a representação dramática da essência do conflito como diagnóstico e instrumento de predição. Ele faria o mesmo, mais tarde, na formação dos seus estudantes e como jornalista especializado irradiando o vencedor de lutas de boxe na América. Ele curtia um grande sucesso. Aqui, vemos a importância da ação para Moreno, que deveria tornar-se fundamental para o psicodrama (Marineau, 1989, pp. 116-8, 130-6).

## AXIODRAMA, SOCIODRAMA E PSICODRAMA

Moreno também esteve bastante envolvido com a sociedade revolucionária. Ele chegou a acreditar que a melhor forma de fazê-lo seria pelo teatro. Para obter mudanças fundamentais, o teatro teria que se devotar a dar cabo das conservas culturais, que eram consideradas produto acabado de um esforço criativo, como uma peça, um livro ou uma sinfonia. Ele usou duas formas — a ação ou a escrita — e esperava que, por meio do teatro espontâneo, essa barreira à criatividade fosse superada. Dessa forma, Moreno testou sucessivamente métodos que depois se tornariam conhecidos como axiodrama, sociodrama e psicodrama.

O axiodrama seria o teatro baseado na exploração de valores sociais éticos. O exemplo mais conhecido aconteceu em 1911. Nesse, um espectador de um teatro confrontou um ator que representava o papel de Zaratustra, subindo ao palco e forçando o ator a falar sobre si mesmo em vez de falar a partir do papel escrito por um terceiro. O objetivo último desse axiodrama, cujo protocolo foi publicado mais tarde no *Daimon* (Marineau, 1989, pp. 45-6), era forçar todos — o ator, o diretor, o escritor e mesmo os espectadores — a deixar que o seu verdadeiro *self* se manifestasse, ao invés de se esconder por detrás de uma máscara ou de um papel. O axiodrama foi um exorcismo da coercitividade social e um pretexto para um encontro real das pessoas sem suas máscaras.

Isso é o que o jovem Moreno queria dizer por dar cabo das conservas culturais. Só, ou com os amigos, ele empreendeu várias dessas confrontações ousadas, com a esperança de criar suficiente agitação para chacoalhar o *establishment* no teatro, na escola, ou na igreja. Ao mesmo tempo em que Moreno compreendia o impacto da confrontação, ele ainda não havia dominado a importância e a sutileza do processo de aquecimento, que se tornaria a força de suas técnicas psicodramáticas. Ele só viria a descobrir gradualmente, pelos vários fracassos, a necessidade de preparar a audiência, os grupos e os protagonistas para as mudanças e ficar ligado na necessidade do *timing* adequado (Marineau, 1989, p. 45).

A isso logo se seguiu o sociodrama, um tratamento psicodramático dos problemas sociais. Durante seus estudos de medicina, Moreno dividiu-se entre os professores e os estudantes. Em seu trabalho numa clínica infantil, no período de guerra, ajudou grupos de refugiados em Mitterndorf a lidar com os problemas resultantes das diferenças de religião e de origens sociais. Em 1921, no Dia dos Bobos, Moreno fez uma tentativa de se encarregar da reconstrução do tecido social de Viena, no período imediatamente após a guerra. Assumindo o papel do bobo da corte, Moreno convidou diplomatas, políticos e cidadãos comuns para que subissem ao palco e fizessem sugestões para o futuro da sociedade. A brincadeira falhou devido ao fracasso no aquecimento da audiência. Mas a idéia estava plantada.

Nessas várias experiências, podemos ver a emergência do sociodrama a partir das observações sociométricas e do uso de técnicas, tais como a inversão de papéis. O sociodrama reemergiria mais tarde quando ele levou alemães e judeus, pretos e brancos a explorarem formas de resolver seus problemas e tensões.

Então, apareceu o *Stegreiftheater*, precursor do teatro do psicodrama. Por volta de 1922, Moreno descobriu, depois de vários fracassos, que era melhor começar em pequeno estilo, com um grupo de indivíduos, e não com uma grande multidão. Ele sabia, então, muito mais sobre a importância do aquecimento. Assim, alugou um espaço e, com um grupo de atores, deu início a *performances* baseadas na improvisação. O resto é bem conhecido. Uma atriz, Anna Hollering, conhecida como Bárbara, descobriu soluções para seus problemas representando-os no palco. Muitas ligações podem ser feitas entre a produção do teatro de improviso e o psicodrama: o uso de um palco, o papel da catarse na exploração do problema (real ou imaginário) num palco terapêutico seguro, a presença dos egos-auxiliares, a importância da espontaneidade na representação de uma questão por meio de diversas técnicas, como, por exemplo, o "jornal vivo" e o trabalho com casais como protagonistas. O teatro de improviso havia levado ao nascimento do teatro terapêutico. Tudo isso seria canalizado para um pequeno livro, que indicava o futuro do psicodrama, a saber, *The theatre of spontaneity* [*O teatro da espontaneidade*] (Moreno, 1924).

Quando, por volta de 1909, Moreno entrou para a escola de medicina da Universidade de Viena, foi apenas para satisfazer sua necessidade de tornar-se médico para poder trabalhar profissionalmente de forma legalizada. Ao mesmo tempo, procurava uma "universidade" paralela de aprendizagem; como contador de histórias nos jardins vienenses, como co-terapeuta de prostitutas no submundo da cidade, como assistente social junto a colegas numa casa para refugiados e como diretor de um novo tipo de teatro. As ferramentas de Moreno para a aprendizagem jamais foram convencionais ou institucionais. Ele usou sua inteligência criativa para coletar informações e beneficiar-se a partir da experiência.

Quando Moreno foi contratado como médico (antes da graduação, devido à tremenda necessidade de médicos durante a guerra), ele descobriu e aplicou a sociometria com refugiados do Tirol. Aqui, também, seu gênio estava em funcionamento: ele encontrou soluções por meio da ação. Mais tarde, como médico qualificado em Bad Voslau, fez experiências com o que hoje chamamos de psicodrama individual: um conde alemão deprimido submeteu-se à representação de sua depressão e fantasias suicidas e teve boa recuperação. O jovem doutor Moreno desempenhou o papel de diretor. Ele usou sua enfermeira-assistente como ego-auxiliar, o paciente como protagonista, e várias técnicas psicodramáticas (Marineau, 1989, p. 68).

## O PALCO PSICODRAMÁTICO

O palco psicodramático foi uma questão importante no futuro desenvolvimento de Moreno, e, durante sua vida, ele trabalhou com dois tipos de palco. O *palco vienense* foi desenvolvido por volta de 1924, e apresentado naquele ano na Conferência Internacional de Novas Técnicas Teatrais de Viena. Esse palco era circular, com vários níveis, e não tinha auditório; ficava localizado numa construção que lembrava uma igreja ou sinagoga. As pessoas sentavam-se nesse lugar de modo que fosse possível subir e descer do palco, que ocupava a totalidade da superfície sob o teto. A hipótese subjacente a esse esquema era a de que qualquer um poderia ocupar o palco central em determinado momento (significando que seria, então, o protagonista), ou o nível mais baixo em outros momentos, que queria dizer que ficariam num plano mais secundário, como audiência ou como egos-auxliares. Esse palco refletia uma filosofia na qual todos eram iguais e participantes. Não havia audiência e nenhum papel era determinado antes da entrada no teatro. Nesse modelo, Moreno reconheceu que todos nós somos deuses merecedores, em nossa vez, do papel de liderança, antes de passá-lo para outra pessoa. O que ocorre dentro do teatro abrange o aquecimento, a ação e o compartilhamento para todos. Essa forma de palco é verdadeiramente democrática.

O segundo tipo de palco, conhecido como *palco de Beacon*, fica situado diante da audiência. Ele tem três níveis e um auditório. Esse modelo nos leva de volta à época do jovem Moreno em sua casa em Bucareste ou Viena, quando estava não apenas representando o papel de Deus, mas também sendo Deus quando quebrou o braço direito ao cair do alto de uma série de cadeiras empilhadas sobre uma mesa. Esse modelo também nos faz lembrar de Moreno contando histórias para as crianças no jardim de Viena, vendo-se a si no alto da árvore, com a criançada espalhada abaixo dele. O primeiro teatro da vida real de Moreno, em sua infância, era uma representação de um universo com um deus (uma autoridade) situado acima. Ele reproduziria esse teatro em Beacon, usando o auditório para representar papéis associados à autoridade, ao desafio, ao controle etc. Esse segundo modelo tinha a vantagem de facilitar o confronto com figuras assustadoras, dominadoras ou paternalistas situadas no alto (reais ou internalizadas) que impediam que o protagonista ocupasse um lugar de expressão igualitário e significativo em seu meio.

Esses dois palcos são radicalmente diferentes, embora tenham muitas semelhanças. Parece-me que o modelo de Beacon é mais tradicional e reflete uma filosofia menos igualitária do que o modelo vienense. O teatro mais amadurecido de Moreno, que ele exibiu em Viena em 1924, era realmente democrático e anônimo: todo mundo encontrava um lugar lá dentro, com as pessoas circulando de um nível a outro, com a implicação, portanto, de que todos eram deuses, e ninguém era mais graduado que os outros. Esse modelo jamais se materializou realmente para Moreno, um fato que sugere interessantes questões sobre seu profundo compromisso com o *status* equivalente das pessoas e/ou sua percepção do processo terapêutico (Marineau, 1989, pp. 82-4).

Os dois palcos terapêuticos têm sua própria validade, mas também refletem as contradições iniciais de Moreno. Todos somos deuses e iguais (a posição eu-eles), ou haveria deuses superiores a outros deuses? É irônico que o palco verdadeiramente circular (o modelo vienense) seja amplamente usado nos dias de hoje no psicodrama psicanalítico, enquanto que o mais tradicional (o modelo de Beacon) esteja associado aos psicodramatistas morenianos clássicos.

Eu poderia continuar a descrever os interesses de Moreno enquanto ele vivia na Áustria, mas sua vida foi tão rica em experimentação e criação que, para isso, teríamos que segui-lo por toda a sua jornada. Portanto, discutirei apenas mais dois pontos para mostrar como esse homem de ação estava constantemente aberto a novas idéias e realidades, e que às vezes esquecia o perigo de não dominar com maestria os instrumentos que usava.

## UMA BUSCA CONSTANTE PELA INOVAÇÃO

Ao trabalhar como médico de família em Bad Voslau, Moreno foi um dos primeiros profissionais a solicitar a inclusão de um aparelho de raios X em seu consultório. Temos que nos lembrar de que Röentgen só descobriu os raios X em 1895, e que as aplicações práticas de sua descoberta só se tornaram possíveis no início dos anos 20 (sendo que os problemas da radiação só seriam superados depois de um tempo considerável). Moreno, apesar de sua falta de treino, comprou um aparelho de raios X e o usou em seu consultório, trazendo assim uma inovação à cidadezinha de Bad Voslau. Ele teve problemas com a Comissão de Saúde da Áustria, que questionou sua competência para usar um aparelho tão perigoso, mas ele foi em frente e investiu tempo e dinheiro porque acreditava que os médicos deveriam estar na vanguarda da ciência. Esse aparelho perigoso, porém inovador, é uma metáfora do seu trabalho terapêutico com as pessoas. Moreno estava sempre à frente de sua época, e nem sempre atento ao perigo das inovações. Nesse aspecto, ele encontrava-se em boa companhia, junto a seus colegas vienenses Freud e Reich.

Moreno também trabalhou, por volta de 1923, num aparelho para gravar e reproduzir o som. Não fica claro qual o exato papel que ele desempenhou na "invenção" desse gravador, mas sabemos que isso causou controvérsias com o irmão de sua namorada. Foi esse aparelho que lhe trouxe fama na América e foi a causa de sua imigração para os Estados Unidos. Se ele teve um papel maior ou menor no desenvolvimento de um gravador de som não vem ao caso aqui, mesmo que tenha se tornado uma questão ética importante na síndrome de paternidade de Moreno. Desejo principalmente registrar o fato de que, mais uma vez, ele estava interessado e envolvido no desenvolvimento de um novo instrumento de comunicação: isso, em si, exemplifica seu constante interesse e busca na criação de novos métodos e técnicas na arena da humanidade (Marineau, 1989, p. 95).

## CONCLUSÕES

Ao observarmos o envolvimento de Moreno com a área médica, o teatro e a cena literária, sofremos o impacto de observar sua constante necessidade de fomentar a criatividade e facilitar encontros. Também entramos em contato com suas próprias contradições, que fizeram com que hesitasse e, às vezes, mudasse sua forma de agir com e para as pessoas. Todavia, parece-me que, no todo, dois conceitos prevalecentes emergem: a criatividade e o encontro.

Mesmo que ele possa não ter sido sempre um bom protagonista de sua própria filosofia, o legado de Moreno reside na presença e na interação desses dois conceitos, que eram realidade para ele. Precisamos ser criativos o tempo todo. Precisamos restaurar em nós, por meio da espontaneidade e do uso da imaginação, nossa capacidade criativa de refletir nosso gênio interior, e nos adaptarmos com maturidade a qualquer situação que se faça presente. Aí, então, nos tornaremos o Criador. Se todos fizermos isso, o cosmos será, então, preenchido por criadores de uma humanidade muito melhor, na medida em que estaremos igualmente atentos à visão dos outros. Todos, então, se sentirão co-responsáveis pela existência do cosmos.

As idéias "Somos todos deuses co-responsáveis" e "Todos nós precisamos nos encontrar de formas significativas" são penetrantes por meio das ações e das palavras de Moreno ditas em Bucareste e em Viena. E, igualmente, o são a maior parte de seus métodos e técnicas que, mais tarde, ele refinaria. Se Moreno foi e ainda é uma figura tão impressionante, foi isso o que ocorreu, e ainda ocorre, devido à sua capacidade única de conservar sua espontaneidade, provavelmente o ingrediente mais importante da verdadeira criatividade e dos encontros entre as pessoas.

Quando Moreno finalmente se foi de Viena, isso não se deveu absolutamente ao fato de a cidade não ser uma terra de criatividade, mas porque ele se viu em dificuldades em sua vida pessoal e em suas ambições profissionais. Além disso, Viena era uma terra de tanta experimentação, uma terra de tantos deuses, que seria difícil para Moreno criar seu próprio lugar. Ele decidiu ir para outras plagas. Levou consigo suas descobertas, os instrumentos que ainda fazem de Moreno um gênio, um criador e um guia atual para tantos terapeutas e, igualmente, para tantos pacientes.

## REFERÊNCIAS BIBLIOGRÁFICAS

BUBER, M. (1969). *Je et tu.* Paris, Aubier.

MARINEAU, R. F. (1989). *Jacob Levy Moreno 1889-1974: Father of psychodrama, sociometry and group psychotherapy.* Londres, Routledge. (Os detalhes biográficos de Moreno são extraídos dessa biografia.) (No Brasil, editado sob o título: *Jacob Levy Moreno, 1889-1974: Pai do psicodrama, da sociometria e da psicoterapia de grupo.* São Paulo, Ágora, 1992.)

MORENO, J. L. (1914). *Einladum zu einer begegnung (Invitation to a meeting).* Viena, Anzengruber Verlag.

_____. (1920). *Das Testament des vaters (The words of the father).* Berlim, Gustav Kiepenheuer Verlag.

_____. (1924). *Das Stegreiftheater (The theatre of spontaneity).* Berlim, Gustav Kiepenheuer Verlag.

_____. (1946-1985). *Psychodrama.* V. I, Ambler, Pensilvânia/ Beacon, Nova York, Beacon House.

_____. (1975). *Psychothérapie de groupe et psychodrame.* Paris, CEPL.

SCHORSKE, C. E. (1985). *Fin-de-siècle Vienna.* Cambridge, Cambridge University Press.

# Capítulo 5

# Sobre a moral, a ética, e os encontros

## Comentário

A união de teatro e terapia realizada por Moreno resultou em tensões clínicas, discutidas aqui por seu filho. A terapia busca fazer conexões. A mente das pessoas, com freqüência, está carente, de forma dramática, de uma "população" interna, na primeira vez em que os problemas as levam a procurar ajuda. O psicodramatista e o protagonista desempenham um drama real numa sessão na qual os sintomas, o comportamento e os sentimentos do paciente revelam os desvãos escondidos do passado.

Esse processo também ocorre nas terapias mais verbais, mas no psicodrama a cura e o drama estão entretecidos. A representação proporciona revelação, consolação e confirmação da nossa humanidade. Essa ligação existente entre cura e representação foi notada pela primeira vez por Moreno no Augarten, em Viena, quando ele realizava seus experimentos teatrais com as crianças.

O conceito de Moreno sobre o encontro é uma outra concepção da relação eu-você. Jonathan Moreno explora a razão pela qual seu pai tomou uma direção diferente da de Freud. Na presente reavaliação da realidade e igualdade na terapia, a posição não-hierárquica de Moreno, enfatizando que a terapia deveria ser "face a face", pode ser considerada como tendo obtido uma aceitação mais ampla. Por exemplo, é interessante notar que a importância da realidade e da igualdade na terapia é agora considerada digna de comentários por parte dos psicanalistas, uma posição adotada por Moreno nos anos 20. Moreno considerava que o encontro, mais do que a transferência, era o princípio da cura, e sua ênfase na ação e na relação em vez de nas palavras foi uma refutação direta da psicanálise.

# A filosofia moral e a ética psicodramáticas

*Jonathan D. Moreno*

## INTRODUÇÃO: MORALIDADE E ÉTICA

Nos escritos e no trabalho psicoterapêutico de J. L. Moreno e seus seguidores, há uma filosofia moral implícita. Essa filosofia moral, pelo que eu me refiro a uma orientação geral em direção ao bem, é amarrada pelas idéias e perspectivas em voga nos anos de formação de Moreno no início do século XX. Essa foi uma época marcada por revoluções políticas e sociais espasmódicas e pela introdução, na Europa, de "guerras totais" que não pouparam populações inocentes. Foi também um período de excepcional criatividade, que abriu um novo campo nas artes e nas ciências teóricas, especialmente na matemática e na física. Viena, onde J. L. Moreno cursou a faculdade de medicina e morou a maior parte dos seus primeiros anos de vida, foi o epicentro desses desenvolvimentos (Janik e Toulmin, 1973; Marineau, 1989).

Quando o psicodrama emergiu, a filosofia moral era, em grande parte, um estudo altamente abstrato, intimamente ligado à metafísica. Em nossa época, há uma preocupação mais concreta com a conduta ética, sugerindo um retorno à compreensão clássica de Aristóteles, da virtude moral como algo intimamente ligado à ação prática, e sem a qual as reivindicações à moralidade pessoal são vazias. Quando os filósofos acadêmicos usam o termo ética, eles se referem ou ao estudo da moralidade, ou ao estudo dos padrões de conduta moral de grupos profissionais específicos, tal como os profissionais da saúde. Assim, a moralidade é, como a palavra sugere, uma *qualidade*, enquanto que a ética é um padrão de comportamento, justificado por uma teoria moral. Portanto, por detrás das discussões sobre a ética nesses sentidos, há necessidade contínua de

131

uma teoria normativa que possa proporcionar uma base para a discussão dos padrões éticos (Kellermann, 1992).

Neste capítulo, tentarei sugerir algumas dimensões morais da teoria do psicodrama e também esboçar algumas questões éticas da terapia psicodramática que são de natureza prática. O fundador do psicodrama reconheceu essas preocupações éticas posteriores mais concretas, mas naquela época elas não eram motivo de preocupação. Os objetivos filosóficos do psicodrama durante a vida de Moreno estabeleceram uma agenda moral diferente daquela que seria exigida pelos padrões da ética profissional de nossos dias. Em certa medida, isso reflete o fato de que a moralidade filosófica do psicodrama como movimento social teve que passar pela difícil transformação em ética profissional do psicodrama enquanto psicoterapia, uma transformação que alguns considerarão infeliz. No entanto, creio que os objetivos da terapia psicodramática não poderão ser plenamente entendidos sem uma apreciação da sua filosofia moral subjacente.

Uma nota de advertência: não tentei, neste capítulo, estabelecer ligações sistemáticas entre a discussão posterior do psicodrama como filosofia moral e os problemas práticos da ética no psicodrama. Portanto, há uma inegável quebra conceitual entre as duas partes da minha apresentação. Seria desejável, de um ponto de vista estético, identificar algumas conexões entre a filosofia moral psicodramática e as normas éticas que devem governar a prática da terapia psicodramática. Uma possibilidade seria a de que a idéia de mutualidade interpessoal pudesse realizar esse trabalho[1]. Talvez eu consiga dar conta desta questão de forma detalhada algum dia ou, quem sabe, outros o farão. No presente capítulo, a discussão do psicodrama como filosofia moral vai contra o *background* das minhas leituras, da minha experiência e dos meus pensamentos sobre as idéias de meu pai. A discussão de questões éticas na terapia psicodramática está enraizada na minha perspectiva profissional como professor de ética nas ciências biomédicas e comportamentais.

## PARTE UM: O DILEMA CÓSMICO

J. L. Moreno geralmente não está associado a pensamentos mais negativistas sobre a condição humana, especialmente quando comparado com, digamos, Freud. No entanto, quando criança, parecia estar às voltas

---

1. Os editores deste volume, em especial Marcia Karp, sugeriram isso a mim.

com a mesma espécie de reflexão mórbida da qual muitos de nós podemos nos recordar de nossa própria infância, tentando lidar com a própria mortalidade antes mesmo que tenhamos uma idéia brilhante sobre a que se refere a vida. Típica desses devaneios infantis, igualmente, era a vacilação de Moreno entre o niilismo e a megalomania:

Sou apenas um cadáver que apodrecerá e se transformará num pó sem sentido? Ou seria essa consciência que agora sinto se estender ao cosmos a coisa mais real que existe, e, na verdade, tudo o que existe? Em outras palavras, serei nada ou serei Deus?

(Moreno, 1941)

Para Freud, essas alternativas seriam manifestações da mesma estrutura psíquica fundamental, dinamicamente expressas como princípios do *eros* e do *tanatos*, com a prevalência do último no final (Gay, 1988)[2]. Por razões temperamentais, assim como filosóficas, Moreno não podia aceitar tal desenlace. Além disso, a lógica com a qual ele atacou o problema era diferente da de Freud. Pois, em vez de olhar para dentro de si em busca de uma explicação redutiva dessa dinâmica, olhou para fora, em direção às implicações para sua conduta no mundo. Nesse sentido, ele se comportou mais consistentemente de acordo com sua formação médica e os filósofos clássicos do que Freud, pois, em seu paradoxo existencial, procurou uma receita para a ação, em vez de mais estudos. A solução de Moreno era que, se ele tivesse de escolher entre a falta de sentido e a universalidade, entre (em outras palavras) ser nada e ser Deus, aí, é claro, ele escolheria ser Deus.

## Estratégias em direção à universalidade

Vários comentários são pertinentes a esse dilema cósmico e à solução pessoal de Moreno.

Primeiramente, de um ponto de vista psiquiátrico, pode-se entender a identificação subseqüente de Moreno com seus pacientes, que também se debatiam com o absurdo da existência. Dentro dessa concepção, uma das diferenças entre o paciente mental que atua um delírio psicótico e a

2. Reconheço que a minha interpretação desse dualismo em Freud não tem absolutamente uma concordância universal. Minha visão deriva da tendência do trabalho dele na última década.

pessoa "normal" é que o primeiro é, por uma razão ou por outra, incapaz de ignorar o paradoxo cósmico; mas o resultado disso é uma terrível solidão e desespero, um resultado que se associa ao fato de se ser isolado por haver perseguido o problema do absurdo existencial a um extremo socialmente inaceitável. Quanto a isso, Moreno antecipou as brilhantes evocações de R. D. Laing sobre a doença mental como algo vindo do "interior" (Laing, 1965).

Em segundo lugar, algumas pessoas argumentariam que Moreno tinha uma concepção da humanidade segundo a qual ela seria, em última instância, "boa", enquanto que o tratamento que Freud dava a *eros* e a *tanatos* é mais sutil; e poderíamos acrescentar que ambos são reducionistas em suas avaliações sobre a natureza humana, mas que o reducionismo de Moreno é mais simplista[3]. (Com relação a isso, lembro-me de ele ter me dito que, ao contrário de Freud, da maneira como entendia Freud, ele achava que o amor platônico era possível.) Tratando do último ponto em primeiro lugar, não fica claro que o reducionismo ao monismo seja "mais" reducionista que o dualismo, mas apenas que os alvos hipotéticos são estruturalmente diferentes. Além disso, como sugeri, não considero que Moreno seguisse uma psicologia pós-kantiana de estruturas mentais, tal como Freud. Com isso, quero dizer que Freud inferiu, a partir de padrões encontrados na psicanálise, certos tipos de atividade mental (por exemplo, a repressão e a sublimação). Ele, então, formulou a hipótese de que haveriam entidades (por exemplo, ego e superego) capazes de dar conta dessas atividades mentais. Moreno estava bastante desinteressado desse tipo de especulação, considerando-a como abstrata e desnecessariamente apartada das questões humanas. Se Freud fazia parte da tradição platônica, em sua preocupação com entidades abstratas, Moreno era aristotélico em sua preocupação com os processos funcionais. Com relação a isso, ele estava, na verdade, mais próximo dos behavioristas, mas seu behaviorismo era semelhante ao de George Herbert Mead e John Dewey (que trabalhava num de seus conselhos editoriais), mais do que o de John Watson ou de B. F. Skinner.

Em terceiro lugar, nesse período Moreno também se encontrava entre aqueles que anteciparam o existencialismo francês mais tardio do século XX, com sua ênfase na natureza inevitável da escolha e da responsabilidade individual, um assunto ao qual retornarei. Não tão notada, porém, é a semelhança da estratégia existencialista de Moreno, na sua crise pessoal, com a de outro médico-filósofo, o americano William

---

3. Devo esses pontos a Kellermann, correspondência pessoal, 16 de setembro de 1992.

James (1842-1910). Quando jovem, James sofreu do distúrbio depressivo comumente identificado no século XIX por "neurastenia", que também se manifestava somaticamente por incômodos e dores. Ao ver-se diante de um paciente catatônico num asilo de Berlim, James sentiu-se apreciando sua própria nulidade potencial. Tratando do problema como se se tratasse de uma questão de liberdade da vontade, decidiu adotar a visão de que sua escolha seria livre na medida em que ele *determinasse* que fosse livre (Myers, 1986). De forma muito semelhante à de Moreno, quarenta anos mais tarde, James declarou ser sua própria vontade a possibilidade de sair da crise. De outro ponto de vista, suas decisões poderiam parecer auto-indulgentes, mas para James e Moreno as deles funcionaram como exercícios de liberdade e afirmação de sua significância pessoal num vasto e ambíguo universo.

Em quarto lugar, de um ponto de vista lógico, o problema existencial que Moreno e outros enquadraram como uma escolha entre insignificância e universalidade parece estar comprometido com a falácia conhecida como falso dilema, pois certamente há um vasto terreno intermediário entre esses extremos. Tendo estabelecido um falso dilema, parecemos inclinados a uma ou outra conclusão insatisfatória (falta de significado ou universalidade), enquanto que a possibilidade mais razoável (segundo a qual nosso *status* moral como seres humanos se encontraria em algum lugar mais ao meio) fica excluída de início pela forma como o problema foi estabelecido.

Sem falar pelos outros que se endereçaram ao problema existencial fundamental (expresso em termos pessoais como "Por que afinal eu existo?" ou em termos mais gerais, por Martin Heidegger (1889-1976), como "Por que existe algo, e não nada?"), creio que, pelo menos no caso de Moreno havia uma razão específica para sua abordagem extrema e sua "solução radical". Como outros intelectuais vienenses da época, Moreno estava a par das primeiras tentativas de Einstein relativas à teoria da relatividade; Einstein era conferencista na Universidade, na mesma época em que Moreno era estudante. Para formular suas teses, Einstein envolveu-se com o *Gedankenexperiment*, ou "pensamento experimental". Seu método exigia a escolha de valores extremos para as variáveis de suas fórmulas físicas, valores que não poderiam ser conseguidos na realidade, tais como vácuos perfeitos ou gases ideais, seguindo-se então as implicações do resultado. Uma diferença saliente é que os experimentos de Moreno ocorreram na ação, e não apenas em pensamento: ele assumiu o papel de Deus. Independentemente de os experimentos com o pensamento de Einstein realmente terem inspirado Moreno ou não, o método de ambos era semelhante: vamos ver o que aconteceria se déssemos à existência individual valor nulo ou valor total. As implicações da primeira hipótese são familiares, à luz do que algumas pessoas poderiam escolher o suicídio ou o depravamento. Por outro lado, uma vez que não há base ou critério independente para a escolha da universalidade ou da nulidade, por que não escolher a universalidade?

A estratégia que estou descrevendo começa com a questão ontológica ("Qual é o *status* da minha própria existência?"), exercita a vontade de acreditar numa alternativa ("Eu sou universal") e emite certo significado moral ("Se eu sou universal, então sou Deus, responsável por todos os seres"). Uma outra estratégia chega ao mesmo resultado, mas começa pela questão: "Por quem sou moralmente responsável?". Deveríamos considerar apenas os emocional ou fisicamente mais próximos, os ligados a nós pelo sangue ou por casamento, ou os que moram numa mesma rua, numa mesma cidade ou nação? Qualquer lugar em que se trace a linha deve ser arbitrário. Portanto, ou sou responsável por nada, ou sou responsável por tudo. Nessa abordagem, a questão moral é primária, e a questão "ontológica" (relacionada ao *status* existencial) é derivativa.

O que é notável é que podemos nos mover para a frente e para trás entre a idéia da universalidade e a da responsabilidade. Creio que Moreno estava intrigado com a relação "dialética" entre as duas, tanto quanto Freud estava envolvido pela relação entre *eros* e *tanatos*. O *insight* de Moreno estava intimamente ligado à sua convicção de que, como a concepção da humanidade sobre Deus havia evoluído, ocorreu de haver maior universalidade e responsabilidade moral, do distante e bélico Deus-"Ele" dos hebreus bíblicos ao amoroso e íntimo Deus-"Você" dos primeiros cristãos. De acordo com essa teologia, agora viria o Deus-"Eu" que é pessoalmente universal e responsável, tanto ontológica quanto moralmente. Porque o Deus-"Eu" sou eu, e porque do meu ponto de vista todo o universo está contido "na minha cabeça", eu não posso escapar da responsabilidade pela totalidade do universo (Moreno, 1941).

## Responsabilidade moral: o protagonista e a inversão de papéis

O diálogo entre a universalidade ontológica e a responsabilidade moral é personificado concretamente pelo "protagonista", literalmente, "aquele que se submete ao teste" (grego: *agon*). No teatro antigo, que tanto influenciou Moreno, Édipo, é claro, é o protagonista mais famoso. Isso inaugura a seguinte questão: com relação a quê, o protagonista "agoniza"? No sentido mais geral, qual é a natureza do teste? Creio que se pode responder a essa questão da filosofia psicodramática moral em termos do nexo da universalidade-responsabilidade, pois esse nexo proporciona o *background* da luta. A lenda de Édipo proporciona um exemplo conveniente e familiar; ela proporciona também um contraste interessante para a interpretação psicanalítica do significado último da história.

A crise de Édipo, deflagrada por sua *hubris* ou arrogância, o impeliu a questionar sua responsabilidade moral pelo mundo em que vivia, um mundo no qual havia cometido patricídio e incesto. Assim que essa questão foi levantada, Édipo também teve de se confrontar necessariamente com seu verdadeiro *status* ontológico num tal mundo: o de um homem de proporções heróicas, quase divinas, no início da peça, ao de um deus decaído, um "herói trágico", no final. Na concepção psicodramática, o significado mais profundo da peça não são os impulsos libidinais inconscientes atuados nas relações de Édipo com sua mãe e seu pai, pois essa foi apenas a dinâmica que o impeliu em direção a seu destino, mas, sim, de maior significado, é o palco no qual Édipo está destinado a viver para o resto de sua vida, que é definido pelo enquadre da universalidade e da responsabilidade.

Levemos esse relato um pouco mais adiante. A história de Édipo é fascinante e poderosa mesmo para aqueles dentre nós que não podem (conscientemente) identificar-se com suas paixões sombrias, impulsos dos quais ele próprio estava inconsciente. A despeito daquilo que a psicanálise consideraria como sua repressão razoavelmente bem-sucedida, nos identificamos com Édipo como alguém que é subitamente lançado numa inescapável teia de dúvidas ontológicas e morais. Édipo sofre como nós sofremos. Sua catarse é uma projeção da nossa. Sua situação é tão universal e moralmente pressionadora que não podemos resistir à inversão de papéis com ele. Podemos apenas *simpatizar* com suas descobertas terríveis, mas certa e irresistivelmente, nos *empatizamos* com sua situação existencial. A distinção é significativa, uma vez que o patricídio e o incesto não despertam imediatamente a empatia da maior parte de nós, mas a agonia da dúvida moral e ontológica é instantaneamente reconhecível. Essa é, numa palavra, a condição humana. Espontaneamente, invertemos papéis com Édipo porque sua luta, ou *agon,* é nossa.

Finalmente, usei aquele termo familiar à teoria psicodramática — espontaneidade. Qual a relevância da espontaneidade e de sua irmã conceitual, criatividade, para o meu relato? Claramente, o teste definitivo com que nós e Édipo nos defrontaríamos seria a ocasião que exigisse o maior grau de espontaneidade e criatividade capaz de ser encontrada. Moreno gostava de apontar para uma ligação epistemológica entre *espontaneidade* e *responsabilidade.* Lingüisticamente falando, ele estava errado, mas seu erro sem dúvida oferece um certo *insight* sobre sua filosofia moral implícita que une as duas. A situação de Édipo é uma situação com relação à qual ele tem responsabilidade moral, que é muito angustiante e que pede o máximo em termos de resposta espontânea e criativa.

## Moralidade sociométrica I: o encontro e o duplo

Tudo isso prepara o palco para a última calamidade de Édipo: sua resposta espontânea à própria tragédia consiste em arrancar os próprios olhos e remover-se permanentemente do contato humano. Ao fazê-lo, ele simboliza o máximo em termos de desconexão sociométrica: em primeiro lugar, Édipo está cego e, portanto, literalmente incapaz de se "encontrar" do mesmo modo do que aqueles que têm visão, pois ele não pode olhar nos olhos do outro; e, em segundo lugar, Édipo é um solitário, uma abominação para a sociedade dos outros. Ambos os pontos merecem elaboração.

A interpretação-padrão da cegueira física de Édipo, no final da peça, contrasta com sua cegueira figurativa com relação à sua situação real do início. Como se, para colocar as coisas em seus devidos lugares, só um velho cego capaz de "ver" pudesse prever a queda de Édipo. Um relato psicodramático da cegueira de Édipo como metáfora enfatiza não apenas seu significado epistemológico, mas também seu significado para o encontro. Lembrem-se do famoso moto de Moreno em seu *Invitation to an encounter*:

E quando estiveres próximo, arrancarei teus olhos
e os colocarei no lugar dos meus,
e tu arrancarás meus olhos
e os colocarás no lugar dos teus;
e então, eu te olharei com os teus olhos...
e tu me olharás com os meus.

(Moreno, 1914)

Tanto no início quanto no fim da peça, Édipo é incapaz de encontros autênticos. Ele é incapaz, no início, porque é cego para a situação, e, portanto, está "vivendo uma mentira". Ele é incapaz de encontros autênticos ao final, não apenas no sentido mais trivial de que estaria cego para o olhar dos outros, mas mais profundamente, porque tornou-se consciente da falência de sua identidade pessoal, de tudo o que ele valorizava em si mesmo, e, portanto, está destinado a ficar só. Finalmente, porque ambas as formas de cegueira podem impossilitar encontros completos (isso é, Édipo está ou figurativa ou literalmente isolado), o próprio Édipo não pode inverter papéis com uma outra pessoa.

Em termos sociométricos, no início, Édipo é uma "estrela" e, no final, um solitário. Édipo é adorado por seu povo e por sua família, sendo verdadeiramente o centro sociométrico da cidade-estado de Tebas, e a recíproca é universal. Ao final, Édipo é afastado de todos, desprezível aos olhos dos outros, ele próprio determinado a manter-se longe das vistas deles, assim como eles (e ele) estão para sempre fora de sua própria vista. Mas a posição sociométrica de Édipo enquanto estrela era falsa, porque dependia de um falso conjunto de pressupostos sobre quem ele era. Na realidade, Édipo foi sempre um solitário porque o "verdadeiro" Édipo, o assassino do pai que dormia com a mãe, não era o que havia sido escolhido por todos.

A inversão de papéis é um ato simétrico, que exige a participação do protagonista. Mas nosso protagonista Édipo está literal e figurativamente isolado no final da peça. Ele não pode entrar na inversão de papéis conosco. Mas os solitários, afinal, podem ter duplos, pois o desempenho do papel do duplo é assimétrico. Tudo o que é necessário é que o duplo seja capaz de ter empatia (em termos psicodramáticos, ser "télico") pelo protagonista. Na realidade, o solitário é o papel sociométrico mais fácil de se fazer o duplo porque cada um de nós entende essa posição muito bem e a teme acima de tudo. Uma vez que fazer o duplo não pressupõe a reciprocidade da inversão de papéis, trata-se de um ato "mais nobre". Ele demanda maior espontaneidade e criatividade da parte do outro, pelo menos em seus primeiros momentos, do que a inversão de papéis. Cuidar do pobre e do enfermo, como se diz que Jesus fazia, poderia bem ser um ato nobre como esse. Assim, na tradição cristã, Jesus é capaz de ser o duplo daqueles que são indiferentes para com ele, e mesmo daqueles que o rejeitam.

## Moralidade sociométrica II: escolha interpessoal

A escolha sociométrica consiste tanto no símbolo quanto na ocasião para a emergência do indivíduo como criatura social. Quando essa escolha é mútua, a idéia de responsabilidade moral é concretizada. Considere, por exemplo, a relação de Jesus com seu grupo original de seguidores. Em termos psicodramáticos, eles se escolheram para os papéis de salvador e discípulos. O drama da história da crucificação desdobrou-se necessariamente segundo a lógica de sua relação: como salvador, só Jesus entendeu plenamente o significado de sua responsabilidade mútua, e sacrificou tudo por eles, enquanto que eles o traíram. O pleno significado moral da escolha sociométrica como responsabilidade mútua é esclarecido à luz desse exemplo da mutualidade fracassada (J. D. Moreno, 1990).

Os padrões que emergem das escolhas sociométricas são também expressões concretas da universalidade. Esses padrões são vias de conexão por meio das quais a sensibilidade télica viaja instantaneamente, afirmando que o lugar de cada indivíduo na matriz é ao mesmo tempo discreto e compreensivo. Adequadamente, o sociograma lembra constelações no céu noturno, cada unidade sendo ao mesmo tempo separada e parte essencial de seu contexto. Em sua fantasiosa lenda sobre "Johnny Psychodramatista", baseada na fábula americana de um menino que planta sementes de maçã em todos os lugares por onde passa, Johnny, quando criança, desenhou linhas entre as pessoas de sua vizinhança, com diferentes cores, dependendo de como se sentiam uns em relação aos outros. O resultado lembrava um mapa. Após toda uma vida desenhando linhas de um para outro, Johnny foi para o céu, onde, de acordo com seu hábito inabalável, desenhou um mapa de Deus e seus anjos. Quando seus surpreendentes sentimentos foram expostos nesse mapa, todos eles começaram a rir.

Johnny estava assustado, pois achava que sua obra resultaria numa punição. Mas quando olhou para cima viu, para seu espanto, que cada figura nesse mapa celestial havia virado uma estrela, e, à medida que olhava cada vez mais de longe, mais e mais estrelas assumiam seus lugares, milhões e milhões delas, no firmamento celestial. E de estrela para estrela saíam as linhas, em todas as cores, que ele jamais imaginara, até que se tornaram o que eram desde o começo dos tempos, os céus estrelados do universo. Cada estrela era o retrato de um homem que ele havia conhecido quando estava na terra, e suas emoções estavam escritas nas linhas que iam de umas às outras. O mapa que ele havia desenhado quando menino estava agora pendente dos céus.

(Moreno, 1987)

## Uma nota sobre a ironia nietzschiana na filosofia de Moreno

Creio que os escritos de Friedrich Nietzsche (1844-1900) possam ter tido um considerável impacto sobre o pensamento de Moreno quando jovem. Com certeza, eram suficientemente conhecidos na época em que ele iniciou seu filosofar, mesmo que as implicações de *Assim falou Zaratustra* (Nietzsche, sem data) e os outros textos de Nietzsche fossem então mais obscuros do que o são hoje, após uma geração de análise intelectual. Esse trabalho alegórico, tão central ao pensamento de Nietzsche, descreve um mundo (ocidental) que tropeçou na modernidade, um mundo em que os velhos valores, e talvez a própria idéia de valor moral em si, estão em risco. Em conseqüência, ocorreu uma revolução nas relações humanas com Deus, e todos os valores, quando a maior parte das pessoas estava, na melhor das hipóteses, levemente consciente disso. Nietzsche pode ser considerado como alguém à distância no horizonte, gritando e gesticulando loucamente, tentando chamar nossa atenção para o pleno significado da modernidade, enquanto que o resto continuava suas atividades como se os velhos rituais fossem agora cascas vazias. Há suficiente manuseio da questão sobre Deus por parte de Moreno para sugerir a influência de Nietzsche, o que esclarece o enigma inicial a respeito da abordagem de Moreno sobre a questão de Deus.

Em particular, a identificação do próprio Moreno com Deus pode ser compreendida em termos de ironia nietzschiana. Novamente, nosso mundo é um mundo em que "Deus está morto", no sentido de que os valores pré-modernos não têm mais a gravidade que um dia tiveram. Acompanhando Copérnico, mesmo a gravidade não tem o mesmo valor, nem as direções no espaço, pois, num universo copérnico, "para cima" e "para baixo" não fazem sentido objetivo. A "direção" proporcionada pela moralidade também desapareceu. Ainda assim, num mundo desses a crença torna-se mais importante, pois não há autoridade moral absoluta para nos impor restrições. Sem uma tal autoridade, estamos literalmente perdidos, sem rumo, condenados a flutuar num vazio moral e cósmico sem bússola.

A menos, sem dúvida, que forneçamos a nós mesmos essa bússola. Mas como, sob essas circunstâncias, isso pode ser feito? Apenas mediante a execução de um tipo de truque psicológico (uma "vontade de poder"): devemos insistir vigorosamente e defender algumas "verdades", mesmo que saibamos que podemos estar errados com relação a elas. Na era moderna isso é o melhor que podemos fazer, e é o suficiente. Mas talvez ainda não estejamos suficientemente maduros e fortes para ver as coisas como elas são e assumir essa atitude irônica. Nesse caso, isso aguarda uma "raça superior", um "super-homem" para abraçar a realidade, para "amar nosso destino".

A identificação de Moreno com Deus pode ser entendida dentro desse espírito irônico. No sentido irônico necessário para preservar o significado e o valor no mundo moderno, qualquer um de nós poderia dizer "Eu sou Deus". Se no século XX parece não haver Deus, ainda podemos "querer" que Deus exista. Diferentemente de Nietzsche, Moreno não acha necessário um super-homem para fazê-lo, mas acha que, em princípio, todos nós temos espontaneidade e criatividade para fazê-lo. Talvez, mediante o treino da espontaneidade e da criatividade implícita em cada um de nós, Moreno tenha achado que o psicodrama poderia produzir o super-homem nietzschiano.

## PARTE DOIS: A ÉTICA E OS "MÉTODOS DE AÇÃO"

Enquanto psicoterapia de grupo, o psicodrama tem em comum com outras modalidades de grupo uma série de elementos que levantam preocupações éticas. Já tratei dessas questões mais gerais em outra ocasião (J. D. Moreno, 1991). Talvez a mais fundamental dentre elas seja a questão de se saber se a psicoterapia pode, na prática, dar conteúdo à doutrina ética do "consentimento informado": poderia a psicoterapia revelar os riscos e os benefícios de uma intervenção terapêutica proposta a um paciente ou a um cliente, em comparação aos riscos e benefícios de outras intervenções, ou isso não é possível? Embora eu creia que essa questão coloca um desafio moral significativo à profissão da psicoterapia, não a discutirei aqui. Prefiro, no que resta deste capítulo, considerar dois aspectos específicos do trabalho psicodramático que criam problemas éticos especiais para o praticante: o psicodrama como "método de ação" e a sessão "aberta" de psicodrama.

Como observado no início deste capítulo, as preocupações éticas tornaram-se proeminentes nas profissões de saúde. Seria útil distinguir as questões éticas tradicionais das emergentes. Um exemplo da primeira seria o contato sexual com clientes, que é, por consenso, considerado uma violação ética atroz. Em contraste, as questões éticas emergentes geralmente estão relacionadas a "tecnologias" de saúde mais modernas, da engenharia genética à terapia psicodramática, e carregam com elas questões difíceis de se lidar em termos tradicionais.

Embora não sejam novos na história da psicoterapia, métodos de ação como o psicodrama são novos na história da saúde. Eles representam, também, um afastamento das relações ocidentais tradicionais médico-paciente, na qual o último é literalmente o parceiro passivo. A psicanálise clássica replica a relação médico-paciente mais proximamente do que as psicoterapias de ação, que envolvem uma variedade de situações interacionais entre terapeuta e cliente. Portanto, em acréscimo ao falar com o terapeuta, que lembra uma pessoa narrando sua história médica, nessas outras psicoterapias há também encenação. Na psicanálise clássica, os problemas éticos potenciais são, em linhas gerais, do mesmo tipo dos da prática médica, incluindo aí avanços sexuais inapropriados e violações de confidencialidade. Mas com os métodos de ação, e especialmente com a adição do grupo, essas questões se complicam ainda mais.

## Choque psicodramático

Os psicodramatistas freqüentemente observam o poder total da encenação. Explicado na teoria psicodramática pela idéia do "aquecimento", em comparação com a "terapia da fala", o envolvimento com a atividade corporal explícita aumenta enormemente o envolvimento afetivo do protagonista com o assunto principal. Vários tipos de danos não-intencionais podem acompanhar a natureza, por outro lado, vantajosa da encenação para a psicoterapia: choque psicodramático não resolvido, dano físico ao protagonista ou outras pessoas e confidências ou segredos acidentalmente revelados.

O choque psicodramático ocorre quando o aquecimento de um protagonista cresce subitamente ou cai de forma brusca, e assim permanece por certo período de tempo durante a cena. Diferentemente do aquecimento costumeiro, mais gradual, que lembra uma curva gradativa, essa forma bastante acelerada com freqüência ocorre como uma surpresa para o protagonista, assim como para o diretor e os membros do grupo. A característica mais sutil da encenação pode desencadear uma imagem inconsciente repleta de emocionalidade, associada a um evento doloroso da infância. Disso pode resultar um comportamento próximo à histeria, incluindo o soluçar, o tremer e mudanças chocantes na voz e no comportamento. Mesmo uma linguagem não falada por muitos anos e aparentemente esquecida podem reemergir. Num caso memorável, um homem que havia sido criado na Louisiania fez uma encenação na qual, quando menininho, partiu para cima de seu pai bêbado e abusivo na sala de estar. Soluçando histericamente antes de um furioso rompante, ele deslizou de volta à voz de uma criança pequena lamentando-se fluentemente em "cajun", sua língua nativa, que ele não falava havia décadas. O protagonista pode "sair" desse papel imprevisto momentaneamente e comentar sua surpresa com o que está acontecendo, como ocorreu neste caso, mas em seguida retornar a ele com pouca indução.

O psicodramatista bem treinado se utilizará das vantagens terapêuticas de tais incidentes, e a catarse que se segue pode ser bastante extraordinária. No entanto, a natureza profética dessa experiência requer mais do que o cuidado usual na reintegração do protagonista, tanto intra como interpessoalmente. O fracasso na obtenção do fechamento adequado é indicado pelo sentimento do protagonista de que ele ou ela tenham sido "deixados pendentes" e tenham sido expostos a algo que ele ou ela não resolveram, mesmo num sentido mais breve. É importante para o diretor reconhecer esse fenômeno, mesmo que esteja inseguro sobre como chegar à resolução, pois com freqüência o grupo pode ser chamado a oferecer um "útero" amparador no qual encerrar e embalar o protagonista, proporcionando pelo menos um mínimo conforto físico e reasseguramento. O choque psicodramático e suas seqüelas nos dão um excelente exemplo do poder terapêutico do método, bem como da importância de se ter profissionais bem formados.

O choque psicodramático e outros aquecimentos profundos podem também expor o protagonista e outros membros do grupo ao perigo ou ao dano físico, uma vez que a violência pode acompanhar a fase reativa. Nesses momentos, a primeira obrigação do diretor é proteger a todos de injúrias, inclusive o protagonista, suspendendo a ação, se necessário. A hesitação nesse caso, mesmo que bem-intencionada, é simplesmente um fracasso da responsabilidade e do julgamento profissionais do diretor. Com freqüência, assume-se riscos quando o diretor sente a obrigação de ajudar um protagonista a completar uma catarse, mesmo que as instalações físicas sejam inapropriadas, como, por exemplo, ao permitir que um ego-auxiliar seja arremessado ao solo num chão duro e sem a proteção que poderia ser obtida por vários co-terapeutas fortes e experientes. Por mais admiráveis que os motivos do diretor possam ser em tais circunstâncias, não deveriam ter permissão para "superar" seu melhor julgamento.

Um tipo diferente de dano que pode acompanhar o aquecimento ocorre quando o protagonista irrompe em segredos ou confidências que possam ser embaraçosos ou mesmo pessoal ou profissionalmente danosos, seja para o protagonista, seja para alguém que pode nem mesmo ser um membro do grupo. Num caso, um protagonista que trabalhava a sua raiva em relação ao terapeuta, que não estava presente, retratou o que parecia ser um trabalho malfeito. Embora o diretor tivesse feito um acordo pelo qual o nome real do terapeuta não poderia ser usado, na sua condição aquecida o protagonista acabou usando-o. Nesses momentos, é importante parar a ação e lembrar a todos que eles são co-terapeutas, com a responsabilidade moral de manter a confidencialidade. Mais tarde, antes que a sessão termine, é altamente recomendável rever a questão e talvez até mesmo pedir a alguns membros do grupo que façam uma inversão de papéis com o protagonista e com outros indivíduos que possam ser prejudicados pela informação. Dessa maneira, a questão moral pode ser reforçada. Nessas situações, é da maior importância que o diretor estabeleça uma atmosfera na qual as transgressões da norma da confidencialidade sejam consideradas intoleráveis pelos membros do grupo. Para fazê-lo, a questão deve ser colocada diretamente, talvez mais do que uma vez, com uma atitude da maior seriedade.

## A sessão "aberta" de psicodrama

A sessão aberta é um exemplo interessante da maneira pela qual as preocupações éticas no psicodrama mudaram, juntamente com a compreensão do que o psicodrama é em si. Pois, se o psicodrama é essencialmente *teatro*, então algumas coisas serão permissíveis, o que não ocorreria se fosse essencialmente *terapia*. Por décadas, Moreno e seus colegas conduziram sessões de psicodrama abertas ao público, por uma modesta taxa de admissão. Membros da audiência, em sua maioria estranhos uns aos outros, eram aquecidos para psicodramas bastante complexos, e o protagonista e outros atores emergiam do grupo. Essas sessões, realizadas em sua maior parte na cidade de Nova York, atraíram muita gente e ajudaram a fazer do psicodrama um meio bem conhecido, especialmente entre intelectuais.

Quando alguém participava de uma sessão aberta, estaria pagando por um entretenimento, terapia ou educação? Claramente, os três elementos estavam presentes, e de forma questionável, também um quarto: a reforma social que acompanhava as linhas da teoria sociométrica. O problema em avaliar a ética da sessão aberta é precisamente o fato de que é difícil saber em qual categoria ela cai. Se for terapia, então há problemas óbvios e provavelmente intratáveis de confidencialidade (para não mencionar riscos legais extraordinários), caso em que poder-se-ia ter concluído que é antiético conduzir sessões de psicodrama abertas ao público. Se se tratar de teatro ou educação, então o padrão de confidencialidade não se aplica, ou pelo menos não é nem de perto tão difícil, e não se chegaria a essa conclusão.

Minha própria impressão é a de que a sessão aberta é, com freqüência, se não sempre, implicitamente apresentada como uma oportunidade de psicoterapia. Isso seria verdade naqueles casos em que o objetivo do diretor é obviamente revelar conteúdos emocionais profundos, e acho que é difícil defender um tal objetivo de preocupações éticas, a despeito dos benefícios que podem render para alguns indivíduos. Por outro lado, se o diretor obviamente pretende limitar a exploração a um assunto mais superficial, então penso que se poderia argüir persuasivamente que o objetivo da sessão aberta é educacional ou teatral. Uma maneira de fazê-lo e também alcançar os objetivos de reforma social é conduzir a sessão como um sociodrama, de forma a que a ação não se estabeleça sobre os detalhes das vidas dos indivíduos.

Os desafios éticos das sessões abertas de psicodrama tornaram-se mais aparentes recentemente, por pelo menos duas razões: primeiro, o psicodrama tornou-se mais identificado com uma terapia do que com uma forma de teatro; em segundo lugar, nossa sociedade tornou-se em geral mais consciente das questões morais na saúde, tais como a confidencialidade. Na qualidade de alguém que, anos atrás, testemunhou centenas de sessões abertas e conduziu grande número delas, posso atestar que tais questões raramente estavam na linha de frente.

Com certeza, Moreno explicitamente reconheceu o problema de manter a confidencialidade no trabalho de grupo. Em seu *Code of ethics for group psychotherapy* [*Código de ética para terapia de grupo*], Moreno afirma que a obrigação hipocrática de manter os assuntos da prática profissional em segredo se estende, na psicoterapia de grupo, a todos os membros. Ele levanta também uma questão retórica importante sobre a prevenção de "vazamentos" quando os membros do grupo estão eletronicamente ligados uns aos outros, como no caso de estarem em circuito fechado de televisão (Moreno, 1962). Perspicaz como era em levantar a última questão muito antes dos outros, sua referência à tradição hipocrática é dúbia, uma vez que o juramento em suas várias versões deve fazer parte de um processo de socialização dos profissionais, não dos pacientes. As promessas de manter segredo entre os profissionais devem estar baseadas mais num sentido de decência humana, ou, talvez, prudência (considerando-se o temor de que a própria privacidade esteja também em risco), mas trazê-los sob a rubrica de códigos profissionais me parece ser um equívoco.

Há, no entanto, uma outra dimensão da sessão aberta que não é captada com precisão nas categorias de entretenimento, terapia ou educação, e é talvez sua qualidade mais importante. Essa dimensão é exemplificada no "sociodrama" e pode ser considerada uma "socioterapia". O objetivo do sociodrama não é oferecer psicoterapia para qualquer indivíduo, mas, sim, melhorar o bem-estar do grupo, geralmente pelo encorajamento de sua coesão e pelo potencial para uma atividade cooperativa. Os membros do grupo desempenham papéis sociais, tais como "professor", "guarda policial", "burocrata" ou "político", mais do que papéis individuais, e as representações baseiam-se inicialmente em protocolos familiares aos membros da cultura, então modificados pelo grupo com base nas preocupações que dele emergem. Dessa forma, com freqüência, resulta um sentimento de solidariedade social reforçado.

Na sessão aberta, um sociodrama tem a virtude de incluir todos na ação, pelo menos simbolicamente, por meio de sua pertinência à cultura que abriga os papéis sociais que estão sendo representados. O material emocional que geralmente individualiza os membros do grupo é transformado em conteúdo que energiza e vitaliza a história compartilhada. O resultado salutar é que a solidariedade social é enfatizada enquanto que a auto-exposição individual, nesse meio inerentemente "sujeito a vazamentos", é minimizada.

Considerando-se o perfil ético do psicodrama, que é benigno para o indivíduo, mas um agente poderoso de mudanças para o grupo, o *setting* aberto para esse método não está sujeito às mesmas objeções que as do psicodrama clássico. Todavia, muitas vezes sem chamá-lo de sociograma, ou mesmo estando consciente de suas origens conceptuais, o sociodrama tornou-se um elemento rotineiro na resolução de conflitos, no treinamento de pessoal e na educação. Talvez esteja na hora de a comunidade psicodramática reivindicar o sociodrama em toda a sua riqueza no *setting* aberto, em que uma mistura de entretenimento, educação e terapia social eticamente segura possa ser obtida.

## CONCLUSÃO

Neste capítulo, tentei algumas explorações preliminares que cobrem uma grande área do psicodrama enquanto filosofia moral para questões éticas, sobre e dentro do psicodrama. No início, argumentei que a filosofia psicodramática moral liga o nexo da universalidade e da responsabilidade. Sugeri também que as ambigüidades inerentes à natureza do psicodrama (especialmente no que diz respeito a ser teatro ou terapia) levantam questões éticas interessantes e importantes, assim como o próprio poder inerente à terapia psicodramática em si. Essa e outras questões certamente serão mais discutidas à medida que o psicodrama continue a se estabelecer como um meio precioso e único de expressão humana.

## REFERÊNCIAS BIBLIOGRÁFICAS

GAY, P. (1989). *Freud: Uma vida para o nosso tempo*. São Paulo, Companhia das Letras.

JANIK, A. e TOULMIN, S. (1973). *Wittgenstein's Vienna*. Nova York, Simon & Schuster.

KELLERMANN, P. F. (1992). *Focus on psychodrama*. Londres, Jessica Kingsley. (No Brasil, traduzido sob o título *O psicodrama em foco: e seus aspectos terapêuticos*. São Paulo, Ágora, 1998.)

LAING, R. F. (1965). *The divided self: An existential study in insanity and madness*. Baltimore, Penguin Books.

MARINEAU, R. (1989). *Jacob Levy Moreno, 1889-1974: Pai do psicodrama, da sociometria e da psicoterapia de grupo*. São Paulo, Ágora.

MORENO, J. D. (1990). "Das Phänomen messianischer Anerkennung und seine Beziehung zur sociometrischen Wahl", *Bausteine zur Gruppenpsychotherapie* 3: 675-72.

_____. (1991). "Group psychotherapy in bioethical perspective", *Journal of Group Pasychotherapy, Psychodrama and Sociometry* 44 (2): 60-70.

MORENO, J. L. (1941). *The words of the father*. Nova York, Beacon House.

_____. (1946). "Einladung zu einer Begegnung" (1914), *Psychodrama*, v. 1, Nova York, Beacon House.

_____. (1962). *Code of ethics for group psychotherapy and psychodrama*, Psychodrama and Group Psychotherapy Monographs, nº 31. Nova York, Beacon House.

_____. (1987). "The story of Johnny Psychodramatist", in: J. Fox (ed.). *The essential Moreno*. Nova York, Springer.

MYERS, G. (1986). *William James: His life and thought*. New Haven, Yale University Press.

NIETZSCHE, F. (s. d.). *Thus spoke Zarathustra*. Nova York, Modern Library.

# PARTE III

# A matriz do psicodrama

## Comentário

A fonte da dualidade que existe na discussão da psicologia de Moreno pode ser detectada em suas experiências mais precoces. Ele estudou filosofia e medicina na Universidade de Viena, e uma tensão que percorre todos os seus textos refletindo esses dois interesses também pode ser encontrada nos capítulos deste livro. Acreditamos que essa polaridade se reflete em grande parte do seu legado, e que tem sido subestimada por muitos de seus seguidores. Ao apreciarmos sua psicologia e também seus escritos como um todo, isso torna-se mais claro e conduz à compreensão dos mesmos mais facilmente.

Os capítulos deste livro indicam a divergência das posições existentes no interior do mundo do psicodrama, a riqueza e a amplitude das idéias de Moreno relacionando-se diretamente com as tensões criativas que existem, por exemplo, entre o científico e o metafísico; o teatral e o clínico; o pessoal e o público; e o mundo das palavras e o momento espontâneo. Em qualquer outro capítulo, o leitor poderá ver a presença de ambos os pólos, indicando que não há predominância de qualquer das posições, e que essas tensões entre várias posições potenciais adicionam vigor ao psicodrama. Essa situação reflete a visão de Moreno sobre si mesmo e o mundo. Por um lado, ele estava às voltas com tentativas de medir e computar os fatores envolvidos nas relações humanas (os resultados dessa área de interesse estão descritos no Capítulo 7, sobre sociometria e sociodinâmica), enquanto, por outro lado, suas preocupações com a natureza cósmica do homem envolviam uma consciência da vida que era incomensurável. Essas idéias são centrais aos capítulos sobre a filosofia, a religião, o espírito e o co-inconsciente de Moreno.

DIMENSÃO PSICOESPIRITUAL

Mente
Consciente
ou Potenciais
Operacionais

Psiquiatria
Modificação Comportamental          Existencial     Meditação básica
Terapia Comportamental
Terapia Cognitiva                    Enfocadora

Terapia Racional Emotiva

Terapia Familiar

Terapia de Constructo Emotiva        Gestalt

Análise Transacional

Centrada na Pessoa        PSICODRAMA

Hipnoterapia          Encontro                    Psicossíntese

Co-aconselhamento

Programação Neurolingüística                      Transpessoal

Reichiana                       Bioenergética
                                                  Terapia Biodinâmica
                                                  Biossíntese

Terapia Primal                    Intregação Primal

Freudiana              Feminista

Relações Objetais                     Hilman

Kohut
Klein                  Mahrer                      Jung
Lacan

Mente
Inconsciente

*A Dimensão Inconsciente/Consciente* (eixo vertical esquerdo)

| Intrapessoal ou Intrapsíquico | Interpessoal ou Existencial | Transpessoal ou Psicoespiritual |

Quadro 1   A posição do psicodrama, inserido num espaço terapêutico.
*Fonte:* baseado em Rowan e Dryden, 1988.

Rowan e Dryden, em sua introdução ao livro *Innovative therapy in Britain* [*Terapia inovadora na Bretanha*] (1988), apresentam um diagrama no qual as várias escolas de psicoterapia estão demarcadas naquilo que eles chamam de o "espaço terapêutico", que consideram ter duas

150

dimensões. A primeira liga-se ao nível de importância que a terapia atribui aos processos inconscientes e conscientes. A segunda dimensão relaciona-se a um contínuo psicoespiritual, que vai das terapias que têm uma preocupação principal com os fenômenos intrapsíquicos àquelas com ênfase significativa nas questões transpessoais ou espirituais. No meio deste eixo encontram-se as terapias que lidam com a relação do *self* com os outros. No Quadro 1 (que é uma adaptação da deles) o psicodrama aparece no centro, rodeado por 32 outras escolas dentro da psicoterapia. A realidade é que os diferentes conceitos no psicodrama o impulsionam em direção aos quatro cantos deste gráfico (ver Quadro 2), fazendo dele um método de psicoterapia multidimensional, multifacetado.

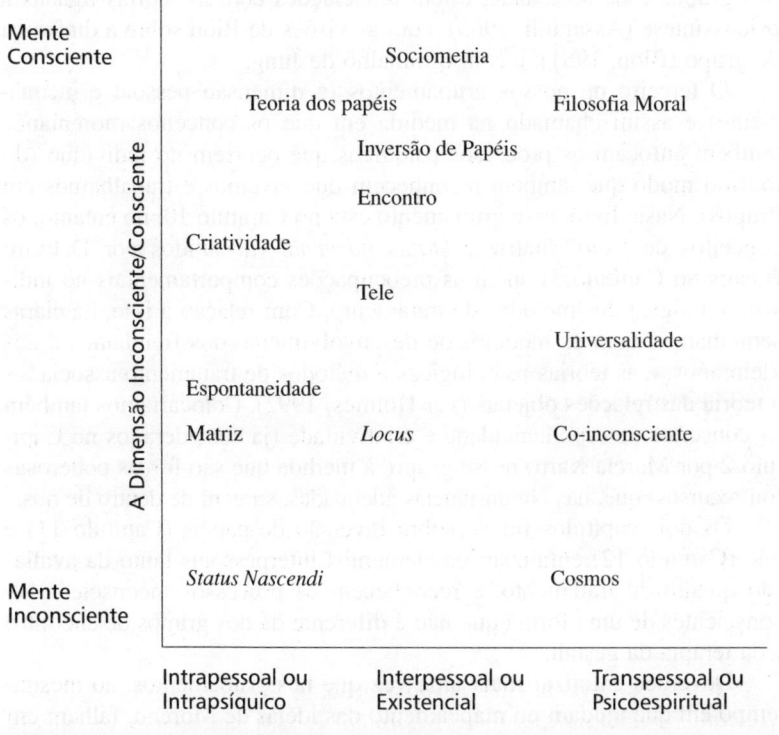

DIMENSÃO PSICOESPIRITUAL

|  |  |  |
|---|---|---|
| Mente Consciente | Sociometria | |
| | Teoria dos papéis | Filosofia Moral |
| | Inversão de Papéis | |
| | Encontro | |
| Criatividade | | |
| | Tele | |
| | | Universalidade |
| Espontaneidade | | |
| Matriz | *Locus* | Co-inconsciente |
| Mente Inconsciente | *Status Nascendi* | Cosmos |

A Dimensão Inconsciente/Consciente

| Intrapessoal ou Intrapsíquico | Interpessoal ou Existencial | Transpessoal ou Psicoespiritual |

*Quadro 2* A distribuição dos conceitos de Moreno dentro de um espaço terapêutico.

151

É possível conceber os conceitos de Moreno reunidos em grupamentos dentro dos quais certas idéias predominam. Os Capítulos de 6 a 12 deste livro foram organizados em quatro partes que refletem como os diferentes conceitos podem ser agrupados.

O primeiro grupamento (a dimensão cognitiva e consciente) consiste em abordagens que consideram as relações de um indivíduo de forma mais cognitiva ou consciente. Com relação a isso, o método do psicodrama tem associações com tratamentos tais como a terapia cognitiva e comportamental, e as técnicas modernas de terapia familiar.

O próximo grupamento (Capítulos 8 e 9, sobre a dimensão transpessoal e psicoespiritual) considera as idéias de Moreno sobre a religião, o espírito e o cosmos, assim como seu conceito de co-inconsciente. O texto de Ken Sprague (Capítulo 1), na seção introdutória deste livro, também poderia ter sido colocado aqui. Essas idéias, ao mesmo tempo que reconhecem o significado do indivíduo, refletem as preocupações de Moreno com o domínio psicoespiritual e com os processos inconscientes nos grupos e na sociedade, e têm associações com as teorias ligadas à psicossíntese (Assagioli, 1965), com as visões de Bion sobre a dinâmica de grupo (Bion, 1961), e com o trabalho de Jung.

O terceiro de nossos grupamentos (a dimensão pessoal e inconsciente) é assim chamado na medida em que os conceitos morenianos também enfocam os processos psíquicos que ocorrem no indivíduo (do mesmo modo que também reconhecem que vivemos e trabalhamos em grupos). Neste livro, esse grupamento está no Capítulo 10; no entanto, os conceitos de *locus*, matriz e *status nascendi* (discutidos por Dalmiro Bustos no Capítulo 3) unem as preocupações comportamentais no indivíduo à lógica dos métodos de tratamento. Com relação a isso, há claras semelhanças com os modelos de desenvolvimento dos freudianos e dos kleinianos, e as teorias psicológicas e métodos de tratamento associados à teoria das relações objetais (ver Holmes, 1992). Colocaríamos também os conceitos de espontaneidade e criatividade (já considerados no Capítulo 2 por Marcia Karp) nesse grupo, à medida que são forças poderosas (ou recursos) que, nas circunstâncias adequadas, surgem de dentro de nós.

Os dois capítulos finais, sobre inversão de papéis (Capítulo 11) e tele (Capítulo 12) enfatizam os elementos interpessoais tanto da avaliação quanto do tratamento, e reconhecem os processos inconscientes e conscientes de uma forma que não é diferente da dos grupos de encontro e da terapia da gestalt.

Devemos enfatizar mais uma vez que tais grupamentos, ao mesmo tempo em que ajudam no mapeamento das idéias de Moreno, falham em abranger a riqueza e a variedade do psicodrama enquanto método terapêutico poderoso e integrado.

# REFERÊNCIAS BIBLIOGRÁFICAS

ASSAGIOLI, R. (1965). *Psychoanalysis: A manual of principles and techniques*. Wellingborough, Northamptonshire. Thorsons Publishing Group.

BION, W. R. (1961). *Experiences in groups*. Londres, Tavistock.

HOLMES, P. (1996). *A exteriorização do mundo interior: O psicodrama e a teoria das relações objetais*. São Paulo, Ágora.

ROWAN J. e DRYDEN, W. (1988). *Innovative therapy in Britain*. Milton Keynes, Open University Press.

# A dimensão cognitiva e consciente

# Capítulo 6

## Relações e papéis

*Comentário*

As relações são o tema central do capítulo de Max Clayton. Durante muitos anos de experiência clínica, ele fez da teoria de papéis uma parte integral de seu trabalho como professor e médico. Nas sessões, ele nomeia aspectos do indivíduo que não são nem místicos nem desorientadores. A psicologia moreniana tem sido criticada, por vezes, em termos de inconsistência e de complexidade. Este capítulo estabelece claramente os aspectos essenciais da teoria de papéis, de forma que a torna acessível ao não-psicodramatista.

# A teoria de papéis e sua aplicação na prática clínica

*Max Clayton*

## INTRODUÇÃO

Tenho aplicado a teoria de papéis a uma ampla gama de situações desde 1971, e disseminei seu ensino pela Austrália e pela Nova Zelândia. Assim, minha própria experiência e ênfase se refletem no material apresentado neste capítulo. Grande número de profissionais de diferentes áreas desenvolveram certo conhecimento da teoria e da análise de papéis, e um número significativo de relatórios e trabalhos têm apresentado análises de indivíduos e grupos baseadas na teoria de papéis. Uma parte desse trabalho será apresentada neste capítulo. O tipo particular de teoria de papéis aqui apresentado e o conceito de papel e de relações de papel é o mesmo desenvolvido por J. L. Moreno (ver as relevantes seções de *Psicodrama*, v. 1 (1946) ou qualquer de seus textos mais importantes). O método de categorizar e mapear os papéis tem sido desenvolvido na Austrália e na Nova Zelândia e é, ao nosso ver, consistente com a teoria de papéis de Moreno. O desenvolvimento histórico da teoria de papéis e as diferenças entre a teoria de papéis desenvolvida por Moreno e a de outros teóricos do papel já foram discutidos em outras obras como, por exemplo, Moreno, 1978, pp. 688-92; Biddle e Thomas, 1966, pp. 3-19, e isto está fora do escopo deste texto. Aqui, daremos ênfase à aplicação da teoria de papéis de forma a que os seres humanos desenvolvam um sentimento mais profundo e a apreciação um pelo outro. O ponto de vista assumido é o de que a teoria de papéis pode ser aplicada de forma que uma análise incisiva seja infundida com sentimento e, assim, contribua para o desenvolvimento de uma cultura humana.

# DESENVOLVENDO O CONHECIMENTO SOBRE A TEORIA DE PAPÉIS

O conhecimento pessoal da teoria de papéis desenvolve-se como resultado de uma série de fatores. No alto da lista encontra-se o envolvimento constante em muitas situações diferentes e com grande número de pessoas. É necessária a visualização das relações sociais de uma pessoa, assim como das dos outros, bem como uma reflexão sobre essas visualizações. O desenvolvimento das descrições de papéis, a freqüente adivinhação sobre a natureza e a qualidade das relações de papéis e a conferência das conclusões com os outros resulta no desenvolvimento de capacidades tais como as de analista de papéis, analista de sistemas e teórico de personalidade e, eventualmente, no desenvolvimento de uma nova identidade.

A criação de descrições por escrito dos papéis individuais e sistemas de papéis, e as completas descrições do átomo social e cultural dos indivíduos têm sido de considerável ajuda no aprendizado da teoria de papéis. A entrada num processo de supervisão com um professor ou supervisor tem ajudado na integração da teoria de papéis na prática clínica.

A leitura de literatura em conjunção com a realização de trabalhos escritos, bem como a supervisão, abrem novas perspectivas. As discussões escritas de Jacob Moreno sobre o conceito de papéis e de relações de papéis continua a abrir novas perspectivas para muitos leitores. Essas incluem seções sobre a teoria de papéis em *Who shall survive? [Quem sobreviverá?]* (Moreno, 1978, pp. 75-9 e pp. 533-7) e *Psychodrama*, v. 1 (Moreno, 1964, pp. 153-76 e pp. 328-47). A monografia "A terapia de choque psicodramática" (Moreno, 1939) contém vários diagramas de átomos sociais e a "Tratamento psicodramático de psicoses" (Moreno, 1940, 1945) discute o desenvolvimento do átomo cultural em pacientes mentais. O uso da teoria de papéis na prática clínica é esclarecido no capítulo sobre psicodrama no livro *Experiential psychotherapies in Australia [Psicoterapias experienciais na Austrália]* (Clayton e Clayton, 1980) e em vários artigos de jornais incluindo "O uso do átomo cultural para gravar mudanças de personalidade na psicoterapia individual" (Clayton, 1982), e "O psicodrama com o histérico" (Clayton, 1973). A aplicação da teoria de papéis no treinamento de papéis é descrita em detalhes em *Enhancing life and relationships: a role training manual [Realçando a vida e as relações: um manual de treinamento de papéis]* (Clayton , 1992). Grande número de trabalhos e teses discute o sistema de papéis de uma ampla gama de pessoas, e inclui "O átomo cultural como conceito dinâmico" (Di Lollo, 1987), "A pessoa deprimida com tendências suicidas e o psicodrama" (Hurst, 1992), "Magister Ludi, o mestre do drama: um perfil de papel do dramaturgo" (Batten, 1992), "O uso do psicodrama no aconselhamento individual e na psicoterapia" (Fowler, 1992) e "A estrutura de papel de um paciente" (Crawford, 1984).

A leitura da literatura a respeito da teoria de papéis, de um ponto de vista diferente, trará uma perspectiva maior ao assunto. O livro de George Herbert Mead, *Mind, self and society* [*A mente, o self e a sociedade*] (1934) enfatiza o processo de assumir o papel do outro e incorporar aquele papel ao *self*. *Role theory: concepts and research* [*Teoria dos papéis: conceitos e pesquisa*] (Bidlle e Thomas, 1966) apresenta um material sobre a natureza e a história da teoria de papéis, e uma ampla gama de outros assuntos tais como estruturas de papéis, representação de papéis, e conflito de papéis e sua resolução.

## O USO DE TERMOS

O termo "teoria de papéis" refere-se ao corpo de conhecimentos associado ao funcionamento interativo dos seres humanos. Seu enfoque se dá sobre a forma funcionante do comportamento humano tal como emerge em resposta a outras pessoas ou objetos em épocas e lugares específicos. É sistêmico em sua natureza levar em conta os indivíduos e suas relações.

O termo "descrição de papéis" refere-se a um dos elementos básicos na análise de um sistema de papéis. A descrição de papéis é a identificação de um segmento importante do funcionamento humano de maneira significativa e vitalizadora. Uma série de descrições de papéis pode ser feita de maneira a retratar a natureza de segmentos muito mais amplos da vida humana e fornecem parte dos dados brutos para uma análise maior de papéis.

O termo "análise de papel" refere-se à consideração de um sistema de papéis para saber se este está ou não atingindo seu objetivo, e o que seria necessário para que funcionasse adequadamente. A análise de papéis enfoca, por vezes, diferentes elementos de um único papel em relação à sua congruência ou incongruência com um outro, e, às vezes, a relação entre diferentes papéis, entre um sistema de papéis, ou outro. O objetivo da análise de papéis é encontrar um sentido nos sistemas de papéis representados por indivíduos, por grupos de indivíduos, nas relações de papéis entre grupos ou entre culturas e, com base nessa análise, planejar meios pelos quais os papéis possam desenvolver-se mais, de modo que os objetivos dos indivíduos e dos grupos possam ser atingidos.

O termo "análise de papéis" é usado como sinônimo de avaliação de papéis, que é empregado para combinar com o termo freqüentemente usado de "avaliação clínica".

## O DESENVOLVIMENTO DO CAPÍTULO

Na próxima seção há uma discussão sobre a natureza essencial de um papel, seguida de um exemplo de trabalho clínico destinado a proporcionar uma clara impressão da aplicação da teoria de papéis.

A discussão mais detalhada dos papéis e da sua avaliação começa por meio do enfoque da execução de uma descrição de papéis. O restante do capítulo se ocupará de várias análises das relações e de grupamentos de papéis bem como de uma discussão da aplicação da sua teoria.

## A NATUREZA ESSENCIAL DE UM PAPEL

Observamos uma pessoa, e dizemos: "Eis aí um aventureiro". Com relação a uma outra, observamos: "Eis aí um criativo planejador de cidades". Somos capazes de tirar essas conclusões pela atenção dada a ações e emoções observáveis. A essas óbvias expressões de uma pessoa dá-se uma forma coerente, por meio de sua conexão com um mapa do universo que pode ser consciente ou inconsciente com relação ao indivíduo em questão. Esse mapa ou retrato da forma pela qual a vida funciona é a essência de qualquer papel ou grupamento de papéis. Um aventureiro tem uma visão de como as pessoas se relacionam entre si, um planejador de cidades tem outra, um Michelângelo tem outra. Algum tipo de visão a respeito de como funciona a vida é o elemento controlador em cada papel que fantasiamos ou vivemos no mundo. No caso de uma pessoa que experiencia conflitos de papéis, a investigação traz à luz mapas contraditórios. Uma pessoa bem funcionante pode tornar-se consciente de uma infinidade de imagens associadas a cada papel principal de sua personalidade e do fato de que cada imagem complementa as outras e contribui para uma visão mais ampla. Essa visão mais ampla está associada a um grupamento de papéis ou à totalidade dos papéis de sua personalidade.

Em determinado trabalho, uma pessoa criou um retrato dramático de pessoas cooperativas umas desenvolvendo as outras no trabalho e nas interações pessoais. Essa pessoa tinha registrado em sua consciência um retrato de seres criativos interagindo de forma respeitosa, e isso possibilitou uma força motivadora para abordar situações desafiadoras com intenções relevantes e objetivos bem planejados. Uma organização disciplinada e, ao mesmo tempo, uma expressão leve, livre, eram características do funcionamento dessa pessoa.

Em outro trabalho, uma pessoa ressentida funcionou de acordo com as leis de estrita justiça. Na visão dela, o universo trabalhava melhor quando, de forma determinada, os indivíduos exigiam justiça e eram duros e ásperos em resposta aos outros. Os destinatários dessa ação perceberam quão injustos e errados eles haviam sido. Quando essa pessoa participou de uma representação dramática na qual os demais agiam dessa forma, houve uma experiência de um absoluto entusiasmo. "Sim, é assim que as coisas são" — disse ele — "e é assim que deveriam ser." Houve um despertar de consciência de que esse retrato interativo era a base dos valores dele. Subseqüentemente, houve uma participação nos sistemas interativos que retratavam configurações um tanto diferentes, uma experiência de novas respostas — e o começo do desenvolvimento de outras visões de vida.

Uma pessoa se aquece para qualquer papel em resposta ao funcionamento de outra pessoa ou pessoas no aqui-e-agora, e o significado pessoal do papel pode ser descoberto pela exploração das diferentes dimensões da situação. Isso pode ser obtido dando-se expressão ao que não foi dito e feito explicitamente. Os pensamentos, sentimentos e aspirações ocultas que estão acima e além do que é expresso na própria vida são designados como nível de realidade adicional, e é por meio da exploração desse nível que os vários mapas do universo tornam-se mais claros. Também pode ser valiosa a representação de situações nas quais um papel específico primeiro surgiu, quando um mapa particular do universo se formou, o familiarizar-se com o processo de aquecimento do indivíduo, assim como com a matriz social e cultural na qual esses eventos ocorreram.

As manifestações explícitas do mapa do universo de um indivíduo constituem um conjunto de emoções e sentimentos, bem como um conjunto de ações. A análise de papéis leva em consideração esses diferentes elementos de um papel e determina se são congruentes ou incongruentes entre si. Várias técnicas foram desenvolvidas com o propósito de harmonizar os diferentes elementos num sistema unificado e funcionante. No entanto, o desenvolvimento mais profundo e duradouro de um indivíduo normalmente envolve uma experiência de viver de forma satisfatória, de acordo com um novo mapa do universo. Então, o velho mapa pode ser abandonado, os velhos conjuntos de emoções e ações tornam-se irrelevantes e, gradualmente, desaparecem.

A centralidade da visão que uma pessoa tem do universo traz implicações relativas ao lugar para onde o foco de atenção é deslocado.

Algumas descrições de papéis enfatizam a dimensão social. As descrições dos papéis sociais de enfermeiras, arquitetos, advogados, banqueiros, cozinheiros, policiais ou administradores de empresas esclarecem o desenvolvimento desses papéis por meio de uma cultura em particular, e quando uma pessoa é abordada em termos de seu papel social, ela se vivencia como fazendo parte de um grupo. Outras descrições de papel retratam mais a individualidade de uma pessoa e tocam seu centro de experiência de tal forma que seu interesse é bastante despertado. As que localizam com precisão a experiência e as aspirações de uma pessoa, naturalmente aumentam o desenvolvimento consciente de papéis que são únicos para ela, e podem ser caracterizados como psicodramáticos. Há muitos exemplos do uso de descrições dramáticas de papéis na vida cotidiana. Uma pessoa, em determinada situação, estava se comportando de forma aventureira, e seu companheiro lhe disse: "Eu gosto do que você está fazendo. Você é Marco Polo". Essa pessoa ficou ligeiramente abalada, mas continuou a agir de forma aventureira, com entusiasmo até mesmo maior, e contribuiu mais para aquela ocasião. Outros papéis são psicodramáticos, tais como os da pessoa que come e da que dorme.

## EXEMPLO DE DESENVOLVIMENTO DE PAPÉIS NO TRABALHO CLÍNICO COM UMA PESSOA EM CONFLITO

De início, eu gostaria de apresentar um trabalho que ocorreu recentemente com um indivíduo. O propósito em fazê-lo é de que vocês sejam capazes de visualizar a situação, compreender a natureza e as relações de papéis e os meios pelos quais uma nova resolução foi concebida.

### Primeira cena

Esses eventos ocorreram num grupo de dez pessoas que estava se reunindo pela 26ª vez. Os membros do grupo eram bem motivados e haviam desenvolvido relações de trabalho entre si. No início dessa sessão, perguntaram algo a Barry. Ele hesitou e sentou-se pensativo, como se estivesse preparando o que iria responder. O líder do grupo sugeriu que ele se achava em conflito, e Barry imediatamente concordou com isso. O líder convidou-o a se concentrar naquele momento, com vistas a resolver o conflito e desenvolver a capacidade de responder de forma livre e imediata. Barry deu indicações de que gostaria de fazê-lo, e o líder ajudou-o a preparar a situação da forma como ele a vivenciava.

A primeira cena que ele retratou envolvia seu pai, sua mãe e dois irmãos. Ele escolheu quatro membros do grupo para ser essas pessoas, e representou os papéis de cada uma delas, de forma que os escolhidos fossem capazes de retratar com precisão o que havia ocorrido. Barry colocou-se à distância de seu pai e de seus irmãos, e sua mãe estava ainda mais distante, atrás do pai. Ele se envolveu com a representação, expressando suas emoções e valores muito claramente. O tema da interação era de severa crítica e retração. O pai agia como um cruel chefe mafioso com relação ao filho Barry. Os dois irmãos de Barry puseram-se ao lado do pai e agiram como rejeitadores cruéis. A mãe mantinha-se isolada. O próprio Barry estava retraído e concluiu que não teria nenhum lucro com a comunicação.

O líder do grupo travou um diálogo com Barry, que começou assim:

Você retratou uma situação que está associada à interrupção da sua expressão imediata. Mas essa interrupção é apenas um dos aspectos do retrato. Há também o aspecto criativo, que começa a se expressar por sua forma única. Quando lhe fizeram a pergunta no grupo, há pouco, vimos que você estava interessado em respondê-la imediatamente. Portanto, retrate agora uma outra situação que esteja associada à expressão imediata e livre de você mesmo. Mantenha a cena que acabou de ser representada e escolha outro membro do grupo para representá-lo nessa cena. E crie uma nova cena numa área separada.

## Segunda cena

Barry, que era músico em período parcial, montou rapidamente uma nova cena na qual ele era membro de uma orquestra, numa apresentação que havia ocorrido há vários anos. Ele criou uma sessão de cordas e uma de metais, e também escolheu alguém para ser regente e professor. As outras partes da orquestra não foram mostradas. Na representação, o tempo das sessões de metais e de cordas não estava em harmonia. Barry retratou o regente como alguém humano, competente e capaz de conseguir o melhor da orquestra. O regente deixou muito claro o que estava faltando e instruiu a orquestra a repetir o trecho várias vezes, até que estivesse satisfeito. Barry adorou o exercício. Ele gostou da atitude do regente e apreciou, em especial, o fato de que o mesmo não estava aborrecido com os erros da orquestra, mas mantinha uma atitude de prazer ao treiná-los. O líder do grupo caracterizou o regente como um supervisor flexível e criativo e, ao mesmo tempo, como um artista instrutivo. Barry sentiu-se satisfeito com essas descrições e vivenciou um sentimento amoroso e de gratidão pelo regente.

Subseqüentemente à representação dessas duas cenas, Barry pediu a uma outra pessoa que representasse seu papel na segunda cena, e, então, postou-se numa posição de onde pudesse presenciar ambas as cenas ao mesmo tempo. Ele estava muito satisfeito ao ver-se representando de duas formas bastante diferentes ao mesmo tempo. Sentiu-se fortalecido em sua capacidade de se expressar livremente e falou de forma afirmativa sobre o valor de suas idéias e expressões únicas. Pôde perceber claramente que duas maneiras bastante diferentes de funcionar haviam ocorrido, uma após a outra.

## Visualizando a situação

A descrição dessas cenas, juntamente com a Figura 1, tem por objetivo aumentar a visualização desse pequeno trecho de trabalho e capacitar qualquer leitor interessado a começar a vivenciar o estar lá. A visualização de qualquer trecho de trabalho com pessoas é de grande importância e ajuda os terapeutas a manter e aprofundar seu contato com a situação de vida original, para continuar a descobrir novas facetas e a desenvolver novas perspectivas. O fato de um supervisor ou de colegas interessados também conseguirem visualizar uma situação se constitui numa vantagem, uma vez que isso aumenta a capacidade de acompanhar o terapeuta e cooperar na criação de um trabalho posterior efetivo. Os terapeutas e supervisores descobriram que a utilização da teoria de papéis, tanto na descrição verbal quanto na apresentação diagramática do trabalho também os ajudou a retratar situações e penetrar nelas de maneira fácil e rápida. O terapeuta bem treinado e versado no uso da linguagem da teoria dos papéis pode desenvolver, a partir de uma descrição de papel bastante breve, uma idéia compreensiva de um segmento razoavelmente grande de ações e emoções de uma pessoa, bem como a visão do universo expressa por essas ações e emoções. Essa economia de palavras tem sido de grande ajuda nas sessões de supervisão, o que permite que um tempo maior seja despendido na parte referente ao ensino e ao treinamento.

## A natureza dos papéis e das relações de papéis

Uma caracterização adequada para a relação do protagonista Barry com os membros da sua família seria o termo "sistema de fragmentação de papéis". Consistente com isso é o fato de que há uma relação negativa mútua entre Barry, o pai e os irmãos, que evita a intimidade.

O sistema de papéis está desconectado da realização do propósito de vida de Barry e, de acordo com ele, falha em satisfazer os outros membros da família. A motivação de Barry é baixa, há um sentimento de falta de sentido na vida, e sua consciência não está enfocada nos aspectos adequados de seu funcionamento. Na verdade, ele vivencia um estado de fragmentação. Primeiro um aspecto da sua personalidade é expresso, e em seguida um outro, e um outro, sem que haja muita consciência da relação entre os diferentes papéis. O termo "sistema disfuncional de papéis" também se aplica, uma vez que a palavra disfuncional esclarece a contribuição que cada pessoa está dando para o funcionamento e organização de qualquer sistema familiar. O termo fragmentação, todavia, retrata melhor a experiência interna das pessoas envolvidas.

Os papéis e as relações de papéis representadas na segunda cena revelam uma relação positiva de duas vias entre Barry, o regente e os membros da orquestra. Esse sistema de papéis poderia ser caracterizado como progressivo, uma vez que a realização do propósito de Barry está sendo encenada. Seu funcionamento expressa sua individualidade única, assim como certos elementos sociais. Essa combinação dos elementos sociais e individuais em seus papéis seria uma expressão de sua espontaneidade, e poderíamos ter a expectativa de que isso continue a ser desenvolvido por meio de sua prática constante.

## Os meios de desenvolvimento de uma nova resolução

No início deste trabalho havia um objetivo claro, a saber, resolver o conflito de Barry, emergido na situação aqui-e-agora do grupo. A delineação de propósitos foi, indubitavelmente, um fator principal na produção de uma nova resolução. O desenvolvimento humano envolve o despertar do propósito na consciência, no qual uma pessoa está envolvida em qualquer situação. O propósito é um fator integrador na vida, e quando uma pessoa é capaz de articular seu propósito, o *self* interior desperta como um gigante adormecido que retorna à consciência. Às vezes, a consciência do propósito assume outras formas, tais como um sentido interior de que a vida tem um significado, ou a forma de um sentimento quase imperceptível. No trabalho recém-descrito, a consciência do propósito aumentou na medida em que o protagonista pôde valorizar sua individualidade única ao se expressar.

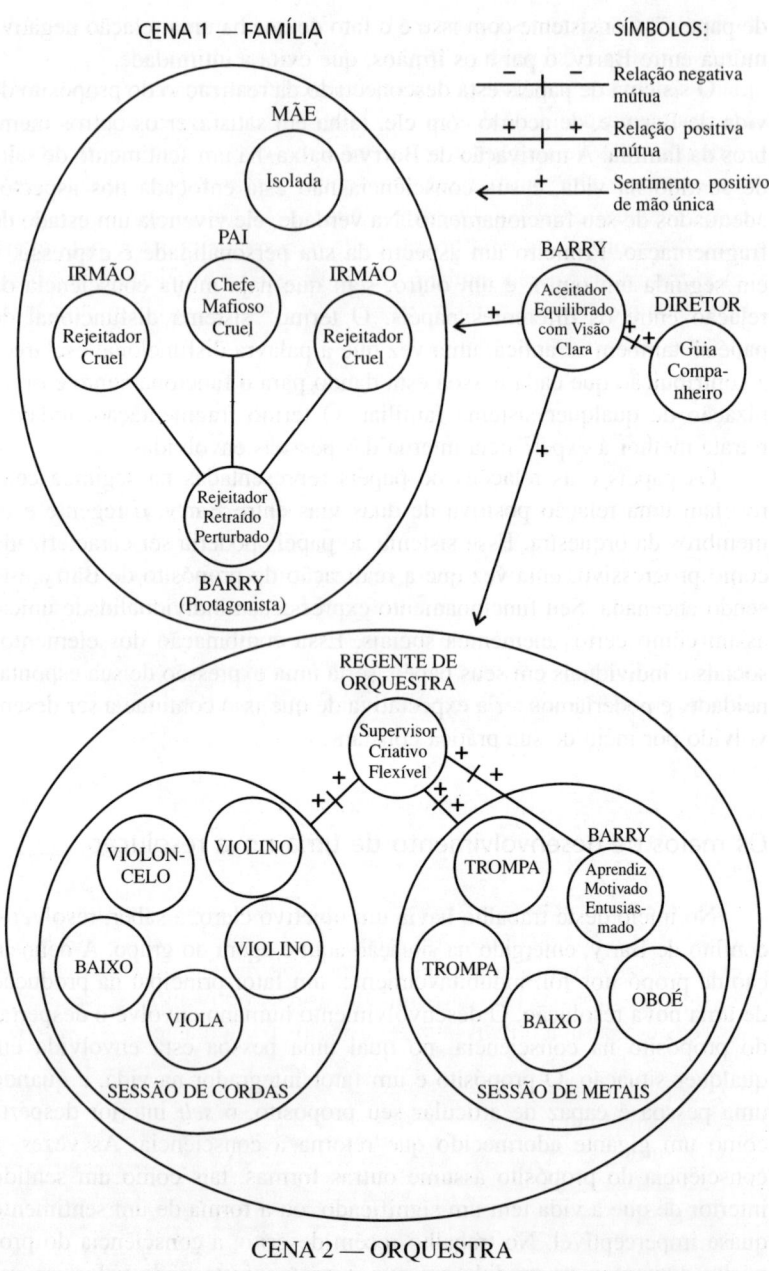

**CENA 1 — FAMÍLIA**

SÍMBOLOS:

— | — Relação negativa mútua

+ | + Relação positiva mútua

← + Sentimento positivo de mão única

MÃE
Isolada

PAI
Chefe Mafioso Cruel

IRMÃO
Rejeitador Cruel

IRMÃO
Rejeitador Cruel

BARRY
Aceitador Equilibrado com Visão Clara

DIRETOR
Guia Companheiro

Rejeitador Retraído Perturbado

BARRY (Protagonista)

REGENTE DE ORQUESTRA
Supervisor Criativo Flexível

BARRY
Aprendiz Motivado Entusiasmado

VIOLON-CELO

VIOLINO

VIOLINO

BAIXO

VIOLA

TROMPA

TROMPA

BAIXO

OBOÉ

SESSÃO DE CORDAS

SESSÃO DE METAIS

**CENA 2 — ORQUESTRA**

*Figura 1* Barry observa a interação familiar e a prática da orquestra simultaneamente.

Uma série de outros fatores contribuíram para o desenvolvimento de um novo sistema de papéis em Barry. No início do trabalho, houve a tomada da consciência da existência do funcionamento progressivo. Isso aumentou sua capacidade de resolver conflitos, de se libertar das memórias negativas e de ter um domínio maior sobre os padrões habituais não-funcionais. Um outro fator importante foi a disponibilidade para encenar suas experiências. Durante a encenação houve um aumento na expressão espontânea e uma liberação do excesso de controle pela mente. A estrutura da sessão também foi clara, e isso o ajudou a sentir-se suficientemente seguro, a entrar num nível de sentimento mais profundo e a liberar o reagir emocional.

## A AVALIAÇÃO DE PAPÉIS E SUAS APLICAÇÕES

A avaliação e as relações de papéis têm um lugar importante no trabalho efetivo. Elas podem assumir a forma de avaliações estimativas de papéis feitas muito rapidamente, com base na observação intuitiva, ou a do bem pensar, realizada por meio da avaliação de papéis em observações prolongadas e repetidas de uma pessoa em diferentes situações. Um requisito básico para a avaliação de papéis é a identificação acurada e a descrição de papéis individuais, que será abordado no próximo exemplo.

### Exemplo de descrição de papéis incrementando o envolvimento dos membros do grupo

Em muitos grupos heterogêneos tem se pedido aos indivíduos que caminhem ao redor do aposento várias vezes, e que os outros membros do grupo os observem e escrevam a impressão imediata que tiveram do papel de cada pessoa. Em determinado grupo, obtivemos as seguintes descrições de um único indivíduo feitas pelos participantes:

Garota de harém
Dançarina hindu
Guerreira
Sacerdotisa
Cavaleira
Senhora chinesa com os pés enfaixados
Andando à margem de um vasto oceano
Um animal — um cervo vivaz

Cada uma dessas descrições foi esclarecedora tanto para o membro do grupo em questão quanto para os demais. Quando eram ditas em voz alta, provocavam maior entusiasmo, discussão e exploração.

Os que apresentaram as descrições concentraram a atenção na essência real da pessoa. As descrições, na maior parte, não eram produto do intelecto. Elas representavam uma tentativa de penetrar no nível da superfície e dizer algo que fizesse sentido dentre os muitos aspectos de funcionamento da pessoa. Assim, poderíamos concluir que cada descrição era um conceito integrativo. Quando um membro do grupo disse "garota de harém" todos os demais olharam para a pessoa a partir daquele ponto de vista, para ver se todos os movimentos, sentimentos, emoções e pensamentos que haviam sido expressos cabiam nessa descrição. As melhores descrições são aquelas que se encaixam no aquecimento atual do protagonista, nas suas circunstâncias de vida atual e nos desafios atuais que a vida lhes está apresentando. A projeção é, naturalmente, um fator que distorce as percepções, mas, no todo, não tem se mostrado muito significativa.

## Exemplos de avaliações estimativas de papéis e relações de papéis durante uma entrevista

*Primeiro exemplo: aprendendo por meio da observação de uma pessoa em relação às outras*

Assim como outros profissionais, normalmente me sento com a pessoa numa primeira entrevista e ouço a história sobre o que a está motivando a vir me ver, e quais as circunstâncias específicas de sua vida. Não apenas presto atenção aos detalhes da história, mas também fico atento à maneira pela qual a pessoa conta a história, e os efeitos que isso vai tendo em meu funcionamento.

Durante uma entrevista, George mostrou-se muito sério ao tentar me ensinar algo. Achei que talvez ele tivesse uma fantasia sobre si mesmo como professor e que ele houvesse ensinado várias pessoas, com variados tipos de sucesso, de tempos em tempos. Essa avaliação meditativa e estimativa ajudou a atribuir sentido a aspectos de seu funcionamento que poderiam, de outra forma, ter sido ignorados.

*Segundo exemplo: desenvolvendo uma lista de papéis e identificando grupamentos de papéis*

Em determinado caso, uma pessoa havia terminado de contar sua história e, após uma pausa, sugeri que revíssemos todas as diferentes formas de funcionamento que eu havia observado. Sugeri que, à medida que eu mencionasse diferentes tipos de funcionamento, eles os escrevessem numa folha de papel, e que, após eu haver mencionado cinco tipos de funcionamento, eles mencionariam um, e então nos alternaríamos na identificação de papéis até que obtivéssemos uma grande lista. Em menos de cinco minutos, desenvolvemos a seguinte lista de papéis:

Artista
Amante de prazeres brincalhão
Instrutor
Companheiro
Aventureiro
Manipulador
Professor
Desesperado
Inseguro
Guarda
Órfão amedrontado e abandonado
Fantasista ansioso e suspeito
Controlador irritado
Crítico condenador
Amigo
Pai
Bom ouvinte
Amante
Perfeccionista

Então iniciamos a tarefa de organizar esses papéis em grupamentos e de determinar quais eram progressivos e funcionais; quais estavam em fragmentação e eram disfuncionais; quais eram expressões de um esforço para sobreviver, e, portanto, parte de um sistema de sobrevivência. Essa tarefa também foi realizada num curto espaço de tempo. Durante o processo, essa pessoa tornou-se mais organizada, mais pensativa, e começou a ver sentido numa porção mais ampla de seu comportamento.

*Terceiro exemplo: listando papéis progressivos e funcionais*

De modo semelhante, durante meu trabalho com Louise, na primeira entrevista fizemos uma longa lista de diferentes papéis. Ela estava vivenciando uma auto-estima baixa e, assim, mostrava-se extremamente crítica consigo mesma. Havia um baixo nível de confiança em mim. Eu era objeto de uma observação cheia de suspeitas. Quando ela se auto-apresentou, incluindo aí a razão pela qual havia vindo me ver, sugeri que fizéssemos um retrato de todos os seus diferentes atributos. Expliquei o conceito de papel, sugeri que eu faria uma lista de papéis e também a fiz sugerir alguns. Em alguns minutos, chegamos à seguinte lista, cada uma escrita em letra de fôrma, em separado, numa folha de papel, conforme segue:

Sonhadora imaginativa
Organizadora/planejadora pensativa
Auto-apreciadora calorosa
Alguém sensível no cuidado com os outros
Pessoa alegre que curte a vida
Amante
Poeta
Alguém que ouve
Alguém que dança apaixonadamente
Empregada humilde e cooperativa
Brincalhona prática
Guerreira solitária
Ruminadora (pessoa que fica sonhando)
Lutador de rua agressivo
Amante da natureza

A maior parte desses papéis é progressiva e funcional. Selecionei deliberadamente os aspectos do funcionamento dela de que eu pessoalmente gostei. Como me concentrei apenas neles, e obtive cada vez mais sucesso em eliminar da minha mente os aspectos disfuncionais, percebime cada vez mais próximo dela. É óbvio que eu estava achando pontos de conexão. Subseqüentemente, alinhei de forma objetiva os aspectos funcionais que eu havia observado, vivenciado e apreciado, e ela começou a argumentar, dizendo que as outras pessoas não a haviam avaliado de forma tão generosa e que ela não era tão valiosa como eu estava indicando. Eu já havia reparado numa resposta imediatamente positiva à minha avaliação e, assim, observei a ela, que se mostrou claramente feliz quando relatei ativamente esses aspectos específicos de seu funcionamento, que eram reais, e que ela estava em contato consigo própria para saber que havia se sentido feliz. Ela concordou que sim, mas havia outros aspectos nela. Disse-lhe que minha primeira tarefa consistia em construir um bom alicerce, e o melhor seria fazer um reconhecimento adequado dessas capacidades que ela havia construído ao longo dos anos, às custas de muito esforço. Ela aceitou o que eu disse, e seu entusiasmo aumentou.

Parou de me olhar com suspeitas e simplesmente usufruiu da minha companhia, assim como eu estava usufruindo da dela.

Parece que a simples e clara delineação dos papéis progressivos e funcionais leva, em circunstâncias apropriadas, à melhora da auto-estima. Leva também ao desenvolvimento de uma relação positiva de duas mãos, ou, para usar outras palavras, a uma relação télica mutuamente positiva e ao trabalho cooperativo e útil. Outros podem preferir pensar nisso em termos do desenvolvimento de uma transferência positiva.

*Quarto exemplo: manutenção do contato emocional ao fazer uma avaliação bem-humorada*

Num outro trabalho, Luke estava concentrado em sua incapacidade em recusar as demandas das outras pessoas. Na fase de entrevista do psicodrama, ele estava aborrecido pelo fato de constantemente ceder aos desejos dos outros. Ele era muito sensível à crítica, e deteve-se numa situação com sua mulher, por sentir-se pressionado por ela. Ele mostrava-se incapaz de centrar-se em si mesmo, ou de desenvolver seus próprios interesses e atividades enquanto estava em sua casa. Nessa situação, o diretor e os membros do grupo imaginaram-no funcionando da forma permissiva que havia sido descrita e, assim, tornaram-se muito mais conscientes de sua situação. Fizeram também uma avaliação estimativa de forma bem-humorada, apesar de a situação do protagonista ser séria. O contato emocional com o protagonista, dessa vez, foi sustentado demonstrando que é bem plausível ser bem-humorado e aumentar o contato emocional simultaneamente.

## DESENVOLVENDO UM PROCESSO DE AVALIAÇÃO

Uma vez que fazer avaliações estimativas é tão valioso na melhora do envolvimento inteligente de um diretor e dos membros do grupo, é necessário desenvolver um projeto viável para executá-lo. Vamos apresentar um esboço de um possível processo por meio do qual as avaliações possam ser feitas. Inicialmente, consideraremos os elementos mais simples e básicos. Em primeiro lugar, temos a perspectiva sociométrica e os elementos simples de sociometria:

- Quantas pessoas há na rede social da pessoa?
- Será que os sentimentos projetados por ela nas outras pessoas são positivos, negativos ou neutros; e qual a natureza do sentimento projetado nela pelos outros?

173

- Qual é a força do sentimento projetado para cada um dos outros, e a força do sentimento deles para com ela?
- Qual a natureza do sentimento da pessoa em relação a si própria? Ele é positivo, negativo ou neutro? E qual é seu nível de aquecimento?

No exemplo que acabamos de descrever, Luke revelou que é incapaz de recusar as demandas das outras pessoas. Nesse ponto, pode-se retratá-lo numa situação com terceiros, e depois, em outras. É possível que haja um número razoável de pessoas na rede social do rapaz e que haja sentimentos negativos projetados por ele em direção a esses outros, na medida em que lhe façam demandas. Os sentimentos provavelmente são fortes, mesmo que sejam negativos em relação a si próprio, por ter esses sentimentos negativos em relação aos outros. Assim, ele não expressa seu sentimento negativo de forma explícita e se encontra em conflito. Podemos imaginar que, depois, ele se olhe, veja-se em conflito constante e fique irado consigo mesmo por ser fraco. Esse sentimento de ira será forte.

Após focalizar esses elementos básicos e simples, é necessário que nos concentremos na perspectiva sociométrica mais plenamente e tentemos identificar os papéis e suas relações, os grupamentos de papéis e o papel central em cada grupamento.

No início da entrevista, Luke deteve-se em sua falta de capacidade e no fato de que sofre com isso. Poderíamos dizer que um dos papéis bem desenvolvidos em um de seus grupamentos de papéis disfuncionais é o de "mártir infeliz"? Um outro papel nesse grupamento seria o de "autocrítico incessante". Após o que poderíamos começar a vê-lo como uma pessoa que tem procurado um reconhecimento para ter um sentido maior na vida, e também buscado aprovação e aceitação para erigir sua auto-estima. Poderíamos dizer estimativamente que ele desenvolveu o papel de "ansioso aflito"? Talvez isso seja o papel central nesse grupamento de papéis. Seria nesse papel que ele é tão sensível à crítica. E ainda um outro papel no grupamento seria o de "enfermeira prestativa da Cruz Vermelha". Nesse, ele anseia por aliviar as dores e os aborrecimentos dos outros, inclusive dos seus filhos, de sua esposa e de sua própria mãe. Por meio da atuação como enfermeira da Cruz Vermelha, ele espera obter a aprovação dos outros e atingir a proximidade emocional e a afeição que lhe faltam.

Outras pessoas em sua vida podem ter se aproveitado, de forma intencional ou não, desse grupamento disfuncional de papéis. Elas podem ter evitado desenvolver-se de forma mais aperfeiçoada e ter pedido a ele que lhe fizessem coisas, que elas próprias poderiam ter feito. Podem tê-lo assistido na criação de um forte sistema de dependência.

Bem que poderíamos especular sobre que tipo de mapa do universo Luke havia criado, e que agora sustentava um átomo social que produzia tal sensação de frustração e de falta de sentido. A idéia de que ele encara o universo como um lugar onde as pessoas estão absortas em si mesmas, sugadoras necessitadas cujos caprichos têm que ser satisfeitos para que as relações sejam mantidas, é consistente com a preocupação que ele trouxe na entrevista.

No começo do trabalho, na entrevista inicial, há várias outras áreas que o diretor pode enfocar com sucesso. Uma clara consciência de que um trabalho de reparação do átomo social é necessário, e a identificação de alguns dos papéis funcionais na personalidade desse homem ajudarão no aquecimento do diretor. É de grande valia, durante o arranjo da sala e o início do desenvolvimento da primeira cena, numa encenação dramática, que se esteja consciente da existência de papéis adequados no estágio da entrevista. Isso faz com que seja muito mais fácil para o diretor aquecer um protagonista para papéis que o ajudarão a encontrar uma nova resolução para qualquer conflito. O diretor também faria bem em considerar um fator adicional, a saber, que há um papel central em qualquer sistema de papéis progressivos, um papel que organiza e harmoniza uma série que, de outra forma, operariam isoladamente.

Qual é o papel central no sistema progressivo de papéis de Luke? A observação de outras pessoas que estão funcionando bem dá algumas dicas. Isso revela que elas desenvolveram conceitos sadios, viáveis, sobre como qualquer sistema, inclusive um familiar, possui uma boa organização interna, é capaz de formular e executar planos e usufruir da vida. A observação desse protagonista em especial revela que ele pelo menos começou a desenvolver um conceito do que deverá funcionar numa família. Ele sabe que é necessário ser capaz de recusar as demandas de outras pessoas. Ele certamente não desenvolveu essa capacidade, mas, pelo menos, tem uma idéia dela, e está louco para correr um risco. Poderíamos dizer que ele está começando a se tornar um planejador ousado? Também o vemos desejando ser capaz de organizar atividades criativas em casa. Essa capacidade também está bem subdesenvolvida, mas, novamente, a motivação existe, e, portanto, podemos concluir que ele está se desenvolvendo enquanto organizador criativo.

## A análise de papéis ajuda uma pessoa a desenvolver uma imagem de sua personalidade

Recentemente, apareceu uma pessoa para ter uma sessão comigo e falou-me do sofrimento que havia vivido como resultado de várias tragédias e perdas. Essa pessoa estava muito mal e falou-me da necessidade de trabalhar essas coisas por um tempo muito longo. Ela já havia trabalhado com um terapeuta, depois com um outro, durante todas as semanas do ano anterior, e havia adquirido a noção de que um trabalho profundo relativo a vivências da infância deveria ser feito. Percebi que, durante o início do meu encontro com essa pessoa, os papéis apresentados na situação do aqui-e-agora estavam ficando claros. Descobri que, quando eu estava consciente dos diferentes papéis que estavam sendo encenados, minha percepção do que estava sendo dito se desenvolvia. Essa pessoa estava me contando, num dado momento, sobre haver vivenciado um grande temor, e, na verdade, seu funcionamento real naquele momento era o de uma pessoa que estava bastante irritada com o que havia acontecido, e que estava decidida a tocar sua vida de forma produtiva. Após um tempo, eu disse o seguinte:

Vamos parar por aqui, e nós dois vamos nos esclarecer com relação às diferentes coisas que você falou e fez nos últimos minutos. E, em específico, vamos estabelecer os diferentes papéis que você tem representado, para que eu possa ter um retrato do seu funcionamento presente e apreciar as capacidades que você desenvolveu.

Assim, num instante, em meu consultório, havíamos estabelecido símbolos de vários papéis. Havia três deles que a estavam levando na direção da realização de seus objetivos — um era ajudá-la a sobreviver, e os outros estavam causando seu encalhamento num atoleiro. Ela olhou para a imagem, logo tornou-se pensativa e começou a fazer uma nova análise de si mesma. Um pouco depois, começou a organizar-se e planejar algumas novas providências, de forma que o funcionamento de sua personalidade estivesse mais sintonizado com seus propósitos.

## A análise de papéis retrata a personalidade em diferentes situações

Pode-se criar um retrato visual do funcionamento da personalidade de um indivíduo numa situação de vida específica, por meio de um diagrama de papel. Uma série de diagramas de papéis, retratando uma série de diferentes situações de vida, constrói um retrato do funcionamento total da personalidade. Uma composição diagramática representando todos os papéis e relações de papéis de um indivíduo pode ser chamada de átomo cultural de um indivíduo. Nesta seção em particular, apresentaremos exemplos de diagramas de papéis do indivíduo em situações particulares.

A pessoa em questão é uma mulher de 35 anos de idade, chamada Jean, que participou de uma série de sessões de psicoterapia numa clínica da comunidade.

As Figuras 2 e 3 referem-se à relação de Jean com vários indivíduos em diferentes situações. Na primeira situação, Jean está no trabalho. Ela foi apresentada a um novo equipamento no escritório, e, no começo, cheia de medo, não usou a máquina. Ao mesmo tempo, sabia que não tinha outra opção, a não ser usá-la. Ela foi ansiosamente ao chefe e disse: "Eu não consigo usar!". Ele respondeu com firmeza: "Faça-o!". Ela rapidamente familiarizou-se com o manual da máquina, e, aos poucos, começou a usá-la.

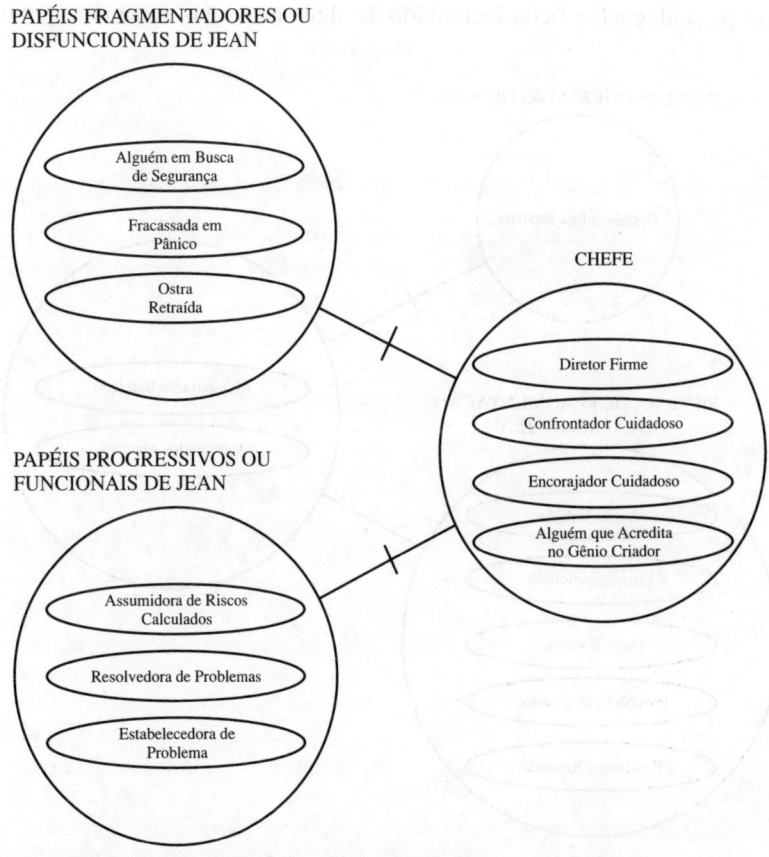

*Figura 2*    A relação entre Jean e seu chefe.

A Figura 2 retrata a relação entre Jean e seu chefe. Os papéis de alguém em busca de segurança, de fracassada em pânico e de ostra retraída causaram uma sensação de fragmentação dentro de seu próprio *self*, de isolamento em relação ao patrão, e, portanto, são chamados de papéis fragmentadores disfuncionais. O funcionamento de seu patrão ajudou no desenvolvimento de uma nova abordagem por parte de Jean. O novo funcionamento de Jean como solucionadora de problemas, assumidora de riscos e estabelecedora de etapas está no processo de desenvolvimento adequado, e, portanto, esses papéis são denominados de sistema progressivo de papéis.

A Figura 3 retrata uma segunda situação, na qual Jean está com seu irmão mais novo, Jack, que havia mudado para o apartamento dela após haver chegado de uma viagem internacional. Ele não tem dinheiro, não paga aluguel, e ficou incumbido de algumas tarefas eventuais, como

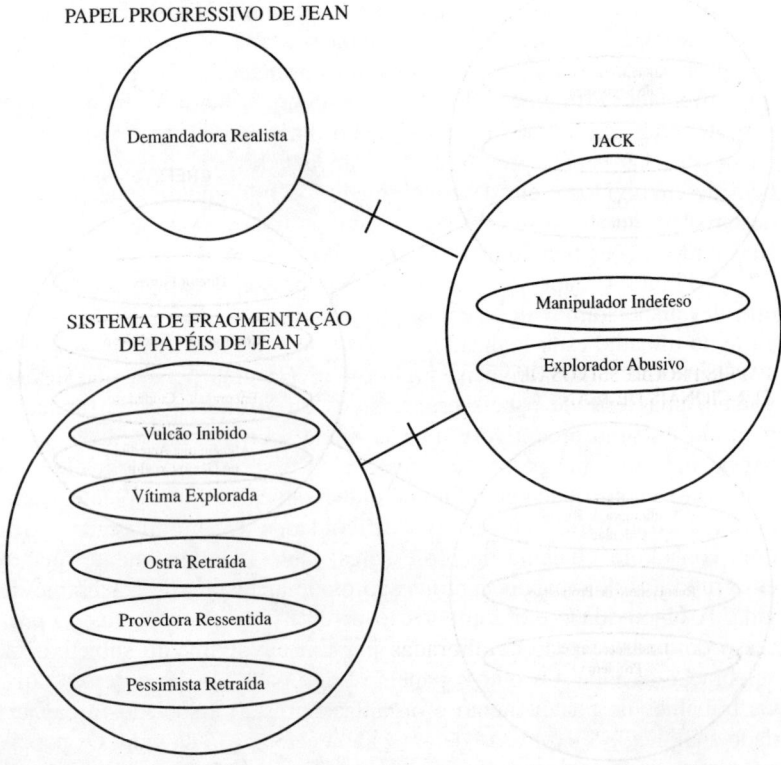

*Figura 3*  A relação entre Jean e seu irmão Jack.

pagamento simbólico do aluguel. Ele é pintor profissional. Jean pede-lhe que pinte a moldura de uma janela para ela, e, em resposta, ele assume um ar indefeso e diz: "Você sabe que isso é estressante demais para mim". Jean desiste da pintura de Jack e sai, sentindo-se impotente, inadequada e frustrada.

A observação do sistema de papéis na Figura 3 revela uma ausência no funcionamento de Jean em termos de planejamento e organização. Ambos são necessários para seu desenvolvimento posterior e para uma resolução do conflito com Jack. Seria bom que o diretor se mantivesse alerta à expressão de Jean com relação a quaisquer aspectos dos papéis de planejadora ousada e organizadora criativa, fazendo intervenções apropriadas para desenvolver esses papéis posteriormente.

## A análise de papéis como guia para trabalhos posteriores

Muitos terapeutas costumam coordenar, num diagrama mais completo, os papéis delineados durante uma série de sessões. O diagrama completo mapeia os papéis sob três títulos principais, a saber, progressivo, enfrentador e fragmentador. Em acréscimo, o diagrama inclui outras subcategorias que retratam o movimento dinâmico do desenvolvimento da pessoa. Os papéis progressivos estão listados nas subcategorias de bem desenvolvidos e em desenvolvimento, e isso ajuda um terapeuta a desenvolver uma análise com maior sintonia fina e ver de imediato onde suas intervenções ficarão melhor colocadas.

A Figura 4 mapeia os papéis de uma pessoa no início do trabalho que eles planejaram realizar e a Figura 5 mapeia os papéis depois de boa parte do trabalho estar realizado.

Um olhar imaginativo na Figura 4 revela uma pessoa que desenvolveu uma série de papéis progressivos que fornecem uma fundação para um trabalho produtivo e uma vivência social, e, na verdade, esses papéis indicam uma pessoa de capacidade bastante considerável. Essa conclusão é confirmada pelo fato de que essa pessoa foi excelente orientadora escolar para crianças com dificuldades de aprendizagem e foi uma consultora eficiente de professores, tanto individualmente quanto em grupo. Os dois papéis centrais são os de analista e de celebrante da vida. A objetividade e a computação precisa, que são aspectos do processo de análise, estão equilibradas por um envolvimento subjetivo na celebração da vida. Os outros papéis se agrupam em torno desses dois. Os trabalhos de planejamento e organização estão associados à capacidade analítica, e a expressão de amizade à celebração da vida. Os papéis de professor, pioneiro, e de ficção científica estão associados tanto à análise quanto à celebração da vida.

| SISTEMA PROGRESSIVO DE PAPÉIS FUNCIONAIS | | SISTEMA ENFRENTADOR DE PAPÉIS | | | SISTEMA DISFUNCIONAL FRAGMENTADOR DE PAPÉIS | |
|---|---|---|---|---|---|---|
| Bem desenvolvidos | Em desenvolvimento | Movendo-se em direção a | Movendo-se para longe | Movendo-se contra | Em diminuição | Sem mudanças |
| Entusiasta de ficção científica | Analista observadora astuta | Conservadora prestativa | Esquivadora impotente amendrontada | Argumentadora teimosa | | Galinha choca envergonhada insegura |
| | Planejadora levemente desajeitada | | | | | Furiosa impotente |
| | Organizadora em tempo parcial | | | | | Dominadora furiosa intolerante |
| | Celebrante exuberante da vida | | | | | Perfeccionista censurada |
| | Amiga compassiva encorajadora | | | | | Profeta ansiosa da condenação |
| | Professora flexível e realista | | | | | |
| | Pioneira social | | | | | |

*Figura 4*  Análise de papéis no início do trabalho.

| SISTEMA PROGRESSIVO DE PAPÉIS FUNCIONAIS | | SISTEMA ENFRENTADOR DE PAPÉIS | | | SISTEMA DISFUNCIONAL FRAGMENTADOR DE PAPÉIS | |
|---|---|---|---|---|---|---|
| Bem desenvolvidos | Em desenvolvimento | Movendo-se em direção a | Movendo-se para longe | Movendo-se contra | Em diminuição | Sem mudanças |
| Analista astuta observante | Escritora imaginativa | Conservadora prestativa | Esquivadora impotente amendrontada | Argumentadora teimosa | | Galinha choca envergonhada insegura |
| Planejadora imaginativa | Cantora expressiva | | | | | Furiosa impotente |
| Organizadora finamente sintonizada | Professora flexível realista | | | | | Dominadora furiosa intolerante |
| Celebrante exuberante da vida | Pioneira social | | | | | Perfeccionista censurada |
| Amiga compassiva e encorajadora | | | | | | Profeta ansiosa da condenação |
| Artista dramática | | | | | | |
| Entusiasta de ficção científica | | | | | | |

*Figura 5*   Análise de papéis após o término do trabalho.

181

Vemos também um desenvolvimento de três papéis para lidar com situações nas quais a sobrevivência está ameaçada. Esses papéis envolvem todos os meios de enfrentamento, e esta é uma clara vantagem. Uma pessoa que se apóia apenas em um meio de enfrentamento tende a desenvolver uma faixa mais estreita de funcionamento de personalidade em comparação com uma pessoa que é livre tanto para se mover em direção a, quanto para longe de, ou contra algo. Alguém que só enfrenta movendo-se em direção a algo tende a superdesenvolver papéis que incluem elementos reativos, tais como a submissão. Observações semelhantes mostram que papéis uma pessoa tende a desenvolver se aprendeu a enfrentar algo apenas pelo afastamento ou por mover-se contra isso. O fato de essa pessoa ter capacidade para enfrentar algo agindo como uma conservadora prestativa, como uma esquivadora impotente amedrontada, ou como uma argumentadora teimosa, produz um aquecimento que favorece uma faixa muito mais ampla de expressão produtiva, e, portanto, uma personalidade mais flexível.

O papel central no sistema de fragmentação de papéis é o da galinha choca, envergonhada, insegura, e os outros papéis se agrupam em torno desse. O retrato aqui é de uma pessoa determinada, emocionalmente instável. Ao bancar a galinha choca, ela vivencia muita dor emocional, e os outros papéis ajudam no alívio dessa dor.

A análise de papéis proporciona uma base para um planejamento posterior do desenvolvimento pessoal e profissional. O foco principal do plano seria o desenvolvimento muito maior dos papéis de analista e de celebradora da vida. Foi predito que, quando esses dois papéis centrais do sistema progressivo se desenvolvessem mais, novos papéis se desenvolveriam, o apoio no sistema de enfrentamento diminuiria, as ligações de trabalho muito mais fortes se desenvolveriam entre os sistemas progressivo e de fragmentação de papéis, e à medida que isso ocorresse, os papéis fragmentadores se deslocariam da categoria de não-mudança para a categoria em diminuição.

O trabalho com essa pessoa foi levado a cabo de acordo com o plano, e os resultados previstos foram alcançados. O mapa na Figura 5 retrata esse novo sistema de papéis.

Seu funcionamento analítico está agora bem desenvolvido. Sua organização não mais ocorre numa base de tempo parcial, mas é constante e tem uma sintonia fina. O planejamento é imaginativo, e não mais estereotipado. O papel de professor ainda está em processo de desenvolvimento. Uma nova expressão em termos de artista dramática já está bem desenvolvida, e o trabalho de escritora imaginativa, de cantora expressiva e de pioneira social emergiram e estão integrados no seu funcionamento profissional. A correspondência recente dessa pessoa inclui as seguintes palavras: "Eu tenho a minha vontade, organização e energia, que persistem na maior parte do tempo desde fevereiro, em contraste com o que ocorria ocasionalmente antes de fevereiro". Essa mesma carta também comentava os aspectos problemáticos da personalidade que estão diminuindo: "É claro que eu ainda tenho dificuldade para não desmoronar sob estresse".

Tanto para o terapeuta quanto para essa cliente, a teoria de papéis e os diagramas foram relevantes para o trabalho atual. A teoria de papéis ajudou na observação dessa pessoa na vida diária, na identificação do que era adequado, superdesenvolvido, subdesenvolvido, conflituoso e ausente. Ela ajudou na identificação dos diferentes elementos do funcionamento físico, mental e emocional, e na avaliação de quão bem harmonizados estavam esses elementos. Os diagramas ajudaram no processo de descobrir por que o seu funcionamento afetava as outras pessoas, de que modo o fazia, e o que precisava ser dito e feito nessas situações. Os diagramas facilitaram a conscientização dos sistemas de papéis complementares e simétricos que se desenvolveram com as outras pessoas, e do fato de que houve um aumento nos papéis de relações complementares. À medida que a capacidade de analisar, planejar e curtir a vida vieram para o primeiro plano, também esses papéis pertinentes à intimidade cresceram. Houve um regozijo com a proximidade, e um interesse em complementar o que os outros estavam fazendo. A abordagem agressiva aos outros diminuiu, e, junto com isso, houve um enfraquecimento das relações de papéis simétricos e da dinâmica competitiva associada a eles. Houve também o desenvolvimento de um sentimento real de ser uma pessoa mundana. Uma olhada para o diagrama também confirmou a capacidade de criar formas de expressão pelas quais os objetivos de vida poderiam ser realizados. A experiência de ser uma criadora de papéis também foi acompanhada por um aumento na motivação.

## A aplicação no treinamento de papéis

A teoria de papéis é relevante para cada fase de uma sessão de treinamento de papéis, mas é especialmente relevante durante a avaliação e os estágios de planejamento da sessão.

O treinamento de papéis objetiva o desenvolvimento de aspectos específicos e limitados do funcionamento humano, de forma que os objetivos profissionais ou pessoais de uma pessoa sejam atingidos mais adequadamente, e, portanto, não enfoca a reorganização total da personalidade, que é a intenção principal de uma sessão de psicodrama clássico. Uma sessão começa normalmente com o delineamento de aspectos específicos de funcionamento nos quais se deseja o desenvolvimento e a encenação dramática de uma situação relevante. Essa encenação é seguida por um diagnóstico de papéis e, como já foi discutido, auxilia no desenvolvimento da capacidade organizacional de uma pessoa, bem como na apreciação do *self*. O diagnóstico de papéis proporciona a base para o planejamento detalhado do resto da sessão, inclusive das técnicas específicas a serem usadas.

O treinamento de papéis é levado a cabo em sessões especialmente destinadas a esse fim, ou em parte de uma sessão na qual outras modalidades sejam usadas, tais como psicodrama, análise transacional, gestalt, ou métodos psicanalíticos. No decorrer de uma série de sessões de psicodrama com um protagonista pode ficar claro que essa pessoa seja deficiente em sua capacidade organizacional. Uma ou mais sessões de desempenho de papéis poderiam ser conduzidas, focalizando áreas específicas tais como o desenvolvimento de um aquecimento mais efetivo para a organização, para o desenvolvimento da auto-estima ao expressar esse papel, ou a geração de novas formas de expressão.

Um treinador de papéis pode fazer uso efetivo de todo o espectro de técnicas psicodramáticas, e uma sessão pode compreender a encenação de diferentes cenas, como numa sessão de psicodrama clássico. O fator diferenciador do treinamento de papéis e do psicodrama ou outros métodos envolvidos na reorganização da personalidade é seu foco específico na construção de um único papel ou de um aspecto específico de um papel.

## SUMÁRIO

A teoria dos papéis pode ser entendida e aplicada na avaliação do funcionamento de indivíduos, grupos e relações intergrupais. Uma análise de papéis bem apresentada consegue apontar no que o funcionamento humano está preenchendo seus objetivos e onde está falhando. A análise de papéis também proporciona o material necessário para o planejamento dos meios para aumentar a eficiência do funcionamento e das relações humanas. Os exemplos apresentados tiveram o objetivo de ajudar na integração da teoria e da prática, e de confirmar e estimular a expressão criativa dos profissionais.

Com relação à condução de uma sessão de psicodrama, um conhecimento do trabalho da teoria dos papéis é valioso para cada fase da sessão. Durante o início, ou fase de aquecimento de uma sessão de grupo ou individual, quando ocorre a integração entre as pessoas, ou quando as atividades do grupo estão sendo organizadas, uma série de papéis individuais e de relações de papéis emerge. Esses papéis e essas relações de papéis são uma expressão de sistemas culturais diferentes e dos valores dos indivíduos. Uma análise dos sistemas de papéis e o aquecimento dos membros do grupo e de cada subgrupo ajudam no processo de identificação do melhor protagonista para o grupo. O diretor de um psicodrama centrado-no-protagonista, que é claro com relação aos papéis e às relações de papéis expressas durante a fase de aquecimento da sessão de grupo, é melhor capacitado para gerar idéias relativas à estrutura dramática e saber quais técnicas psicodramáticas podem ser apropriadas durante a fase de ação da sessão. Assim, o diretor tem maior prontidão e capacidade de trabalhar com o protagonista quando ele ou ela vier a encenar sistemas de papéis semelhantes.

Durante a fase de produção da sessão, quando o protagonista está encenando sua situação, uma análise de papéis esclarece quais aspectos da vida do protagonista estão sendo melhor auxiliados durante a fase investigatória mais detalhada. Durante a fase terapêutica final da sessão, a análise de papéis indica se o protagonista chegou ou não a uma resolução satisfatória.

A sessão de psicodrama se encerra com o compartilhamento ou fase integrativa, e, durante esse período, a análise de papéis novamente pode ajudar. A observação dos papéis de cada membro do grupo e sua relação com o diretor, o protagonista e entre eles indica qual o benefício obtido com o psicodrama e que áreas devem ser enfocadas em sessões subseqüentes.

## REFERÊNCIAS BIBLIOGRÁFICAS

BATTEN, F. (1992). "Magister Ludi, the master of play: a role profile of the playwright". Tese sobre psicodrama, Australian and New Zealand Psychodrama Association, Melbourne, ANZPA Press.

BIDDLE, B. J. e THOMAS E. J. (eds.) (1966). *Role theory: concepts and research*. Nova York, John Wiley.

CLAYTON, G. M. (1973). "Psychodrama with the hysteric". *Group psychotherapy and psychodrama*, 30 (3-4), pp. 31-46.

_____. (1992). *Enhancing life and relationships: a role training manual*. Caulfield, Victoria, ICA Press.

CLAYTON, L. (1982). "The use of the cultural atom to record personality change in individual psychotherapy". *Journal of Group Psychotherapy, Psychodrama and Sociometry*, 35 (3), pp. 111-7.

CLAYTON, L. e CLAYTON, G. M. (1980). "Psychodrama", in D. Armstrong e P. Boas (eds.). *Experiential Psychotherapies in Australia*. Bundoora, Victoria, PIT Press.

CRAWFORD, R. J. M. (1984). "The role structure of a patient". Trabalho de certificado de psicodramatista, Australian and New Zealand Psychodrama Association. Melbourne, ANZPA Press.

DI LOLLO, L. (1987). "The cultural atom as a dynamic concept". Tese sobre psicodrama, Australian and New Zealand Psychodrama Association. Melbourne, ANZPA Press.

FOWLER, R. (1992). "Using psychodrama in individual counseling and psychotherapy". Tese sobre psicodrama, Australian and New Zealand Psychodrama Association. Wellington, Fowler.

HURST, S. (1992). "The suicidally depressed person and psychodrama". Tese sobre psicodrama, Australian and New Zealand Psychodrama Association. Melbourne, ANZPA Press.

MEAD, G. H. (1934). *Mind, self and society from the standpoint of a social behaviourist*. Chicago, University of Chicago Press.

MORENO, J. L. (1939). "Psychodramatic shock therapy", *Sociometry* 2, pp. 1-3, reimpresso em *Group Psychotherapy and Psychodrama*. 1974, 27, pp. 2-29, e reimpresso como monografia como *Psychodramatic Shock Therapy*. Nova York, Beacon House.

_____. (1940). "Psychodramatic treatment of psychoses", *Sociometry*, 3, pp. 115-32, reimpresso em J. Fox (ed.) (1987). *The essential Moreno*, Nova York, Springer, pp. 68-80.

_____. (1964). *Psychodrama*, vol. 1. Nova York, Beacon House.

_____. (1978). *Who shall survive?*. Nova York, Beacon House. (No Brasil, traduzido sob o título: *Quem sobreviverá?*, Goiânia, Dimensão, 1992.)

# Capítulo 7

# A mensuração das interações humanas

## Comentário

Algumas pessoas têm feito críticas ao fato de que os escritos de Moreno não seriam suficentemente científicos, já outras acham que seus escritos eram excessivamente técnicos. No entanto, ambas as áreas de preocupação continuaram a influenciar Moreno em sua vida. Ele próprio considerou que a publicação de *Das Stegreiftheater*, em 1923, foi um marco do ponto no qual ele passa a adotar uma abordagem mais científica em seus textos:

> *Das Stegreiftheater* marcou, em meu trabalho, o início de um novo período; a transição da escrita religiosa para a científica. Ele deu início a muitas características encontradas em meu trabalho posterior, como a ênfase na mensuração e o mapeamento da comunicação interpessoal, o diagrama de movimento, os procedimentos operacionais e a análise situacional. Como tal, ele foi o precursor do sociograma, do diagrama do átomo social, do diagrama de papel, do sociograma de ação etc.
>
> (J. L. Moreno, 1947, p. 1)*

Moreno argumentou a favor de um tratamento precedente compreensível, e, com o instrumental da sociometria, temos muitos instrumentos diagnósticos úteis. Este capítulo pode nos recordar que a ciência da mensuração da relação foi uma criação de Moreno, muito embora ele a tenha posto de lado e deixado que outros a adaptassem, enquanto se devotava a desenvolver o método clínico do psicodrama. Os autores nos demonstram quão útil um instrumento pode ser para o clínico, bem como para o profissional de grupo.

---

\* No Brasil, editado sob o título: *O teatro da espontaneidade*. São Paulo, Summus, 1984.

# Sociometria e sociodinâmica

*Linnea Carlson-Sabelli, Hector Sabelli
e Ann E. Hale*

## FUNDAMENTOS

### Objetivos: escolha de parceiros, co-criação de grupos

A escolha de um parceiro para o casamento ou para o trabalho, a conquista de espaço dentro de um grupo, a formação de grupos que possam efetivamente atingir um objetivo, a escolha de um curso de ação, e a eleição de líderes políticos são algumas das tarefas mais importantes com as quais nos defrontamos. A sociometria (Moreno, 1978; Moreno, 1942) e sua cria, a sociodinâmica (Carlson-Sabelli et al., 1991; Carlson-Sabelli e Sabelli, 1992b, c; Carlson-Sabelli et al., 1992a; Sabelli, 1989), nos oferecem alguns instrumentos úteis para lidar com tais escolhas e para entender o "papel que desempenhamos" em nossas relações. Elas também iluminam e guiam o desenvolvimento pessoal, porque nossa vida é uma co-criação conjunta com outras pessoas. Quem nos tornamos depende do meio em que vivemos.

A sociometria estuda as ligações interpessoais por meio do exame das escolhas. Assim, Moreno gerou um conjunto de métodos destinados à mensuração empírica das interações pessoais em pequenos grupos, uma série de princípios relacionados ao desenvolvimento do indivíduo em grupos, uma série de experimentos envolvendo o reagrupamento terapêutico dos ocupantes de prisões, hospitais e escolas dentro das comunidades (Hare, 1992) e uma série de métodos clínicos que consistem, ao mesmo tempo, numa avaliação e numa terapia. A simplicidade, a versatilidade e a riqueza dos métodos sociométricos, tanto como instrumentos de pesquisa quanto como técnicas práticas para a compreensão e para a organização de grupos, encontraram uma extensa aplicação no ramo dos negócios, da educação, do planejamento comunitário e da saúde.

## Acaso, causa, escolha, co-criação

A sociometria é uma intervenção terapêutica (não apenas uma mensuração objetiva) com o propósito de promover a escolha pessoal e favorecer o *insight* dos processos físicos, biológicos, sociais e psicológicos que os predeterminam, e que podem situar-se amplamente fora do domínio da livre escoha. A obtenção de *insight* com relação a questões socioeconômicas ou psíquicas revela freqüentemente que aquilo que acreditamos ser uma livre escolha foi, na verdade, determinado. A idéia de que a doença pode ser uma escolha foi um dogma infortunado e cruel da psicanálise em seus primórdios. A doença mental é um produto de processos biológicos, sociais e psicológicos de causação, que incluem o acaso, como, por exemplo, a loteria genética. A doença maníaco-depressiva, por exemplo, é uma questão de escolha tanto quanto o diabetes. A busca pelo tratamento é uma escolha que todos os pacientes merecem. Uma vez que a psicofarmacologia oferece um tratamento fundamental, embora de alcance não muito amplo para a doença mental, urge que cada psicoterapeuta e educador bem formado reconheça quando os protagonistas ou seus outros significativos sofrem de doenças físicas e mentais que requerem tratamento. Os eventos casuais e processos causais preexistem, coexistem e sobrevivem às nossas escolhas pessoais. A escolha e a criação podem adquirir supremacia apenas após o reconhecimento de que causas físicas, biológicas e econômicas têm prioridade.

Enfatizando a escolha, os testes sociométricos negligenciam as causas biológicas, econômicas, sociais e psicológicas que determinam e limitam o escopo das (relativamente livres) escolhas. Há uma relação de prioridade/supremacia no processo de escolha, que, como em outros casos, depende das relações de poder e de complexidade: os processos mais poderosos (isto é, aqueles dotados de maior energia) determinam o universo da escolha, enquanto os mais complexos determinam, dentro do escopo do universo de escolhas, qual a que será feita. A formação de grupos naturais precede as escolhas, e sua manutenção resulta amplamente da aceitação, o que não significa necessariamente uma neutralidade. Num exercício esclarecedor que faz uso de lápis e papel, as pessoas desenham seu átomo social, colorindo cada relação como sendo resultado de escolha (por exemplo, marido ou mulher, sócio, professor, médico), de aceitação (cunhado, um colega de classe), ou de submissão à necessidade (um colega de trabalho de quem não se gosta). É interessante notar onde os participantes colocam seus pais e filhos. As pessoas passivas são muitas vezes estimuladas por esse exercício a participar mais ativamente dos processos de escolha.

É importante estudar a escolha porque ela é um processo único de causação que distingue o comportamento humano das determinações físicas ou socioeconômicas. A escolha pode ser mudada mais prontamente, daí a importância da compreensão do "papel que desempenhamos" em nossas relações. No entanto, a escolha está sempre inserida em outros processos de determinações físicas e socioeconômicas, assim como numa teia de reciprocidades. Os laços de família e as relações econômicas não são uma questão de escolha, mas formam o contexto no qual as escolhas pessoais são feitas. Os laços biológicos (por exemplo, pai-filho) e econômicos (empregador-empregado) preexistem, coexistem e sobrevivem às escolhas pessoais, predeterminando o escopo das escolhas e influenciando o resultado final. O estudo dos laços interpessoais deve, então, exceder e preceder a análise das escolhas.

## A prioridade dos papéis biológicos e sociais e a supremacia das escolhas pessoais

O comportamento interpessoal dos indivíduos e seu comportamento coletivo em grupos são incorporados a cada indivíduo, inicialmente, como padrões inatos transmitidos geneticamente (tais como o cuidado com as crianças, as emoções harmônicas e conflituosas etc.) e, em segundo lugar, como memórias e regras introjetadas por meio da experiência. Moreno fundamentou a sociometria na teoria dos papéis, postulando que os papéis sociais preexistem ao modo individual no qual são desempenhados. A sociodinâmica especifica que os papéis são criados inicialmente pelos processos biológicos (por exemplo: mulher e homem, criança e adulto), e, mais tarde, criados e conservados pelos processos sociais (nacionalidade, classe). Em terceiro lugar, a individuação diferencia uma variedade de estilos dentro de cada um desses papéis podendo também criar novos, que podem ser socialmente conservados. Antes de nos desenvolvermos como seres individuais, já dispomos de papéis designados biológica e socialmente: um bebê recém-nascido já é um menino ou menina, e membro de uma nação específica, de classe e de fé religiosa. Existimos enquanto membros de uma população e de uma família com a qual compartilhamos laços biológicos, econômicos, afetivos e ideológicos. Desempenhamos um papel, o de protagonista, em nossas vidas, mas "aquele que desempenhamos" é, em parte, determinado por situações que vão além da escolha, e pela escolha de outros. Os sistemas sociais não são criados por um contrato social mitológico entre os indivíduos, como pretendem a economia e a psicologia. Os seres humanos evoluíram de animais sociais, e apenas mais tarde se tornaram indivíduos únicos. Começamos a vida, e cada interação, como um dos muito membros de uma classe de módulos intercambiáveis (Carlson-Sabelli e Sabelli, 1992a, c; Sabelli, 1989) definidos pela idade, sexo, classe, raça e nacionalidade. Nosso *self* social é atribuído a nós antes que tenhamos a oportunidade de desenvolver nosso *self* pessoal. Antes de se conhecer como indivíduos, mulheres e homens, pais e filhos, professor e estudante se encaram uns aos outros como função de seus respectivos papéis. Em cada *encontro*, se é o "doutor" ou o "paciente", o "atendente" ou o "cliente", o "adulto" ou a "criança", o "negro", o "estrangeiro", a "loira burra", antes que se tenha chance de ser conhecido e conhecer o outro. Esses papéis sociais ocorrem em pares, nos quais o significado de cada membro depende do seu oposto complementar (um exemplo da *união de opostos*), e tem sempre implícito um terceiro membro (criança *vis-à-vis* com a mãe e o pai, a autoridade *vis-à-vis* com a criança maltratada e seu ofensor). Os papéis sociais servem como terreno para as relações sociais. O papel social precede a maneira individual na qual ele é desempenhado. Há muito mais personalidades individuais e histórias de vida que o número relativamente pequeno de papéis sociais. Nesse sentido, podemos dizer que o *social* tem *prioridade* sobre o pessoal (individual e psicológico interpessoal), e, no entanto, a psicologia e as relações *pessoais* têm *supremacia* sobre as relações sociais, mas impessoais (Sabelli, 1989, 1991a; Sabelli e Carlson-Sabelli, 1989), pois é no desenvolvimento da singularidade pessoal que a espontaneidade e a criatividade podem ocorrer. Todavia, o encontro mais fundamental, geralmente [com] nossa mãe, é, por sua própria natureza, profundamente pessoal, e no curso normal do desenvolvimento todas as relações se tornam mais pessoais: a personalização pode ser, de fato, o processo pelo qual grupos grandes e impessoais se deslocam das relações de exploração para as relações humanas (Sabelli e Synnestvedt, 1990). Na visão da teoria de processos, os laços interpessoais predeterminam o escopo das escolhas; os laços coexistem e sobrevivem às escolhas pessoais, enquanto as escolhas pessoais têm supremacia, na medida em que podemos escolher criar, modificar ou romper nossos laços.

## Da sociometria à sociodinâmica

A sociodinâmica expande a sociometria para considerar tanto a prioridade dos laços biológicos e sociais quanto a supremacia da escolha pessoal. Definimos *a sociodinâmica como o estudo abrangente das relações interpessoais como trocas de energia* (física e psíquica). A análise dos fluxos de energia conectam a sociodinâmica à termodinâmica, à economia e à psicodinâmica. Freud explicou os processos psicológicos como fluxos de energia psicológica, ou "libido". A energia pessoal e interpessoal é também um conceito central no taoísmo.

Aqui, introduziremos a sociodinâmica com uma série de novos métodos sociométricos e exercícios práticos, que desenvolvemos clinicamente, e agora aplicamos também na educação e no desenvolvimento organizacional. Em publicações anteriores, desenvolvemos a sociodinâmica no contexto da psicologia social (Carlson-Sabelli e Sabelli, 1984, 1992b, c) e da sociologia (Sabelli, 1991a; Sabelli e Javaid, 1991), e apresentamos seus fundamentos teóricos na teoria dos processos (Sabelli, 1989, 1991a, b, c; Sabelli e Carlson-Sabelli, 1989, 1992) e na dinâmica matemática (Abraham et al., 1990; Thom, 1975).

A sociometria de Moreno deve seu poder à combinação de uma abordagem clínica e terapêutica do comportamento social com técnicas matemáticas simples que podem ser prontamente aplicadas pelos terapeutas. A sociodinâmica expande a sociometria usando métodos geométricos igualmente simples, recentemente desenvolvidos para estudar processos que são complexos demais para ser estudados com métodos métricos, como [por exemplo] o caos (Baker e Gollub, 1990) e as catástrofes (Guastello, 1988; Cobb e Zacks, 1985). Esses métodos expandem a sociometria por meio da 1) investigação de laços biológicos e sociais, tais como os laços de família e as relações econômicas, que não dependem de escolha; 2) do estudo das motivações conflituais e das emoções, e da medida da natureza complexa e contraditória da dinâmica subjacente às escolhas; e 3) do enfoque da mudança do padrão individual ao longo do tempo e em diferentes grupos, incluindo os grupos abertos naturais (isso em contraste com os métodos tradicionais, que enfocam instantâneos de interações específicas em grupos fechados).

Um exemplo simples ilustrará as implicações práticas da perspectiva sociodinâmica. A sociometria tradicional concebe os opostos como categorias mutuamente exclusivas (escolha *versus* rejeição), ou como pólos extremos de um contínuo. Essa maneira linear de pensar está implícita na linha de ordenação dos postos, da primeira escolha até a última rejeição. A sociodinâmica reconhece que os sentimentos opostos, por exemplo, a atração e a repulsão, a harmonia e o conflito, quase invariavelmente coexistem, embora em diferentes níveis. Assim, ela acrescenta medidas de atração e de repulsão ao teste sociométrico tradicional. Para relatar a intensidade dos opostos, os participantes de um exercício sociodinâmico se colocam num plano coordenado definido por um par de opostos (o *diamante de opostos* (Figura 1B)). As escolhas ou rejeições reais feitas com base nos sentimentos de atração (p) e repulsão (n) representam uma terceira dimensão (Figura 1C e D), e há outras importantes dimensões a registrar e correlacionar a elas, tais como o *status* social e a idade. Esse método requer que os participantes "pensem em opostos" para considerar a possibilidade de que os opostos possam crescer juntos. Para facilitar isso, desenvolvemos o "aquecimento de nomes" (Figura 2).

Moreno identificou a espontaneidade, o emparelhamento de papéis e a criatividade como [sendo] os três aspectos fundamentais do funcionamento sadio: Agimos, reagimos, e co-criamos as vidas uns dos outros. Espontaneamente, agimos mais do que permanecemos inativos; somos impelidos por motivações opostas que nos levam a percursos alternativos de ação; escolhemos um comportamento que incorpora nossa complexa motivação, assim como nossa interação com os outros. *A ação, a oposição e a co-criação* são os três níveis básicos do processo de escolha. Elas correspondem aos três padrões fundamentais de todos os processos — as três leis da teoria dos processos.

## AÇÃO, ENERGIA PSICOLÓGICA E ESPONTANEIDADE

### Sociometria de ação

Uma característica distintiva da sociometria, do psicodrama e de métodos correlatos de avaliação, de educação e de terapia é que eles ocorrem na ação e no presente. As experiências clínicas indicam que os métodos de ação, com freqüência, são mais poderosos do que os testes de lápis e papel na compreensão das escolhas interpessoais e da dinâmica de grupo. Em nossa experiência, a sociometria de ação é mais divertida do que os exercícios de lápis e papel, e também mais reveladora. A expressão das escolhas por meio da ação oferece um dar e receber dinâmico, e os participantes se influenciam uns aos outros. No entanto, a revelação pública também inibe a livre expressão. Uma escolha interna e a escolha expressa não são necessariamente idênticas, como demonstramos num experimento recente (Carlson-Sabelli et al., 1992a; Carlson-Sabelli, 1992). Nossa prática nos levou a acreditar que as escolhas interpessoais são reveladas mais plenamente na ação quando o processo de escolha é incorporado como parte de uma atividade mais abrangente, mais do que quando é o objetivo específico do exercício. Desenvolvemos uma série de atividades com brincadeiras envolvendo fantasias para crianças e adultos, com a finalidade de revelar conexões e escolhas.

## A

| Posto | Seleção | p | n | Posto | Seleção | p | n |
|---|---|---|---|---|---|---|---|
| 1 | Escolher + | 9 | 2 | 6 | Escolher + | 7 | 3 |
| 2 | Rejeitar – | 8 | 8 | 7 | Neutro 0 | 5 | 4 |
| 3 | Escolher + | 7 | 2 | 8 | Neutro 0 | 3 | 2 |
| 4 | Escolher + | 8 | 9 | 9 | Rejeitar – | 3 | 7 |
| 5 | Neutro 0 | 0 | 4 | 10 | Rejeitar – | 2 | 9 |

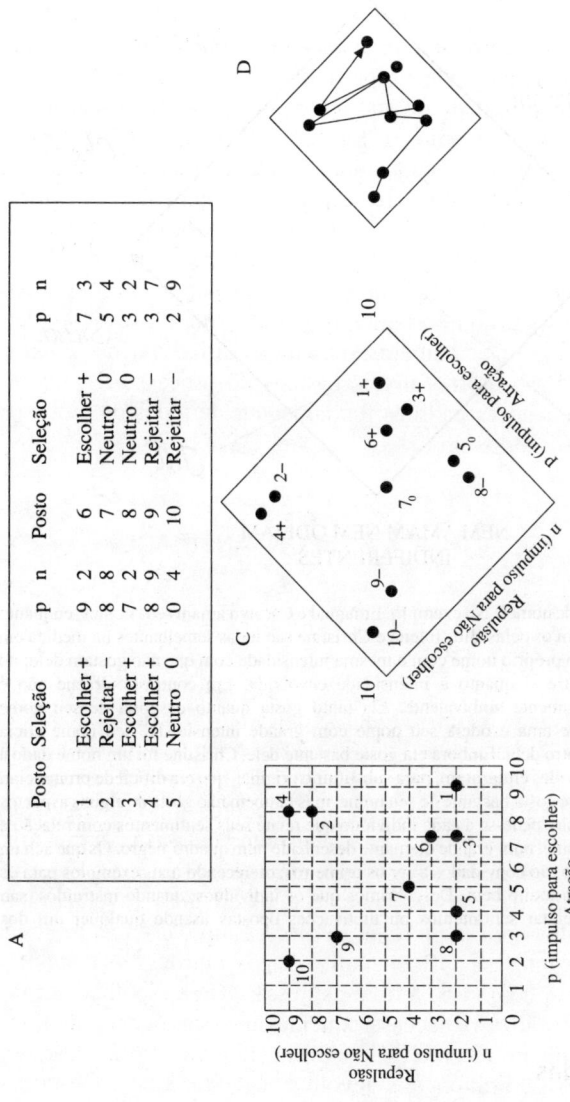

*Figura 1* Diamante de opostos. A sociodinâmica soma forças de atração e repulsão ao teste sociométrico tradicional. Além de relatar escolhas categóricas (+) e rejeições (–), os participantes também relatam a ordenação dos postos de escolha de suas seleções e o nível em que vivenciam tanto o impulso para escolher (p) quanto o impulso de não escolher (n) cada pessoa (1A). Isso permite que se relate a intensidade de ambos os opostos com um único ponto dentro de um plano coordenado (1B). Os eixos são um par de opostos no sentido horário (1C), a origem comum dos opostos fica na base e a figura assume a forma de um diamante, sugerindo seu nome. Ele oferece informações sobre a variação da intensidade de sentimentos contraditórios subjacentes à escolha interpessoal. A ordem e as escolhas reais (+) ou rejeições (–) feitas com base nos sentimentos de atração e de repulsão podem ser representadas como uma terceira dimensão (1C). A trajetória (1D) indica a seqüência da ordem.

195

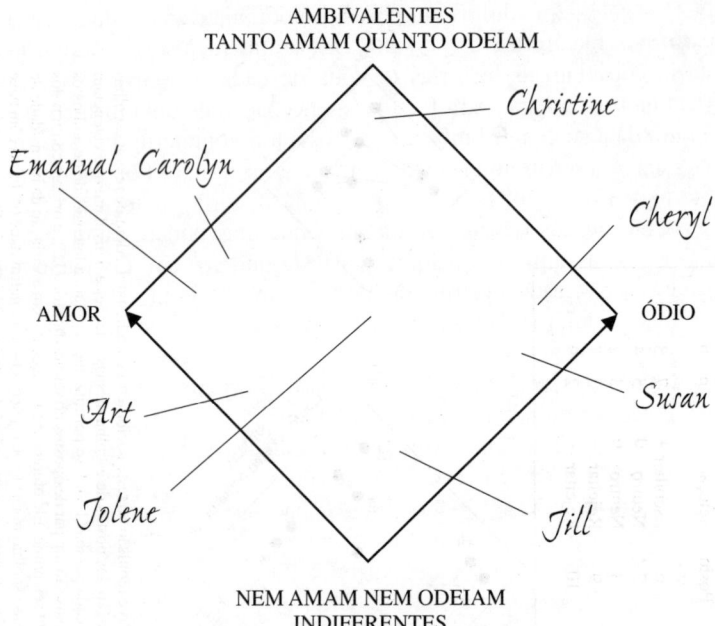

AMBIVALENTES
TANTO AMAM QUANTO ODEIAM

*Christine*

*Emanual* *Carolyn*

*Cheryl*

AMOR — ÓDIO

*Art*

*Susan*

*Jolene*

*Jill*

NEM AMAM NEM ODEIAM
INDIFERENTES

*Figura 2* Aquecimento de nomes. No exemplo, Emanual e Carolyn amam seus nomes, enquanto que Cheryl e Susan odeiam os delas. Jill, Jolene e Christine são todas semelhantes na medida em que cada uma delas ama o próprio nome com a mesma intensidade com que não gostam dele; no entanto, elas diferem entre si quanto à intensidade envolvida. Em contraste, Jolene não é nem indiferente nem altamente ambivalente. Ela tanto gosta quanto desgosta de seu nome moderadamente. Christine ama e odeia seu nome com grande intensidade. Seu nome elicia respostas conflituosas dentro dela. Embora ela goste bastante dele, Christine foi um nome dado a ela por sua família quando eles emigraram, para substituir o original, que era difícil de pronunciar. Finalmente, Art indica que gosta bastante de seu nome, mas também não gosta de alguns aspectos dele. Segundo esse exemplo, pede-se a cada indivíduo que relate seus sentimentos com relação a amar ou odiar o próprio nome, num grande diamante desenhado num quadro-negro. Os que acham que entenderam o conceito são convidados a ser os primeiros, oferecendo mais exemplos para os que ainda não entenderam muito bem. Descobrimos que os indivíduos, quando instruídos, são igualmente capazes de relatar sentimentos ou motivações opostas usando qualquer um dos métodos.

## Histórias co-criadas

Descobrimos, a partir de nossa experiência com crianças, que o seu brincar com a fantasia é sempre uma história sobre como os que brincam interagem entre si, e, ao mesmo tempo, revela padrões pessoais de comportamento relacionados à história de vida única da criança. E o mesmo

196

princípio vale para adultos em peças psicodramáticas (Blatner e Blatner, 1988b). As metáforas, os personagens, as interações e o desenrolar da história conectam as histórias de vida de cada participante à coletiva, gerada na brincadeira. Para facilitar a encenação de uma história na qual cada um dá a sua contribuição, pedimos a um voluntário que assuma um personagem, prepare uma cena e comece a fazer algo. Por intermédio do solilóquio e da ação, o percurso de uma história começa a se desenvolver. Diz-se aos outros participantes que eles podem entrar na ação, um por vez, assumindo qualquer papel de que gostem. Os personagens de fantasia não estão restritos às pessoas, mas podem ser pensamentos interiores — uma mosca na parede, um espelho antigo, qualquer coisa que venha à mente. Diz-se às pessoas que não entrem apenas porque acham que se espera que o façam, mas que esperem até que se sintam pessoalmente compelidas a intervir. Qualquer um pode sair da cena quando desejar, desde que expliquem à audiência e aos outros atores, por meio do diálogo, por que estão saindo. Por exemplo: "Estou saindo para ir comprar uma pizza". Pode-se mudar para um novo personagem com uma nova entrada, ou permanecer com o mesmo. A fantasia pode assumir seu próprio curso ou ser dirigida. O diretor usa todas as técnicas que podem ser usadas num psicodrama, inclusive a inversão de papéis entre os personagens da fantasia.

Se o grupo nunca tiver encenado anteriormente, os membros são aquecidos para co-criar a história, sentando-se em círculo e contando uma história. Uma pessoa começa e traz para a história um único personagem. A história é narrada na terceira pessoa e dura até chegar ao seu fim natural. Diz-se então, ao grupo, que faça o mesmo em ação, mas que comece com uma história totalmente nova. Uma alternativa popular é iniciar uma história verbal, e deslocá-la para a ação quando ela voltar para a pessoa que a iniciou.

## Revelando as escolhas na ação por meio da brincadeira com a fantasia

"Lobos uivantes" é uma história que foi encenada no teatro das crianças, por quatro meninos que tinham sido hospitalizados juntos, numa unidade psiquiátrica infantil. As sessões anteriores giravam em torno de um tema central, com pequenas variações, que se referia a animais selvagens, tais como leões, tigres, lobos e leopardos, ajudando-se uns aos outros a sobreviver à matança dos caçadores, que queriam vender suas peles para fazer casacos, cintos e sapatos. Os animais, embora feridos, sempre escapavam. Arrastados de volta à caverna, eram amorosamente cuidados e curados. Os quatro meninos eram o centro dessas sessões, que tiveram várias semanas de duração, e incluíram muitas outras crianças que entraram e saíram da peça. Tratava-se da última sessão de teatro para Mark, que teria alta mais para o final da semana. Ele era o que havia ficado mais tempo hospitalizado e tinha dado início à "série selvagem", a partir de sua convicção de que os animais não deviam ser abatidos em proveito dos homens. Novamente, a história da selva se desenrolou. Os quatro garotos optaram por ser lobos, convocando a equipe para que fossem os caçadores. O lobo representado por Mark arriscou-se demais e foi abatido. Ao sentir sua falta, a família de lobos iniciou a busca na selva. Ele foi eventualmente localizado por um de seus "irmãos". Logo os três lobos o rodearam e começaram a suspendê-lo, a manuseá-lo e a lamber suas feridas, mas o lobo ferido não deu sinal de vida. "Espero que ele não tenha morrido", exclamou um dos lobos. A atividade aumentou freneticamente, mas nada surtiu efeito. Logo, um som grave, débil no início, mas aumentando rapidamente em tom e volume, começou a inundar o aposento. Os lobos estavam uivando juntos, vivendo a agonia de sua perda. Os garotos estavam dizendo adeus a um amigo muito especial. Os olhos do observador se encheram de lágrimas, assistindo à dor coletiva deles. Durante a discussão, após a peça, tomamos conhecimento do pleno impacto desse significado. Por mais extraordinário que possa parecer, a hospitalização de cada um dos três "lobos uivantes" estava relacionada com a morte de alguém em suas famílias. A partida de Mark eliciou a dor pessoal e facilitou sua expressão inibida. A ação coletiva é influenciada pela vida dos atores enquanto indivíduos do grupo, bem como produz impacto nas mesmas. As conexões entre o grupo de terapia e os grupos pessoais de cada participante podem ser vistas como um sociograma pelo olho mental do observador, que pode então ser transportado para o papel, conforme ilustrado na Figura 3.

Os contos de fada e outras histórias conhecidas oferecem uma estrutura para focalizar a ação. A permissão de se afastar do curso da história facilita a emergência das interpretações pessoais, que têm significado sociométrico. Imaginem um grupo de crianças representando um novo final para *Cachinhos de ouro e os três ursos*. Sem conseguir chegar a um acordo sobre quem seria o ursinho bebê, temos gêmeos. Um dos gêmeos convida Cachinhos de Ouro, representada pela criança mais jovem da unidade, a vir viver com eles para sempre, mas a outra recusa em alto e bom som. Ao ocorrer durante um teatro terapêutico na nossa unidade psiquiátrica infantil, esse cenário desencadeou uma mudança nos dormitórios, uma vez que o urso recusado era, na época, companheiro de quarto de Cachinhos de Ouro.

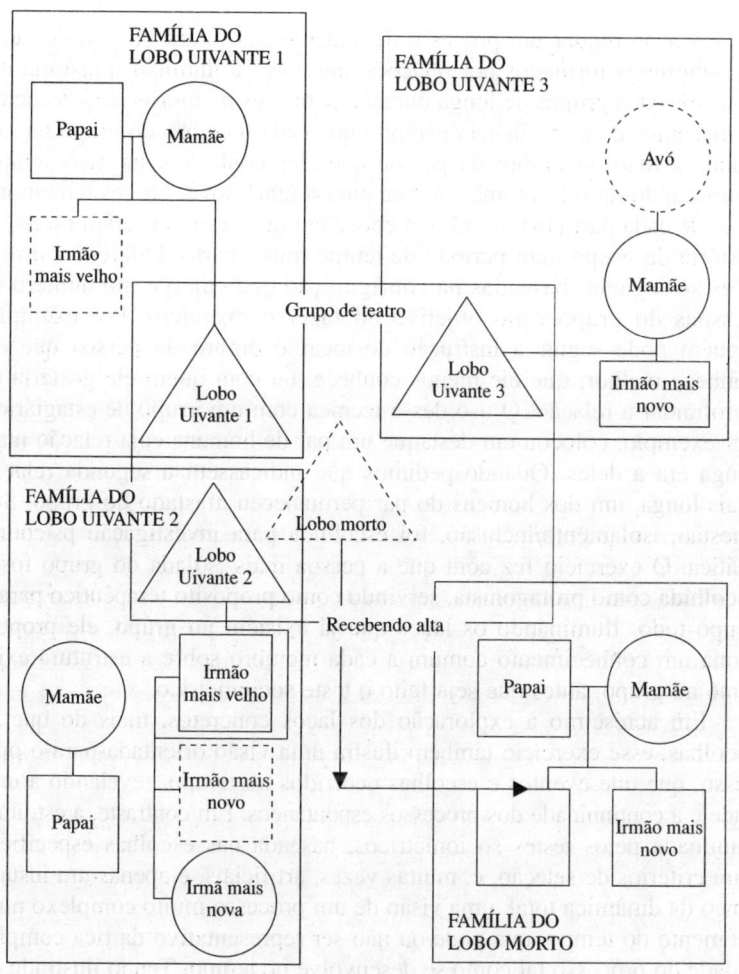

*Figura 3* Sociograma que ilustra as interconexões de um teatro de crianças em terapia de grupo e os grupos familiares de cada um dos participantes. Note-se que cada lobo uivante está chorando tanto a perda do colega (Lobo Morto) que está tendo alta, quanto uivando a sua dor pela morte de um irmão (Lobos Uivantes 1 e 2) e de uma avó (Lobo Uivante) que havia sido assassinada. Linha quebrada = morto; linha sólida = vivo; círculo = mulher; quadrado = homem; triângulo = criança hospitalizada.

## "Conexões": aquecendo a energia por meio da exploração da história dos laços interpessoais

A ação requer um processo de aquecimento. Para pôr em destaque os subgrupos formados por relações anteriores e iluminar a história das conexões dos grupos de longa duração para seus membros mais recentes, começamos com freqüência pedindo que cada membro do grupo na sala ponha a mão no ombro da pessoa que eles conhecem há mais tempo. Começando da relação mais antiga para a mais nova, breves rememorações de cada participante sobre a época em que se conheceram oferece a história do grupo num período de tempo muito curto. Diferentes instruções se seguem, baseadas na configuração que emerge, no número de pessoas do grupo e no objetivo ao fazer o exercício. Por exemplo, alguém pode seguir a instrução de tocar o ombro da pessoa que ele conhece melhor, que ele menos conhece, ou com quem ele gostaria de aprofundar a relação. O uso dessa técnica com um grupo de estagiários, por exemplo, colocou em destaque um par de homens cuja relação mais longa era a deles. Quando pedimos que indicassem a segunda relação mais longa, um dos homens do par permaneceu afastado do grupo. Sua questão, isolamento/inclusão, foi escolhida para investigação psicodramática. O exercício fez com que a pessoa mais isolada do grupo fosse escolhida como protagonista, servindo como propósito terapêutico para o grupo todo. Iluminando os laços que já existem no grupo, ele proporciona um conhecimento comum a cada membro sobre a estrutura existente no grupo, antes que seja feito o teste sociométrico.

Em acréscimo à exploração dos laços concretos, mais do que as escolhas, esse exercício também ilustra uma visão orientada-para-o-processo, que une eventos e escolhas ocorridos no tempo, revelando a unidade e a continuidade dos processos espontâneos. Em contraste, a estrutura iluminada pelos testes sociométricos, baseada nas escolhas específicas para critérios de seleção, e, muitas vezes, artificiais, é apenas um instantâneo da dinâmica total, uma visão de um processo muito complexo num momento do tempo, que pode ou não ser representativo da rica complexidade do processo tal como se desenvolve no tempo. Tendo ilustrado os conceitos do processo (em contraste com eventos isolados ou estruturas permanentes), de ligações (em contraste com as escolhas) e da ação por meio de exercícios práticos, iremos agora uni-los teoricamente.

## Ação e libido

A ação não é resultante de uma força ou motivação; a ação e a interação, a mudança e a troca são espontâneas, enquanto que o imobilismo e o isolamento são resultado da inibição. Embora o termo "ação" tenha um significado intuitivo em todo o domínio do discurso humano, vale a pena defini-la, como na física, como o produto da energia *versus* tempo. A primeira lei da teoria dos processos postula a unicidade da natureza: tudo é ação. Há uma unidade em todos os processos que afetam a nossa existência. Tanto a matéria quanto as idéias representam formas de ação, isto é, de energia física. Formas emocionais, econômicas, culturais e outros tipos de motivação interagem entre si como componentes do mesmo processo, em vez de permanecer em recantos isolados da experiência.

Freud descreveu os processos psicológicos como fluxos de energia psicológica (libido), que incluem a afeição, a curiosidade e a raiva, assim como a energia sexual, e nada mais são do que uma complexa organização de energia física. Sua visão tem sido validada pelo fato de que a densidade de fluxo de energia no cérebro humano é 75 mil vezes maior que o fluxo de energia do Sol (Sabelli, 1989, pp. 87-9). Nós conceptualizamos as relações interpessoais como trocas de energia: *a sociodinâmica é o estudo integrativo da libido interpessoal.* As emoções são padrões de variação de energia, impressos nos ritmos fisiológicos (batimentos cardíacos, respiração, padrões de liberação de neurotransmissores no cérebro) e expressos por comportamentos interpessoais. Em outras publicações, discutimos como os padrões intrapsíquicos e interpessoais de fluxo de energia são integrados na doença maníaco-depressiva (Sabelli et al.,1990), na depressão unipolar (Sabelli e Carlson-Sabelli, 1991), nas psicoses (Sabelli e Carlson-Sabelli, 1989, p. 1548) e na desordem de personalidade múltipla (Sabelli, 1989; Raaz et al., 1992). Esses padrões podem ser revelados pela análise matemática de registros longitudinais dos ritmos cardíacos (Carlson-Sabelli et. al., 1992b; Sabelli et al., no prelo) e de monitoração longitudinal do humor (Carlson-Sabelli e Sabelli, 1990), e podem também ser estudados sociometricamente por meio do teste sociodinâmico e de gráficos de ação.

## Gráficos de ação e justiça pessoal

Para examinar os laços interpessoais de forma abrangente, desenvolvemos o *gráfico de ação*, um diagrama de lápis e papel sobre as trocas interpessoais de energia (trabalho), de informação (sobre si mesmo e os outros, afeto, entretenimento, habilidades práticas, sociais e intelectuais) e de matéria (dinheiro e propriedade). Por exemplo, numa família tradicional (Figura 4), os cônjuges trocam o trabalho feminino (reprodutivo, criação dos filhos e cuidado da casa) por trabalhos domésticos

201

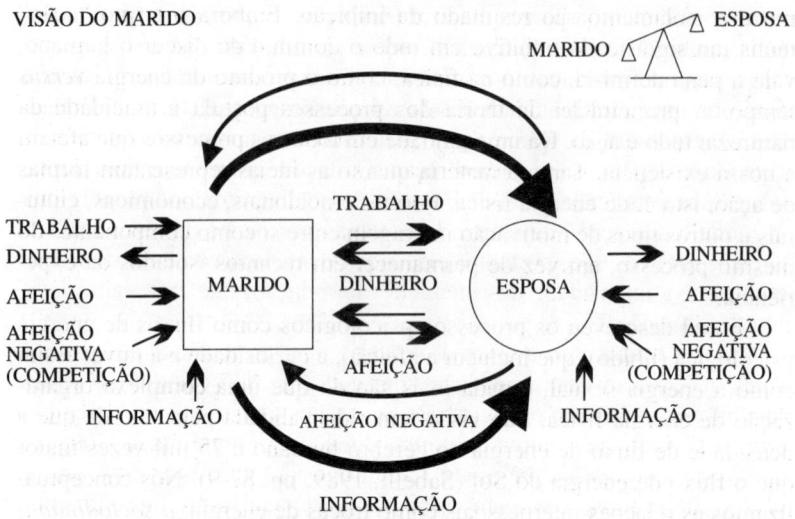

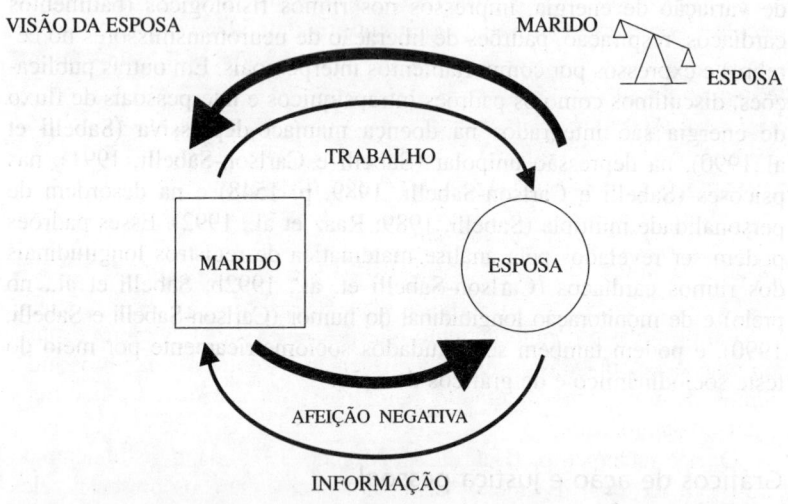

*Figura 4* Gráficos de ação. Troca de energia (trabalho), de matéria (dinheiro) e de informação (afeto e conhecimento) de um casal. Depois de cada participante ter desenhado sua concepção de troca, pedimos que desenhassem como as "balanças de justiça" se inclinam para cada uma das relações mencionadas. Desigualdades nas trocas de trabalho, dinheiro e afeto podem produzir conflitos e separação. Usamos esses diagramas para promover o *insight* e a congruência entre as percepções de cada parceiro.

masculinos e energia para a matéria (dinheiro). Na maioria das famílias atuais, ambos os pais trabalham dentro e fora da casa, de modo que as trocas são mais variadas e complexas. Cada pessoa está conectada à outra por uma multiplicidade de laços econômicos, afetivos e intelectuais. A espessura da flecha serve para indicar a magnitude relativa da intensidade de fluxos em cada direção. Os laços sempre têm mão dupla, mas a troca é assimétrica. A elaboração desse diagrama nos proporciona um modelo de "ação" dinâmico de sistemas pessoais e de redes sociais. Os laços afetivos são, portanto, estudados dentro do contexto de trocas de energia, a intensidade das interações na relação, que carregam material e informação.

Após o término do gráfico de ação da família, pedimos aos participantes que o examinem e avaliem com que grau de justiça estão sendo tratados, e como tratam os outros. Pedimos-lhes que desenhem "balanças de justiça", inclinadas numa ou noutra direção, com referência à relação com o seu cônjuge, parceiro de trabalho, pais, sociedade em geral e "vida" (que muitos constroem como Deus). Dessa forma, introduzimos uma concepção pessoal de justiça, que freqüentemente provê instrumental para a modificação das relações maritais, quando se aprende a perceber como se contribui para a própria felicidade ou infelicidade pessoal, assim como se pode aprender a apreciar aqueles que nos tratam melhor do que a vida em geral.

## OPOSIÇÃO E EMPARELHAMENTO DE PAPÉIS

### Escolha e rejeição, o teste sociométrico

Para estudar o comportamento interpessoal e social, Moreno examinou duas ações opostas — escolha e rejeição — entre os membros individuais de um grupo, enquanto parceiros para atividades específicas (critério sociométrico).

O teste sociométrico (Hale, 1981; Moreno, 1978) é um instrumento de auto-relato, no qual os sujeitos delineiam quem, entre os presentes, eles escolherão para desenvolver determinada atividade. Ele diz respeito a pessoas reais em situações interpessoais reais. Pede-se a cada membro do grupo para designar outros indivíduos no grupo, para uma das três categorias que eles: 1) escolhem para participar; 2) escolhem para não participar e 3) escolhem para permanecer neutros na relação com eles, e pede-se que ordenem suas escolhas e rejeições por ordem de preferência.

No teste sociométrico, presume-se que as categorias de seleção correspondam às forças motivacionais subjacentes de atração e repulsão, ou à

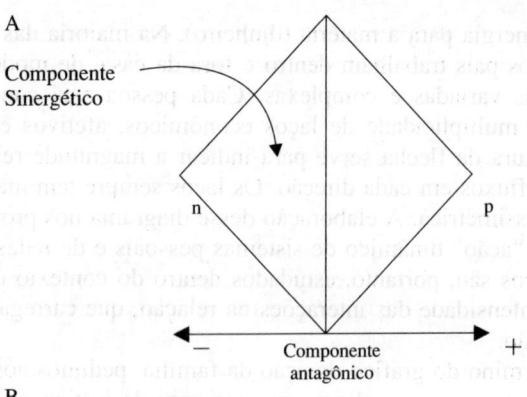

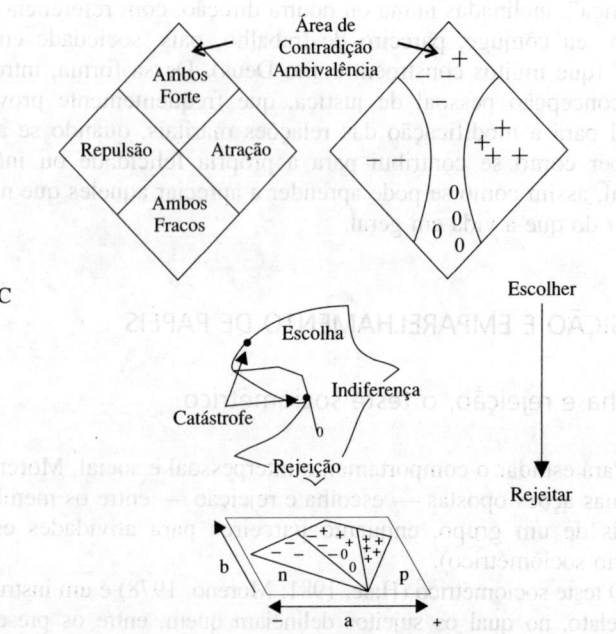

*Figura 5* Fase plana de opostos.

A – As forças de atração (p) e de repulsão (n) são representadas como vetores mutuamente ortogonais para ilustrar que elas sempre coexistem e são, em parte, sinérgicas (eixo vertical) e em parte antagônicas (eixo horizontal).

B – A escolha (+) está associada a uma maior atração (quadrante direito), a rejeição/separação (-) a uma maior repulsão (quadrante direito), a neutralidade (0) à baixa atração e repulsão (quadrante inferior); a atração e a repulsão fortes (±) (ambivalência, quadrante superior) criam oscilações imprevisíveis entre a escolha e a rejeição.

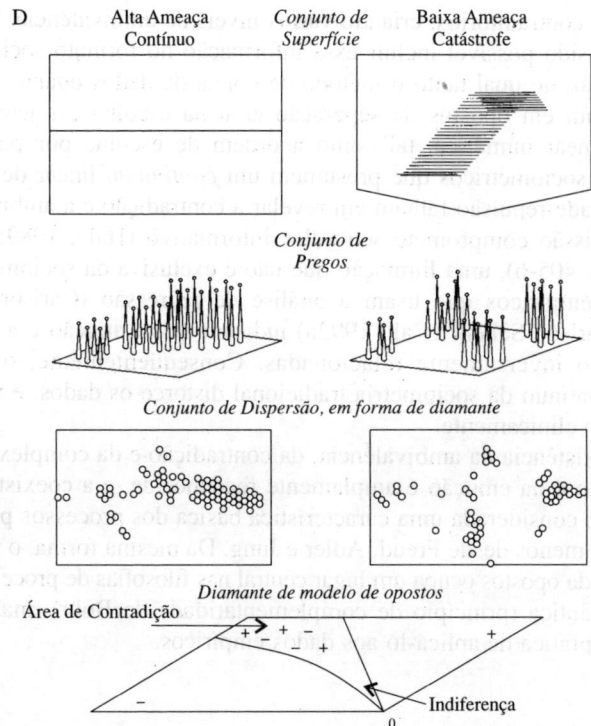

D    Alta Ameaça    *Conjunto de*    Baixa Ameaça
Contínuo    *Superfície*    Catástrofe

*Conjunto de*
*Pregos*

*Conjunto de Dispersão, em forma de diamante*

*Diamante de modelo de opostos*
Área de Contradição

Indiferença

C – A distribuição dos resultados (escolha/união ou separação/rejeição) representa uma terceira dimensão (z) situada fora do plano de atração (p) e repulsão (n). Como a ambivalência pode conduzir tanto à escolha quanto à rejeição, há uma dobra na superfície resultante que representa a distribuição dos resultantes. Esse é um modelo de catástrofe, no qual (b) o parâmetro bifurcador de controle é a energia proporcionada pelos opostos de união (b = f (p-n).

D – Os modelos de catástrofe comparando a distribuição do resultado sociométrico com a atração e a repulsão, em condições de ameaça alta (esquerda) e baixa (direita), ilustrando a relação da distribuição da intensidade de atração (vetor direito) e repulsão (vetor esquerdo) no diamante de opostos com o resultado sociométrico expresso em cravos de diferentes alturas (conjunto do meio: altos = escolhas; médios = neutros; curtos = rejeições), e a superfície tridimensional correspondente (topo). O critério de alta ameaça (esquerda) conduz a uma linha bidimensional (topo à esquerda), indicando uma polarização de opostos ao longo de um *continuum*. De forma inversa, o critério de baixa ameaça conduz a uma superfície com uma dobra (topo à direita) associada a uma distribuição de catástrofe. Notar a coexistência de atração e repulsão correspondendo à neutralidade em baixa intensidade e com escolhas e rejeições em alta intensidade.

sua pretensa ausência, a neutralidade. Moreno entrevistou todos os sujeitos com relação às suas escolhas, inflexível [em sua convicção] de que um teste deveria incluir as razões de escolha. Tais explicações põem a descoberto uma multiplicidade de razões e sentimentos que podem ser em parte contraditórios, criando vários níveis de ambivalência. Todavia, não tem sido possível incluir essa informação no formato sociométrico tradicional, no qual tanto o método de coleta de dados quanto a análise se baseiam em opostos de separação e/ou na escolha e rejeição, e na ordem linear numérica, tal como a ordem de escolha por postos. Os métodos sociométricos que presumem um *continuum* linear de atração-neutralidade-repulsão falham em revelar a contradição e a ambivalência. Essa omissão compromete seu valor informativo (Hale, 1989; Sabelli, 1989, pp. 405-6), uma limitação que não é exclusiva da sociometria. Os estudos empíricos que usam a análise de regressão (Carlson-Sabelli, 1992; Carlson-Sabelli et al., 1992a) indicam que a atração e a repulsão não estão inversamente relacionadas. Conseqüentemente, o modelo linear contínuo da sociometria tradicional distorce os dados, e não deve ser usado clinicamente.

A existência da ambivalência, da contradição e da complexidade na motivação e na emoção é amplamente reconhecida, e a coexistência de opostos é considerada uma característica básica dos processos psicológicos, pelo menos desde Freud, Adler e Jung. Da mesma forma, o princípio da união de opostos ocupa um lugar central nas filosofias de processos e na física quântica (princípio de complementaridade de Bohr), mas não há maneira prática de aplicá-lo aos dados empíricos.

## O plano de fase dos opostos

A teoria dos processos aborda esse problema por meio da mensuração dos opostos, tais como a atração e a repulsão, feita separadamente pelo uso do plano de fase dos opostos (Figura 5A). O plano de fase de opostos é coordenado, no qual cada eixo representa a intensidade de um par de opostos. Concebemos o plano de fase de opostos (que chamamos pelo nome menos técnico de *diamante de opostos*) como um método para estudar o desenvolvimento das relações de família de pacientes psiquiátricos (Sabelli, 1989, p. 405), e, mais tarde, como um método de ação com grupos de pacientes e estudantes (Carlson-Sabelli e Sabelli, 1992b, c). Solicita-se aos membros do grupo que se coloquem dentro de um grande diamante desenhado no centro do aposento. O vértice da base representa sentimentos zero (indiferença ou neutralidade) e serve como origem para os dois eixos ao longo dos quais o protagonista relata a avaliação subjetiva da intensidade de suas preferências, emoções, atitudes e sentimentos opostos. Pede-se que cada membro do grupo se coloque dentro do diamante, no ponto determinado pela intensidade dos sentimentos negativos e positivos. O vértice do topo representa uma área de contradição, no qual os sentimentos opostos são tão intensos quanto iguais. Aqui temos um cenário mutante, na medida em que esses indivíduos, com fortes sentimentos contraditórios, tendem a ficar andando nas proximidades do vértice do topo, enquanto que os indiferentes permanecem quietos e próximos à origem.

Usamos o diamante de opostos para mensurar separadamente as intensidades de atração e de repulsão (as motivações opostas subjacentes envolvidas no processo de escolha). Esse é o primeiro passo do *teste sociodinâmico*. Por intermédio da mensuração da atração e da repulsão num constructo bidimensional, o método sociodinâmico oferece uma estimativa da ambivalência por detrás de cada escolha, tornando disponíveis, para a análise quantitativa e dinâmica, informações encontradas apenas nas razões para a escolha no teste sociométrico.

Introduzido na virada do século pelo matemático francês Poincaré, o plano de fase tornou-se uma ferramenta essencial da dinâmica da matemática moderna. Os padrões de um processo complexo podem ser descobertos fazendo-se o diagrama de sua trajetória num espaço definido por duas (plano de fase) ou três (plano de espaço) dimensões. A escolha das variáveis tomadas como coordenadas é um estágio difícil e crítico, para o qual a própria dinâmica não oferece sugestões. A teoria de processos sugere que os diagramas mais reveladores serão obtidos com a escolha de pares ou tríades de forças complementares e opostas como eixos do espaço de fase. Esse é o plano de fase de opostos, e ele oferece um método prático para estudar, empírica e numericamente, os processos contraditórios. O plano de fase de opostos é um método genérico aplicável não apenas à sociometria, mas também a testes psicológicos (Carlson-Sabelli et al., 1992a; Sabelli, 1989) e à ciência natural (Sabelli, 1989, 1992). O diamante de opostos depende da capacidade dos indivíduos de reportar opostos, ou pela designação de um número relativo à intensidade de cada oposto separadamente, ou pelo relato de cada um como um único ponto num plano coordenado. Preferimos que as pessoas usem o segundo método, que marquem o lugar dentro do diamante intuitivamente, ou na ação (pisando sobre determinada área), ou por meio da escrita, sem números pré-designados. Por quê? É no diagrama de dados, na configuração formada indicando a relação de opostos que estamos interessados. O diagrama possibilita um meio de visualizar a relação de várias combinações de opostos com os resultados. Quando são colocados num plano coordenado, a superfície pode ser esquematicamente dividida em áreas que refletem a mistura de opostos. Quando o processo de escolha é mapeado, a atração e a repulsão são os opostos, e a seleção sociométrica (escolha, rejeição, neutralidade) e o posto de ordem são os resultados que podem ser colocados juntos na superfície, como símbolos (Figura 5B), ou como uma terceira dimensão, como pregos (Figura 5C). Ele pode ser imediatamente lido e interpretado, enquanto os números têm de ser colocados no diagrama antes de serem úteis. A indicação dos opostos no plano de fase simplifica o processo e elimina os erros na contagem. Se se tiver que fazer uma análise estatística adicional, as coordenadas correspondentes podem ser facilmente determinadas.

Para criar um plano de fase de opostos: 1) decida que opostos estão envolvidos no processo; 2) meça-os separadamente (permitindo, portanto, uma avaliação empírica relativa a se eles se neutralizam um ao outro, ou se crescem juntos; 3) coloque-os num gráfico como pontos no plano coordenado, anotando o tempo; 4) conecte na ordem os pontos obtidos em diferentes momentos, desenhando a trajetória do processo. As trajetórias delineiam padrões em relação aos quais os processos convergem, quando as influências transitórias se desvanecem (*atratores*), como por exemplo uma escolha consistente; *repelidores* dos quais os processos divergem (como os rejeitados); assim como transições de um atrator para outro (*bifurcações*), como, por exemplo, mudanças da escolha para a rejeição. Muitos processos complexos convergem para simples atratores, e podem, portanto, ser estudados pelo exame de diagramas em duas ou três dimensões (plano de fase e espaço de fase). A baixa energia está associada à queda em relação aos atratores de equilíbrio (neutralidade); os opostos moderadamente intensos produzem bifurcações e ciclos (atratores periódicos) entre eles. Os opostos de alta energia produzem repetidas bifurcações, que conduzem à turbulência (atratores caóticos) e à emergência da novidade: a criatividade resulta da união de opostos de alta energia.

## A união de opostos

Os processos incluem tanto interações harmoniosas quanto antagônicas entre os opostos coexistentes e semelhantes. A própria vida é energizada e procriada pelo intercurso entre os sexos opostos; os processos sociais são organizados pelas interações cooperativas e conflituosas entre administradores e empregados; a matéria é constituída por prótons positivos e elétrons negativos. A união de opostos contrasta com a separação de opostos fixados pela lógica (opostos enquanto categorias mutuamente exclusivas, tais como escolha *versus* rejeição), pelo pensamento linear (opostos enquanto extremos polares de um *continuum*, tal como na ordenação das escolhas) e pela dialética (opostos enquanto antagonistas). A união dos opostos tem uma série de aplicações importantes na sociometria.

Em primeiro lugar, os papéis são complementares. A capacidade de assumir um papel desejado depende do emparelhamento com outra pessoa que desempenhe o papel recíproco. Não se pode ser mãe sem haver uma criança, ensinar sem que haja aluno, ou tornar-se marido sem que haja mulher. Quando se é incapaz de desempenhar um papel que se deseja, ocorre uma fome de ação. Em segundo lugar, os opostos são mais sinérgicos do que antagonistas. Por exemplo, freqüentemente parece que pelo fato de os recursos serem limitados, só se pode ganhar às expensas do outro; na realidade, esse tipo de economia não se aplica a um casamento (onde ambos os cônjuges ganham ou perdem), ou a qualquer outro tipo de parceria, e, em última instância, somos parceiros de todos aqueles com quem coexistimos. Então, para me beneficiar, preciso beneficiar o outro. Em terceiro lugar, os opostos são mais semelhantes do que diferentes. Portanto, ame para ser amado, escolha para ser escolhido, seja tolerante para ser tolerado, aja de forma não-violenta para diminuir a violência. E, ainda assim, a violência também pode aumentar pelo fracasso em se defender, a tolerância pode promover o desenvolvimento de grupos intolerantes, e a escolha pode ser unilateral. A harmonia requer o conflito, e o conflito pode criar a harmonia. Em quarto lugar, os opostos coexistem: os sentimentos de atração e repulsão quase invariavelmente estão subjacentes a cada escolha importante, e mesmo comportamentos opostos como a escolha e a rejeição se alternam e/ou coexistem em muitos processos interpessoais.

O princípio da "união de opostos" é conhecido desde a Antiguidade; a teoria dos processos o adota como sua segunda lei e o operacionaliza por meio do plano de fase de opostos. A utilidade clínica desse método tem sido apoiada por estudos experimentais (Carlson-Sabelli et al., 1991; Carlson-Sabelli et al., 1992a; Carlson-Sabelli, 1992) bem como pela experiência clínica. Os opostos que exploramos são, com freqüência, a inclusão e a exclusão, sentir-se bem e sentir-se mal, saudável e não-saudável, organizado e criativo, externamente motivado e internamente motivado, pensar e sentir, introvertido e extrovertido, feminino e masculino, superioridade e baixa auto-estima (como característica da depressão e das desordens do *self*) (Sabelli, 1989).

## O teste sociodinâmico

O teste sociodinâmico consiste no relato dos sentimentos de atração e de repulsão relacionados a uma escolha (pessoa, atividade, opinião), seguida pelo relato da seleção de categorias e pela ordem de postos de escolhas, como geralmente efetuado na sociometria. O teste sociodinâmico inclui, portanto, e expande o teste sociométrico, e pode ser desempenhado na ação assim como num exercício de lápis e papel. As coordenadas para a atração e para a repulsão são grafadas como opostos no diamante (Figura 1B). Como mencionado, a seleção sociométrica (escolha, rejeição, neutralidade) e a ordem de postos podem ser grafadas como símbolos (ver Figuras 1C e 5B) no plano, ou como uma terceira dimensão no espaço (ver Figura 5C); quando o teste é desempenhado na ação, pode-se sentar ou ficar de pé para indicar a escolha ou a rejeição. Espera-se que as escolhas ocorram no quadrante direito, onde a atração é alta e a repulsão é baixa. Inversamente, espera-se que as rejeições ocorram na esquerda, onde a repulsão é alta e a atração é baixa. Ao longo do eixo vertical do plano, as forças de atração e de repulsão são equilibradas; quando nenhum oposto é dominante, mas são razoavelmente simétricos em intensidade, a pessoa pode expressar neutralidade, mas também pode escolher ou rejeitar; dessa forma, a seleção é imprevisível. Nesses casos, a intensidade combinada de ambos os opostos é útil para a compreensão do processo psicológico. A área da base, de baixa intensidade, onde há muito pouca atração ou repulsão, está associada à neutralidade em seleções sociométricas. Em contraste, quando os impulsos para escolher e rejeitar a mesma pessoa são ambos intensos num dado momento, o protagonista pode escolher ou rejeitar, mas não permanece neutro. Dois resultados diferentes, escolhas e rejeições sociométricas, estão associados à mesma condição subjacente, opostos altamente intensos, coexistindo na ambivalência e na contradição. Como ambos os opostos são fortes, mas nenhum domina, um pequeno cutucão pode causar uma mudança qualitativa de uma escolha para uma rejeição, ou vice-versa. A isso se chama *catástrofe*, que é a forma mais simples de bifurcação.

Quando as motivações são altamente contraditórias, os sujeitos muitas vezes dão uma ordem de classificação ordinal mais alta para as rejeições do que para algumas escolhas (Carlson-Sabelli, 1992). Essa discrepância entre escolha e preferência é particularmente significativa, tendo em vista fenômenos semelhantes em animais experimentais: a ablação da amígdala cerebral elimina a avaliação com relação ao consumo de alimentos — o animal come não apenas comida, mas também outros tipos de objeto, inclusive os que causam danos; todavia, o rato ainda come tudo na mesma ordem de preferência anterior à ablação (Pribram, 1990). Isso exemplifica que as motivações, a ordem de postos e os valores de categoria da escolha são medidas diferentes do mesmo fenômeno. A motivação contraditória dissocia a preferência do valor em escolhas interpessoais. A discrepância entre a escolha sociométrica e a ordem de posto de preferências existe apenas quando as motivações são contraditórias e indicam o valor da mensuração e do mapeamento de todas as três.

Os eventos clinicamente significativos ocorrem em condições de contradição. Devido à instabilidade, as pessoas que indicam ter atividade nessa área são as mais suscetíveis à ação terapêutica.

## Usando-se o diamante de opostos no psicodrama

Usamos freqüentemente o diamante de opostos como método de escolha de um protagonista para o psicodrama, usando o eixo direito para representar a intensidade dos sentimentos positivos com relação à escolha de alguém para ser o protagonista. Esses indivíduos com sentimentos fortemente contraditórios, que andam próximos do vértice superior, estão prontos para a mudança, e, portanto, para se tornarem os protagonistas, enquanto que os indiferentes, que permanecem quietos próximos à origem, são menos motivados para mudar, e estão menos prontos para ser o protagonista do grupo.

Após relatar seus impulsos subjacentes prós e contra ser o protagonista, pode-se fazer uma votação no grupo com relação aos seus impulsos contra cada escolha, novamente, sobre o diamante. Um protagonista escolhido pode votar em diretores potenciais no que diz respeito ao seu desejo de dirigir ou não o drama. Uma vez compreendido, o diamante de opostos pode ser usado de muitos modos. Por exemplo, o exercício também pode ser usado para se apurar quais as pessoas cuja atenção não se encontra no grupo. Fazemo-lo pedindo a cada participante que olhe para dentro de si e identifique quanto de sua atenção está centrada no presente e quanto está centrada no passado ou no futuro. Pede-se a cada pessoa que designe cada um desses opostos com um escore de intensidade, variando de um a dez, e que relate seus escores colocando-se fisicamente num plano coordenado desenhado no chão, especificando os números designados para cada oposto e a razão para a colocação dos mesmos. Esse relato identifica os indivíduos distraídos e permite que os participantes do grupo articulem os problemas que estão sobrecarregando suas mentes. Esse exercício identifica as pessoas que possam necessitar de uma assistência, talvez até mesmo de um psicodrama, antes de serem capazes de contribuir para o trabalho do grupo. Ao selecionar um protagonista baseado nessa "entrada no diamante de opostos", freqüentemente pedimos ao grupo que escolha entre os indivíduos da área "focalizada em outro lugar" (quadrante esquerdo) e na área do "foco de cisão" de alta intensidade (quadrante superior) (ver Figuras 1C e 5B). O drama com um protagonista escolhido dessa maneira envia preocupações que estejam bloqueando o foco. O propósito é facilitar a inclusão e contribuir para o bem-estar do grupo.

A    Harmonia e Conflito        Atração e Repulsão      Aproximação e Evitação

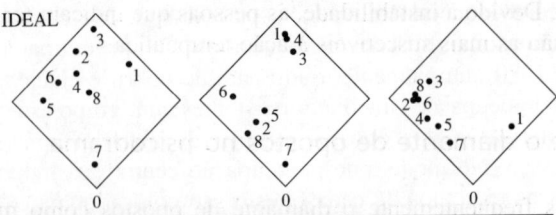

B    ANTES DA INTERVENÇÃO PSICODRAMÁTICA

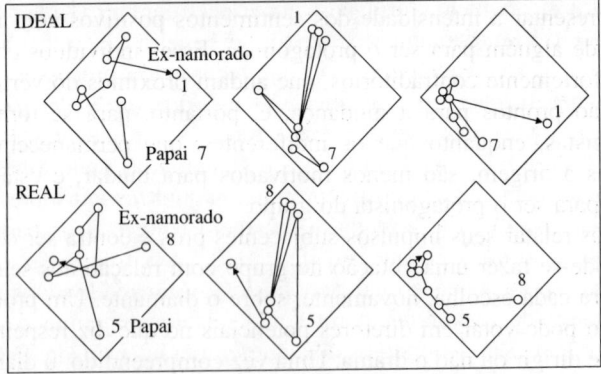

APÓS A INTERVENÇÃO PSICODRAMÁTICA

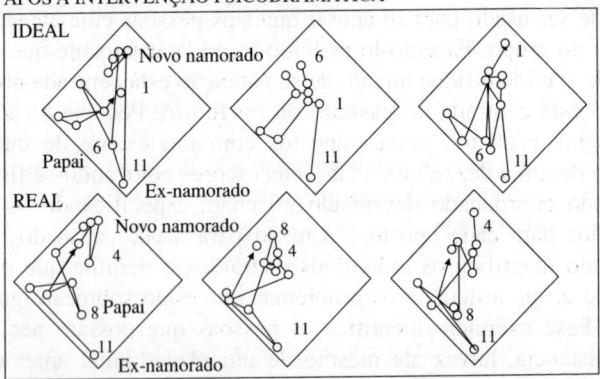

*Figura 6*  Perfil interpessoal. A – Diamantes de opostos mostrando a intensidade de harmonia/ conflito (esquerda), atração/repulsão (meio) e aproximação/evitação (direita) nas relações interpessoais de um sujeito com as pessoas mais importantes de sua rede, numeradas para indicar a ordem na qual ela gostaria de ter contato (ordem ideal de postos).
B – Os mapeamentos de trajetória, comparando a situação desejada (alto) com a situação real (base), relativos ao tempo que um sujeito despende com os outros significativos, antes e após a intervenção psicodramática.

212

Assim como outros métodos de ação, o diamante de opostos pode ser usado como aquecimento para o psicodrama. Ele proporciona um desenvolvimento significativo do modelo de preocupação central (Buchanan, 1980), amplamente usado para descobrir e elucidar questões referentes a preocupações imediatas existentes num grupo específico, por meio da polarização dos opostos a partir de material apresentado no início da sessão. No modelo de preocupação central, os indivíduos que representam os extremos de cada oposto são colocados na extremidade do *continuum*. Pede-se aos outros membros do grupo que achem um lugar para si no meio, formando um espectrograma (Kole, 1967, pp. 53-61). O uso do diamante de opostos serve para esclarecer as contradições que são essenciais à compreensão do processo e que são obscurecidas pelo *continnum* linear. O uso do *continuum* para relatar emoções, atitudes ou comportamentos força os participantes, bem como o líder do grupo, a pensar em termos de dicotomias preto-e-branco. Em contraste, o diamante de opostos proporciona um *insight* sobre a coexistência dos opostos. Ele possibilita um meio pelo qual os participantes que estão no centro reconheçam que pode haver diferenças entre eles com relação à intensidade total dos opostos. Alguns indivíduos colocam-se no centro do *continuum* porque não relacionam muito os opostos. Outros podem estar sentindo os dois com muita intensidade. Essas situações são obscurecidas pelo *continnum* e reveladas com o diamante. Além disso, com o diamante as pessoas em cada extremidade podem ser preparadas para calcular se elas geralmente ficam numa posição polarizada com relação à oposta, que está sendo explorada, ou se são capazes também de modular suas respostas. Muitas vezes, elas acham que pertencem ao quadrante contraditório, e não a um extremo polar. O diamante inclui o contínuo e oferece um veículo para o reconhecimento e para o relato de interações complexas de atitudes, pensamentos e sentimentos subjacentes ao comportamento, que competem entre si.

## Perfis interpessoais

A atração e a repulsão formam apenas um dos pares de opostos relevantes possíveis para as escolhas sociométricas; incluímos também a harmonia e o conflito, e a aproximação e o evitamento, como eixos opostos do plano de fase. Pedimos aos participantes que façam uma lista de pessoas com quem estejam emocionalmente conectados e que indiquem: 1) a ordem na qual gostariam de despender seu tempo com cada pessoa (ordem ideal de postos); e 2) a ordem na qual eles realmente despendem seu tempo (ordem real de postos). A seguir, pede-se que indiquem a intensidade de seus sentimentos com relação às suas interações com cada indivíduo na lista, colocando um ponto dentro de três planos de fase de opostos (harmonia/conflito, atração/repulsão e aproximação/evitamento) (Figura 6A). Fazem-se dois conjuntos de diagramas de trajetória, conectando-se os pontos de acordo com a ordem real e ideal de postos, do último ao primeiro, com a flecha apontando para a pessoa colocada no primeiro posto.

Dessa forma, o padrão indicando a situação real (Figura 6B) pode ser visualmente comparado com a situação desejada (ideal) (Figura 6B). Observamos, por meio de estudos com 22 pessoas (Carlson-Sabelli e Sabelli, 1992b), que o quadrante neutro estava muito mais vazio que o contraditório em todos os diagramas de todos os sujeitos, indicando que é mais provável que os opostos coexistentes criem laços ambivalentes de neutralidade. Pelo menos 36% relataram três relações no canto contraditório de seus diagramas, denotando um processo que prediz mudanças catastróficas entre opostos, no qual a escolha de alguém pode facilmente tornar-se uma rejeição e vice-versa. Finalmente, nos surpreendemos ao comparar informações relativas às relações reais em comparação com as relações desejadas (ideais). Tínhamos a expectativa de que as trajetórias da ordem ideal de postos apontaria para o vértice da extrema esquerda, indicando um desejo de pura harmonia, atração e aproximação, mas esse tipo de padrão foi observado em apenas 33% dos sujeitos; aparentemente, muitas pessoas desejam algum grau de conflito em suas relações.

Em virtude de cada um revelar padrões pessoalmente únicos, usamos perfis interpessoais em nossos grupos para assinalar questões e medir mudanças obtidas com a psicoterapia (Carlson-Sabelli e Sabelli, 1992b, c). Quando usados juntamente com o inventário de redes sociais (Treadwell et al., 1993), podemos determinar se indivíduos insatisfeitos com a distância social em suas relações importantes desejam aproximar-se ou afastar-se da intimidade.

## Identificando questões e avaliando a eficácia do psicodrama com o perfil interpessoal

Temos ilustrado aqui diagramas de trajetória interpessoal antes e após a intervenção psicodramática numa jovem (Figura 6B). Os diagramas "antes" (em cima) indicam uma grande discrepância entre a situação desejada (ideal) e a real dessa mulher. Sua primeira escolha (um ex-namorado) é a pessoa com quem ela relata ter menos contato, sugerindo uma situação potencial não-resolvida nessa relação. Além disso, ela apresenta maior variância nos diagramas de harmonia/conflito e atração/repulsão do que no domínio de aproximação/evitação, sugerindo a necessidade de ampliar seu escopo de respostas.

Após a intervenção psicodramática, a relação problemática desse sujeito (posto ideal 1, posto real 8) mudou da área contraditória de alta intensidade para o canto neutro, e foi substituída por uma nova, que é menos conflituosa (parte de baixo), indicando que a situação não resolvida com o namorado chegou a seu termo. No entanto, há ainda muita discrepância entre o posto ideal (1) e o real (11) do novo namorado, indicando que é necessário que se trabalhe mais para quebrar o padrão de suas relações com os outros significativos. Isso provavelmente demandará um trabalho psicodramático relativo às suas relações familiares precoces, das quais esse padrão emergiu.

Estamos agora no processo de criar um programa de computador interativo que possibilite uma análise imediata e que detecte trajetórias de mudança em cada relação relatada, ao longo do tempo, proporcionando condições de medir uma grande variedade de opostos.

## Mutualidade e acuidade da percepção interpessoal

As escolhas e laços interpessoais são processos de duas vias. Os casamentos, por exemplo, demandam uma escolha mútua sustentada e a criação sempre crescente de comportamentos que acomodem ambos os cônjuges. As escolhas mútuas estreitam os laços entre os indivíduos e proporcionam uma estabilidade aos grupos; da mesma forma, as rejeições tendem a se tornar mútuas. No processo das interações mútuas, a maneira como nos sentimos em relação aos outros torna-se semelhante a como os outros se sentem em relação a nós e vice-versa. Atração gera atração, e repulsão gera repulsão (similaridade de opostos). A atração e a repulsão envolvem uma percepção de como os outros se sentem em relação à nós, assim como a escolha e a rejeição envolvem a antecipação de como os outros encarariam a decisão. Como os conflitos sociais são introjetados como medo e desconfiança em relação aos membros de grupos sociais diferentes dos nossos (*paraconsciência*) (Sabelli, 1989), podemos criar os conflitos que tememos. Os paranóicos tornam-se isolados, enquanto que, em contraste, as *Polianas* tornam-se populares. As escolhas também sofrem o impacto da percepção que temos da opinião de terceiros. A grade de aprovação ocupacional de Rockwell (1987) foi desenvolvida enquanto instrumento para esclarecer esse aspecto para indivíduos que estão considerando várias carreiras.

Ao temer a rejeição, os indivíduos podem evitar escolher alguém por quem tenham grande estima e, assim, não é surpresa que um parceiro altamente desejável acabe ficando sozinho. A escolha por sair com uma garota que desagrada ao meu irmão poderia ser motivada pela resposta esperada por parte dele, ou poderia ocorrer a despeito de sua opinião. A atração por uma pessoa pode tornar-se a rejeição de outra por quem também nos sentimos atraídos. Esses cenários exemplificam as complexidades no processo de escolha. Compondo isso tudo está o fato de que as falsas percepções podem ocorrer, e, de fato, ocorrem. A acuidade da percepção interpessoal é importante porque a escolha é um processo de duas mãos, na qual a escolha de A por B favorece a escolha de B por A.

Para medir a *acuidade da percepção interpessoal*, o sujeito acrescenta a seus relatos de escolhas e intensidade de motivações opostas suas suposições com relação às escolhas (Bonny, 1943; Hale, 1981; Moreno, 1942) e motivações dos outros com relação a eles (Carlson-Sabelli et al., 1991; Carlson-Sabelli et al., 1992a; Carlson-Sabelli, 1992). Em estudos experimentais, a capacidade de os indivíduos perceberem corretamente quanto os outros se sentem atraídos ou repelidos por eles (teste sociodinâmico) era maior que sua capacidade de predizer se eram escolhidos ou rejeitados (teste sociométrico), porque as escolhas e rejeições são imprevisíveis quando a motivação é contraditória (Carlson-Sabelli, 1992; Carlson Sabelli et al., 1992). Isso sugere que os escores de intensidade de atração e de repulsão deveriam ser usados, em vez de a decisão propriamente dita, na computação e índices de acuidade (o nível com que alguém lê o outro acuradamente), e na abertura (o nível com que alguém é lido acuradamente pelos outros) com relação à percepção interpessoal. A sociometria perceptual pode, portanto, ser desenvolvida como medida da capacidade pessoal de entender e ser entendido pelos outros, e pode servir para avaliar a eficácia da técnica de inversão de papéis usada no psicodrama e na terapia familiar para melhorar a empatia.

Na tentativa de compreensão da empatia de duas vias, Moreno (1978) desenvolveu o teste sociométrico e desenvolveu o conceito de "tele" como "os sentimentos baseados na realidade que os indivíduos têm com relação aos outros, nas interações compartilhadas do aqui-e-agora relacionadas a papéis e situações". Ele então comparou a "tele" à transferência psicanalítica, que "não é baseada na realidade". Em nossa visão, os sentimentos irracionais de transferência e os laços econômicos objetivos são tão importantes quanto qualquer forma de empatia na constituição dos grupos. Usamos a libido interpessoal como um constructo abrangente que inclui essas várias formas de energia associativa; os gráficos de ação são um dos métodos para se estudar esse processo, enquanto que a medida de energia no teste sociodinâmico (ver a seguir) é outro.

# CO-CRIAÇÃO DE ESCOLHA

## Catástrofes: como a interação de opostos promove a criatividade

O conceito moreniano de co-criação é o núcleo da terceira lei da teoria de processos: a evolução natural e o desenvolvimento individual resultam da co-criação de opostos. O objetivo da sociometria (e da sociodinâmica) é medir e melhorar nossa capacidade de escolher, de criar e de co-criar harmoniosamente com os outros.

Os modelos métricos implicam que as seleções sejam um resultado linear de atrações e repulsões: eles são incapazes de lidar com a novidade e a criatividade, que são, por definição, não-lineares. Como já foi discutido, a atração e a repulsão não se neutralizam mutuamente; sua soma algébrica não prediz o resultado sociométrico. Ao contrário, a própria natureza da escolha força uma motivação a superar a outra, e quando são intensas, as seleções são instáveis e tendem a oscilar rapidamente entre a escolha e a rejeição, e, portanto, criam uma forma mais complexa de comportamento do que uma ou outra. Retratos de espaços de fase permitem que analisemos fenômenos complexos onde forças ou motivações em mudança gradual conduzem a mudanças abruptas no comportamento, que não se encaixam nos modelos lineares unidimensionais. Mudanças descontínuas, súbitas, qualitativas, de um estado de equilíbrio para outro, como, por exemplo, da escolha para a rejeição, ou vice-versa, são modeladas na matemática por uma *catástrofe* (Thom, 1975).

Em estudos experimentais incluindo treze diferentes grupos, observavamos uma distribuição linear de seleções como função de escolhas apenas em alguns poucos casos (Carlson-Sabelli et al., 1991; Carlson-Sabelli e Sabelli, 1992b, c; Carlson-Sabelli et al., 1992a; Carlson Sabelli, 1992). Em contraste com isso, demonstramos empiricamente que a distribuição de escolhas interpessoais como função dos sentimentos subjacentes de atração e de repulsão pode ser adequadamente modelada por uma dobra (ver Figura 5C), um dos sete tipos possíveis de catástrofe (Thom, 1975). Estudos posteriores poderão vir a revelar que diferentes critérios, diferentes circunstâncias sociais ou diferentes personalidades geram outras formas. A figura 5D ilustra a distribuição de dados reais obtidos por meio de critérios de diferentes tipos de ameaça: uma distribuição linear é a mais adequada quando o critério sociométrico tem um caso de alto nível de ameaça, enquanto que nos casos de baixo nível os dados se adequam mais a uma dobra de catástrofe. A Figura 5D indica a correspondência esperada do plano coordenado de opostos com a superfície da catástrofe.

Na matemática, o termo catástrofe não tem a conotação de evento traumático: ele descreve um processo em que há um potencial de divergência, porque há dois pontos de atratores em competição. Considere-se, por exemplo, um animal diante de uma ameaça. Se assustado, o animal se esquivará, enquanto que a raiva sem medo predirá um ataque. Quando o animal sente que a ameaça é fraca, e, portanto, ele não está com medo nem com raiva, o resultado é neutro e o comportamento mais complexo é de indiferença ou de curiosidade. Quando o animal está muito assustado e raivoso ao mesmo tempo, o resultado é ainda menos previsível, e o animal pode esquivar-se ou atacar, ou oscilar de um comportamento para outro. A direção da oscilação é facilmente influenciada por pequenos gatilhos externos. Essa oscilação entre esquivar-se e atacar é um exemplo de catástrofe.

A catástrofe é a forma mais simples de mudança não-linear (bifurcação). Quando muitas bifurcações ocorrem, se estabelece o caos, que não é aleatório, mas uma turbulência que cria a novidade e a complexidade. O caos representa a espontaneidade e a criatividade aumentadas. Como as bifurcações servem de base para o caos, as escolhas servem como base para a criatividade. A introdução da modelagem por catástrofe na sociodinâmica permite que se desenvolva uma estratégia para promover a criatividade. A forma de uma catástrofe é determinada por duas variáveis de controle: 1) uma função bifurcadora que, em valores baixos, leva a um resultado contínuo; enquanto que em valores altos, o resultado é descontínuo; e 2) uma variável assimétrica que, em valores médios, está associada a pequenas mudanças ao redor das modas. Descobrimos que, em nossos dados, a função bifurcadora poderia ser calculada como a soma das forças opostas subjacentes de atração e de repulsão, enquanto que a função assimétrica era a sua diferença. Intuitivamente, ambas as forças em oposição contribuem com energia (fator bifurcador) para o processo: com baixa energia, há neutralidade; e com alta energia, ocorre a escolha, a rejeição ou a ambivalência. A diferença entre motivações opostas oferece uma informação relativa à direção do resultado (parâmetro de controle assimétrico). Esses resultados enraízam a sociometria na poderosa matemática da teoria das catástrofes. Eles sugerem também que as catástrofes, a forma mais simples de interação não-linear, isto é, criativa, resultam da união e da diferença de opostos (Sabelli, 1989; Carlson-Sabelli e Sabelli, 1992b; Seiden e Sabelli, 1992).

Propomos (Sabelli, 1992; Seiden e Sabelli, 1992) uma *fórmula para a criatividade*: unam-se os opostos (opiniões, perspectivas, classes opostas) de tal forma que ambos sejam de intensidade aproximadamente semelhante e de intensidade relativamente alta. O teste das motivações e das concepções múltiplas que uma pessoa tem num dado momento e sua evolução no tempo, no plano de fase de opostos, pode revelar contradições, e, portanto, promover soluções criativas que incluem os opostos. Nos processos físicos, a novidade e a complexidade aparecem quando um processo é perturbado por intensas flutuações que o levam ao caos, o que, por sua vez, cria novas e complexas estruturas. Da mesma forma, a contradição emocional não detém o equilíbrio ou a ambivalência, mas a interação de opostos co-cria novidades e complexidade.

## A co-organização de grupos

O complexo processo de organização e reorganização de grupos reais deve ser composto de uma miríade de laços e de escolhas. Grupos formados espontaneamente podem parecer exemplificar a "auto-organização, mas, na realidade, os grupos são co-organizados pela interação de muitos processos mutuamente contraditórios. Como cada pessoa atrai e repele outras em diferentes aspectos, e em diferentes momentos, podemos conceber as pessoas como sendo atratores-repelidores no terreno interpessoal. Cada ação e cada escolha representa o resultado conjunto de uma multiplicidade de processos pessoais e grupais. *Os sociogramas* são representações visuais do processo de escolhas interpessoais entre as pessoas num grupo (Moreno, 1978; Hale, 1981; Blatner e Blatner, 1988a). Seu valor é limitado, porque eles são instantâneos de um processo, representando o aspecto público desse processo, e, no entanto, são úteis para o indivíduo (que aprende sobre seus próprios padrões de interação e consegue ter acesso a papéis e relações) e para a criação e os cuidados para com o grupo. Os sociogramas podem ser expandidos a partir dos gráficos de ação para incluir não apenas escolhas, mas também outros tipos de laços entre os membros individuais. No sociograma-padrão, cada pessoa está conectada às demais por uma flecha codificada, denotando escolha ou rejeição, e cuja espessura indica sua força. O teste sociodinâmico permite que se desenhe, em cada caso, duas flechas, atração e repulsão, revelando assim mais convincentemente a dinâmica do grupo.

Os dados do teste sociométrico revelam informações sobre o grupo, inclusive a existência de subgrupos e a identificação de pessoas-chave unindo-as às outras. As configurações visuais dos laços entre os membros do grupo refletem a maneira pela qual os membros se organizam ao redor de um critério particular, de forma objetiva, de modo que [mesmo] as pessoas não familiarizadas com os métodos sociométricos podem ter um bom entendimento sobre o grupo a partir deste. Com o uso de vários testes, os padrões de relacionamento podem ser identificados, e as intervenções para promover as conexões podem ser planejadas. O nível de conexão e de isolamento de um indivíduo das demais pessoas num grupo transmite informações sobre o acesso de alguém aos papéis. Os sociogramas servem para identificar as estrelas (escolhidas por muitos), os isolados (que não escolhem, nem são escolhidos), os rejeitados, as estrelas de incongruência (rejeitados por aqueles que eles escolhem, ou vice-versa) e os conectores. O estudo dos sociogramas às vezes revela a existência de indivíduos que tanto são escolhidos quanto rejeitados com maior freqüência que os outros. O mapeamento de sentimentos de atração e de repulsão prontamente revela, nos sociogramas, ou no plano de fase de opostos, a identificação de quatro classes: isolados indiferentes, estrelas atraentes, rejeitados repulsivos e bifurcadores. *Os bifurcadores* emitem e recebem fortes sentimentos de atração e de repulsão, e podem ser o alvo de muitas escolhas em alguns grupos e de muitas rejeições em outros. São, em geral, pessoas cheias de energia, variando de inovadores e criadores a personalidades bipolares e pacientes maníaco-depressivos, até outras pessoas com personalidades fortes e/ou fortes convicções.

## Assimetria sociométrica e hierarquia social

Em todos os grupos, o afeto e a escolha interpessoal são distribuídos de forma desigual. Alguns indivíduos são ricos em escolhas, recebendo muito mais amor do que podem retribuir, enquanto há um número de pessoas não escolhidas, não desejadas, que recebem muito menos amor do que o necessário para o crescimento emocional e a integração. Moreno descobriu essa assimetria na distribuição de escolhas e considerou-a a lei sociodinâmica básica (Moreno, 1978). *A assimetria sociodinâmica* de Moreno não é uma característica específica dos processos de escolha. O sociograma de uma organização não faz sentido, a menos que distingamos os níveis de hierarquia, que não são determinados por escolhas mútuas, mas pela escolha dos que estão no poder. Da mesma forma, as hierarquias sociais são determinadas por razões de nascimento e de posses, e não por escolha. Embora, com freqüência, seja desejável mais igualdade, também devemos reconhecer que as assimetrias humanas são apenas um caso particular da *assimetria cósmica* de Pasteur, que existe em cada estrutura, e é reconhecida como característica fundamental dos processos biológicos (Clynes, 1969). De acordo com a teoria dos processos, a assimetria é o registro que o fluxo de energia deixa em todas as estruturas, servindo para armazenar informações (por exemplo, as conservas culturais) e como agente catalítico para dirigir a mudança (Sabelli,

1989; Sabelli e Carlson-Sabelli, 1989). Assim como na natureza, os sistemas de alta intensidade de energia tendem a ganhar energia às expensas de sistemas de níveis de energia mais baixos, de forma que, na sociedade, as pessoas ricas em energia, posses ou escolhas retiram-nas dos mais fracos. Aqui, a assimetria sociodinâmica reaparece em sua forma mais fundamental, como hierarquia social, desigualdades econômicas, dominação pessoal, e, por vezes, opressão e abuso. O *status* social predetermina as escolhas (prioridade). As pessoas ricas ou poderosas são, com freqüência, as escolhidas. Esse ponto é clinicamente importante, na medida em que pessoas com baixo *status* sofrem uma diminuição ainda maior em sua auto-estima, porque recebem poucas escolhas. A compreensão das bases biológicas e socioeconômicas da assimetria sociométrica serve para curar muitas feridas psicológicas e interpessoais. Por outro lado, as pessoas ficam ricas e poderosas porque são escolhidas pelos outros (supremacia); é, portanto, de importância prática aprender estratégias para melhorar nossas "posses sociométricas", como por exemplo, "escolher para ser escolhido".

Para explorar essas questões em termos de ação, os membros do grupo podem alinhar, de acordo com sua percepção, quão freqüentemente são escolhidos, as trocas entre as pessoas altamente escolhidas e aquelas pouco escolhidas podem levantar um material significativo. Acrescentamos a esse exercício linear uma série de planos bidimensionais, incluindo a freqüência de ser escolhido e de ser rejeitado (revelando bifurcadores), assim como (em grupos de pessoas que se conhecem) as avaliações subjetivas e coletivas desses dois parâmetros (que diferem grandemente para muitos tipos de personalidade). É também terapêutico entender que as hierarquias são bidirecionais. Por exemplo, *a supremacia masculina* é uma realidade, mas a *prioridade feminina* também (Sabelli, 1989; Sabelli e Carlson-Sabelli, 1989; Sabelli e Synnestvedt, 1990), assim como as mães são o primeiro meio, o primeiro amor, a primeira autoridade e a primeira figura de identificação na vida da maioria dos indivíduos. Além disso, as mulheres geralmente sobrevivem aos homens; portanto, os homens mais velhos têm mais oportunidades do que as mulheres (supremacia), mas mais mulheres do que homens estão vivas para escolher (prioridade). O reconhecimento de que as mulheres têm poder, às vezes mais do que os homens da família, não nega a opressão das mulheres na sociedade em geral, nem pretende ser uma compensação, mas serve para reconhecer a realidade e proporcionar uma base para atribuir poder aos oprimidos em cada circunstância. Para esclarecer a coexistência de padrões opostos de poder em cada relação, é útil pedir que as pessoas de uma família ou de um grupo mapeiem sua intensidade e extensão num plano de opostos. Poderemos então identificar as áreas nas quais cada cônjuge domina o outro, assim como as áreas nas quais exista uma igualdade ou alternância de poder. Discutimos a economia doméstica em termos de trocas de trabalho (energia), da contribuição de cada pessoa na realização das tarefas domésticas, de informação (prática, afetiva, intelectual) e de dinheiro (matéria) levando a relações de *status*. Mas o trabalho e os bens não têm apenas um valor de uso; eles têm também um preço ou valor de mercado. Parece difícil considerar o valor de troca das pessoas, mas a realidade é que os grupos não são fechados, e atualmente cerca de 50% dos casamentos, nos Estados Unidos, terminam em divórcio.

## Sociográficos da família e das relações de grupo

Os sociogramas também são aplicados ao estudo de grupos naturais abertos, tais como as famílias e o "átomo social", a rede de pessoas que interagem diretamente numa pessoa. Os átomos sociais são sistemas abertos, que se estendem indefinidamente, sem fronteiras, mas com uma troca decrescente de energia e informação na periferia. A pessoa é o centro de um cone duplo que se expande em direção a muitas pessoas no passado e muitas no futuro. As vantagens do aqui-e-agora indicam a utilidade dos instantâneos sociométricos de grupos em estudo, mas quando os membros do grupo relatam suas relações externas, essa vantagem se perde, ao mesmo tempo que se ganha muito se olharmos as relações historicamente. Os sociográficos mapeiam a trajetória do processo de mudança nos laços interpessoais ao longo do tempo. Esses são construídos pelo mapeamento da intensidade de opostos numa relação, por exemplo, da atração e da repulsão, como único ponto num plano coordenado. Conectando-se os pontos do passado para o presente, produz-se uma trajetória que descreve o padrão de mudança para cada relação mapeada. A Figura 7 ilustra a evolução, no tempo, da relação de um casal com o outro significativo principal, ao longo de sua vida. Os sociográficos podem ser obtidos em relação a grupos naturais tais como famílias, ou à terapia ou grupo educacional no qual o exercício é realizado. Podemos então comparar as relações de uma pessoa com outras em diferentes situações. Pergunta-se aos sujeitos o que eles percebem com relação às semelhanças entre os padrões temporais de suas relações dentro de cada um desses grupos (família, trabalho, grupo de terapia), assim como as diferenças de padrão entre a situação desejada (ideal) e a real. O que pode ser feito para se deslocar da situação real em direção à ideal? Quais são as barreiras? Que relações precisam ser trabalhadas? Que outras questões esse exercício esclarece para você? Quando realizamos esse exercício em

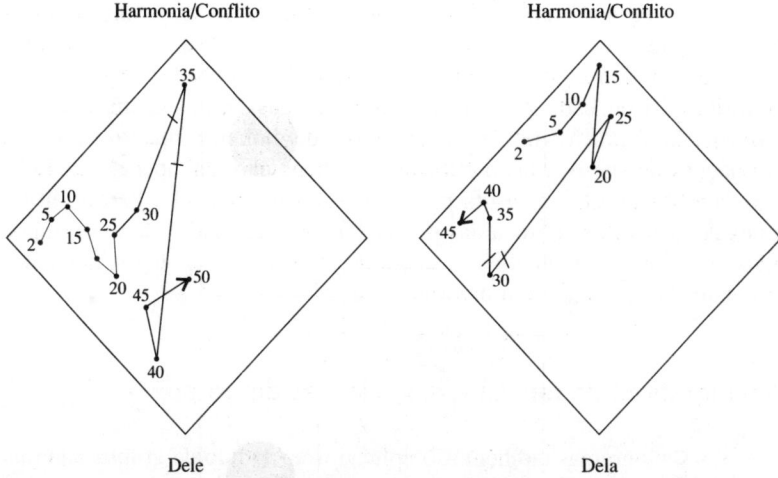

*Figura 7* Sociográficos. Um sociográfico é uma trajetória construída a partir da conexão de medidas seqüenciais (T1, T2 etc.), indicando um padrão ao longo do tempo. Essa trajetória indica o índice de harmonia e de conflito relatados pelo marido e pela mulher referentes às suas relações mais significativas durante a vida deles.

termos de ação, pedimos ao protagonista que inverta os papéis colocando-se no local em que ele colocou a mãe, o pai, o cônjuge, o filho, o colega de trabalho, em vários pontos do tempo, e, a partir dessa posição, verbalizar como eles se sentem *vis-à-vis* com o protagonista. Esse exercício ilustra tanto o método sociodinâmico como o sociométrico, que focalizam os processos de interação de longo termo, entre os sentimentos contraditórios coexistentes na co-criação de situações e de relações.

## Sociogramas coloridos

A procura pela *trifurcação* de opostos serve para entendermos os padrões que, de outra forma, ficariam obscurecidos pela tendência a pensar em termos de pares de opostos. As três cores primárias servem como modelo para entender a trifurcação de opostos. Usamo-las terapeuticamente para encorajar as pessoas a ultrapassarem as dicotomias do pensar em preto-e-branco, demonstradas por Adler (1954) e por Beck e colaboradores (1979) para predispor à neurose e à depressão (Sabelli e Javaid, 1991). Convidamos as pessoas a pensar em um possível padrão de comportamento que corresponda a cada uma das cores primárias e às suas combinações.

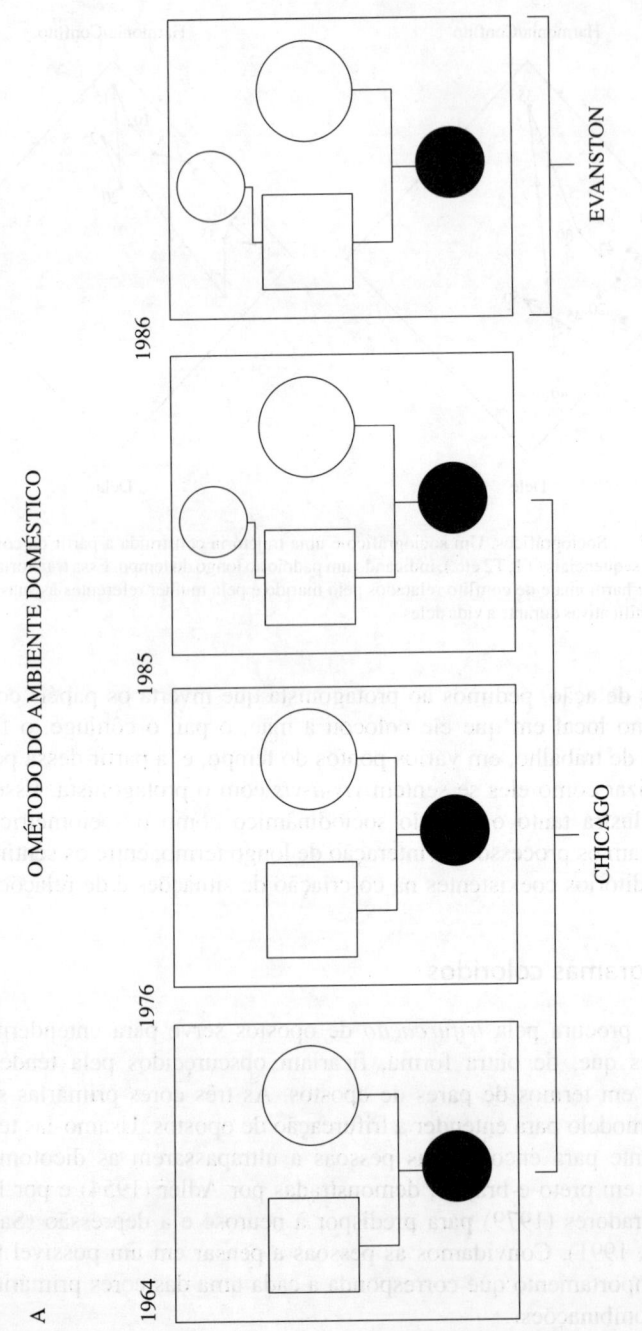

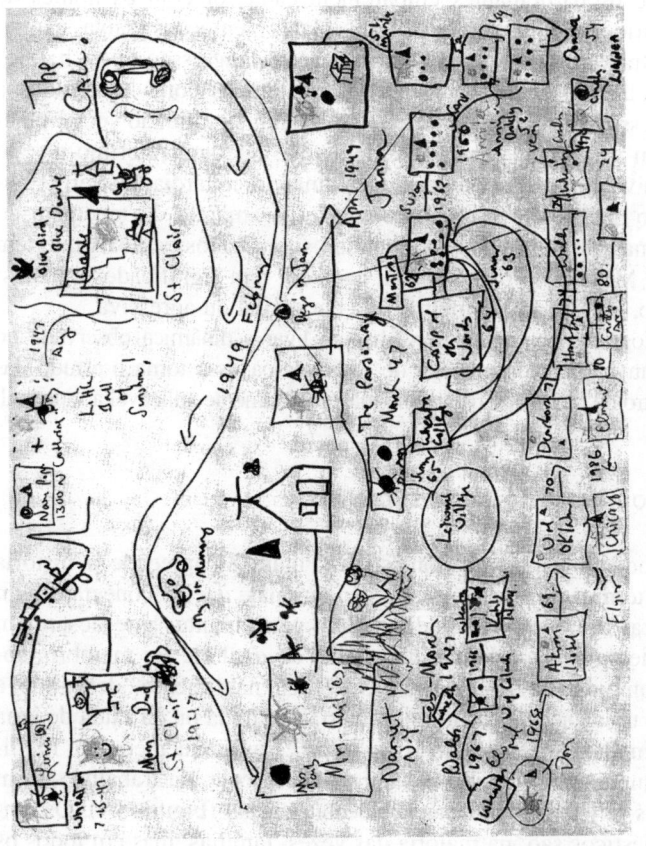

*Figura 8*  Ambientes domésticos. Representado aqui (A) encontra-se o ambiente doméstico de uma jovem de vinte anos (círculo preenchido) ainda vivendo na casa dos pais. Ela era filha única, nascida após 12 anos de casamento de seus pais. Quando ela estava com nove anos, sua meia-irmã, filha de um casamento anterior do pai, veio juntar-se à família, e, pouco depois, a família mudou-se da cidade para um subúrbio. O ambiente doméstico muda cada vez que uma pessoa entra ou sai dele, ou a pessoa que está fazendo o exercício se desloca, e pode ser enfeitado de várias formas (B).

Num típico exercício de grupo, pede-se aos participantes que designem uma cor para: 1) cada um dos outros membros do grupo e 2) todas as pessoas de sua família e átomo social, listando seus nomes em etiquetas de oito cores diferentes (três primárias, três secundárias, preto-e-branco). Examinamos primeiro os resultados em termos de correlações; por exemplo, muitas vezes os participantes inconscientemente designam a mesma cor para o terapeuta e para um de seus pais. A seguir, pedimos que os participantes emparelhem cada cor com os nomes de objetos coloridos (fogo, sol, água, terra, planta), emoções (raiva, excitação sexual, tranqüilidade etc.) e comportamentos (agressão, fuga, harmonia etc.). Pedimos, então, que eles interpretem as cores escolhidas a partir do pressuposto de que as cores têm algum significado social objetivo que tem prioridade (como exemplos que lideram, referimo-nos ao vermelho-raiva, ao azul-depressivo e ao amarelo-covardia; ao vermelho-esquerda, ao azul-real e ao azul-polícia, e ao amarelo da teocracia do Vaticano), mas os indivíduos acrescentam significados pessoais que têm supremacia. Mesmo no plano social, cada cor tem significados opostos; por exemplo, a paixão é vermelha, seja ela sexual ou agressiva.

Os sociogramas coloridos servem para ligar a dinâmica observada no grupo à dinâmica do átomo social de cada pessoa. Isso torna o estudo das relações dentro de um grupo de terapia mais prontamente aplicável à vida real.

## Método do ambiente doméstico

O método do ambiente doméstico (Figura 8) apreende a história pessoal em termos de uma série de sociogramas, que se conectam num grupo natural fundamental. Pedimos aos participantes que desenhem seqüencialmente cada ambiente doméstico do qual ele foi membro, começando com a casa dos pais antes de seu nascimento, definindo a transição de uma casa para outra por meio da entrada ou da saída de uma pessoa, ou mudanças de domicílio (porque essas freqüentemente implicam uma mudança no círculo de amigos, de escola, de trabalho, assim como muitas refletem mudanças socioeconômicas) (Figura 8A). Os ambientes domésticos são, na maioria das vezes, famílias, mas em todos os casos representam unidades econômicas, e, portanto, revelam fatores sociodinâmicos significativos. A história obtida pelo método doméstico é muito rica. Os indivíduos muitas vezes enfeitam-nas com ilustrações personalizadas (ver Figura 8B). É um bom exercício para o começo da vida de um grupo, para facilitar o conhecimento dos membros com relação aos outros de forma rápida e para esclarecer questões potenciais que tendem a emergir.

# Jogos de co-criação

Começamos os jogos de co-criação com uma atividade que aumente a energia e a interação. Por exemplo, podemos tocar música e pedir a todos que dancem. Quando a música pára, o facilitador grita um número, e todos têm de formar um grupo com igual número de pessoas. Quando o grupo está aquecido, iniciamos uma improvisação com três regras: 1) inicie, não faça perguntas; faça afirmações e sugestões; 2) diga sim a qualquer coisa que lhe for oferecida e introduza variações e enfeites; e 3) use contradições parciais, concorde com o que puder e ofereça alternativas. Nessa improvisação, uma pessoa inicia uma atividade na qual ela esteja fazendo alguma coisa. Deve ser algo não-verbal. Uma vez que a atividade é corretamente adivinhada, outra pessoa do grupo entra na cena, e essa, de não-verbal, passa a ser verbal. O grupo adivinha o que a pessoa está fazendo. Os dois atores estabelecem conjuntamente, por meio da interação, sua relação um com o outro, e a razão pela qual estão juntos. Por exemplo, uma pessoa que inicia uma cena fazendo um gesto de cavar pode fazer com que alguém chegue até ela e diga: "Vejo que você está cavando um buraco". A pessoa 1 poderia ter imaginado que estava removendo neve, mas agora muda para acomodar a contribuição do outro, por meio da conversação e da ação.

Enquanto isso, a audiência fica responsável por interromper os atores a qualquer momento em que estes quebrem uma regra, oferecendo a oportunidade para que o infrator tente novamente. Essa atividade prossegue pelo tempo suficiente para que todos entendam as regras. Em seguida, dividimo-nos em grupos de três, que deverão ser formados pela exclusão sucessiva de três pessoas do grupo maior, de modo que seja mais provável que as pessoas acabem ficando em grupos cujos membros conheçam menos do que as que estão sentadas perto delas. A primeira pessoa determina uma cena e um personagem para os outros dois. As duas devem iniciar um diálogo que esteja dentro da cena. Novamente as regras devem ser mantidas, e a pessoa 1 deverá ser o juiz. Depois de cinco minutos, a pessoa 2 passa a ser o juiz, e a 1 e a 3 continuam o diálogo, mas com a pessoa 3 no papel que ele ou ela não assumiram no diálogo anterior.

Finalmente, o diálogo continua com as pessoas 2 e 1, novamente, com uma mudança de personagem, de forma que todos sejam, por uma vez cada, personagem e juiz. Podemos acrescentar uma terceira atividade que envolva a criação de algo conjunto, uma co-criação de grupo. Uma atividade que funciona bem para grupos grandes é a produção de uma fantasia guiada de curta duração, na qual cada participante tenha uma experiência pessoal. O facilitador poderia pedir às pessoas que relaxem, respirem mais lentamente e se imaginem caminhando num lugar sereno, um lugar onde pudessem ir quando sentissem necessidade de renovação, ou quando estivessem comemorando algo. À medida que estão caminhando, seu sábio *self* vem e os leva pela mão.

Eles entram numa grande caverna com uma pedra na entrada. A pedra rola para o lado, revelando uma pessoa ou personagem, talvez um personagem arquetípico, cuja presença tem um significado pessoal especial para o observador nesse momento específico.

A atenção dos participantes é trazida de volta para o grupo, e pede-se a cada pessoa que faça um desenho do personagem que emergiu fazendo alguma coisa, que dêem título ao desenho, que o fixem na parede e que examinem os desenhos dos demais. Finalmente, pede-se que cada um faça a sua figura no desenho de alguém e adicione uma sentença que diga algo sobre quem é e por que esse personagem foi acrescentado.

Não há limite com relação ao número de personagens que podem figurar num desenho. Após isso, procuramos os desenhos que têm o maior número de personagens, pedimos que as pessoas se reagrupem em torno deles, em subgrupos menores, que podem variar entre um e cinco, dependendo do número de participantes. Pede-se, então, a esses grupos que criem uma metáfora ou escultura fluida que descreva o desenho ao qual eles se uniram. Costumo solicitar à pessoa que começou o desenho que seja a primeira na encenação, e que então saia e a assista de fora. O resultado é a co-criação imediata, uma dança poética com um significado pessoal e coletivo.

## CONCLUSÕES

Superando o enfoque individualista do início da psicoterapia, Moreno desenvolveu a *técnica de inversão de papéis* para ajudar no *insight* dos outros e inaugurou a sociometria, o psicodrama e a terapia familiar sob o conceito unificador do encontro. A sociometria e o psicodrama estão, portanto, relacionados como desenvolvimentos paralelos dentro de uma *filosofia clínica* que considera que *o insight no interior do outro* é um ingrediente necessário para a saúde interpessoal. Ao compreendermos o "papel que desempenhamos" em situações das quais não gostamos, desenvolvemos empatia pelos outros.

A sociometria esclarece a complementaridade dos papéis. O psicodrama os revela por meio da inversão de papéis. A sociometria mede as relações; o psicodrama tenta entender as causas e as escolhas que levam a elas e oferece instrumental para melhorá-las. Um psicodrama pode ser processado sociometricamente, ou seja, pode examinar as razões para uma seleção de papéis, e considera como se pode aumentar a possibilidade de acesso ou conseguir alívio em determinado papel. Finalmente, os retratos sociométricos podem ser usados para identificar questões interpessoais, esclarecer um padrão dentro de um psicodrama (Goldman et al., 1989), ou avaliar o trabalho psicodramático (Leutz, 1992).

Enquanto análise matemática e clínica do comportamento social, a sociometria representa o produto de uma filosofia clínica abrangente, científica e socialmente consciente. A conceitualização de processos sociais em termos de energia serve para unificar a sociometria, a biologia e a economia (prioridade), assim como a psicodinâmica (supremacia). Estabelecendo uma ligação entre a dinâmica matemática e a psicodinâmica, a sociodinâmica incorpora o método de processo de examinar cada problema a partir das perspectivas complementares em relação à organização mais simples e fundamental, que tem prioridade, e às mais complexas, que têm supremacia. A perspectiva mais elevada é ética, e, portanto, incluímos nos gráficos de ação uma consideração sobre "as balanças de justiça". As preocupações éticas aplicam-se não apenas aos indivíduos, mas também à sociedade. Na visão de Moreno (1978, p. 3) "um procedimento verdadeiramente terapêutico não pode ter um objetivo menor do que toda a humanidade". Nessa perspectiva de "deslocar-se dentro de um enquadre terapêutico racional, da psicoterapia de pequenos grupos para a psicoterapia de massa e psiquiatria de massa", Moreno estava interessado em alcançar as massas; de acordo com seu espírito, estamos desenvolvendo exercícios sociodinâmicos que desafiam os participantes a co-criar uma sociedade a serviço das pessoas, e não do lucro ou do poder (Sabelli, 1991b; Sabelli e Synnestvedt, 1990). Moreno criou a sociometria para que servisse de base para a "sociatria", a psiquiatria da sociedade. Em nossos dias, em que as visões sociais estão atrofiadas por um vazio de idéias, nossa geração deve manter viva essa missão histórica. O método matemático, a arte clínica e a ética social são três aspectos da tradição moreniana que não deveriam ser separados.

## AGRADECIMENTOS

Agradecemos à sra. Maria McCormick e outros membros da Society for the Advancement of Clinical Philosophy, aos estudantes do Rush Psychodrama Program, aos membros da Sociometry Research Group, a Renée Luecht, e ao dr. Minu Patel, do Bioscience Facility Resource Centre, da Universidade de Illinois, em Chicago, pela sua generosa ajuda neste projeto.

# REFERÊNCIAS BIBLIOGRÁFICAS

ABRAHAM, F. D. (em colaboração com Abraham, R. H. e Shaw, C.D.) (1990). *A visual introduction do dynamical systems theory for psychology*. Santa Cruz, Aerial.

ADLER, A. (1954). *Understanding human nature*. Greenwich, CT, Fawcett.

BAKER, G. L. e GOLLUB, J. P. (1990). *Chaotic dynamics*. Cambridge, Cambridge University Press.

BECK. A., RUSH, A., SHAW, B. e EMERY, G. (1979). *Cognitive therapy of depression*. Nova York, Wiley.

BLATNER, A., e BLATNER, A. (1988a). *Foundations of psychodrama: history, theory and practice*. 3ª ed., Nova York, Springer. No Brasil, traduzido sob o título: *Uma visão global do psicodrama: Fundamentos históricos, teóricos e práticos*. São Paulo, Ágora, 1996.

_____ (1988b). *The art of play*. Nova York, Human Sciences Press.

BONNY, M. M. (1943). "The consistency of sociometric scores and their relationship to teacher judgements of social success and to personality self-ratings", *Sociometry*, 6, pp. 409-24.

BUCHANAN, D. R. (1980). "The central concern model: a framework for structuring psychodramatic production". *Group Psychotherapy, Psychodrama and Sociometry*, 33, pp. 47-62.

CARLSON-SABELLI, L. (1992). "Measuring co-existing opposites: a methodological exploration". Dissertação de doutoramento, University of Illinois em Chicago, Order no. 9226372, UMI Dissertation Services, 1- 800-521-0600.

CARLSON-SABELLI, L., e SABELLI, H. C. (1984). "Reality perception and role reversal". *Journal of Group Psychotherapy, Psychodrama and Sociometry*, 36, pp. 162-74.

_____ (1990). *Psychogeometry*. Procedimentos da Thirty-Fourth International Society for the System Sciences, Pomona, Califórnia, California State Polytechnic University, pp. 769-75.

_____ (1992a). *Modular organisation of human system: a process theory perspective*. Procedimentos da Thirty-Sixth International Society for systems Sciences, Pocatello, Idaho State University, pp. 678-88.

_____ (1992b). *Interpersonal profiles: analysis of interpersonal relations with the phase space of opposites*, id., ibid., pp. 668-77.

_____ (1992c). "Phase plane of opposites: a method to study change in complex processes, and its application to sociodynamicas and psychotherapy". *The Social Dynamicist*, 3 (4), pp. 1-6.

CARLSON-SABELLI, L., SABELLI, H. C. e PATEL, M. (1991). *Dynamics of choosing in small group systems*. Procedimentos da Thirty-Fifth International Society for Systems Sciences, Östersund University, 7-11.

CARLSON-SABELLI, L., SABELLI, H. C., PATEL, M., e HOLM, K. (1992a). "The union of opposites in sociometry: an empirical application of process theory". *Journal of Group Psychotherapy, Psychodrama and Sociometry*, 44, pp. 147-71.

CARLSON-SABELLI, L., SABELLI, H., ZBILUT, M., PATEL, M., MESSER, J. V., WALTHALL, K., FINK, P., EPSTEIN, P., e HEIN, N. (1992b). *Developing electropsychocardiography as a diagnostic tool in medicine and psychiatry*. Chicago, Procedimentos do Communication and Collaboration in Research, Rush University.

CLYNES, M. (1969). "Rein control, or unidirectional rate sensitivity, a fundamental dynamic and organising function in biology". *Annals of the New York Academy of Sciences*, 156, pp. 627-968.

COBB, L. e ZACKS, S. (1985). "Applications of catasthophe theory for statistical modelling in the biosciences". *Journal of the American Statistical Association*, 80, pp. 793-802.

GOLDMAN, E. E., MORRISON, D. S., e GOLDMAN, M. S. (1989). *Psychodrama: a training tape*. Phoenix, AZ, Eldmar Corportation.

GUASTELLO, S. J. (1988). "Catastrophe modelling of the accidente process: organisational subunit size". *Psychological Bulletin*, 103 (2), pp. 246-55.

HALE, A. D. (1981). *Conducting clinical sociometric explorations*, Roanoke, VA, Royal Publishing Co.

_____ (1989). "New developments in sociometry". *Journal of Group Psychotherapy, Psychodrama and Sociometry*, 40, pp. 119-23.

HARE, P. (1992). "Moreno's sociometric study at the Hudson School for Girls". *Journal of Group Psychotherapy, Psychodrama and Sociometry*, 45, pp. 4-39.

KOLE, D. M. (1967) "The spectrogram in psychodrama". *Group Psychotherapy*, 10 (1-2), pp. 53-61.

LEUTZ, G. (1992). "Sociometric-psychodramatic group psychotherapy in its methodic significance". *The International Forum of Group Psychotherapy*, 1(5), pp. 7-9.

MORENO, J. L. (1978). *Who shall survive?*. 3ª ed., Nova York, Beacon House.

_____ (1942). "Sociometry in action". *Sociometry*, 5, pp. 298-315.

PRIBRAM, K. (1990). *Brain and perception: holonomy and structure in figural processing*. Boston, MA, John M. MacEachran Lecture Series.

RAAZ, N., CARLSON-SABELLI, L. e SABELLI, H. C. (1992). "Psychodrama in the treatment of Multiple Personality Disorder: a process-theory perspective", in E. Kluft (ed.). *Expressive and functional therapies in the treatment of multiple personality disorder*. Springfield, IL, Charles Thomas, pp. 169-88.

ROCKWELL, T. (1987). "The social construction of careers: career development and career counsling viewed from a sociometric perspective". *Journal of Group Psychotherapy, Psychodrama and Sociometry*, 40 (3), pp. 93-107.

SABELLI, H. C. (1989). *Union of opposites: A comprehensive theory of natural and human processes*. Lawrenceville, Brunswick.

_____ (1991a). "A synthetic approach to psychiatry's nature-nurture debate: a commentary". *Integrative Psychiatry*, 7, pp. 83-9.

_____ (1991b). *Process theory, a general theory of natural and human systems*. Procedimentos do Thirty-Fifth International Society for Systems Sciences, Östersund University, pp. 168-81.

_____ (1991c). *Process theory, a biological model of open systems*. Procedimentos do Thirty-Fifty International Society for Systems Sciences, Östersund University, pp. 219-25.

_____ (1992). *God the attractor: a scientific concept and a psychotherapeutic metaphor*, Procedimentos do Thirty-Sixth International Society for Systems Sciences, Pocatello, Idaho State University, pp. 1241-50.

SABELLI, H. C., e CARLSON-SABELLI, L. (1989). "Biological priority, psychological supremacy: a new integrative paradigm derived from process theory". *The American Journal of Psychiatry*, 146, pp. 1541-51.

_____ (1991). *Process theory as a framework for comprehensive psychodynamic formulations*. Genetic, Social and General Psychology Monographs, 117 (1), pp. 5-27.

_____ (1992). *Process theory: energy, information and structure in the phase space of opposites*. Procedimentos do Thirty-Sixth International Society for Systems Sciences, Pocatello, Idaho State University, pp. 658-67.

SABELLI, H. C. e JAVAID, J. (1991). *Depression and conflict in individuals in social systems*. Procedimentos do Thirty-Fifth International Society for Systems Sciences, Östersund University, pp. 175-81.

SABELLI, H. C., e SYNNESTVEDT, J. (1990). *Personalisation. A new vision for the millennium*. Chicago, Society for the Advancement of Clinical Philosophy.

SABELLI, H. C., CARLSON-SABELLI, L., e JAVAID, J. I. (1990). "The thermodynamics of bipolarity: a bifurcation model of bipolar illness and bipolar character and its psychotherapeutic applications". *Psychiatry: Interpersonal and Biological Processes*, 53, pp. 346-67.

SABELLI, H. C., PLAZA, V. VÁSQUEZ, A., ABRAIRA, C., e MARTINEZ, I. (1991). *Caos argentino: diagnóstico y enfoque clínico*. Chicago, IL, Society for the Advancement of Clinical Phylosophy.

SABELLI, H., CARLSON-SABELLI, L., e PATEL, M. (no prelo). "Psychological portraits and psychocardiological patterns in phase space", in F. Abraham (ed.). *Chaos theory in psychology*.

SEIDEN, D. e SABELLI, H. C. (1992). *Co-creation: a process theory of form in art and life*. Procedimentos da Thirty-Sixth International Society for Systems Sciences, Pocatello, Idaho State University, pp. 720-9.

THOM, R. (1975). *Structural stability and morphogenesis*. Reading, MA, Benjamin/Cummings.

TREADWELL, T. W., LEACH, E., e STEIN, S. (1993). "The social networks inventory: a diagnostic instrument measuring interpersonal relationships". *Small Group Research*, 24, pp. 155-78.

# A dimensão transpessoal e psicoespiritual

# Capítulo 8

# O circo cósmico

## Comentário

A idéia de cosmos como algo central à existência do Homem nos leva ao primeiro capítulo do próximo grupamento de conceitos. Martti Lindqvist explora a formação religiosa e filosófica de Moreno. Ele considera que o psicodrama se move em duas direções ao mesmo tempo, e argumenta em favor de uma reavaliação da moralidade moreniana, numa época de moralidade em queda no século XX.

Lindqvist e outros autores sugerem que as idéias de Moreno sobre a natureza da existência e a relação entre o Homem e Deus antecede o trabalho do teólogo Martin Buber e dos últimos existencialistas. Há muitas semelhanças entre a filosofia desses dois homens, e é discutível qual deles teria influenciado o outro. Atualmente, fica mais claro que Moreno foi um dos primeiros pensadores existencialistas, mesmo que Marineau considere que seja contraditória a sua defesa do anonimato e, ao mesmo tempo, a luta pelo reconhecimento. A idéia de uma experiência mais direta com Deus numa relação Eu-Tu é, talvez, mais familiar para nós agora do que quando foi originalmente defendida por Moreno.

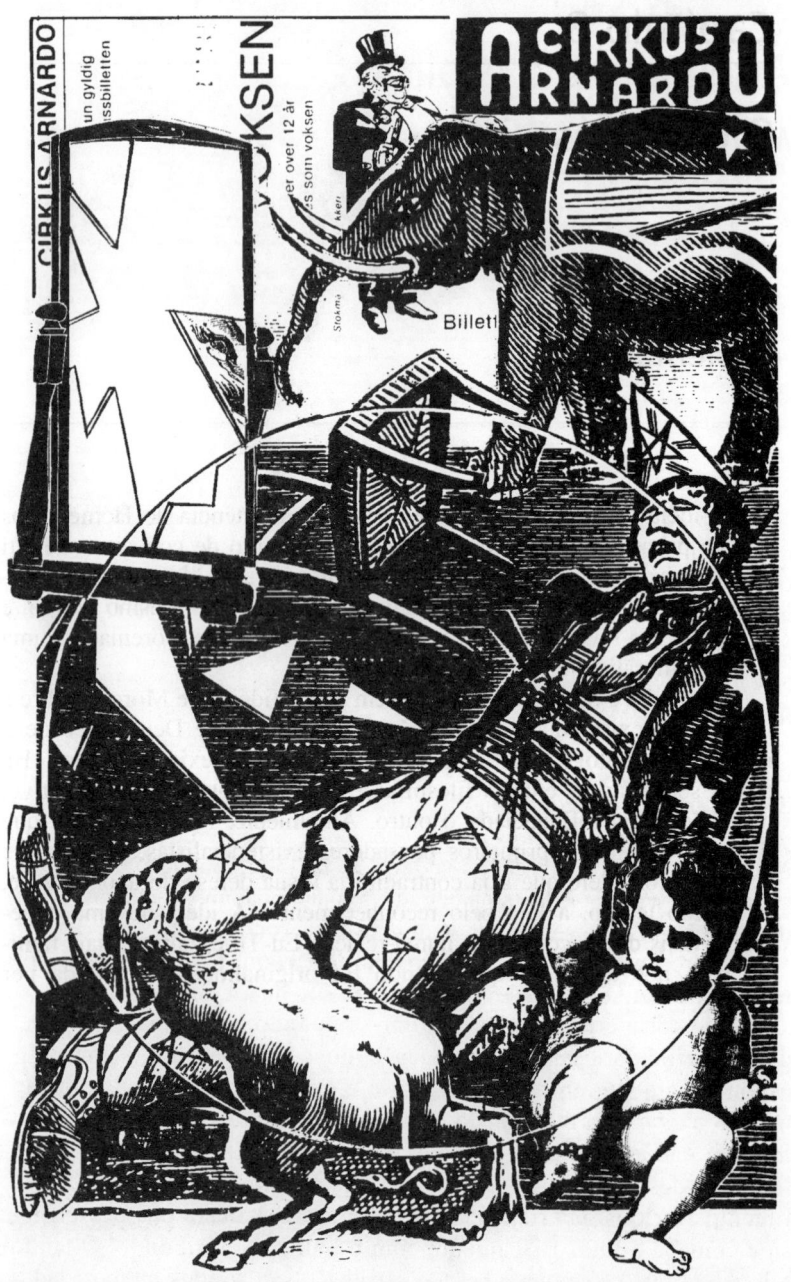

# A religião e o espírito

*Martti Lindqvist*

Estamos numa manhã ensolarada de domingo, em algum lugar do campo finlândes. O grupo está sentado em colchões, numa grande sala, cheia de luz. Começou o último dia do *workshop*. Como líder do grupo, amealho alguns sentimentos e idéias dos participantes. Digo: "Vocês estão num circo. O que vocês vêem aí? Olhem com cuidado o que é de seu interesse. Quando encontrarem algo, invertam papéis com a coisa que vocês estão olhando".

O grupo cria várias imagens, das quais seleciono cinco para demonstração no palco. No centro do palco há um palhaço moribundo. Ele decidiu mostrar a própria morte à audiência, como sua última *performance*. Adiante, há um espelho quebrado no qual um elefante pisou. Muito próximo ao palhaço, vê-se uma besta, uma criatura muito misteriosa e assustadora. E, bem na beirada do palco, há uma criancinha caída do carrossel. Ela se sente muito solitária e assustada.

O circo não tem teto. O claro céu azul cobre o palco, como uma tenda cósmica. O céu é eterno e imutável. Ele nunca desaponta.

A história começa a desenrolar-se quando as pessoas, no papel do palhaço, da besta, da criança e do céu começam a interagir espontaneamente entre si. A história é muito humana e cósmica ao mesmo tempo. Ela é maior do que qualquer explicação. O espelho é a imagem das esperanças e das relações partidas. Ele simboliza a alma humana, desejosa de ser confortada. Especialmente, reflete os sentimentos feridos da criança caída e solitária. A besta parece perigosa e começa a lutar fisicamente com o palhaço moribundo. Quando a luta termina, vê-se que a besta e o palhaço são amigos íntimos, lados opostos do mesmo ser. Para o palhaço, a besta é seu guia e companheiro quando ele se aproxima do desconhecido no momento de sua morte.

O que ocorre à criança, que incorpora tanto o coração quanto o propósito mais profundo do circo? O céu olha para ela e lhe oferece confiança e conforto. O céu não pode chegar até a criança, mas é capaz de criar o contato entre ela e um espectador adulto do grupo. A criança encontra a esperança perdida e é encorajada a subir novamente no carrossel. O que à primeira vista parecia puro horror, solidão, destruição e loucura passou por uma metamorfose e se transformou em alegria, união e beleza. Isso mostra a mágica do drama e a mágica da vida (Lindqvist, 1992).

O que esta inusitada história de circo tem a ver com os grandes temas da religião, do espírito e do drama que proporcionaram a J. L. Moreno a inspiração mais profunda para o seu pensamento, assim como quando criou a teoria e o método do psicodrama? O próprio circo é uma imagem arquetípica da vida. Nele há os diferentes sentimentos que um ser humano pode vivenciar. Há muito compartilhamento, animação e mágica presentes. As pessoas e demais criaturas no palco têm diferentes papéis, que eles desenvolvem ao máximo. O próprio palco é um lugar com um toque de magia especial. Tudo é possível. A fronteira entre a realidade e a realidade adicional desaparece.

Os símbolos são importantes. O nome "circo" refere-se ao palco em forma de círculo (arena) que é o foco de tudo o que há e acontece no circo. Portanto, não foi por acidente que o próprio Moreno criou um palco circular para o psicodrama. O círculo é o símbolo da eternidade, da integridade e da vida que retorna à sua origem. O mesmo simbolismo pode ser apreciado, por exemplo, no uso da aliança de casamento ou nas coroas fúnebres. No início, o palco está vazio, mas ao mesmo tempo a atmosfera que o circunda vive um estado de gestação. Ele é como foram os primórdios do universo: "A terra era sem forma e vazia, a escuridão se sobrepunha à face do abismo, e o Espírito de Deus se movia sobre a superfície das águas" (Gênesis 1:2). No circo, a primeira ação criativa ocorre quando o público faz um contato emocional com o palco vazio. As expectativas crescem durante o processo de aquecimento.

A própria vida pode ser descrita como um palco cósmico. Ao nascer, entramos no palco, e, no momento da morte, deixamo-lo. A vida significa que temos a possibilidade de representar nossas próprias histórias no palco da vida, e que nossas histórias são vistas, compartilhadas e recebidas por outras pessoas. A vida é rica quando os papéis são variados e plenamente representados. Há épocas em que a ação catártica ocorre, possibilitando a metamorfose, uma mudança qualitativa em nosso próprio núcleo.

Desde os primórdios da cultura humana, o drama tem servido como meio importante para o encontro humano com "a vida maior". O drama tem unido e confortado as pessoas e tem lhes dado a oportunidade de participar dos mitos comuns da história humana. A propósito, a maior parte dos rituais, religiosos e seculares, é a forma de descrever, ter domínio sobre a vida e mudá-la de forma dramática. Há uma ampla variação de diferentes formas de drama, mas o que une a maior parte deles é a ênfase no espírito, na experiência, na interação, na espontaneidade e na criatividade.

## AS RAÍZES RELIGIOSAS DE MORENO

Tem-se indagado se as idéias religiosas e metafísicas de Moreno são uma parte necessária da teoria e da prática do psicodrama. Poderíamos trabalhar com o psicodrama e sermos bem-sucedidos sem reparar em suas raízes religiosas? Diferentes pessoas dão diferentes respostas. O que continua sendo claro é que não podemos pensar em Moreno sem sua própria história e seu estilo pessoal de pensar, que tinham uma profunda conotação religiosa. Historicamente, a religião proporcionou a Moreno, de muitas formas, sua inspiração básica, a motivação para o trabalho prático, para as metáforas e conceitos básicos para descrever o drama humano no universo.

Em minha opinião, é possível entender a relevância da religião para o psicodrama sob três aspectos diferentes: 1) na fundamentação metafísica da teoria da espontaneidade/criatividade; 2) no compromisso moral de trabalhar para as pessoas; e 3) no drama como meio de lidar com questões religiosas/metafísicas. A seguir, os três aspectos serão brevemente discutidos.

É amplamente sabido que Moreno tinha profundas idéias sobre a religião, Deus, o espírito, e os processos cósmicos. Isso é compreensível, em parte, devido à sua formação histórica e religiosa: sua origem era judaica. Uma das histórias famosas sobre sua infância narra como, quando ele estava brincando de ser Deus com as outras crianças, tentou voar, mas, nessa tentativa, caiu e quebrou o braço direito. Sem dúvida, há um certo simbolismo nessa história, dadas as suas idéias cósmicas e sua posterior auto-interpretação de que seria um homem que faria uma profunda revolução na psicologia e transformaria as instituições sociais da humanidade no mundo todo.

No início da adolescência, Moreno também teve profundas experiências religiosas. Ele narra a visão que teve aos quatorze anos, quando morava em Chemnitz. Ele a chamava de "sua epifania".

Encontrei-me num pequeno parque, diante de uma estátua de Jesus Cristo iluminada pela pálida luz da lua. Ela atraiu meu olhar, e fiquei transfixado. Na intensidade desse estranho momento, tentei fazer, com toda a minha força de vontade, com que a estátua adquirisse vida, que falasse comigo... Lá, em pé, diante da estátua, eu sabia que teria que tomar uma decisão que determinaria o futuro percurso de minha vida. Creio que todos os homens têm de fazer esse tipo de decisão em sua juventude. Esse foi o momento da minha decisão... Decidi em favor do universo, não porque minha família fosse inferior a qualquer outra, mas porque eu queria viver em benefício do meio maior ao qual todos os membros de minha família pertenciam, e ao qual queria que eles retornassem... A pequena estátua diante de mim simbolizava que Jesus havia seguido o caminho do universo, e havia assumido todas as conseqüências envolvidas.

(Marineau, 1989, p. 23)

Moreno, pelo menos mais tarde, compreendeu que esse foi o início de seu chamado para uma missão especial no mundo.

Em pé, diante do Cristo em Chemnitz, comecei a acreditar que eu era uma pessoa extraordinária, que eu estava aqui no planeta para cumprir uma missão extraordinária. Esse estado mental geralmente é chamado de megalomania. Esse nome é vil. Na verdade, é uma palavra de baixo calão.

(Marineau, 1989, p. 24)

O próximo passo em seu desenvolvimento religioso deu-se nos anos iniciais, em Viena, quando fundou com amigos "A Casa do Encontro". Alguns autores chamam a essa época de período hassídico de Moreno (Fox, 1987, p. XV; Williams, 1989, pp. 10-1). Moreno queria estabelecer "uma religião do encontro" baseada no amor, na doação voluntária e no anonimato. A ênfase era colocada no trabalho comunitário com as pessoas simples e necessitadas que estavam marginalizadas e sem ajuda. Diz Moreno:

Minha nova religião era uma religião de ser, de autoperfeição. Era uma religião de ajuda e de cura, pois a ajuda era mais importante do que o falar. Tratava-se de uma religião de silêncio. Era uma religião que realizava algo por amor a si, sem recompensas, sem ser reconhecida. Era uma religião de anonimato.

(Fox, 1987, p. 205)

242

Naquela época, Moreno também tinha debates religiosos com seus amigos. Marineau descreve, em sua biografia sobre Moreno, como os membros se encontravam com freqüência para conversar sobre assuntos tais como o retorno de Jesus Cristo, e como todos tinham sua hipótese. Ele defendia que Jesus voltaria nu ou saltaria de uma árvore, e ele próprio tentou essas hipóteses. É até mesmo possível que ele pudesse ter pensado em si próprio como Jesus durante um período (Marineau, 1989, pp. 27-8).

Embora Moreno fosse de origem judaica sefardita, ele leu muitos e diferentes autores religiosos, e muitas vezes identificava-se fortemente com eles. Entre os nomes aos quais se refere com freqüência estão Jesus, São Paulo, Sócrates, Maomé, Buda, São Francisco, Pascal, Kierkegaard, Swedenborg, Tolstoi, Dostoievski e Schweitzer — todos grandes profetas ou professores religiosos que davam maior ênfase à vida do que à especialidade intelectual/teológica.

A partir de 1910, Moreno formulou sua idéia sobre Deus, o qual não seria um criador distante, mas uma força ativa no universo, que se manifesta em todos os lugares em que a espontaneidade e a criatividade estiverem funcionando. A avaliação de Blatner é a de que uma revisão dos textos filosóficos completos que Moreno produziu durante esses anos mostra que ele merece ser incluído entre os primeiros existencialistas (Blatner, 1988, p. 18).

As preocupações religiosas de Moreno ganharam tons mais filosóficos quando, juntamente com outros intelectuais, fundou e publicou o famoso jornal *Daimon* (mais tarde *Der Neue Daimon*) em Viena, durante os anos 1918-20. Tratava-se de um periódico dedicado basicamente à literatura existencial e às artes expressionistas. Seu nome era alegórico: a palavra grega *daimon* significa o espírito ambíguo que é criador, conselheiro e fonte de inspiração. Naquela época, Moreno tinha contato com o famoso filósofo e teólogo Martin Buber (1878-1965), que também tinha uma forte origem judaica. A famosa teoria da filosofia do encontro "Eu-Tu" é, em muitos aspectos, muito próxima das idéias que Moreno tinha em sua mente. De acordo com a concepção de Buber, Deus, o grande Tu, possibilita relações humanas Eu-Tu, nas quais Deus é verdadeiramente encontrado e contatado, não apenas pensado e expressado. O oposto da relação Eu-Tu é a relação Eu-Isso, em que os outros seres são reduzidos a meros objetos de pensamento e de ação. É típico da história de vida de Moreno que tenha havido controvérsias entre ele e Buber, pois Moreno achou (obviamente, sem uma evidência convincente) que ele havia expressado a idéia da relação Eu-Tu antes que Buber o fizesse (Marineau, 1989, pp. 48-9).

243

O ponto alto do pensamento religioso de Moreno foi, certamente, a publicação do *The words of the father* [*As palavras do pai*], em 1920. Trata-se de um livro fascinante, subjetivo e muito poético, que é facilmente mal interpretado. Como diz Marineau, "ele é a conclusão lógica da infância e da adolescência de Moreno, uma longa procura pelo significado da vida, e uma verdadeira representação do universo" (Marineau, 1989, p. 65). De certa forma, o livro é *O Cântico dos Cânticos* de Moreno, escrito parcialmente de forma poética. No livro, ele argumenta em favor de uma visão cósmica, no qual o homem assume a responsabilidade por sua própria vida, e torna-se o "Eu-Deus". Moreno dirá mais tarde:

Num momento da maior miséria humana, quando o passado parecia ser um equívoco, o futuro um infortúnio, e o presente um passatempo fugaz, formulei no "Testament des Vaters" a antítese mais radical de nossa época, transformando meu "Eu", o "Eu" e *self* do bastardo e fraco ser humano, no mesmo Eu e *self* de Deus, o Criador do Mundo. Não havia necessidade de provar que Deus existe e criou o mundo, se os mesmos Eus que ele criou haviam participado da criação deles próprios, e da criação um do outro. Se Deus era então fraco e humilde, cativo e condenado a morrer, era igualmente triunfante. Enquanto Eu-*Self*-Deus foi ele que se tinha feito cativo a si mesmo, para constituir um universo possível de bilhões de seres igualmente cativos fora de si, mas dependendo deles. A idéia de Deus tornou-se uma categoria revolucionária, removida do início dos tempos para o presente, para o *self*, para todos os Eus. O "Tu"-Deus do Evangelho Cristão poderia necessitar da prova do culto, mas o "Eu"-Deus do *Self* era auto-evidente. O novo "Eu" não podia imaginar haver nascido sem ser seu próprio criador. Ele não podia imaginar ninguém nascendo sem ser seu próprio criador. Igualmente, ele não podia imaginar nenhum futuro do mundo que jamais pudesse emergir sem ter sido seu próprio criador. Ele não poderia imaginar nenhum futuro para o mundo que emergisse sem que fosse pessoalmente responsável por sua própria produção.

(Moreno, 1983, p. 12)

O livro *The words of the father* [*As palavras do pai*] é o mais controverso da produção de Moreno. Alguns o consideram como o principal trabalho de Moreno, enquanto outros o consideram um sinal de sua insanidade e megalomania. Ninguém pode esquecer-se das impressionantes palavras de abertura do poema: *"Eu sou Deus, o Pai. O Criador do Universo. Essas são as Minhas palavras, as palavras do Pai"*. Marineau diz: "Seguindo o exemplo de Swedenborg, Moreno, o doutor da medicina, estava permitindo que suas 'vozes' interiores falassem, numa tentativa de unificar religião e ciência" (Marineau, 1989, p. 67).

Embora Moreno se referisse com freqüência ao conceito de Deus, ele se dissociava das idéias teológicas tradicionais. Ele queria encontrar uma nova compreensão de Deus como princípio ativo e que tudo cobrisse com relação ao universo.

Quando Deus criou o mundo em seis dias, ele parou um dia antes do que deveria. Ele dera ao homem um lugar para viver, mas, para torná-lo mais seguro para si, também o acorrentou a esse lugar. No sétimo dia, ele deveria ter criado para o homem um segundo mundo, um outro, liberto do primeiro, no qual pudesse se purificar, mas um mundo que não acorrentasse ninguém, uma vez que não seria real. É aqui que o teatro da espontaneidade continua a criação do mundo de Deus, abrindo para o Homem uma nova dimensão de existência.

(Moreno, 1983, p. 7)

Moreno faz uma distinção entre o "Deus do primeiro *status*" e o "Deus do segundo *status*":

Todas as afirmações e negações de Deus, todas as suas imagens giraram em torno desse, o Deus do segundo *status*, o Deus que havia conseguido o reconhecimento nas questões do universo, por assim dizer. Mas há um outro *status* de Deus, que mesmo como símbolo tem sido negligenciado, que é o *status* de Deus antes do Sabbath, desde o momento da concepção, durante o processo de criação e evolução do mundo e de Si próprio.

(Moreno, 1985, p. 32)

É típico do pensamento de Moreno que mesmo aqui ele deseje voltar ao "primeiro universo", ao *status nascendi*, em que tudo é possível, e tudo está em processamento — até mesmo Deus.

Em seus últimos anos, Moreno não estava escrevendo tanto sobre suas idéias religiosas. Ele não queria ser teólogo ou fundador de uma nova seita. Mas incorporou uma dimensão religiosa, transcendente, em todas as suas idéias e pensamentos. Era também da opinião de que a secularização e o materialismo eram grandes ameaças para a humanidade. Diz ele:

Um dos maiores dilemas do homem em nossos dias é que ele perdeu a fé num ser supremo, e, muitas vezes, em qualquer sistema de valor superior como guia de conduta. Seria o universo governado apenas pela mudança e pela espontaneidade? A resposta psicodramática à alegação de que Deus está morto é que ele pode ser facilmente trazido de volta à vida.

Seguindo o exemplo de Cristo, demos e podemos dar a ele uma nova vida, mas não da forma que nossos antecessores gostavam.

Substituímos o Deus morto por milhões de pessoas que podem incorporar Deus em sua própria pessoa. Isso pode requerer maiores explicações. O evento importante da religião moderna foi a substituição, se não o abandono, do SuperDeus cósmico, ilusório, por um simples homem que se chamava Filho de Deus — Jesus Cristo. O que era fora de série nele não era a cultura ou a magia intelectual, mas o fato da corporificação. Viviam em sua época muitos homens intelectualmente superiores a Cristo, mas eles eram frouxos intelectuais; em vez de fazerem um esforço para corporificar a verdade como a sentiam, eles falavam sobre ela. No mundo psicodramático, o fato da corporificação é central, axiomático e universal. Todos podem retratar sua versão de Deus por meio de suas próprias ações e, assim, comunicar sua própria versão aos outros. Não é mais o mestre, o papa ou o terapeuta que corporifica Deus. A imagem de Deus pode assumir forma e corpo por intermédio de qualquer homem — o epilético, o esquizofrênico, a prostituta, o pobre e o rejeitado. Todos eles podem, a qualquer momento, subir ao palco, quando chegar o momento de inspiração, e dar sua versão do significado do universo. Deus está sempre dentro de nós e entre nós, assim como acontece com as crianças. Em vez de descer dos céus, ele entra pela porta do palco.

(Moreno, 1975b, pp. 21-2)

Em sua famosa declaração, Moreno já está fazendo uma aplicação direta de seu conceito de Deus num trabalho psicodramático muito prático. Deus não é abstrato e ausente. Ele está no palco, no papel de todos os homens.

## A FUNDAMENTAÇÃO METAFÍSICA DA TEORIA DA ESPONTANEIDADE/CRIATIVIDADE

A teoria da espontaneidade de Moreno está intimamente ligada à sua idéia de "primeiro universo", por meio do que ele dá significado à matriz de "toda-identidade" como a moldura na qual uma criancinha vivencia sua existência. No primeiro universo, uma criança considera que tudo é parte dela mesma. Em termos psicológicos, é claro, a relação entre a criança e a mãe é decisiva. Para uma criança, não há diferença

entre ela e sua mãe. De modo semelhante, a humanidade achou, originalmente, que era parte integral do processo cósmico. Essa experiência é
sentida em seu apogeu no inconsciente coletivo, sem reflexão intelectual
ou papéis estabelecidos (Leutz, 1986, pp. 40-2 e pp. 71-4). Para Moreno,
o primeiro universo é um reino mágico, e o homem tem a oportunidade
de manter-se em contato com ele durante toda a vida:

> A razão pela qual escolhi o caminho do teatro em vez de fundar uma
> seita religiosa, entrar para um mosteiro ou desenvolver um sistema
> de teologia (embora essas opções não sejam mutuamente exclu-
> sivas) pode ser compreendida ao se considerar o meio do qual mi-
> nhas idéias surgiram. Sofri de uma *idée fixe*, do que poderia ter sido
> então chamado de afetação, mas da qual pode-se dizer hoje, quando
> se aproxima a época da colheita, que ela ocorreu pela "graça de
> Deus". A *idée fixe* tornou-se minha constante fonte de produtivida-
> de; ela proclamou que há uma espécie de natureza primordial que é
> imortal, e retorna em seu frescor a cada geração, um primeiro universo
> que contém todos os seres e no qual todos os eventos são sagrados. Eu
> gostei desse reino encantado e não planejo deixá-lo jamais.

(Moreno, 1983, p. 3)

O processo de aquecimento é, em última instância, uma manifestação da "fome cósmica" de manter uma identidade com a totalidade do
universo. Por meio desse processo, nos reconectamos às fontes criativas
da vida e suas oportunidades ilimitadas. Não se trata apenas de uma
fome por auto-realização de um homem individual. Ela tem como alvo
uma "realização de mundo" (Moreno, 1975a, p. 154).

Isso significa que a distinção entre "realidade" e "ilusão" torna-se
problemática. Tudo é possível, e nada é predeterminado: "milhões de
mundos imaginados são igualmente possíveis e reais, de igual valor para
o mundo em que vivemos e para o qual a metafísica é construída" (Moreno, 1983, p. 35). Há ilusões de um mundo real que são de igual importância, como "a realidade de um mundo de ilusões".

As raízes do drama moreniano são profundamente filosóficas — até
mesmo teológicas. A base da cosmologia de Moreno é o conceito de um
contínuo drama cósmico, no qual o próprio Deus dirige e atua. Esse é o
princípio de toda a criatividade e espontaneidade que existe no universo
(Moreno, 1953, pp. xvi-xvii). A idéia de criação é o *status nascendi*, que
é inerente ao caos.

A definição criativa de "brincar de Deus" é o máximo de envolvimento, a colocação de tudo que ainda não é nascido no caos, no

primeiro momento do ser. Essa preocupação com o *status* e o *locus nascendi* das coisas tornou-se o guia de todo o meu trabalho futuro.

(Moreno, 1953, p. xvii)

Trata-se de um estado no qual ainda não existem as "conservas culturais" (produtos, estruturas, papéis, definições e teorias já estabelecidas). Deus cria, fazendo papéis opostos ao seu. Assim, surgem coisas totalmente novas. Deus interage com sua própria natureza.

Moreno vai tão longe que chega até a falar em um teatro divino, e dá à sua imaginação permissão para visualizar Deus como um ator.

Poderia Deus ser um ator? Como deveria ser construído o palco sobre o qual Deus, o ser perfeito, atua? Ele, que se ama a si mesmo, ama a ilusão ainda mais. Ele, que ama a realidade, ama as peças ainda mais, e é por isso que as crianças adoram representar. Ele, que criou o mundo à sua imagem e semelhança, poderia não ser essencial à sua grandeza, que ele quisesse repetir a criação como uma peça em escala cósmica, não apenas para seu próprio prazer, que dificilmente requer qualquer confirmação, mas para o prazer de suas criaturas?

O repertório do palco celestial consiste na eterna repetição de uma peça, a criação do universo. Palcos sem conta são necessários para que seu drama possa ser encenado. Trata-se de um palco com muitos níveis, um mais elevado do que o outro, e um dando acesso ao outro. Em cada nível há um teatro, e no mais elevado está o palco do criador.

(Moreno, 1983, p. 95)

Moreno enfatiza que o teatro do criador não produz nenhuma redução do sofrimento: "Na realidade, a vida e a morte, o amor e a miséria são enfatizados, multiplicados em proporção e enormemente aumentados. A repetição da criação faz com que ser imortal não faça sentido" (Moreno, 1983, p. 96). O que é especial no teatro de Deus é que em Deus toda a espontaneidade se transforma em criatividade. Tudo o que Ele diz se transforma imediatamente em realidade.

Neste ponto, encontramos o conceito-chave que, talvez, seja a idéia mais malcompreendida do pensamento de Moreno. Trata-se do conceito do "Eu-Deus", que ele introduziu em *The words of the Father* [*As palavras do Pai*], em 1920. O que geralmente não é percebido é a íntima inter-relação entre o conceito de Homem de Deus na teoria de Moreno. A propósito, ao lidar com o "Eu-Deus", Moreno está falando da auto-interpretação do Homem:

248

Os modernos apóstolos da ausência de Deus, ao romperem as amarras que uniam o homem a um sistema divino, a um Deus supramundano, em sua pressa entusiasmada, cortaram, um pouco demais, cortaram também o próprio *self* do Homem. Por meio do mesmo ato pelo qual emanciparam o Homem de Deus, emanciparam também o Homem de si mesmo. Eles dizem que Deus está morto, mas foi o Homem que morreu. Minha tese é, portanto, que o centro do problema não é nem Deus, nem a negação de sua existência, mas a origem, a realidade e a expansão do *self*. Por *self* quero dizer qualquer coisa que tenha restado de você e eu após a redução mais radical de "nós" ter sido feita pelos retroducionistas passados e futuros.

(Moreno, 1983, p. 8)

Isso quer dizer que o processo Eu-*Self*-Deus não tem relação com a idéia do Homem-Deus e conceitos antropomórficos similares. A questão não é a semelhança de um único indivíduo com Deus, mas a semelhança do universo total com Deus, a sua auto-integração (Moreno, 1983, p. 11).

Williams observa corretamente que, para Moreno, o psicodrama é o meio prático de fazer das pessoas "Eus-Deuses", "parte do supremo poder que governa o mundo por meio da espontaneidade e da criatividade" (Williams, 1989, p. 222). Dessa forma, o transcendente torna-se imanente — ou, para usar uma metáfora cristã, o divino encarna na existência humana. Moreno não é compreendido se não se levar em conta a seriedade de sua crença de que o psicodrama oferece uma ferramenta concreta para a entrada no drama cósmico divino.

O que foi dito significa que o núcleo da metafísica de Moreno é a relação íntima entre Deus e o processo de espontaneidade/criatividade. Sob o aspecto psicológico, podemos falar das emoções humanas, de energias, de imagens, de vitalidade e liberdade. Todavia, para Moreno não se trata apenas de um processo psíquico, mas de uma manifestação real do drama cósmico, da qual os seres humanos participam plenamente (Blatner, 1988, pp. 14-5).

Moreno explica seu novo *insight* da seguinte forma:

Quando encontrei a gloriosa casa do homem, na qual ele havia trabalhado por quase dez mil anos, para dar a ela a solidez e o esplendor da civilização ocidental reduzida a cinzas, o único resíduo promissor por mim detectado no presságio das cinzas foi o "espontâneo-criativo". Vi o seu fogo ardendo no fundo de cada dimensão da natureza, no cósmico, no espiritual, no cultural, no social, no psicológico, no biológico e no sexual, formando em cada esfera um núcleo do qual um novo anseio de inspiração pudesse surgir. Mas, em vez de cair numa orgia de admiração diante da nova descoberta, como milhões de outros homens afetados da mesma maneira fizeram no passado, considerando o espontâneo-criativo como um presente irracional da natureza, como algo místico que algumas pessoas têm e outras não, ao redor do que se pode organizar um culto, senti-me inclinado a tratar do assunto com o mesmo distanciamento que os cientistas examinam um novo elemento... Pensei nos profetas e santos do passado que apareceram como os exemplos mais radiantes da criatividade espontânea e disse a mim mesmo: "Isso é o que você terá que produzir primeiro, e você próprio terá que materializá-lo". Portanto, isso começou a "aquecer" sob a forma de humores proféticos e sentimentos heróicos, colocando-os em meus pensamentos, em minhas emoções, gestos e ações. Foi uma espécie de pesquisa de espontaneidade em termos de realidade.

(Moreno, 1983, p. 5)

Em sua teoria do homem enquanto "Eu-Deus" e da espontaneidade/criatividade, Moreno atribui abertamente ao processo terapêutico uma tarefa cosmológica.

Um método terapêutico que não se preocupe com essas enormes implicações cósmicas com o verdadeiro destino do homem é incompleto e inadequado. Assim como nossos ancestrais encontraram essas mudanças em fábulas e mitos, tentamos encontrá-las, na nossa época, por meio de novos artefatos.

(Moreno, 1975b, p. 20)

Isso também significa que mesmo os conceitos e métodos estritamente psicodramáticos têm implicações cósmicas. Por exemplo, a fase de aquecimento da produção psicodramática não é um "jogo preliminar" técnico do ato dramático, mas um processo em que o grupo é reconectado ao "primeiro universo" e ao processo cósmico de se tornar "Eu-Deus".

## A RELIGIÃO COMO MOTIVAÇÃO PARA O TRABALHO TERAPÊUTICO E SOCIAL

A partir da história de vida de Moreno, fica claro que ele tinha uma firme crença em seu chamado especial. Para ele, o propósito final do trabalho psicodramático era a liberação humana, uma sociedade democrática, a paz mundial e a transfiguração cósmica. Ele concebeu essa visão durante um longo processo em que se identificou com grandes

250

profetas e líderes religiosos. Ele foi criticado e estigmatizado por isso, mas, por outro lado, isso foi também o sinal mais poderoso de sua grandeza moral. Portanto, não foi por acidente que ele tenha dedicado tanto de seu tempo ao trabalho com exilados, refugiados, prisioneiros, prostitutas, criancinhas e adolescentes delinqüentes. Ele tinha uma visão moral e uma missão concreta.

Moreno não podia compreender por que era acusado de ser egocêntrico e megalomaníaco. Ele escreveu, referindo-se à crítica feita ao seu livro *The words of the father*:

> É divertido pensar retroativamente que minha proclamação do Eu fosse considerada como a manifestação mais importante de megalomania de minha parte. Na verdade, quando o Eu-Deus é universalizado, como ocorre em meu livro, o conceito global de Deus torna-se um conceito de humildade, fraqueza e inferioridade, uma micromania, mais do que uma megalomania. Deus nunca foi descrito de forma tão pequena e tão universal em sua dependência como o é em meu livro. Foi uma transformação significativa a do Deus cósmico dos hebreus, o Ele-Deus, para o Deus vivo de Cristo, o "Tu-Deus". Mas foi uma transformação ainda mais desafiadora a do Tu-Deus para o Eu-Deus, que coloca toda a responsabilidade em mim e em nós, no Eu e no grupo. Um outro aspecto da micromania do livro é seu anonimato, que clamou em altos brados que não se trata do Eu de uma pessoa solitária, singular, mas do Eu de todos. A encarnação do Eu foi praticada por mim na minha própria vida, muito antes de assumir a forma psicodramática.

> (Moreno, 1975b, pp. 21-2)

A conseqüência natural disso tudo foi que Moreno não respeitou um empreendimento intelectual em sua própria causa. Seu interesse no conhecimento era emancipatório. Até sua morte, Moreno expressou sua admiração por grandes personalidades da história, que se dedicaram totalmente à condição humana. Ele queria ser um dentre eles.

> Homens como Josias, Jesus, Maomé e Francisco de Assis possuíam um senso do drama, e conheciam uma forma de catarse mental incomparavelmente mais profunda que a dos gregos, aquela que vem da realização de grandes papéis por meio de sua própria carne e sangue, individualmente e em grupo, do encontro cotidiano de emergências audaciosas. Seu palco era a própria comunidade, cada situação em que entravam desafiava seu gênio terapêutico. Eles conheciam a espontaneidade, a solução imediata, o processo de aquecimento e a atuação de papéis, de primeira mão, e não por

intermédio dos livros. Jesus, como ator terapêutico principal, tinha seus egos-auxiliares nos apóstolos, e seu diretor psicodramático no próprio Deus, que dizia a ele o que fazer.

(Moreno, 1985, p. 8)

Não é de espantar que Moreno admirasse o místico sueco Swedenborg, que tinha uma excelente base científica, mas que considerou que sua missão especial era a de divulgar os mistérios de Deus para as pessoas.

Moreno parece também ter tido consciência do lado patológico desse tipo de autocompreensão, mas não pediu nenhuma desculpa por isso: "Eu era um experimentador, e experimentadores como Jesus, Buda, São Francisco muitas vezes parecem inadequados e mesmo patológicos, mas eles estão tentando viver uma vida de verdade, e preferem uma existência imperfeita a uma teoria perfeita" (Marineau, 1989, p. 120).

Mesmo muito mais tarde, quando Moreno já estava nos Estados Unidos e tinha completado a parte principal de seu trabalho em vida, referia-se a figuras religiosas como exemplos a serem seguidos. Em meados dos anos 50, Moreno escreveu o seguinte sobre Kierkegaard:

Para Kierkegaard, o envolvimento existencial do ator subjetivo era axiomático; e se autovalidava — isso não requeria nenhuma prova posterior. Subjacente a seu credo estava o problema da validação. O comportamento religioso, para ser válido e significativo, tem que envolver toda a subjetividade do ator religioso. Ele tem de preencher e vitalizar os rituais religiosos com ele. Trata-se de um caso especial de espontaneidade familiar aos psicodramatistas; uma nova resposta para uma situação antiga, a exigência de reexperimentar uma situação repetida com a mesma intensidade que teria caso ocorresse pela primeira vez, a revitalização das conservas religiosas como um ritual ou uma prece.

(Moreno, 1975a, p. 209)

O que é especial no *insight* moral de Moreno é que ele também queria incorporar suas idéias morais básicas aos conceitos científicos e métodos práticos de sua teoria psicodramática. Para ele, o movimento sociométrico era uma fonte de democracia e de justiça social. De acordo com ele, a sociometria é um processo das pessoas, pelas pessoas e para as pessoas. Também a introdução do método de inversão de papéis foi uma revolução fundamental, no sentido moral. Com a inversão de papéis, Moreno concretizou o famoso princípio da regra do outro, de acordo com a qual precisamos nos colocar no lugar dos outros para compreender quais os seus direitos e sua concepção de vida.

Moreno oferece também três regras éticas básicas para o trabalho sociodramático e psicodramático: 1) dê a verdade e receba a verdade, 2) dê amor ao grupo, e este o retribuirá, 3) dê espontaneidade, e a espontaneidade retornará (Moreno, 1953, p. 114).

## O DRAMA COMO MEIO DE LIDAR COM QUESTÕES RELIGIOSAS/ METAFÍSICAS

O uso do drama para lidar com questões "espirituais" de forma alguma era uma preocupação secundária para Moreno. Na verdade, ele iniciou seu trabalho dramático com o "axiodrama", a partir do qual desenvolveu mais tarde o psicodrama e o sociodrama. Por exemplo, seus três trabalhos mais importantes dos anos 1918-19 foram textos escritos sob forma axiomática: "Deus enquanto autor", "Deus enquanto orador ou pregador" e no "Deus enquanto comediante ou ator", que foram publicados no *Daimon* e no *Der Neue Daimon*. O axiodrama é um exercício dramático no qual as questões da ética, das relações cósmicas ou dos valores, são tratadas por meio do uso de métodos de ação. Nas palavras de Moreno, ele "lida com a ativação dos valores religiosos, éticos e culturais sob a forma espontâneo-dramática" (Moreno, 1953, p. xxvi).

No trabalho axiodramático, Moreno também tinha grandes modelos de papéis. Por exemplo, o próprio Sócrates era, na opinião de Moreno, um bom axiodramatista ao usar o famoso método "maiêutico", inclusive a inversão de papéis, quando falava às pessoas na ágora de Atenas. "Eu estava interessado nos costumes éticos mais do que no de Sócrates enquanto intelectual, no 'transformador' mais do que no 'pensador'" (Moreno, 1953, pp. xxii-xxiii).

O psicodrama e o sociodrama oferecem a oportunidade de se visualizar e concretizar todas as metáforas, imagens, símbolos e criaturas possíveis no palco, e promovem a interação entre elas. Os papéis assumidos podem ser, por exemplo, religiosos, filosóficos, míticos ou estéticos. O propósito do trabalho poderia ser o esclarecimento dos conceitos, a tentativa de entender os diferentes níveis de seus significados, ou a promoção dos processos catárticos no âmbito da religião e da visão de mundo.

## EXEMPLO PRÁTICO DE SOCIODRAMA RELIGIOSO

Durante seis anos, conduzi um grupo para estudantes teológicos que lidava com questões morais e religiosas, usando o sociodrama/axiodrama. Neste contexto, darei apenas um exemplo de nosso trabalho.

O último domingo do calendário da Igreja está se aproximando. Seu tema religioso é "O Juízo Final". O grupo de sociodrama reuniu-se para uma sessão de três horas. O tema geral abordado durante o período de inverno havia sido o problema do mal. Como aquecimento, o diretor conta ao grupo a história de um pregador que baseou seu sermão no tópico do julgamento final. O pregador disse que a Igreja havia perdido sua credibilidade e falhara em sua tarefa missionária, porque os pregadores não falavam mais sobre o inferno. O pregador disse à congregação que todas as pessoas que não houvessem se arrependido pessoalmente e se convertido de maneira cristã adequada iriam para o inferno após a morte.

Pede-se aos participantes que imaginem que acabaram de ouvir aquele sermão. Eles são divididos em dois grupos para discutir os sentimentos e pensamentos relativos ao sermão. A maior parte dos estudantes se manifesta de forma bastante crítica contra o sermão. Eles dizem que o pregador colocou-se acima do nível de compreensão da congregação. Na opinião deles, essa era uma forma antiquada de interpretar os ensinamentos cristãos, que conduz a uma situação que acaba por afastar cada vez mais as pessoas da igreja. Eles dizem que a fé cristã não é algo baseado nas escolhas e decisões das pessoas.

Um estudante assume o ponto de vista oposto (em parte para provocar uma discussão acalorada). Ele diz que é bom quando alguém ainda tem a coragem de pregar de forma pura aquilo que é dito claramente na Bíblia. A Bíblia diz que após a morte existem apenas duas escolhas — ou o céu ou o inferno. Um dos participantes insiste em que a crença no inferno é um sinal de mau conhecimento exegético.

Após o aquecimento, o grupo faz um estudo sociodramático sobre diferentes conceitos de Deus, do céu e do inferno. As idéias são tiradas dos pontos de vista apresentados na discussão durante o aquecimento. Desenha-se um triângulo sociométrico no aposento, cujos vértices demonstram as três atitudes principais que havia entre os estudantes quanto à questão relativa ao inferno. O primeiro vértice simboliza a idéia de que o inferno significa uma separação eterna de Deus. O segundo vértice representa a opinião de que o inferno significa a danação eterna infligida por Deus. O terceiro vértice apresenta a posição segundo a qual a questão do inferno não tem relevância para a vida e a fé. Dos nove estudantes, três assumem lugares muito próximos do primeiro vértice. Para eles, o inferno significa estar separado de Deus. Dois estudantes demonstram, pela escolha de seus lugares, que essa questão é quase irrelevante para eles. Três estudantes permanecem no meio do triângulo. Um estudante (aquele que havia defendido o pregador durante o aquecimento) pisa fora do triângulo. Ele diz que seu conceito de mundo como um caos criativo e assustador não pode ser demonstrado por um ponto dentro do triângulo. Ninguém assume a posição de que o inferno significa a danação eterna.

Os estudantes descrevem, um a um, o significado de suas posições. "O inferno significa, para mim, uma vida sem Cristo." "Há uma separação e sofrimento sem esperança". "Eu não consigo decidir. No começo, achei que o inferno significava separação, mas agora essa questão é irrelevante para mim."

Maarit diz: "Fiquei no meio porque, de acordo com meu modo de pensar, acho essa questão irrelevante, mas meu medo faz com que eu me mova em direção à danação eterna".

O diretor decide que o grupo deveria trabalhar a resposta apresentada por Maarit, porque ela refletia uma grande ambigüidade entre pensamentos e sentimentos, o que poderia também ser verdade para outros membros do grupo. Maarit inverte papéis com seu medo, e vai para o lugar da danação eterna. Ela diz: "A atmosfera aqui é deprimente e condenadora. Quando eu estava lá eu não podia imaginar como isso seria...".

O diretor pede a Maarit que construa o inferno. Ela pega três estudantes para serem o fogo do inferno, e três outros para rirem do sofrimento dela. Maarit diz: "Sinto falta dos meus sentimentos. Estou com a impressão de ter feito alguma coisa errada". O diretor pede que Maarit se concentre e descubra o que está se passando dentro dela. Maarit (fazendo uma inversão de papéis espontânea) afasta-se subitamente do inferno e diz: "Eu fiz algo que causou a minha (Maarit) ida para o inferno". Na inversão de papéis, Eero assume o lugar de Maarit no inferno, e Maarit passa a ser a pessoa responsável por ela estar no inferno.

MAARIT:     (em inversão de papéis) Não existe essa história de mal ou de inferno. Não tenha medo. Nós temos um Deus de amor.
DIRETOR:    Você orou ao Deus de amor e Maarit acreditou no que você disse. Agora ela está no inferno. O que você acha disso?
MAARIT:     (ainda na inversão de papéis) Não acredito. Não é possível.
EERO:       (no papel de Maarit no inferno) Eu confiei em você. Você disse que não havia inferno. Eu não posso me livrar disso.
MAARIT:     (em inversão de papéis) Não tenho nada a dizer. Eu sou culpada. Eu a desapontei.

O diretor pede a Maarit que construa o céu. Maarit faz um círculo usando cinco estudantes. Eles demonstram proximidade e afetividade. Ela vai para o círculo, mas diz que ainda está consciente da realidade do inferno.

Maarit volta para o inferno. O diretor pergunta se ela tem conhecimento sobre o céu, estando no inferno.

MAARIT: Sim, eu tenho consciência dele assim como o homem rico da Bíblia viu Lázaro no céu. Eu gostaria de ter ido para o céu se tivesse sido possível.

DIRETOR: Por que não foi possível?

MAARIT: Eu não podia fazer nada. Isso era da alçada de Deus.

Jussi é conduzido ao papel de Deus.

MAARIT: (dirigindo-se a Deus, do inferno) Eu quero saber se você é um marionete ou não.

MAARIT: (no papel de Deus) Não sou um boneco. Sou o governante do universo, eu represento a justiça, mas infelizmente tudo deu errado.

DIRETOR: Como foi que isso aconteceu?

MAARIT: (como Deus) Não era o meu objetivo. Eu não queria ter esse tipo de segregação.

DIRETOR: Como assim?

MAARIT: (como Deus) Isso aconteceu na mente das pessoas.

O diretor pede a Maarit que construa a cabeça humana de acordo com a compreensão que ela tem dela. Ela faz a cabeça em forma de círculo e coloca seis estudantes para representar: 1) o medo e a agressão; 2) outros sentimentos; 3) o humor; 4) o intelecto; 5) a empatia; e 6) a fraqueza humana. O diretor pergunta a Maarit quais questões a cabeça está pensando naquele momento. Maarit diz: "Ela se pergunta se um homem tem o direito de condenar um outro".

O diretor pede a diferentes partes da cabeça que dialoguem umas com as outras.

MEDO/AGRESSÃO: Não há necessidade de condenar os outros. Dessa forma, você não será condenada.

HUMOR: Todos estão se condenando uns aos outros.

FRAQUEZA HUMANA: Nós todos somos seres limitados.

OUTROS SENTIMENTOS: Como seria possível que uma pessoa pudesse condenar as outras?

INTELECTO: É como o roubo de um carro. É natural que os criminosos sejam condenados.

OUTROS SENTIMENTOS: Mas o inferno é um outro negócio!

MEDO/AGRESSÃO: É natural que as pessoas se protejam.

Maarit acompanha a discussão do papel de Deus e diz que isso é bastante compreensível.

O diretor pede a Deus que diga algo para a cabeça humana.

DEUS:       É interessante observar a cabeça que eu mesmo criei. É
            uma coisa pequena, porém bastante confusa.
DIRETOR:    Mas foi você quem a fez.
DEUS:       Sim, mas coisas estranhas estão acontecendo por aqui.
            Seria mais fácil, sem dúvida, se ela não fosse tão confusa.

Diferentes partes da cabeça começam a fazer perguntas a Deus.

MEDO/AGRESSÃO:  Você me criou também?
DEUS:           Sim.
MEDO/AGRESSÃO:  De onde veio o Pecado?
DEUS:           Essa é uma boa pergunta!
HUMOR:          Oh, Deus...!

O diretor pede que os estudantes descubram onde está o Pecado.
Tiina inverte papéis com o Pecado. Tiina ocupa um lugar oposto ao de
Deus.

PECADO:     Se Deus não estivesse aqui, eu não estaria aqui. (para Deus)
            Acho que nasci de algo que lhe pertence.

O diretor inverte papéis entre o Pecado e Deus.

DEUS:       (desempenhado por Tiina, que fala com o Pecado) Eu não o
            criei. Você nasceu dentro da mente humana.

Tiina volta ao lugar do Pecado. Ela diz que é seu dever criar o caos,
transformar tudo aquilo que é bom em mau. O diretor pede a Tiina,
enquanto Pecado, que produza o caos.

PECADO:     A maldade está em mim, e não em outro lugar. Eu estou
            iludindo o tempo todo. Eu faço de conta que sou bom. Eu
            sou capaz de vestir a máscara da empatia. Eu posso com-
            preender tão bem a vida das pessoas que elas não precisam
            assumir suas responsabilidades. Eu estou cuidando delas.
            Eu assumo a máscara de diferentes sentimentos. Elas não
            me vêem.

As partes da cabeça são retiradas de seus papéis. Forma-se um novo
triângulo constituído por Deus, o Pecado e o Mal.

| | |
|---|---|
| DEUS: | Eu sou a liberdade. |
| PECADO: | Eu me divirto. |
| MAL: | (a Deus) Você criou tudo, mas tudo termina comigo. |
| DEUS: | Eu faço tudo novo. O mal tem seus limites. Eu vejo Cristo. |
| MAL: | As nações se destroem, está tudo sob o meu poder, tudo termina em morte. |
| DEUS: | A morte faz parte da vida. |
| MAL: | O homem me quer. |
| PECADO: | A vida seria chata sem mim. |
| MAL: | Isso é uma piada. |

No processo do sociodrama, três estudantes inverteram papéis com Deus. Pede-se a eles que dêem nomes ao aspecto de Deus que representaram.

| | |
|---|---|
| DEUS 1: | Bondade. |
| DEUS 2: | Perdoador cego, Cristo. |
| DEUS 3: | Humanidade, Yin e Yang. |

O mal se identifica como "Falta de Esperança e Desespero".

Após saírem dos papéis, os estudantes discutem suas experiências e pensamentos. Alguns dos comentários feitos foram:

"O sociodrama abriu meus olhos para que eu visse as coisas sob uma luz diferente. Nossos pensamentos sobre Deus, em geral, são excessivamente limpos, estéreis, distintos do mundo real."

"A questão da escolha é um tema candente para mim."

"O pecado tem a ver com Deus; sob um certo aspecto, ele está em Deus."

"A morte não é necessariamente má."

"Deus é indefeso, e a teologia é maçante."

"Só os poemas podem expressar as verdades religiosas."

Quando o grupo se encontrou para a sessão seguinte, os conteúdos do drama foram discutidos. Os estudantes relataram o quão esclarecedor foi terem visto a discrepância entre suas idéias téoricas/teológicas e seus sentimentos interiores. A maior parte deles comentou o quanto havia mudado em suas opiniões religiosas desde a época em que tiveram suas primeiras experiências relevantes e internalizaram símbolos religiosos básicos tais como céu, inferno e pecado.

Seguiu-se uma longa discussão sobre a relação entre Deus e o mal, por um lado, e Deus e o pecado, por outro. Muitos participantes concordaram em que Deus não pode ser totalmente separado do mal, de outra forma, a realidade seria dividida em duas partes separadas. A controvérsia é inerente tanto à imagem de Deus quanto à auto-imagem do homem. Esse drama mostra como, num processo sociodramático, os conceitos dogmáticos e rígidos sobre Deus podem ser transformados num interjogo dinâmico entre vários aspectos criativos do universo e da história. Num sentido verdadeiramente moreniano, no sociodrama, houve um toque de mistério ligado à eterna luta entre bem e mal na criação.

## CONCLUSÃO

Vimos que a idéia fundamental do processo espontâneo-criativo sob a forma de drama tem um *background* e um escopo muito mais amplo do que apenas o espaço clínico do psicodrama terapêutico. A visão de Moreno era essencialmente teológica. Isso mostra também o quanto a abordagem de Moreno diferia da de Freud.

> Freud falhou em dois aspectos. Primeiro, por rejeitar a religião, o que lhe custou a oportunidade de aprender, de forma existencial, a partir da contribuição que os santos e profetas (que não são idênticos aos teóricos da teologia — pode-se ser santo sem qualquer ou com o mínimo de razão) deram à psicoterapia. Alguns dos agentes mais engenhosos da psicoterapia antes do advento da ciência natural foram santos ou profetas.
> Em segundo lugar, devido à sua indiferença com relação a movimentos sociais tais como o socialismo e o comunismo. Sua ignorância custou-lhe outra oportunidade — a de estudar a estrutura do grupo. Sobrou para o psicodrama assumir seriamente o ato de Deus — como um processo *sui generis* — e assim ampliar e aprofundar o escopo da análise além de quaisquer visões que Freud jamais tenha tido sobre o assunto.

(Moreno, 1985, p. 8)

Em sua famosa anedota, Moreno revela o que ele disse a Freud: "O senhor analisou os sonhos deles. Eu tento dar a eles coragem para sonhar novamente. Eu ensino às pessoas como desempenhar o papel de Deus" (Marineau, 1989, pp. 30-1).

Williams enfatiza, corretamente, que o lado metafísico e o terapêutico do psicodrama não precisam competir um com o outro. Há uma diferença entre o psicodrama como terapia e como revelação.

No psicodrama como revelação, a "unicidade subjetiva plena" do protagonista é totalmente suportada e explorada. O drama é uma epifania pessoal, uma revelação da história e do potencial pessoal, uma educação e suporte para a paixão conhecer o significado da experiência de alguém, e a força para encontrar, para levar adiante e fortalecer o espírito interior. São todos excelentes objetivos. O psicodrama, enquanto terapia, não é nem "superior" nem "inferior" ao psicodrama enquanto revelação: ele tem apenas um objetivo diferente — a resolução de problemas. A dificuldade emerge quando os dois estão confundidos, e a revelação ou a terapia, com relação a determinado assunto, torna-se parte do sistema causador de problemas do cliente.

(Williams, 1989, p. 225)

Em última instância, Moreno considera que as alternativas do Homem são ou transformar-se num robô, ou restaurar sua espontaneidade original.

Por que o homem deveria querer robôs? Talvez seja a mesma razão, às avessas, do que aquela que numa época anterior nos fez querer um Deus para quem fôssemos robôs. Portanto, se pudéssemos compreender o que significamos para Deus, poderíamos entender o que os robôs significam para nós.

(Moreno, 1975b, p. 263)

De acordo com Moreno, o destino do homem ameaça tornar-se como o do "dinossauro ao contrário". O dinossauro pereceu porque expandia o poder do seu organismo em detrimento de sua utilidade (Moreno, 1975b, p. 226). Nós ampliamos o controle tecnológico do mundo a um extremo sem ver como o processo criativo de vida em nosso interior está diminuindo. Esta não é apenas uma preocupação para os terapeutas. A sobrevivência da humanidade está em risco.

## REFERÊNCIAS BIBLIOGRÁFICAS

BLATNER, A. (1988). *Foundations of psychodrama: History, theory and practice*. 3ª ed., Nova York, Springer.

FOX, J. (ed.) (1987). *The essential Moreno: writings on psychodrama, group method and spontaneity by J. L. Moreno, M.D.* Nova York, Springer.

LEUTZ, G. (1986). *Psychodrama. Theorie und praxis. Das klassische Psychodrama nach J. L. Moreno* (primeira reimpressão revista). Londres, Paris e Tóquio, Springer-Verlag.

LINDQVIST, M. (1922). *Unelma rohkeasta elämästä. Ryhmämatkoja Luovuuteen.* Helsinque, Otava.

MARINEAU, R. F. (1989). *Jacob Levy Moreno 1889-1974: Father of psychodrama, sociometry, and group psychotherapy.* Londres e Nova York, Tavistock/Routledge. (No Brasil, traduzido sob o título *Jacob Levy Moreno 1889-1974: pai do psicodrama, da sociometria e da psicoterapia de grupo.* São Paulo, Ágora, 1992.)

MORENO, J. L. (1953). *Who shall survive? Foundations of sociometry, group psychotherapy and sociodrama.* Nova York, Beacon House. (No Brasil, traduzido sob o título: *Quem sobreviverá?.*)

_____ (1975a). *Psychodrama.* Vol. 2, Nova York, Beacon House.

_____ (1975b). *Psychodrama.* Vol. 3, Nova York, Beacon House.

_____ (1983). *The theatre of spontaneity.* Ambler, PA, Beacon House. (No Brasil, traduzido sob o título: *O teatro da espontaneidade.* São Paulo, Summus, 1991.)

_____ (1985). *Psychodrama.* Vol 1, Nova York, Beacon House.

WILLIAMS, A. (1989). *The passionate technique: Strategic psychodrama with individuals, families and groups.* Londres e Nova York, Tavistock/Routledge.

# Capítulo 9

# A tarefa global
# Compartilhando o tempo e o espaço

## Comentário

Mónica Zuretti também vislumbra um caminho que passe por fora da sociedade materialista e atéia do fim deste milênio. Ela enfatiza o cósmico de forma que esclarece o quanto esse se encontra subjacente ao trabalho de Moreno, e o traz mais próximo da superfície, de modo a torná-lo mais compreensível. Há espaço para argumentar-se que o conceito moreniano do co-inconsciente tem conexões com as idéias de Wilfrid Bion sobre os processos inconscientes de um grupo de pressupostos básicos (Bion, 1961). Assim como ocorre com Bion, o trabalho de Zuretti está ancorado na prática clínica, e seu capítulo reflete suas origens psicanalíticas, assim como as de uma psicodramatista que estudou com Moreno. Todavia, o capítulo de Zuretti também enfatiza, de modo semelhante ao das teorias de sistemas dos terapeutas familiares, como todos nós temos ligações com o passado, com o presente e com o futuro.

## REFERÊNCIA BIBLIOGRÁFICA

BION, W. R. (1961) *Experiences in groups*. Londres, Tavistock.

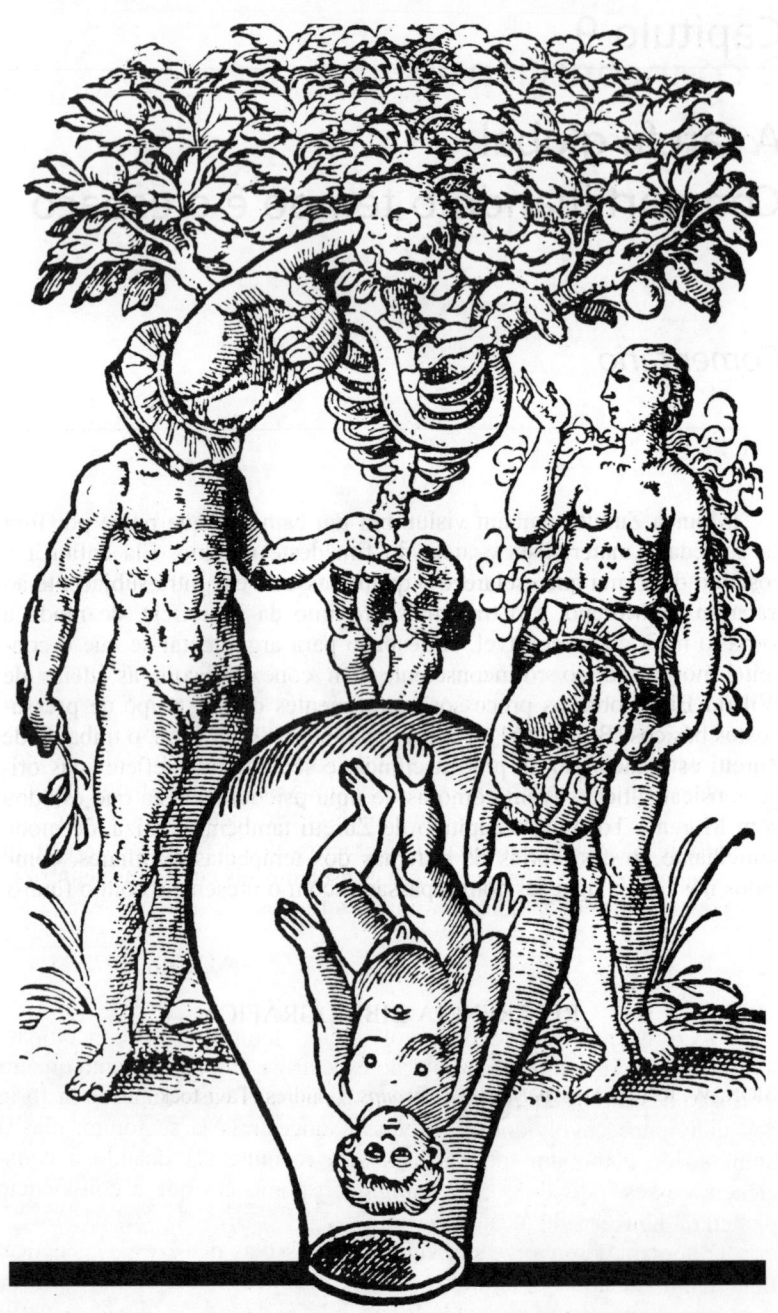

# O co-inconsciente

## Mónica Zuretti

J. L. Moreno define o co-inconsciente como a ligação inconsciente entre as pessoas que compartilham seus processos de vida, como, por exemplo, casais, grupos, famílias, amigos, colegas de trabalho, ou psicoterapeuta e paciente.

Devemos procurar um conceito que seja construído de tal forma que a indicação objetiva para a existência desse processo de duas vias não venha de um único psiquismo, mas de uma realidade ainda mais profunda, na qual os estados inconscientes de dois ou vários indivíduos estejam interconectados com um sistema de estados inconscientes... Os estados co-conscientes e co-inconscientes são, por definição, aqueles nos quais os parceiros vivenciaram e produziram conjuntamente... Um estado co-consciente ou co-inconsciente não pode ser propriedade de um único indivíduo.

(Moreno, 1977, p. vii)

O co-inconsciente se desenvolve num tempo e espaço compartilhados que pertencem a uma relação específica. Ele inclui, tanto quanto a criação dessa relação especial com todas as suas vicissitudes, a história dos indivíduos envolvidos nela. Nossos ancestrais já se foram, mas a humanidade como um todo apenas será reconhecida quando a consciência desses indivíduos tiver atingido o ponto em que a consciência planetária houver sido alcançada.

O homem desenvolve sua vida em sucessivas matrizes — genética, materna, de identidade, familiar, social e cósmica — um corpo contínuo de relações que permitem que o drama, a ação da vida evoluam. A partir dessas matrizes, emergirão os papéis que serão os construtores de um ego diferenciado, capaz de formar parte da cadeia de relações que possibilita a continuidade da humanidade.

Cada uma dessas matrizes é uma rede, um intricado nó de ligações formadas por um protagonista e seus egos-auxiliares. Dependendo da perspectiva a partir da qual esses papéis forem considerados, sua posição poderá mudar, e o indivíduo que era protagonista numa perspectiva poderá bem tornar-se um ego-auxiliar em outra. Esse nó de relações terá um processo co-inconsciente em ação, que será registrado em diferentes níveis de consciência nos indivíduos que formam essas matrizes.

Todas essas relações baseiam-se na tele, um processo de duas vias que é encenado e, ao mesmo tempo, registrado.

O tesouro do co-inconsciente é formado pela parte não atuada da relação (ou então atuada, mas não nomeada com palavras), não expressa, não conhecida, porque pertence ao domínio secreto do conhecimento genético ou cósmico, mas sem dúvida presente na rede formada pela soma das diferentes matrizes.

A descoberta pessoal é o caminho para a maturidade, é um contínuo desvelar do mistério escondido nos domínios do inconsciente, e seguirá a trilha marcada pelos atos criativos da vida de cada pessoa que, como pedrinhas de luz brilhante, mostrarão o caminho de matriz para matriz.

## O NASCIMENTO, UM ATO CRIATIVO

O nascimento, considerado como ato criativo, ocorre num nó formado por diferentes relações que pertencem a diversas matrizes. As espirais nas quais essas diferentes matrizes se desenvolvem cruzam-se em diferentes espaços de tempo. No momento em que um ato criativo está acontecendo, todas as matrizes coincidem num ponto, e uma mudança que afeta toda a estrutura é alcançada.

Essa mudança pode ocorrer na direção da expansão, da evolução e da criação, ou seguir a necessidade de contração da energia gravitacional. Um ato criativo será sempre uma decisão a escolher entre duas possibilidades: vida ou morte.

No instante da concepção, há uma disjunção entre a experiência ilimitada do universo e o potencial limitado, progressivo, do código genético. No momento do nascimento, surge uma encruzilhada, se se considera que a criança é o protagonista. Há opostos formados pela experiência abrangente da matriz cósmica e a matriz restritiva do útero materno. Deve haver uma decisão de agir e arriscar a aventura do desconhecido.

Será que o conhecimento genético co-inconsciente, escondido nas células do bebê, em conjunto com o conhecimento co-inconsciente compartilhado com a mãe durante a gestação, resolverá a ocorrência do nascimento.

Se ambos coincidirem, a ação emergirá e os movimentos complementares que pertencem ao profundo conhecimento do corpo permitirão a magia da criação. O bebê, tendo acesso às muitas experiências co-inconscientes que jazem na profunda reserva de suas relações, se colocará na posição exigida para sua mudança de matriz e sua subseqüente entrada na nova dimensão de um ser biológico independente em busca do aprendizado numa nova vida.

Essa posição terá de responder e ser respondida pela mãe, que terá que recorrer aos seus próprios recursos de conhecimento genético e cósmico e sua experiência única adquirida de vida familiar e social. Esses recursos vêm de seu aprendizado consciente dos papéis em suas muitas relações, e o conhecimento co-inconsciente que fará possível com que ela desenvolva, sem palavras, o elo com o bebê, um elo que a levará a entender facilmente, numa relação télica correta, as necessidade daquele bebê específico em busca de uma resposta às suas necessidades.

Essa experiência de vida, esse ato criativo, será o início do processo co-inconsciente ativo, porque será a primeira ação realizada por dois indivíduos profundamente ligados no mesmo espaço e tempo, do qual ambas as vidas dependem. O ato criativo incluirá o longo aquecimento da gravidez, assim como um projeto em perspectiva. A partir daí, cada ação incluirá a presença do outro. A vida humana existe apenas numa matriz de relações que a suporta e contém.

A matriz familiar é expressa pelo papel do pai. Sua presença facilitará o desenvolvimento do ato de nascimento e constituirá uma presença protetora na compreensão co-consciente do processo, baseada em sua própria experiência co-inconsciente reativada na presente situação.

A matriz social dará a esse ato específico, que ocorre nesse meio, todas as possibilidades tecnológicas e todos os cuidados, que são seu patrimônio, independentemente da forma pela qual são implementados. Em cada cultura, os atos de nascimento e de morte são os mais importantes, mesmo quando reconhecidos e expressos de diferentes maneiras. Parte dessa expressão e desse reconhecimento explícitos pertencem ao campo do consciente, mas seu grande segredo está escondido no co-inconsciente compartilhado, que é transmitido de geração para geração.

Cada ato criativo específico, assim como o ato de nascimento, ocorre num nó de relações, e evoluirá por meio da alimentação e criação de um processo co-inconsciente.

O psicodrama, enquanto método baseado no conceito de que cada pessoa é seu próprio criador, trabalhará constantemente com e dentro do conhecimento inconsciente, presente na estrutura dos átomos sociais que formam as diferentes matrizes nas quais a vida de um indivíduo se desdobra.

A sociometria, a ciência das relações humanas, sempre levará em conta a forma pela qual as diferentes matrizes participam, assim como as maneiras pelas quais suas existências complementares se relacionam umas com as outras. Isso possibilitará aos indivíduos realizar os processos de crescimento de sua espontaneidade e criatividade e se tornar membros ativos em cada uma dessas matrizes. Matrizes sucessivas criarão e serão criadas num processo duplo co-consciente e co-inconsciente, que abrigarão o desenvolvimento de cada indivíduo em particular. O círculo de *feedback* constante entre o indivíduo e a matriz, ou o indivíduo e o grupo, se transformará numa espiral de crescimento.

## O DESENVOLVIMENTO DO CO-INCONSCIENTE

A matriz cósmica é o reservatório dessas experiências que pertencem à existência planetária da raça humana. A partir dessa matriz, cada ser humano traz o conhecimento, gravado em seu código genético particular, da sua experiência de vida efetiva de seus ancestrais, especialmente da de seus pais, inclusive seus hábitos alimentares e os dados adicionais fornecidos pelo ambiente no qual vivem — a Terra.

Após o instante da concepção, o crescimento e a procura desenvolvidos no decorrer da vida possibilitarão que ele ou ela, seguindo a arte criativa de sua morte, reentrem num diferente nível na espiral da matriz cósmica. O movimento circular da vida será transformado numa pirâmide de transmutação, transferida para infinitas relações pelo co-inconsciente.

A aceitação do conceito acima depende do reconhecimento cultural desse conhecimento, que está presente nas sociedades celta, inca, egípcia e oriental, mas que é, entretanto, muito limitado nas culturas ocidentais. Esse reservatório, todavia, será atingido implícita ou explicitamente pelas experiências co-inconscientes.

Na matriz genética, um processo muito sutil de aceitação entre o espermatozóide e o óvulo expressam a existência de uma relação télica anterior à existência de um ser humano. Como primeiro papel psicossomático, precedendo mesmo o de respirar, aparece o papel de contatar, na concepção: "O aparecimento ou não de um zigoto será determinado pela aceitação ou pela rejeição entre as células, quando entram em contato umas com as outras. [Trata-se da] tele em ação, em dimensão microscópica" (Giorgiuti, 1988).

Se se obtém uma aceitação, a matriz genética adquirirá uma existência concreta, e um embrião se formará. Seu desenvolvimento futuro dependerá da aceitação de todas as matrizes envolvidas. Esse processo télico será a semente do desenvolvimento do co-inconsciente.

A conjunção de uma necessidade de materialização da energia presente na matriz cósmica (que poderia ser chamado de espírito em algumas culturas) e a possibilidade de duas células caminhando juntas no campo planetário criarão a matriz genética, produzindo um ovo em busca de um lar. A matriz materna proporcionará ao ovo o amparo e a proteção do papel de contatar pelo tempo necessário antes que a auto-suficiência seja alcançada.

Antes do nascimento, a profunda conexão entre a mãe e a criança ocorrerá entre dois corpos caminhando na via da diferenciação em direção à criação do co-inconsciente, que será criado no momento do nascimento.

## AS CINCO FASES DA EVOLUÇÃO

A matriz de identidade, formada pela relação entre a mãe e a criança, evolui da indiferenciação em direção à diferenciação, atravessando cinco fases de evolução.

O primeiro estágio é de completa todo-identidade espontânea.
O segundo estágio é aquele em que o bebê centraliza a atenção na outra parte mais estranha de si.
O terceiro estágio é aquele em que o bebê levanta a outra parte a partir da continuidade da experiência.
O quarto estágio é aquele em que o bebê se coloca ativamente na outra parte.
O quinto estágio é aquele em que o bebê atua no papel do outro com relação a uma outra pessoa.

(Moreno, 1977, pp. 61-2)

A descrição de Moreno da matriz de identidade a descreve a partir de uma relação co-inconsciente todo-inclusiva, a partir da perspectiva do bebê, para uma relação de duas vias com os outros.

A mãe chegará a um *status* diferenciado do do bebê quando, no co-inconsciente, aparecer a ligação co-consciente que manterá um conhecimento secreto co-inconsciente compartilhado entre eles. A mãe será o pólo da díade capaz da diferenciação, e, auxiliada pela constante inclusão do pai, cuidará da saúde psíquica do bebê. O objetivo de um ser

269

humano é trazer à luz a parte secreta não registrada, por meio de sua atuação na vida, e o estabelecimento de relações télicas corretas nas subseqüentes matrizes. A tarefa da humanidade é compreender as leis que governam o planeta e sua relação com o cosmos.

O pai trará para a matriz de identidade a constante presença da matriz familiar. Durante o estágio indiferenciado da matriz de identidade, o papel do pai dará à díade mãe-criança o suporte necessário para sua evolução, que será da maior importância na diferenciação.

Da terceira fase em diante, o papel do pai ajudará no processo de diferenciação a ser estabelecido entre a fantasia e a realidade, que separará o co-inconsciente do co-consciente: "A transição do primeiro para o segundo universo (aquele período quando ela se torna consciente da realidade e da fantasia) traz uma mudança total de sociodinâmica no universo da criança" (Moreno, 1977, p. 73). O co-inconsciente, até aquele momento construído dentro de uma relação em todas as suas dimensões, agora se tornará parte de um nó complexo de relações a ser compreendido e desenvolvido. A partir de agora, o co-inconsciente será como a parte submersa de um *iceberg*, possibilitando movimentos e ações do ego na relação com os outros num grupo.

A matriz familiar, enquanto placenta social, proporcionará à criança o terreno de aprendizado para seus papéis sociais. Formada pela conjunção de outras matrizes familiares, será o espaço de tempo relativo no qual seus membros formarão e criarão os papéis, por meio dos quais eles serão incluídos na matriz social.

A matriz social proporcionará à matriz familiar os padrões culturais nos quais ela se baseará. Dentro dessa matriz social, as matrizes cósmicas e genéticas se expressarão, e a matriz familiar encontrará um espaço contido para seu desenvolvimento. Na matriz social, será criada uma rede de relações em constante evolução, de acordo com as necessidades de determinada época, das organizações sociais (política, religiosa, científica etc.) que formam a moldura social humana.

É possível considerar que os grupos terapêuticos façam parte dessa matriz organizacional. A estrutura organizacional terá profundas raízes na rede co-inconsciente, e não será sempre reconhecida e admitida pela parte racional da nossa compreensão do desenvolvimento institucional.

O co-inconsciente é um processo que estará ativo e em contínua mudança ao longo da vida individual e de grupo.

## UNIDADE DE EVOLUÇÃO

Os átomos sociais do indivíduo, intricadamente relacionados entre si pelas matrizes, criam uma rede de matrizes sociais conectadas entre si pelas relações humanas, uma rede sociométrica que extrapola a estrutura formal. Essa rede sociométrica pode ser considerada como uma selva de várias espécies que crescem num magnífico grupo de árvores. Sob a terra, as raízes penetram profundamente na terra e se estendem por longas distâncias. A rede sociométrica co-inconsciente é a energia escondida que, assim como a selva com suas raízes, permite que a evolução na matriz planetária continue.

## O PROCESSO CO-INCONSCIENTE NOS GRUPOS

Dentro de um grupo, o co-inconsciente da rede sociométrica no aqui-e-agora é a energia que sustenta o processo de grupo. Esse processo de contínua descoberta, de desvelamento, de criação e de recriação, assim como o tecer e o desmanchar do manto de Penélope, seleciona os aspectos positivos e criativos dos destrutivos e permite o desenvolvimento do grupo.

A ação contínua de recriar o tecido do grupo permite que os diferentes padrões que cada indivíduo desenha faça parte do todo, enquanto que o desenho total espera que as viagens pessoais de descoberta de seus membros alcancem a realização por meio da autodescoberta e da reunião.

Quando um grupo é criado, já existe uma estrutura télica antes que o grupo se una, que inclui a história pessoal de todos os seus membros. Essas formam a base da estrutura télica específica que será desenvolvida mais tarde.

O termo "grupo" foi usado originalmente na Itália para descrever uma série de esculturas, cada uma delas com uma forma específica, retratando um tema criado a partir de diferentes perspectivas, mas todas convergindo para uma única mensagem. Cada parte dessas esculturas tem sua própria história, sua própria maneira de se tornar uma expressão de vida por meio da criatividade do observador. A mensagem, como uma porta aberta para novas possiblidades, dependerá do modo pelo qual as esculturas estejam colocadas e da relação entre elas. Se elas estiverem separadas, a gestalt desse sistema se desfará.

O aqui-e-agora de um grupo de esculturas específico expressa um momento, o estado de espírito da pessoa que olha para ele, a história da humanidade tal como vista pelo observador em relação a quem está olhando para ele. Mas, ao mesmo tempo, cada uma das peças exibidas transmitirá o momento de sua criação, a história do material com o qual foi criada, a evolução da terra no lugar específico de onde ela veio. Todas essas relações construirão, entre si, uma rede em constante modificação.

Cada vez que trabalhamos com seres humanos, suas muitas relações estão presentes, assim como quando olhamos para uma única peça de um grupo de esculturas, o complexo total aparece. Quando as diferentes partes são reunidas, elas criam uma rede de relações, uma estrutura télica do momento, assim como as esculturas do Bigeland Park em Oslo fazem com o transeunte que passa por elas numa tarde qualquer. Mas essa estrutura télica terá um aspecto obscuro, a estrutura télica co-inconsciente, que estará escondida dentro dela, assim como a imagem do parque numa noite de lua cheia carregará dentro de si o lado obscuro da lua.

Essa estrutura, num grupo, será a ligação efetiva entre os membros, que se conectarão por meio de atrações, rejeições ou indiferença, e todas as suas possiblidades intermediárias, que serão o produto do aqui-e-agora, assim como o resultado de experiências prévias.

Essa estrutura terá um co-inconsciente paralelo baseado nas mesmas formas de relações. Ela se tornará aparente no trabalho psicodramático, ao criar e recriar constantemente a rede do grupo, seja ele de psicoterapia, uma família, um casal, um time, ou o grupo interno de relações que formam o átomo social perceptual de cada indivíduo.

A energia que mantém essa estrutura inteira era bem conhecida dos incas, quando eles construíam uma parede de pedra: para fazer uma parede forte e segura, é necessário estudar a natureza das pedras e conhecer seu sexo e o conhecimento que elas acumularam durante séculos, para ser capaz de entender as possibilidades de se manterem juntas ou desmoronarem. Esse conhecimento é considerado ainda mais importante do que sua forma ou seu material efetivo. Dessa forma, as paredes sobreviveram por séculos sem nenhuma adição à energia entre as peças.

A energia que mantém os seres humanos juntos foi descrita por Moreno em sua "Introdução" à terceira edição do Psychodrama [Psicodrama] vol. 1:

A tele (do grego: longe, influência na distância) é o sentimento dos indivíduos uns pelos outros, o cimento que mantém os grupos unidos. É *Zweifühlung*, em contraste com *Einfühlung*. Como um telefone, ela tem duas extremidades e facilita a comunicação de duas vias. A tele é primária, a transferência é uma estrutura secundária. Após o desvanecimento da transferência, certas condições télicas continuam a operar. A tele estimula as parcerias estáveis e as relações permanentes.

(Moreno, 1977, p. xi)

Essas relações incluem um reconhecimento da ligação co-consciente bem como co-inconsciente, sendo esse aspecto muito mais extenso que o consciente. Ele inclui as reações corporais não reconhecidas, as experiências sociais desconhecidas, as atividades religiosas e ideológicas e a longa história de nossos ancestrais, elementos que unem os seres humanos por meio de experiências comuns, muitas delas inconscientes até mesmo para o indivíduo, mas ainda assim fazendo parte do co-inconsciente secreto das relações estabelecidas como parte da vida de um indivíduo, de uma família, de uma raça, de um habitante planetário: "Os indivíduos que estão intimamente familiarizados [entre si] invertem papéis mais facilmente do que os que estão separados por uma ampla distância psíquica ou étnica. A causa dessa variação é o desenvolvimento de estados co-conscientes e co-inconscientes" (Moreno, 1977, p. vi). Esses dois fenômenos paralelos estão constantemente presentes em qualquer relação. Como no ato do nascimento, dois processos estarão presentes em ação. A vida continuará quando esses dois processos se relacionarem um com o outro de forma harmoniosa, permitindo que as relações télicas evoluam, que a criação emerja e que a troca constante entre o indivíduo e suas matrizes ocorra.

A psicoterapia intervém no momento em que esse processo encontra uma resistência em qualquer pessoa, ou no grupo, que possa ser expressa por um sofrimento doloroso, pela ausência de reação ou por alguma outra reação. Ela suplementará o que as relações reais não tiverem sido capazes de suprir ou resolver até aquele momento.

A compreensão desses conceitos deixa claro que é necessário incluir o desenvolvimento do co-inconsciente em qualquer intervenção terapêutica.

## EXEMPLOS CLÍNICOS

### Matriz cósmica

A matriz cósmica aparece nas memórias dos eventos antes do momento do nascimento ou mesmo da concepção.

Durante um encontro, a mãe de uma garota de doze anos, superdesenvolvida, diz: "Aos quatro anos de idade, ela me disse: 'Escolhi você lá do céu, quando a vi com as crianças. Eu sabia que ia precisar de amor por causa das minhas diferenças, não é fácil ser aceita quando se é diferente'". A mãe leciona para crianças excepcionais.

Em outra dramatização, a protagonista estava recriando uma cena na qual carregava seu cachorro nos braços quando seu parceiro, do qual ela queria separar-se mas não conseguia, estava lhe dizendo: "Você é destru-

273

tiva, é você quem está arruinando a minha vida". O diretor pede a ela que pense em outra cena na qual algo semelhante pudesse ter acontecido. Sua resposta é: "Eu não consigo me lembrar, isso nunca me aconteceu antes, jamais aconteceu com os meus pais"; subitamente, começa a chorar. "Eu vejo minha mãe com um bebê nos braços." Soluçando copiosamente, ela diz: "O bebê que morreu antes do meu nascimento". Ela assume então o papel da mãe, e acrescenta: "Não foi minha culpa, acontece que eu caí do ônibus quando estava grávida, e ele se feriu". Assumindo o papel do pai, e ainda chorando, ela diz: "Foi terrível, mas tinha que acontecer". O diretor pergunta se o pai está bravo, e a protagonista, naquele papel, responde que não é ele quem está bravo, mas que o bebê está.

| DIRETOR: | Como você sabe? |
|---|---|
| PROTAGONISTA: | Eu o vi. |
| DIRETOR: | Onde? |
| PROTAGONISTA: | No céu, só há luzes, luzes brancas, e ele me olhou com muita raiva, e disse... |
| DIRETOR: | Inverta os papéis. |
| PROTAGONISTA: | (no papel do irmão) Eu não queria ir. |
| PROTAGONISTA: | Mas não é culpa minha. Eu o vi lá, antes de chegar. É por isso que sempre tive medo de bebês e não consegui ter nenhum. |

Esse encontro do irmão com a irmã, criado no palco, dá à protagonista a resposta para muitas perguntas sobre sua vida.

Durante o compartilhamento, o grupo troca experiências semelhantes e lembra-se especialmente da primeira cena representada pelo grupo, seis meses antes. Nela, após a dramatização da morte de uma família — pai, mãe, e bebê — conhecida de alguns dos participantes, o protagonista do papel do bebê havia dito: "Não chore mais, eu estou feliz, nós fomos embora todos juntos".

Essa memória muda a perspectiva do grupo sobre a vida e a morte, e traz à tona a difícil situação de outro bebê que estava para nascer sem ter família, que expressa seu temor de vir ao mundo.

A protagonista do psicodrama anterior, professora da mãe desse bebê, sentindo a continuidade da vida, dá-se conta então da possibilidade de se tornar uma figura protetora para a mãe e para a criança, sem temer envolver-se excessivamente. Após continuar o trabalho por alguns meses, o bebê nasceu sem nenhum problema. Uma vez terminado o psicodrama, sentiu-se que o assunto com o qual estávamos lidando, desde o início, relacionava-se com todos os membros, de uma forma ou de outra.

274

É possível considerar, nesses exemplos, a presença de um processo que começa seu desenvolvimento antes do momento do nascimento, um conhecimento compartilhado pelo futuro ser humano e seus outros significativos, que é co-inconscientemente transmitido. O que é importante do ponto de vista do grupo é que esse conhecimento profundo aparecerá no momento em que o desenvolvimento do grupo permitir a expressão dessas fantasias ou realidades.

## O CONHECIMENTO DESCONHECIDO SOBRE O NASCIMENTO

O momento do nascimento, previamente descrito como um ato criativo no qual um nó de relações se estabelece, está freqüentemente presente no trabalho terapêutico. Ele expressa as manifestações co-inconscientes de diferentes matrizes.

### Exemplo

*Aquecimento*

Num grupo que está trabalhando há nove meses, seleciona-se um membro para que trabalhe seus sentimentos de incerteza, que não podem ser colocados em nenhuma situação da vida atual. Trata-se de um grupo de diretores de psicodrama em formação. Depois de selecionada, a protagonista escolhe a diretora, que vem a ser exatamente o membro mais velho do grupo e que dirigirá pela primeira vez.

*Dramatização*

Cena um

A protagonista descreve sua dificuldade em ver o cenário porque tudo está colorido de branco e frio como mármore. Pede-se que ela inverta papéis com o mármore. Ela diz:

PROTAGONISTA:  Estou fria e branca, sou uma mesa num teatro cirúrgico.
DIRETORA:  Você tem alguma mensagem?
PROTAGONISTA:  Ela é fria, e precisa de cuidados e amor. (fora do papel) É tão estranho, parece que ela ocupa todo o espaço, sinto-me muito pequena.
DIRETORA:  Onde você está?

275

| | |
|---|---|
| PROTAGONISTA: | (deitando em cima do mármore) Isso aqui é muito grande... Parece muito, muito grande... não, eu sou muito pequena. Eu acabei de nascer. (ela começa a chorar) |
| DIRETORA: | Você está sozinha? |
| PROTAGONISTA: | Sim. (o choro continua) Minha cabeça parece estar aberta, sinto alguma coisa que vem desse lado. (ela aponta para o lado direito, falando muito baixinho) |
| DIRETORA: | Inverta os papéis e torne-se o que você está sentindo. |
| PROTAGONISTA: | Eu estou em pé, ao lado da mesa, estou em silêncio, não preciso de palavras para falar com ela, eu a conheço profundamente, profundamente dentro de mim. (ela se vira para a enfermeira) Por favor, traga alguma coisa para cobri-la, ela está com muito frio depois do banho. |
| DIRETORA: | Inverta os papéis. |
| PROTAGONISTA: | Está mais quente. Ouço uma voz dentro da minha cabeça que diz: eu a conheço, ela pertence à Fraternidade dos Curadores, ela sempre esteve conosco. Pobre bebê, por que você veio por esse caminho difícil? Eu sei disso, somos todos um só. O segredo que estou lhe ensinando, passando a você neste momento, se tornará seu mais tarde, muito mais tarde. Você aprenderá da maneira comum e descobrirá mais tarde esse conhecimento secreto de união conectado com outros domínios dos poderes curadores, mais tarde, mas agora, eu lhe digo: bem-vinda à Fraternidade dos Curadores, assim como os meus ancestrais também me deram as boas-vindas. (ela falou com voz clara, o soluçar parou completamente, e agora, sem se mover, transmite essa mensagem com uma voz diferente) Ouço muitas outras coisas, mas não posso dizê-las, elas parecem entrar em meu corpo pela cabeça e expandir e, então, silenciar por um momento. |
| DIRETORA: | Inverta os papéis |
| PROTAGONISTA: | Eu sou o avô. |

Ela segura o bebê amorosamente, cobrindo-o com carinho, entrega-o à enfermeira e, sem dizer palavra, vai embora. Ela sai do aposento, senta-se e cobre a testa com a mão.

| | |
|---|---|
| DIRETORA: | Vovô, o senhor está preocupado? |
| PROTAGONISTA: | Sim, eu sei quão difícil é esse caminho que ele terá de percorrer, mas será como terá que ser, isso também é belo. |
| DIRETORA: | Tem mais alguém aí? |
| PROTAGONISTA: | Sim, a tia, mas ela jamais compreenderá. |
| DIRETORA: | Podemos trazê-la aqui? |
| PROTAGONISTA: | Sim. |
| DIRETORA: | Inverta os papéis. |
| PROTAGONISTA: | (como tia) Doutor, o senhor está feliz? O senhor parece preocupado. |
| DIRETORA: | Inversão de papéis. |
| PROTAGONISTA: | (como avô) É uma enorme responsabilidade. |
| DIRETORA: | Você quer ouvir o diálogo no papel do bebê ou fora dele? |
| PROTAGONISTA: | De fora dele, numa posição de espelho. Agora eu entendo a mensagem. É uma responsabilidade compartilhada e um conhecimento compartilhado. Vovô, eu te agradeço. |

Muito lentamente, ela caminha em direção ao ego-auxiliar no papel de avô e o abraça.

*Compartilhamento*

A protagonista diz: "Eu não estou mais com frio, e estou calma. Eu sempre soube da cena entre minha tia e meu avô, e senti-me muito rejeitada; agora, como eu a entendo, e também entendo a profunda conexão com ele, minha busca como curadora faz sentido".

Os outros membros do grupo falam sobre seus próprios nascimentos e compartilham do profundo conhecimento de se ser um curador. A diretora fala sobre seu desejo de tornar-se avó e sobre a responsabilidade de dirigir pela primeira vez.

Essa responsabilidade ou preocupação foi compartilhada por todo o grupo. Uma semana mais tarde, a protagonista veio para o grupo com a novidade de que logo seria avó.

*Processamento*

No processamento, na sessão seguinte, considerou-se a relação do grupo com os papéis de psicoterapeuta e curador, da conseqüência do aquecimento co-inconsciente à escolha do protagonista.

As matrizes individuais mostram, nessa dramatização, a existência de uma relação co-inconsciente muito profunda entre avô e criança, mantida em segredo na linguagem corporal até o momento em que a conjunção da matriz do grupo, na necessidade de uma cena para expressar sua ansiedade, aquece a memória escondida e a traz para a ação.

Ao mesmo tempo, a forte ligação co-inconsciente [existente] na família efetiva da protagonista aparece, quando ela consegue relacionar o psicodrama com as novidades ditas a ela após o mesmo, com a gravidez de sua nora.

Na época dessa sessão de psicodrama, a matriz social na Argentina estava enfrentando uma situação perigosa: o país estava sofrendo uma superinflação, e parecia que só uma ação muito radical ou mágica poderia corrigi-la. Um caminho de saída possível parecia requerer uma compreensão diferente de velhas mensagens. O dinheiro já não representava mais segurança. A sociedade precisava de um outro sistema de valores para renascer, a fim de encontrar os elos perdidos entre suas raízes e novos projetos.

Quando esse psicodrama foi considerado, com relação a essa situação social específica, houve uma mensagem para seguir o conhecimento interior íntimo, e não os programas de reforma muito mal-entendidos.

A forte ligação co-inconsciente no grupo mostrou que o inconsciente social necessitava de relações de espaço-tempo que pudessem expressar a profunda preocupação do grupo e trazer à tona os recursos escondidos em seu co-inconsciente.

Como conclusão, é possível considerar que o tema emergente de um grupo será desempenhado por um protagonista, no momento em que o aquecimento do co-inconsciente do grupo coincida com o de um indivíduo, e que isso, por sua vez, sempre estará inter-relacioando com a sua matriz familiar.

O grupo enquanto rede é um átomo social real profundamente conectado com a matriz social. Ele terá uma rede co-inconsciente formada pelas relações reais dentro dela, mais os átomos sociais de seus membros enraizados na matriz social.

O assunto dramatizado por um protagonista, como neste exemplo, fará emergir o tema do grupo, e sempre expressará as preocupações sociais do grupo e sua possível resolução.

## INCLUSÃO PLANETÁRIA

A descrição do co-inconsciente inclui a necessidade de um espaço e tempo compartilhados para criá-lo. As mudanças nas comunicações planetárias têm expandido suas fronteiras cada vez mais.

Será possível amplificar as lentes do co-inconsciente muito mais com a evolução da humanidade, à medida que o que costumava pertencer a um domínio imaginário surja mais e mais como uma experiência compartilhada de grupos de pessoas num tempo e espaço específicos, reencenado ou transmitido pelas gerações.

O continente americano tem o privilégio de ser o primeiro cadinho onde ocorre esse desvelamento do conhecimento efetivo da experiência comum da humanidade.

O próximo exemplo descreverá a conjunção entre os co-inconscientes do indivíduo, do grupo, do social e do planetário.

O espaço: uma conferência internacional; o tempo: o ano de comemoração da descoberta da América, e o 500º aniversário da admissão, pelos poderes científicos e políticos daquela época, da existência de um "Mundo Novo", conhecimento já presente nas legendas, nas sagas e mitos desde eras muito antigas.

## Primeiro tema

Chegaram pessoas de todo o mundo. Após as introduções, a representação de um mapa mundial foi usada como aquecimento. A imagem desse mundo era diferente de acordo com a perspectiva de cada um. Ela era vista de forma diferente pelas pessoas que viviam na China, no Vietnã, na Austrália, na Europa e na América do Norte ou do Sul.

Foi importante entender que havia uma diferença na maneira pela qual as pessoas de diferentes continentes colocavam-se em relação às outras. Surgiu um momento crucial, quando alguém, vindo da Ásia, colocou-se na extremidade final do aposento e localizou o continente americano no meio. A imagem aceita pelos americanos não foi sentida como correta pelos europeus, que consideraram que o centro seria a posição correta para o seu próprio continente.

Após algumas discussões, o mapa foi completado, levando-se em conta a realidade de se estar, naquele momento, na parte norte do continente americano, uma situação que possibilitava um compromisso.

Começou-se a conversar sobre o trabalho a ser realizado: um sociopsicodrama. O contrato entre os membros do grupo e o líder foi esclarecido, e as abordagens sociodramática e psicodramática foram aceitas. O trabalho sociodramático iria se referir à preocupação do grupo, incluindo aí a realidade social do aqui-e-agora, e o trabalho psicodramático encenaria o trabalho pessoal do protagonista relacionado com o tema.

Discutiu-se a realidade do mundo naquele momento, a queda do muro de Berlim, e o encontro do Leste e do Oeste foi considerado um avanço que se refletiu no mundo todo. Isso trouxe à baila as diferenças econômicas, o mau uso do poder e o aparecimento da violência racial, étnica, ideológica e religiosa.

As guerras ainda ocorriam em várias partes do mundo, e foram consideradas maléficas, mas havia um sentimento de que os países ricos julgavam-nas uma necessidade que mantinha o *status quo*, mesmo quando acontecia de esses mesmos continentes ajudarem no desenvolvimento dos países mais pobres.

Essa afirmação foi muito mal recebida pelos membros da comunidade do Oeste, que a achou injusta e imerecida. Todos esses assuntos tornaram-se muito importantes na dinâmica do grupo e foram trazidos para a ação.

A cena foi criada por um esloveno. Nela via-se um grupo de muçulmanos e de cristãos. Os muçulmanos estavam sendo expulsos de suas casas. Eles não faziam parte desse local, mesmo tendo morado ali por tantas gerações.

Era muito importante reparar que, embora a maioria dos membros do grupo não se conhecesse, nem conhecesse a história uns dos outros, os egos-auxiliares escolhidos para os diferentes papéis tinham uma relação próxima com o tema representado. Isso demonstrava a presença de uma clara ligação co-inconsciente subjacente à cena.

O diretor perguntou a dois membros que representavam o papel de soldados o que na experiência pessoal deles havia impedido que tivessem tido tal papel na vida real. O que havia começado como uma cena sociodramática mudou para uma cena pessoal, que envolvia sentimentos e relações, que, embora presentes em eventos sociais, são comumente consideradas como uma consciência individual exterior.

Ambos os soldados comentaram situações pessoais que haviam feito com que cada um deles acabasse não indo para a guerra. Um deles, de Israel, mencionou um professor. O outro, o protagonista, disse que seu próprio filho havia sido a razão. Esse menino havia tirado o rifle das mãos do pai e declarado que a paz tinha que ser mantida acima de qualquer coisa, mesmo que isso significasse perder a própria vida.

O grupo todo considerou essa afirmativa não apenas muito profunda devido a seu conteúdo, mas também devido às emoções envolvidas no encontro de pai e filho. As fortes reações de ambos, que falava de seu amor mútuo, da necessidade de o pai ir ao encontro do filho com um conjunto diferente de valores, e da esperança do advento de um mundo futuro, trazia a impressão de uma mudança importante no sistema co-inconsciente de valores.

Parte do grupo estava pronta para concluir que a paz deveria ser mantida independentemente dos riscos incluídos. Outros tomaram uma posição relativa à necessidade de se defender em caso de ataque, e o último grupo se orientou em favor da confrontação.

O primeiro grupo foi o maior, e, sociodramaticamente, estava assumindo uma posição de compromisso com a paz. A posição negativa daqueles contrários a isso, especialmente um pequeno grupo de mulheres, salvou o desejo pela paz de ser uma ilusão.

## Segundo tema

O segundo tema era o poder e a dependência econômica entre os países pobres e ricos.

Ele surgiu por meio de uma dramatização, na qual a grande demanda que surgia do Terceiro Mundo era transformada numa súbita descoberta de suas próprias reservas abundantes, que tornava desnecessário o pedido de socorro ao Primeiro Mundo, e, portanto, removia a razão do ressentimento.

Esse grupo encontrou sua própria identidade nas relações individuais e familiares. O apoio era obtido por meio dos cuidados e amor presentes em sua pequena tribo.

Um fenômeno interessante foi observado quando o outro grupo, que representava o mundo desenvolvido, e que estava olhando para os outros, se sentiu desnecessário. Os membros do grupo se voltaram para si e descobriram que sua própria segurança também dependia das relações próximas entre eles. Um grande alívio foi sentido pela comunidade do Oeste, especialmente pelos membros europeus, que relataram estar meio cansados de serem responsáveis pelo desenvolvimento da sociedade.

Após essa dramatização, os dois grupos se sentiram prontos para reconhecer um ao outro como seres humanos, com as mesmas necessidades e possibilidades, e perceberam que suas supostas diferenças se limitavam a posições ideológicas, religiosas ou políticas.

Fundamentalmente, concluíram que se um grupo era capaz de ouvir ou entender o outro, haveria menos espaço para a manipulação e o mau uso do poder.

## Terceiro tema

A necessidade de entender as sociedades secretas existentes, como por exemplo, a Máfia, foi considerada pelo grupo uma questão importante. A questão foi apresentada por um psicólogo que trabalhava na Sicília e que estava interessado em analisar o fenômeno.

Como aquecimento para o processo, o mapa-múndi foi novamente trazido para o aposento. A Sicília foi colocada no centro. Rapidamente ficou claro que essa posição central conectava a ilha com as quatro direções do compasso, especialmente com a América do Norte.

A cena representada era o funeral de um juiz, muito envolvido no assunto, que havia sido assassinado alguns meses antes. O funeral real havia sido uma cerimônia privada à qual algumas pessoas estiveram presentes, a despeito do temor. A cerimônia pública foi reservada para o enterro dos policiais e da mulher que haviam sido mortos durante o ataque ao juiz. Sentiu-se que a grande participação pública nessa cerimônia era devida à injustiça de suas mortes.

Esse funeral foi representado na sessão, e o protagonista inverteu papéis com um dos policiais mortos. Nesse papel, ele falou com uma voz muito calma. Ele se descreveu como uma semente: "Sou uma semente entrando muito fundo no solo. Eu atinjo o centro da terra. Faz muito calor. Eu estou me expandindo, sou a continuidade da vida. Cada um tem que descrever seu próprio círculo: morrer e renascer".

O grupo que o circundava caiu num silêncio absoluto, em profunda quietude e paz. Sentiram que se tratava de uma mensagem sagrada.

Pediu-se então ao protagonista que invertesse papéis com a terra. O papel de uma mãe-continente foi imediatamente assumido, e, com um ato de nascimento, a cena foi transformada numa nova dimensão de consciência que tocou todo o grupo.

É importante enfatizar que a mulher escolhida para ser a mãe pertencia ao grupo que havia se mostrado mais perturbado com relação ao compromisso de paz feito anteriormente. Ela estava grávida de alguns meses, e a cena realçou sua atitude terna e amorosa.

O grupo todo formou um círculo. Eles estavam contemplando o mistério da vida e seu fluxo contínuo. Em seu profundo nível planetário co-inconsciente, estavam conectados aos ritos misteriosos da Mãe-Terra matriarcal, reverenciada pelas primitivas culturas agrícolas.

Uma contribuição muito importante para a compreensão do processo co-inconsciente foi a descoberta do protagonista, no dia seguinte, de que seu melhor amigo havia se afogado no Mediterrâneo. Numa conexão co-inconsciente muito forte, ele recebeu uma última mensagem de seu amado amigo morto, ao encenar o psicodrama.

É possível considerar o processo da Máfia como a última manifestação de uma cultura muito antiga que reverenciava especialmente o poder materno e feminino — a Terra. Esse culto contínuo não é expresso por meio da guerra aberta, mas por meio de uma luta profunda e não reconhecida entre irmãos, em prol de um lugar dentro dessa Mãe-Terra, transformando essa semente de amor em ódio.

A próxima cena representada foi o encontro, enquanto irmãos, de um húngaro com um cigano, a quem o primeiro considerava como amigo. Seu encontro ocorreu após uma longa jornada, que havia começado na Índia para o cigano e no Norte da Europa pelo húngaro, e que havia durado quinhentos anos. Esse período simbolizava o longo caminho que a humanidade havia percorrido para possibilitar que pessoas de diferentes raças e culturas se encontrassem enquanto iguais, com a queda de muros internos e externos.

## Quarto tema

Finalmente, o grupo teve que lidar com a inclusão de novos membros que haviam chegado durante os dois dias do pré-congresso. O grupo ao qual se juntaram, superando diferenças, proveu uma base, no congresso, para a recriação, na realidade do aqui-e-agora, para a inclusão permanente de todos na humanidade. Isso apenas ocorrerá pacificamente com o reconhecimento da memória comum de nossas origens, mantidas no co-inconsciente planetário.

A importância dessa dramatização reside na percepção de que aquilo que é considerado como preocupação de um indivíduo específico, de fato inclui os problemas de muitos. O trabalho desse grupo deixou claro que o desejo por paz e encontro pulsando em cada um só pode ser realizado se as necessidades básicas de conexão, amor e compreensão forem preenchidas, equilibrando a necessidade de expressar a agressão que o desenvolvimento de vida gera. Ódio e amor devem ser transformados nas sementes da vida e no nascimento de uma nova estrutura planetária. Essa estrutura possibilitará a inclusão daqueles que tenham estado separados por razões ideológicas, políticas ou religiosas. Ela revelará que o mau uso do poder cria constantemente o mito de irmãos em guerra permanente entre si, que separa os indivíduos da profunda conexão com os laços co-inconscientes e esquece a realidade do amor.

Este capítulo se encerra propositalmente sem o processamento dos aspectos técnicos desses sociodramas. Isso, para permitir que o leitor se sintonize com o processo co-inconsciente que mantém a continuidade da vida e abre novos caminhos para o relacionamento com as realidades do mundo.

# REFERÊNCIAS BIBLIOGRÁFICAS

GIORGIUTI, E. (1988) Genetica y Psicodrama, conferência apresentada no Centro de Psicodrama y Sociodrama, Buenos Aires (não publicado).

MORENO, J. L. (1977) *Psychodrama*. Vol. 1, 5ª ed., Nova York, Beacon House.

# A dimensão pessoal e inconsciente

# Capítulo 10

# A desintegração
## Seu papel na integração da personalidade

## *Comentário*

Dag Blomqvist e Thomas Rützel desafiam a ênfase usual dada à ordem, à sanidade e à racionalidade argumentando que a desintegração é importante, tanto do ponto de vista terapêutico quanto filosófico. Seu capítulo revela uma linha de desenvolvimento importante na psicologia moreniana, na qual a desordem e a psicose são mais valorizadas do que diagnosticadas. Partindo das noções convencionais sobre o que já era um conceito anticonvencional e desenvolvendo seus temas de surrealismo e alienação, eles mostram quão poderosas e estimulantes tais idéias podem ser. Seu capítulo questiona as normas culturais e psicoterapêuticas percebidas, de forma semelhante à que havia caracterizado o período criativo inicial de Moreno em Viena.

# A realidade adicional e mais além

*Leif Dag Blomkvist e Thomas Rützel*

## UM CONCEITO AMPLIADO DA REALIDADE ADICIONAL

O palco psicodramático é freqüentemente descrito como um instrumento com três dimensões temporais: passado, presente e futuro, e também como um instrumento que não diferencia a fantasia da realidade. Essas descrições dificultam a plena compreensão e o conteúdo da realidade adicional; aquilo que ela é bem como o que não é.

Seria mais adequado dizer que, no palco psicodramático, não há qualquer diferenciação de tempo. Também não há entre diferentes tipos de realidades em que uma é considerada mais real, mais válida ou verdadeira do que outra. A realidade adicional pode ser definida como uma intersecção entre diferentes realidades, conhecidas e desconhecidas, onde cessa a capacidade do ego de controlar e distinguir. Esse estado determina o êxtase,[1] que usamos na acepção de sua raiz etimológica, que quer dizer *deixar os limites da própria individualidade*.[2] Esse é um estado no qual não se vivencia as coisas de maneira usual, mas em que se as observa a partir de uma outra perspectiva, não-familiar. Essa perspectiva pode pertencer ou a uma parte desconhecida do *self* ou a uma outra pessoa, conhecida ou desconhecida, ou a uma força impessoal.

Os psicodramatistas hoje em dia costumam trabalhar com a realidade adicional sem levar em conta sua perspectiva filosófica. O psicodrama geralmente começa com o problema do protagonista e, durante a sessão, o drama retrocede a experiências infantis precoces com o objetivo de curar as feridas. A realidade adicional é, nesse caso, usada como uma técnica para completar e cicatrizar algo, para ter um efeito de integração sobre o ego, de forma que o protagonista se sinta melhor e possa tocar sua vida para a frente. Trazer para o palco um diálogo entre o protagonista e alguém já falecido, ou dar a ele um novo pai ou mãe são apenas dois exemplos dessa forma de empregar a realidade adicional.

Entretanto, achamos que esse conceito e aplicação ortodoxas da realidade adicional constituem uma técnica para se atuar fantasias e desejos e, portanto, que as necessidades do ego ficam muito restritas e têm pouco a ver com o pleno potencial da realidade adicional. Esta seria mais um instrumento de desintegração e deveria ser considerada como um instrumento teatral com o qual o diretor possa criar desconforto, inquietação e tensão no palco. O dramaturgo Dyfverman afirma que a chave para o drama é a inquietude, e não o idílio.

Um conceito de realidade que consista apenas nos diálogos convencionais e onde haja apenas polidez e falta de confrontação conduz a um drama que não traz vida para o palco. Portanto, temos que considerar a realidade adicional como uma *extensão* da realidade no sentido original da palavra: o aspecto de uma ampliação da realidade. A palavra amplo [em inglês *wide*] deriva da palavra indo-germânica *ui-tos*, que, em alemão, significa *auseinandergegangen*. A tradução literal deveria ser: um foi para o outro, ou simplesmente: ficar reduzido a pedaços. Aqui, vemos a perspectiva da realidade adicional como uma forma de desintegração ou um desmoronamento.

Infelizmente, consideramos nossas falhas na vida ou nossas inseguranças como algo de que temos de nos livrar para retornar aos nossos *selfs* "normais". O fato de muitas pessoas procurarem a psicoterapia e o psicodrama devido a seus fracassos só enfatiza a demanda à psicoterapia para que eles retornem ao normal: sua vida normal, seu estado mental normal e seu sucesso normal. As pessoas estão geralmente tentando achar uma razão para explicar por que uma coisa ou outra aconteceu, e o que se pode fazer com relação a isso. Muito raramente consideramos o próprio fracasso como algo significativo. Exploramos então nossos fracassos muito pouco e consideramos que se fazer em pedaços é algo negativo. É o oposto de ser forte e de saber o que se quer fazer. Quando começamos a desmoronar e entrar na realidade adicional, nada mais faz sentido.

Como terapeutas, freqüentemente nos perguntamos de forma racional questões como: como é que essa mulher corajosa fica com esse homem que bebe, que a espanca e a maltrata? Por que ela ou ele se suicidaram de forma tão inesperada? Na realidade adicional, entretanto, deslocamo-nos de um ponto de vista racional para a dimensão do contrasenso e do significado não previsível.

Vivemos um sentimento de desmoronamento ou de desintegração quando algo inesperado nos acontece, que lança nossa vida fora da regularidade. Tais incidentes poderiam ser, por exemplo, uma separação, a perda de um parceiro pela morte, ou a perda do emprego. Após um incidente desse tipo, nos desfazemos em pedaços em muitos diferentes personagens, por exemplo, aquele que tem impulsos assassinos, ou aquele que quer [se] curar, e esses personagens não parecem cooperar uns com os outros. Em alemão, diz-se que: *"Ich fühle mich hinund hergerissen"*, que quer dizer: "Eu me senti empurrado em diferentes direções". Um outro aspecto disso consistiria em se falar de forma irônica. Diz-se algo querendo-se dizer algo mais. No mundo da realidade adicional, as coisas não se encaixam.

No entanto, é muito importante não confundir o mundo da realidade adicional e o desconhecido com o mundo do inconsciente. O princípio dos opostos influencia o mundo do inconsciente, enquanto que a realidade adicional, ou mundo surrealista, é verdadeiramente dionisíaco. Isso quer dizer que se trata do mundo do caos, e não do dos opostos. Na psicologia junguiana, o princípio de adversidade é um conceito central, enquanto que no mundo surrealista do desconhecido, o certo ou errado desse princípio é uma questão em aberto. Nesse mundo dionisíaco, o oposto de masculino não é necessariamente o feminino, o oposto de morte não é necessariamente a vida, o oposto da consciência não é necessariamente a inconsciência.

A maioria de nós sofre de uma incurável mania de transformar o desconhecido em conhecido, de trazer as coisas à "luz", de modo que possam ser classificadas, e nossos cérebros possam então adormecer.

No mundo da realidade adicional, um protagonista *tem* que pensar, *tem* que trabalhar, e *não pode* adormecer. Um único sonho nunca pode ser sonhado duas vezes, o protagonista não pode trazer de volta suas experiências da realidade adicional para a realidade cotidiana, embora elas venham a ter um efeito em sua vida.

## ENTRANDO NO MUNDO DA REALIDADE ADICIONAL

As pessoas têm, com freqüência, diálogos interiores. Geralmente, eles ocorrem em situações em que o corpo está ocupado com algum tipo de atividade, como andando de casa até o ponto do ônibus, ou fazendo tricô, e quando a mente está vagando à toa. Mary Watkins escreve o seguinte:

Eu colocarei a vocês a concepção segundo a qual os diálogos imaginários não refletem ou distorcem necessariamente a realidade; segundo a qual o real não é necessariamente antitético ao imaginário, mas pode ser concebido de forma mais ampla para incluir o imaginário; e onde a personificação não é uma atividade sintomática do primitivismo da mente, mas expressiva de sua natureza dramática e poética.

(Watkins, 1990, p. 58)

Quando tais diálogos são projetados no palco psicodramático e quando os personagens substanciais por detrás desses diálogos e suas interações ocorrem, podemos dizer que esses diálogos *criam* a pessoa ou o protagonista substancial.

A coisa mais importante no psicodrama é não olhar para o mundo do ponto de vista do protagonista, mas criar uma oportunidade e uma plataforma para que o protagonista encontre seus antagonistas e se olhe com os olhos e da perspectiva do antagonista. Isso se refere à técnica psicodramática básica de inversão de papéis. Esses diálogos e diferentes perspectivas, por meio da inversão de papéis, instigarão o protagonista. Quando trabalhamos com esquizofrênicos ou com pessoas que têm alucinações e queremos maiores informações sobre o personagem por detrás de uma certa voz, o esquizofrênico raramente pode fornecê-los. Ele não pode tampouco antagonizar a voz que o ataca. Um diretor de psicodrama que trabalhe com a realidade adicional poderá, portanto, substanciar o personagem por detrás da voz, qualquer que seja, e encorajar um diálogo no qual os personagens se reflitam um ao outro. Alguns desses personagens podem representar diferentes aspectos, conhecidos ou desconhecidos, do protagonista. Todavia, como foi mencionado, outros aspectos poderiam pertencer a outras pessoas, conhecidas ou desconhecidas, ou mesmo a uma força impessoal. Esses diálogos *só* podem aparecer quando ocorre o fenômeno de desintegração.

Um outro aspecto importante que temos de acrescentar ao conceito de realidade adicional é a dissolução entre interior e exterior. Não podemos dizer que o mundo interior é um reflexo do exterior, ou vice-versa. Devemos, sim, designar os fenômenos de personagens e vozes anteriormente mencionados a criaturas e seres com seus próprios conscientes e inconscientes, sejam eles pessoais ou não. A realidade adicional só pode ser vivenciada por intermédio da realidade adicional.

Nossa idéia de realidade adicional está relacionada com a filosofia dos surrealistas, que sempre estiveram em busca do desconhecido, e que não constituíam, como muitos acreditam, um movimento de expressão ou das artes expressivas. Relacionar-se com esses mundos desconhecidos era mais importante para eles.

A função expressiva é, no entanto, mencionada igualmente em contextos positivos. O que é expresso não é, nesses casos, concebido como idéias preexistentes ou emoções subjetivas, mas como algo desconhecido e de difícil apreensão. De acordo com uma linha de pensamento, ela existe apenas por meio de sua expressão, e é inteiramente distinta da pessoa se exprimindo a si, no que diz respeito aos sintomas emocionais, por exemplo. A expressão, em sua acepção positiva (de acordo com o surrealismo), é informada pela ausência de expressão no sentido usual da palavra. Esse aspecto da teoria surrealista quase passou desapercebido, e foi ainda muito menos aceito pelos críticos contemporâneos, em cuja concepção de arte a idéia de expressão parece desempenhar um papel fundamental.

(Sjölin, 1981, p. 410)

A entrada no mundo da realidade adicional significa que o psicodramatista precisa deixar o mundo da lei de causa-e-efeito para trás. E também precisa abrir mão da idéia de certa estrutura de sessão psicodramática, como a descrita pela espiral psicodramática por Elaine Goldman ou a curva de Hollander. O psicodramatista tem até que deixar para trás o aspecto tradicional de um drama com início e fim.

A tensão dramática da realidade adicional existe porque o protagonista se move num território não-familiar em seu psicodrama. Isso é muito importante porque descreve seu sentimento da experiência surreal: ele ou ela está esperando por algo. Trata-se de uma busca onde mesmo o seu próprio objetivo é pouco claro. Quando o drama sobe ao palco, o protagonista e o diretor estão nas mãos do drama, e *não* vice-versa.

## O SURREALISMO E O MUNDO DOS SONHOS NO PSICODRAMA

O palco psicodramático e o inconsciente têm estruturas ou características semelhantes, uma vez que ambos extrapolam o tempo. No palco psicodramático, o passado não se encontra em oposição ao futuro, mas, ao invés disso, há um encontro e uma união entre o passado e o futuro. A fantasia e a realidade também não são opostas entre si, mas se unem no conceito da realidade adicional de Moreno. O conceito da realidade adicional é uma das dimensões psicoterapêuticas mais fortes do psicodrama. A realidade adicional também contém a chave para se trabalhar com os sonhos do ponto de vista psicodramático. Desafiando a tendência usual do ego de diferenciar as coisas e colocá-las em oposição, o protagonista e o grupo são introduzidos a um mundo místico preenchido por um outro conhecimento, por infinita sabedoria, beleza, riscos e perigo.

Esse mundo, onde os opostos não existem, é representado, por exemplo, na arte de René Magritte. Em nossas vidas, voltamos ocasionalmente a esse mundo surrealista que está além de nossa compreensão e alcance racional. Nele, mesclamos pessoas e lugares que geralmente mantemos separados; nos encontraremos em situações e conduziremos ações que nosso ego habitual jamais sonharia em fazer. Estranhamente, é a energia que deriva desse mundo onírico que é vital que saibamos suportar e com que saibamos lidar em nossas vidas. Em outras palavras, nesse mundo atemporal, nesse reino de sombras, o homem se liga ao assim chamado mundo-alma.

Era uma crença geral do alquimista que a alma fosse em parte pessoal e em parte divina, e, portanto, imortal. Dessa forma, a alma pessoal estava ligada ao mundo-alma. Para a alma, a morte é tão insignificante quanto o é para o inconsciente. Para o ego, todavia, a morte é uma ameaça vital. É a alma que acrescenta significado à vida e nos proporciona o *élan vital*. Não estar ligado à alma conduz a uma falta de substância e de energia para a vida.

Há também uma velha crença do alquimista de que o tempo e o mundo-alma estão ligados, ou mesmo, de uma certa forma, são uma mesma e única coisa. Na antiga Grécia, Aion era o deus do tempo: "Aion, o deus do tempo, representava o fluido vital nos seres humanos, sua duração de vida e seu destino recebido. Tratava-se de uma substância geradora, como todas as águas do mundo. Pode-se dizer que Aion era a substância básica da vida. M.-L von Franz escreve o seguinte sobre Aion: "Aion, o deus do tempo, é aqui claramente uma imagem do aspecto dinâmico da existência, ou o que poderíamos chamar hoje de princípio de energia psicofísica" (Von Franz, 1978, p. 6). O tempo, visto dessa perspectiva, como fonte criativa de substância, tem grande importância no palco do psicodrama. Ele está relacionado ao princípio do momento de Moreno, ou seu conceito de aqui-e-agora. Nesse sentido, o princípio da espontaneidade e criatividade de Moreno também é uma substância que proporciona a vida. Por intermédio da libertação do homem das fronteiras entre realidade e fantasia, assim como do tempo, Moreno acreditava que a pessoa poderia se tornar um criador.

A vida é um assunto sério tanto para os seres humanos quanto para qualquer coisa vivente sobre a terra, e, portanto, uma das preocupações fundamentais do ego. Todavia, no que diz respeito a Aion, a morte faz parte de um princípio maior.

A tarefa no palco psicodramático é liberar essa energia e unir o homem ao cosmos. Moreno escreveu em *Invitation to an encounter*

[*Convite a um encontro*]: "No estado inconsciente em que os sonhos são criados, também deve ser incluído um regenerador de energia. No estado onírico do sono nós nos regeneramos" (J. L. Moreno, 1914). Quando um sonho colhe seu material, ele ignora completamente a lógica de nosso ego cotidiano, suas divisões e controles. Um sonho pode coletar lugares e pessoas que geralmente mantemos separados no tempo e no espaço. Um sonho também nos coloca nas situações e conflitos mais vergonhosos.

Uma vez que o inconsciente nunca foi uma questão de importância para Moreno, ele certamente não considerava que os sonhos eram a *via regia* para o nosso inconsciente, ou que os sonhos eram algo a ser decodificado a partir de seu contexto onírico manifesto para que seu pensamento latente fosse compreendido. Ele considerava que isso era errôneo, ou uma resistência ao aqui-e-agora.

Moreno considerava que os sonhos fossem algo com que o homem e seu ego tivessem que se relacionar do ponto de vista do sonho. Uma vez que o criador do sonho é o *desconhecido*, algo fora do controle do ego, de acordo com Moreno, deveríamos vivenciar o desconhecido em lugar de tentar forçá-lo ao controle do ego. Esse desconhecido está relacionado à raiz mais profunda da natureza e da existência do homem, e, conseqüentemente, o ego é governado mais por ele do que se admite. Familiarizar-se com esse mundo significa aproximar-se do desconhecido ou do surreal.

Os sonhos ligam o homem a Aion e criam um campo de forças entre o que o ego já vivenciou e o que nunca viu. René Magritte acreditava que o que jamais havia sido visto ou vivenciado torna-se presente por intermédio de sua ausência. Dessa forma, o sonho é uma realidade para os surrealistas. *O que o ego jamais sonharia em fazer já foi feito.* Considerar os sonhos dessa forma é contrariar a tradição analítica moderna, mas não a psicodramática. A tradição analítica considera os sonhos e símbolos como tendo um conteúdo meio latente que, por meio de certas analogias, poderá ser melhor compreendido. Isso significa dizer que os sonhos representariam algo mais do que o que é manifesto. Mesmo muitos diretores de psicodrama continuamente reincidem em interpretações psicológicas e na busca de analogias. Se eles pretendem trabalhar com os sonhos a partir da perspectiva assinalada neste artigo, devem estar conscientes dessa atitude.

Todavia, um ramo do movimento surrealista, representado por René Magritte, também se mostrava cético com relação à interpretação analítica dos sonhos acima mencionada, uma vez que essa diluía o símbolo. O símbolo contém uma certa energia que será sempre desconhecida para o homem. Todavia, essa energia pode ser vivenciada, mas não será explicada por qualquer pensamento lógico ou racionalização.

Vivenciamos isso na pintura de Magritte, em que o objeto é sempre retirado de seu contexto normal. Magritte chamava essa técnica de perturbar os sentidos de "arte do objeto não relacionado". Ou seja, colocar juntas coisas que geralmente vemos separadamente ou em outros contextos. Desse ponto de vista, uma vez que somos forçados a considerar o próprio objeto em si, tudo pode ser considerado como símbolo potencial. Os símbolos apenas se representam a si mesmos. De acordo com Sjölin (1981), os surrealistas se expressam da seguinte maneira: existe uma crença antiga que diz que nada existe sem uma causa; pelo contrário, todos os seres e todos os fenômenos da natureza contêm uma mensagem cifrada que dá vida a cada cosmogonia.

Relacionar-se com um objeto como tal, em lugar de tentar fazê-lo compreensível para o ego, é um exercício e experiência para a mente que Magritte provoca. Pelo uso de sistemas familiares de interpretação, tentamos fazer com que o conteúdo latente do sonho se torne compreensível para o ego. A crítica de Magritte a tal procedimento era que a sabedoria do sonho se perderia na lógica racional do ego. Nesse sentido, a experiência surrealista, assim como a relação com o desconhecido, perder-se-ia. Um enigma nada esconde porque já contém toda a informação necessária. Trata-se apenas de uma questão de descobrir uma nova forma de se relacionar com os objetos cuja imagem podemos obter; todo o material se encontra acessível.

No que diz respeito ao significado camuflado de um sonho, por exemplo, a questão de se saber se o conteúdo é ou não latente não tem importância, uma vez que, do ponto de vista do surrealista, o significado está lá em sua forma manifesta, acessível para que todos participem dele. Os surrealistas estavam mais sintonizados na experiência do sonho e na participação no irracional. O surrealismo significava participar da desarmonia e da desintegração. O psicodrama onírico encoraja essa experiência do enigma por meio do diálogo e da ação nos diferentes aspectos do sonho. Uma vez que Moreno queria ensinar o protagonista a ser um sonhador melhor, essa forma de psicodrama onírico não está restrita à atuação do sonho da forma como o ego se lembra dele. Várias cenas deste psicodrama onírico, interpretadas no aqui-e-agora, freqüentemente não estavam presentes durante a noite, mas são criadas de improviso e em relação à apresentação que o protagonista faz de seu sonho. Esse processo chama-se evolução do sonho, onde a peça espontânea dirige o desenvolvimento do psicodrama onírico. O sonho apresentado no palco será uma nova produção, e pode alcançar alguns níveis além do sonho original. A produção no aqui-e-agora é uma obra de arte em si, e a pessoa é o criador da arte naquele momento. Às vezes, isso conduzirá ao alívio, às vezes, a uma maior confusão; e, ainda outras vezes, a lugar algum. (Um exemplo desse tipo de psicodrama onírico pode ser visto na última seção deste capítulo.)

Esse tipo de psicodrama onírico é uma forma de encorajar e treinar o ego para que ele se relacione com o absurdo, em vez de procurar um significado latente. Isso encorajará o sentimento de estranhamento e nos preparará para a assim chamada experiência surrealista. Essa experiência é descrita como um campo de forças cheio de suspense, como *ritos de passagem* de uma condição para a outra, não importa qual seja. Elas são *ritos de passagem* para o desconhecido. Pelo acompanhamento do sonho e da sabedoria irracional, esperamos tornar o ego mais flexível, tolerante e espontâneo. O significado se revelará por meio da experiência dionisíaca do irracional. Seguir a sabedoria irracional significa trabalhar com uma perspectiva ampliada da realidade adicional de Moreno.

Para entrar em contato com esses mundos desconhecidos, os surrealistas usam uma técnica que chamam de automatismo, descrita da seguinte maneira:

A experiência de alienação foi descrita pelos surrealistas basicamente em conexão com a escrita automática. Parece que a pessoa que escreve sente-se alienada, em específico, do significado das palavras que ela ouviu de dentro de si, ou que fluem de sua pena. A experiência de alienação também pode ser causada pela entonação da voz interior, ou pelos sentimentos e estados de espírito relacionados às palavras escritas. Às vezes, o sentimento de alienação é agravado pelo fato de que as palavras atingem a pessoa que as escreveu como a expressão de uma outra personalidade, ou mesmo de uma força impessoal.

(Sjölin, 1981, p. 407)

Um outro aspecto importante da experiência surrealista é aquele segundo o qual as coisas, assim como as palavras na escrita automática, são roubadas de suas qualidades convencionais e colocadas num novo e estranho contexto. Isto também significa que não apenas o objeto é roubado de suas qualidades convencionais, mas também a relação na qual ele é colocado é totalmente mudada.

Um objeto só se representa a si mesmo, e não se apresenta como suporte de algo escondido. Mais importante do que explicar e interpretar é que a pessoa se envolva nessas novas experiências não familiares e suporte a tensão. O ego tenta ser lógico e explicar as tensões. O surrealismo nos ensina a suportá-las. Essa condição de tensão é a experiência surrealista. A análise de sonhos de Freud oferece explicações que satisfazem o ego. Todavia, a experiência surrealista é incompatível com uma psicologia centrada no ego. Tanto no surrealismo quanto na realidade adicional, o fenômeno de desintegração é mais importante que o processo de integração. Assim, a realidade adicional permanecerá como um mistério e fonte de criatividade.

## SENHORA BLANCHE E SEU ESPELHO — UM PSICODRAMA ONÍRICO

O sonho a seguir, "Senhora Blanche e seu espelho", é um exemplo de como a realidade adicional pode ser usada no trabalho do sonho. O método usado nesse psicodrama onírico foi criado por um grupo chamado Liechtenstein. O projeto Liechtenstein iniciou-se em 1985 em Vaduz (principado de Liechtenstein) e é formado por um grupo de diretores profissionais de psicodrama oriundos de diferentes países. Seu objetivo é desenvolver o conhecimento e as habilidades referentes aos psicodramas oníricos. Na pesquisa e desenvolvimento do conceito de realidade adicional de Moreno, o grupo estudou a tragédia e o teatro grego antigo no que diz respeito ao culto de Dioniso e ao psicodrama.

Para uma compreensão mais profunda da realidade adicional, fizeram também um grande esforço para entender o mundo místico do surrealismo. A atenção foi, assim, dirigida para o sonho manifesto, como a pintura ou experiência surrealista, e os membros do grupo acreditam que os símbolos apenas representam a si mesmos, quaisquer que sejam eles.

O sonho não é reproduzido no palco da forma como a pessoa que sonhou se lembra dele. Trata-se mais de um *locus nascendi* para uma nova experiência de realidade adicional no palco psicodramático. Muitas cenas dramaticamente produzidas não existem no sonho tal como a pessoa se lembra dele. Essa forma de trabalho com o sonho foi inspirado pelo pintor surrealista André Magritte. A arte surrealista e a arte teatral grega têm técnicas muito distintas de preparo para a viagem dionisíaca a essas dimensões escondidas da mente, e a palavra protagonista pode ser compreendida como "o iniciado à loucura divina" (*theia mania*). Essas técnicas foram convertidas em técnicas psicodramáticas, e não devem ser entendidas como técnicas isoladas, uma vez que cobrem toda a filosofia da realidade adicional.

Para manter o espírito do psicodrama, não corrigimos muito a fala do protagonista ou dos egos-auxiliares.

No início de cada dia, os membros do grupo que sonharam na noite anterior compartilham, se assim o desejarem, seus sonhos com o resto do grupo, e sem maiores comentários por parte deste.

Após o compartilhamento do sonho, Roland foi selecionado como protagonista. Trata-se de um homem alto e loiro, com trinta anos de idade, da Alemanha; é uma pessoa razoavelmente quieta. Ele freqüentava o projeto Liechtenstein desde o começo. Na época em que freqüentava o seminário daquele ano, andava meio deprimido e estava em busca de novas oportunidades na vida. Ele é psicólogo e psicodramatista; está empregado e também trabalha em consultório particular. É casado e tem um filho.

O diretor dessa sessão é o líder do projeto, Leif Dag Blomkvist, e pede a Roland que suba no palco e sente-se numa cadeira próxima a ele. Todos fecham os olhos, e Roland narra seus sonhos. Ele os apresenta em *tempus praesens*, e é instruído a não tentar se lembrar de coisas, a não ser as que surjam espontaneamente na mente. Narra seu primeiro sonho da seguinte maneira:

Algumas pessoas estão numa corrida, como se fosse um filme. Há uma cabana de acampamento como as das montanhas iugoslavas. Há um homem e uma mulher e Napoleão e eu. Napoleão e a mulher caem num vale. Mas acho que isso não é tão perigoso.

Duas noites após, emerge o seguinte sonho:

Entro numa vila ou mansão, e devo consertar ou pintar alguma coisa nela. Uma mulher sofisticada mora nesse lugar. A moldura de um espelho deve ser pintada de branco. Pinto a moldura, mas em certos lugares a madeira não aceita a tinta. Tento colocar várias camadas de cor nessas partes, mas, no entanto, a moldura rejeita a cor, e eu me sinto insatisfeito. Eles dizem que seria melhor que Günter o fizesse.

O rapaz que havia sonhado está associando esses dois sonhos, referindo-se à sua incapacidade de fazer as coisas corretamente, ou de saber o que deveria fazer. No primeiro sonho, ele tinha que conduzir um grupo de pessoas pelas montanhas, e não realizou adequadamente sua tarefa: as pessoas caíram. No segundo sonho, ele falhou em pintar a moldura do espelho.

O protagonista inicia imediatamente pela arrumação da cena mais importante do segundo sonho no palco. De forma contraditória ao trabalho ortodoxo com o sonho de Moreno, a escola de Liechtenstein não aquece o protagonista para o papel de sonhador a partir do trabalho com os resíduos do dia anterior ao sonho. Ela inicia [o trabalho] imediatamente com o sonho, e, portanto, com a realidade adicional.

Deixar que o protagonista conte o sonho mais uma vez antes que a ação se desenrole possibilita ao diretor uma pista sobre onde entrar ou como aquecer para a sessão. O diretor, assim como o protagonista, pode, no caso de o sonho ser muito longo e ter muitas cenas, selecionar a cena que pareça mais apropriada para dar início à sessão.

Roland escolhe começar pelo segundo sonho. O diretor pede-lhe que arrume a cena na mansão, e Roland desloca diferentes cadeiras e muda as luzes coloridas para criar a atmosfera adequada a uma sofisticada mansão burguesa na França. A mulher sofisticada está de pé na porta de entrada do aposento com a moldura danificada do espelho. O protagonista dá a essa mulher o nome de sra. Blanche. O protagonista inverte papéis com a sra. Blanche.

| | |
|---|---|
| SRA. BLANCHE: | Estou sozinha nessa casa aqui na França, e ela tem quinze quartos. Tenho muitos empregados trabalhando para mim, e gosto muito deles, assim, pago-os muito bem. Sou uma mulher muito bacana. |
| DIRETOR: | O que esse espelho tem de especial? |
| SRA. BLANCHE: | Ele é lindo. A moldura é linda. É barroca. Ele fica pendurado no *hall* de entrada, ao lado das escadarias que vão dar na galeria. Infelizmente, ficou velho e sujo. Tem mais de duzentos anos. |
| DIRETOR: | Ele é da época da Revolução Francesa ou de Napoleão? |
| SRA. BLANCHE: | Sim, algo assim. Eu o achei no porão. |

O protagonista agora sai do papel de sra. Blanche e vai para o papel do espelho.

| | |
|---|---|
| ESPELHO: | Eu fui feito antes da Revolução Francesa. Fui feito para ser usado. Tudo estava se quebrando naquela época. Eu estava em perigo, e tenho sorte por não ter sido esmagado. (o espelho vira a cabeça para a sra. Blanche). |
| ESPELHO: | (para a sra. Blanche). Eu fico pendurado aqui no *hall* para que você possa dar uma última olhada antes de sair. Como era maravilhoso nos velhos tempos! Tínhamos muitas festas e reuniões aqui, só a alta sociedade, barões, duques etc. |

A evolução do sonho é a expansão de um certo símbolo ou aspecto do sonho. Nesse caso, seleciona-se uma cena de uma festa nos idos bons tempos. Todavia, essa cena jamais existiu no sonho original. Os membros do grupo se preparam para os respectivos papéis. Estão presentes o rei e a rainha, alguns intelectuais e muitas outras pessoas. O protagonista escolhe o papel do marquês de Longgelan com sua mulher. O protagonista queria que as tradicionais pessoas famintas dessa época também estivessem presentes no palco.

| | |
|---|---|
| MARQUÊS: | Parece que muitas pessoas estão viajando para o exterior hoje em dia. Principalmente os que têm que pagar impostos. |
| SRA. DU PONT: | Como é desagradável ouvir a gritaria do proletariado e ver como eles estão loucos por dinheiro. De qualquer modo, nem sabem o que fazer com o dinheiro. |
| PROLETÁRIOS: | Vocês nem ganham seu próprio dinheiro. |
| REI: | E vocês não têm nada na cabeça. Vocês nem sabem o que é viver, porque vocês comem merda o tempo todo. |
| PROLETÁRIOS: | Nós vamos pegar vocês! |

A cena termina com a batalha da Bastilha. O teatro do psicodrama parece um campo de batalha, e o grupo todo participa de forma espontânea. Há um princípio segundo o qual obtém-se a catarse pela participação da ação no palco. Esse aspecto lúdico do drama espontâneo muitas vezes é esquecido. A cena volta à vila da sra. Blanche. Ela está sentada sozinha em seu quarto, pensando na vida.

| | |
|---|---|
| SRA. BLANCHE: | Aqui estou eu sentada sozinha. Já tive um marido, mas ele se foi há muito tempo. Os amigos que tenho não considero adequados para mim. Sinto que a vida perdeu sua substância. |
| DIRETOR: | Bem, seu artesão está aqui, Roland Berger (o protagonista), para consertar seu espelho. O que você acha dele? |
| SRA. BLANCHE: | Ele é bom e muito cuidadoso. Eu consegui o nome dele com uma tia minha, e ela disse que ele trabalha bem. |
| ROLAND: | Sinto-me bem em vir trabalhar para a senhora, pois esta é uma linda casa, e eu consertarei o espelho da senhora. |

A técnica de monólogo no psicodrama significa que o protagonista exprime diferentes pensamentos ou sentimentos que estão escondidos e não aparecem em sua ação no palco. Essa técnica é excelente para a expressão da ação do ego onírico.

| | |
|---|---|
| ROLAND: | (monólogo) Sinto-me um pouco inseguro porque não sou um profissional. No entanto, eu poderia ser capaz de fazê-lo. Se eu tiver um pouquinho de sorte, vai dar certo. Ainda não falei sobre preço com a senhora Blanche, e talvez ela não possa pagar esse custo. Esse conserto vai demandar muito tempo, e não sei o quanto cobrar. Sinto-me desconfortável. |
| DIRETOR: | Você gosta desse trabalho? |
| ROLAND: | Sim, gosto de fazer coisas desse tipo para mim. |
| DIRETOR: | Você não estabeleceu um preço! |
| ROLAND: | Eu não posso, pois não sou um profissional. Um profissional teria feito isso em sua própria *Werkstatt* (oficina). |

Esses comentários dão a dica para a introdução de um personagem que não estava presente no sonho, mas que entrará na produção onírica psicodramática, no aqui-e-agora. Será o personagem ou arquétipo do "profissional" que o protagonista chama de sr. Schneider. O objetivo desse diálogo é trazer a sombra à luz e tornar visíveis as projeções dos personagens da sombra para Roland. O sr. Schneider, como personagem da sombra, projeta incompetência em Roland, o que é, em certa medida, verdadeiro. No entanto, o ego do sonho se identifica como sendo competente.

O conteúdo subjetivo projetado no objeto não é aquele com que o objeto se identifica ou como se define. Raramente, ou jamais, algo que é projetado se encontra presente no objeto (Von Franz, 1980).

Roland assume o papel do sr. Schneider, o profissional. O sr. Schneider tem um diploma e muita experiência em sua área. Ele pode provar o que e quem é ele. O papel de Roland é desempenhado por um ego-auxiliar.

| | |
|---|---|
| SCHNEIDER: | Seu idiota, afaste-se deste espelho. Você o está destruindo. É isso que acontece quando a gente contrata esses lunáticos. Eles não apenas roubam o trabalho como também fazem um serviço mal feito. Senhora Blanche, não creio que a senhora ficará satisfeita com o trabalho desse merdinha do senhor Berger. Eu tive que aprender por dez anos, e sou mais velho que ele. Vou cobrar da senhora $1.500. A senhora poderia conseguir um preço mais barato com o senhor Berger, mas ele arruinará o seu espelho. |
| ROLAND: | Eu já fiz isso muitas vezes. *Eu sei como fazê-lo!* |
| SCHNEIDER: | Ignorância, ignorância. Você não faz jus nem à metade do preço! |

302

Roland tenta trabalhar, enquanto o sr. Schneider o olha com um grande sorriso e a sra. Blanche também o observa. O trabalho começa a ir mal, e o espelho não está ficando muito bom. Roland está agora no papel dele mesmo, e o sr. Schneider é representado por um outro membro do grupo.

| | |
|---|---|
| SRA. BLANCHE: | Isso não está muito bom. Quanto mais eu me aproximo do espelho, mais insatisfeita fico. Esse homem não faz um bom trabalho! |
| ROLAND: | Vejo que o trabalho não está muito bom. A crítica está correta. O espelho e a moldura não estão ficando bons. Eu me superestimei. Tentei, mas não consigo fazer melhor do que isso. Estou humilhado. Sinto-me envergonhado. Mas esse não é o meu trabalho usual. Eu só queria fazer um favor. |

Vergonha e humilhação são os sentimentos vivenciados quando as pessoas começam a integrar sua sombra. O ego foi muito inflado, e, portanto, decolou e está aterrissando de volta à terra. Lyn Cowan escreve o seguinte:

A palavra "humilhação" vem do latim *humus*, que quer dizer "terra" ou "chão". Húmus é o material orgânico escuro que existe no solo, produzido pela decomposição da matéria vegetal e animal. Ele é essencial para a fertilidade da terra. A humilhação, portanto, é um processo de decadência e de decomposição, de matéria apodrecida. Aquilo que é escuro e maculado em nós, que se decompõe e que faz com que percamos a compostura, torna-se material fertilizador, vitalizador, vital.

(Cowan, 1982, p. 36)

Simbolicamente, podemos dizer que o espelho nunca mente. A sombra se reflete no ego e cria os sentimentos de vergonha e constrangimento. O trabalho feito na moldura não é muito bom. Até esse ponto, o protagonista esteve preocupado com a moldura do espelho que pertence a Blanche.

Ele não olhou para o espelho em si. A senhora Blanche representa um aspecto feminino refletido em Roland. A moldura, em seu aspecto feminino, é também um símbolo do *self*.

Roland desempenha o papel do espelho e se lamenta:

| | |
|---|---|
| ESPELHO: | Eu já fui tão lindo. Todos se impressionavam com a minha beleza, e eu estava pendurado num lugar muito importante da casa. Mas os tempos mudaram. Hoje eu só posso viver de sonhos. |
| DIRETOR: | Como se sente com relação a Roland agora com o trabalho que ele realizou em você? |
| ESPELHO: | (para Roland) Você precisa de uma maior experiência. Parece cansado e pálido. Você precisa melhorar a sua condição. Você está doente? Acho que é aquele seu maldito trabalho na escola. Tudo de que você precisa de manhã é ler o jornal, isso é o que é importante para você. Você não tem nenhum interesse nas aulas. Tudo o que faz é matar o tempo. Quando você trabalha como psicólogo no seu consultório, tudo o que faz é pensar quando terminará o horário de consultas, para ir para casa e comer. |

O espelho está advertindo Roland sobre o perigo do aspecto feminino de seu psiquismo. Se o aspecto feminino, o assim chamado *anima*, predomina, ele pode fazer com que os homens fiquem sentimentais, que vivam sonhando, pensando como as coisas poderiam ser, fazer com que fiquem preguiçosos e com falta de iniciativa. A *anima* pode ser uma *femme fatale*, envenenando o ego masculino.

| | |
|---|---|
| ROLAND: | Tudo bem, mas eu não sou assim o tempo todo. Não estou sempre entediado. Mas o espelho tem razão: quando me sinto fraco, eu lustro a minha máscara e me sinto fraco. |

No psicodrama onírico, o diretor tem que estar consciente do fato de que, num certo nível, o sonho apenas se simboliza a si mesmo. É como um teatro da vida e da existência. Os velhos dramas gregos nada mais eram do que reflexões da relação do homem com os outros e com os deuses na vida diária. Ao vivenciar o drama psicodramaticamente, a vida cotidiana muitas vezes assiste à produção espontânea mesclada ao sonho, e, portanto, uma nova produção onírica é realizada no palco, no aqui-e-agora. Seria errado manter a vida diária fora de uma produção onírica, assim como a vida diária pode nos ajudar a entender nossos sonhos se estivermos desejosos de olhar um pouco mais de perto nossos componentes irracionais da existência diária.

Roland diz ao diretor que se sente dessa forma com relação a seu trabalho como professor e psicólogo numa escola para pessoas desempregadas. Ele tem a impressão de que ninguém lá tem o menor interesse. Ele vivencia também uma falta de iniciativa.

Roland arruma sua sala no trabalho. São 8:45 da manhã. Ele coloca o jornal sobre a mesa, coloca sua lancheira com comida diante de si, e senta-se diante de um enorme quadro de programações. O quadro ocupa a sala toda. Roland inverte papéis com o quadro de programações.

QUADRO DE PROGRAMAÇÕES: Eu sou maravilhoso, tenho todas essas grades e horários, todas essas diferentes cores para as diferentes atividades. Quando alguém olhar para mim, poderá achar que isso aqui está cheio de atividades. Roland adora fechar sua porta e colocar planos em mim. É maravilhoso. Sou impressionante, mas quem, diabos, está batendo na porta? Bem agora que Roland e eu estamos nos divertindo?

Como Roland trancou a porta por dentro, ele tem que destrancar para que seu colega Peter possa entrar.

PETER: (fora da sala) Gostaria de falar com você sobre a situação na escola e nas aulas.
ROLAND: (monólogo) Que cara chato, e tão mal vestido nesse macacão vermelho. Esse idiota está sempre enchendo. Não ajuda nada o fato de ele ser de Hunsrück (zona rural da Alemanha). E além do mais, esse idiota é apenas um pedagogo social. De que merda estou rodeado? A equipe não é muito melhor que os clientes.
ROLAND: Entre!
PETER: O quadro de programações está com um aspecto cada vez melhor. Mas, na verdade, não reflete realmente a realidade. Só umas poucas coisas estão ocorrendo. É muito exagero. Provavelmente eu não entendo isso. É tão complicado!
ROLAND: Meu quadro de programações não é complicado. É um plano, é numa *moldura do nosso trabalho que temos que trabalhar*. É uma sugestão para o nosso futuro e como devemos trabalhar. Você é entediante e secarrão. Você me cansa.

O próximo movimento no psicodrama tem que se referir à moldura. A moldura já apareceu no sonho como o espelho da sra. Blanche no qual Roland tem que trabalhar, mesmo não sendo um profissional. A moldura agora aparece como sua *moldura de trabalho*, como o quadro de programações.

O espelho da sra. Blanche tinha aproximadamente duzentos anos e datava da época de Napoleão. Além disso, Napoleão também aparecia no

305

primeiro sonho de Roland, caindo da montanha. Se o ego estiver inflado pela energia feminina inconsciente, uma grande quantidade de energia é percebida. No entanto, a energia criativa necessita de braços para transformar os sonhos em realidade. Moreno chama a isso de espontaneidade. Se o fator espontâneo estiver faltando, um certo tipo de megalomania, manifestada aqui sob o personagem de Napoleão, aparece. Napoleão é conhecido por seu gênio assim como por sua queda.

Essa é a razão para introduzir agora, na situação real do trabalho de Roland, um personagem onírico no psicodrama. Roland inverte papéis com Napoleão, que está de pé no quarto dele, próximo a um grande mapa. Em suas inversões de papel ele usa um chapéu semelhante ao usado por Napoleão.

NAPOLEÃO:   Eu conquistei quase que o mundo todo. Sou um homem de grande importância. Vou constituir uma grande França. Bem, minha gente, o que pode ser feito para aumentar a França?

Roland, no papel de Napoleão, dá muitas ordens diferentes. Ele também pede sugestões para os outros. Ele usa a sala toda, e o grupo o ajuda desempenhando os papéis de soldados e da multidão.

NAPOLEÃO:   Quero expandir. A França, ela não é suficientemente grande para mim e você. Todavia, não podemos conquistar a Espanha porque ela é grande demais.
SOLDADOS:   Não, não podemos conquistar a Espanha, mas podemos conquistar a Prússia.
NAPOLEÃO:   Boa idéia. Vou mandá-los para a Prússia e vocês construirão um império nela.
SOLDADOS:   Mas nós ouvimos dizer que eles vão ocupar Paris.
NAPOLEÃO:   Vocês estão com medo? Tenho planos maravilhosos. Olhem para este plano. Estou desapontado com todos vocês. Onde posso arranjar pessoas corajosas?
DIRETOR:    Conte-me sobre sua morte, Napoleão.
NAPOLEÃO:   Bem, tudo começou de forma esplêndida, mas o final não foi muito bom!
DIRETOR:    Por quê?
NAPOLEÃO:   Eu morri no exílio. Meus planos falharam. Meu povo não me quis mais. Talvez tenha havido alguma conspiração. Morri com o coração partido. Mas foi divertido no início.

Napoleão está sendo trazido para a escola onde Roland trabalha. Esse é um bom exemplo de como a realidade adicional pode ser usada e como o psicodrama agora tem os mesmos componentes que um sonho. Ou seja, a diferenciação do tempo, bem como a diferenciação entre fantasia e realidade, não é mais válida.

Napoleão está furioso, diante da porta do consultório de Roland.

NAPOLEÃO: (para o grupo) Que nome ridículo! *Tageskollegium* (colégio diurno), há também um *Nachthkollegium* (colégio noturno). Por que essa porta está trancada? Deixe-me entrar!

Roland está em seu consultório com um grupo de drogadictos, e há também o quadro de programações.

NAPOLEÃO: O que isso significa? Deixe-me entrar!
ROLAND: Quem é?

Napoleão arromba a porta e surge como um louco no aposento, diante de um surpreso grupo de pessoas. Ele vê o quadro de programações, berra o mais alto que pode e rasga o plano em pedaços.

Roland está agora no papel de Napoleão. Roland é representado por um membro do grupo.

ROLAND: Esse é o meu plano. Deu muito trabalho para fazer.
NAPOLEÃO: Esse plano não funciona. Ele não é exeqüível. Não passa de uma bolha de sabão. Todos esses antigos drogadictos e prostitutas continuam tomando drogas. Eles faltam à escola todos os dias. Como essa vida degradada pode fazer parte do seu quadro de programações? Isso não funciona. Senhor Berger, eu estou falando com o senhor, e o senhor vai me ouvir.
ROLAND: Eu não gosto de o senhor ter rasgado o meu plano em pedacinhos.
NAPOLEÃO: Todas essas prostitutas que não conseguem tomar nenhuma decisão. Isso aqui é uma *Wolkenkuckusheim* (Terra de Lunáticos). O plano é um monte de bolhas de sabão.
ROLAND: Mas eu tenho algo a fazer.
NAPOLEÃO: Isso não significa nada.
ROLAND: As pessoas estavam bem impressionadas.

A soberba significa estar cheio de ar quente e estar estufado. Napoleão está lembrando a Roland o risco que a soberba impõe ao ego. Isso é oposto ao entusiasmo, que significa estar preenchido por Deus. O entusiasmo deve ser integrado em pequenas doses; de outra forma, há o risco da inflação. A megalomania, pode-se dizer, é o extremo de um ego inflado.

NAPOLEÃO: Se eu fosse você, não ficaria por aqui tão freqüentemente, nesse emprego. Por que você não vai a conferências? Leia alguns livros! Aprenda algo!

ROLAND: Eu trago um livro comigo todo o dia.

DIRETOR: O que mais faria sentido?

NAPOLEÃO: Construa algumas outras coisas, seu consultório particular, por exemplo. De outra forma, você não terá nenhuma energia. Fui um jogador, e muita coisa aconteceu à minha volta. Eu invadi a Rússia. O final não foi assim.

ROLAND: Eu já estou cansado quando entro nesse lugar e nesse trabalho.

NAPOLEÃO: Só há o ar vazio aqui. Você só pode ficar cheio disso. Quantas vezes não tentei ajudá-lo? Tentei dar-lhe grandes planos, a prática, mas você só está matando o tempo!

ROLAND: A gente precisa viver de algo.

NAPOLEÃO: Eu ensinei a você como ser um novo Napoleão. Eu investi muito em você; e o que você fez com isso?

ROLAND: Os seus planos são meio fora da realidade.

NAPOLEÃO: Eles são ótimos. No ano que vem você não terá um único cliente.

O ego está sofrendo porque está quase sem energia e combustível. O entusiasmo aumenta a autoconfiança, o crescimento espiritual e a inspiração. No entanto, só pode ser tomado em pequenas doses e adaptado. Se o ego ficar inflado demais e for encharcado pelo inconsciente, tornar-se-á passivo e sem condições de tomar decisões e de discriminar. Também ficará sem iniciativa.

Nosso protagonista está lutando dentro de seu ego. O ego, que geralmente deseja a unilateralidade, isto é dizer e/ou, agora está estraçalhado. Pode-se ver também como o personagem da sombra, Napoleão, está confrontando as idéias de Roland. É também paradoxal que Napoleão esteja falando dessa forma, mas os personagens oníricos são paradoxais. Como regra geral, a integração do personagem da sombra traz energia.

Durante essa cena, o protagonista inverte papéis muitas vezes com Napoleão. Esse encontro é também um aspecto fundamental do psicodrama. O protagonista, que geralmente é quieto e introvertido, está se expressando espontaneamente. A experiência catártica no psicodrama não consiste em encontrar uma solução ou causa. Consiste mais em proporcionar um palco para uma pessoa e uma área onde se sinta livre para se expressar. Não conseguiremos nunca enfatizar suficientemente a importância de as pessoas poderem ser capazes de ter um diálogo com seus personagens internos.

DIRETOR:          Como Napoleão chegou a esse prognóstico?

NAPOLEÃO:         Porque as pessoas não têm que pagar suas próprias terapias. Isso significa que o próximo ano está em perigo.

DIRETOR:          Você precisará desse emprego?

ROLAND:           Ninguém está interessado em se eu vou ficar sentado aqui ou não.

NAPOLEÃO:         Eu estou interessado. Estou desapontado com o que você está fazendo. Comece com suas idéias.

ROLAND:           Não estou interessado nos seus conselhos. Eles não parecem me ajudar. Quantos não morreram porque o seguiram? Tudo deu errado para você no final, e você morreu na prisão.

NAPOLEÃO:         Mas eu tinha energia. Eu fiz alguma coisa.

ROLAND:           Eu estou fazendo algo. O que faço, basta. Eu leio o caderno de esportes. O time de Colônia venceu. Isso é muito importante. Quando estou aqui, faço o que quero. Eu posso manter o meu ritmo de manhã. Ninguém vem me encher. Este lugar é importante para mim devido à sua segurança. O emprego me dá dinheiro.

Quando as pessoas são confrontadas com sua sombra de forma excessivamente pressionadora, elas tendem a regredir. Neste presente momento, o protagonista está se tornando defensivo, rejeitando sua complicada situação e brigando com o seu ego. Uma das maneiras que o ego tem de se livrar rapidamente de sentimentos dolorosos ou desagradáveis de ambivalência é tornar-se unilateral, tomando uma decisão obstinada.

Do ponto de vista de direção, o diretor tem que estar atento a esse processo. Nesse ponto, seria importante interromper a cena, porque o ego do protagonista não pode integrar mais material da sombra.

DIRETOR:          Como você vê a diferença entre você e Napoleão?

ROLAND:           Bem, a segurança não era importante para Napoleão; ela é importante para mim. Mas, por outro lado, Napoleão tem mais coragem do que eu.

DIRETOR:          Onde Roland é corajoso?

ROLAND:           No clube esportivo. Em seu grupo de psicodrama. No atendimento [aos clientes].

| DIRETOR: | Acho que seria de bom alvitre falar com Napoleão sobre como você se sente com relação à maneira como ele influencia a sua vida. |
| --- | --- |
| ROLAND: | Napoleão, você faz com que eu me sinta insatisfeito quando olha para mim com seus planos heróicos. Por outro lado, você me infunde coragem e vitalidade. Você tem planos grandes demais, e quando eles não acontecem, você fica desapontado e crítico. |

O protagonista decide examinar a dualidade de Napoleão. Num certo sentido, pode-se dizer que Napoleão também representa uma energia dionisíaca. Dioniso é realmente o deus da alegria, e, portanto, dá sabor à vida.

No entanto, sua alegria pode se transformar igualmente numa loucura destrutiva. Sabemos, por meio do mito de Dioniso, que as pessoas que rejeitaram a loucura dionisíaca tornaram-se, elas próprias, loucas, enquanto que para aqueles que o seguiram houve posteriormente uma vida mais gratificante. Dioniso também é famoso por sua selvageria primitiva, e, portanto, pode assumir seu curso brutal caso o ego o rejeite. Louve-se os deuses por aquilo que eles são. Nosso protagonista decidiu fazê-lo.

Napoleão sai do palco, e estamos de volta ao quarto da sra. Blanche, onde Günter está consertando o espelho. A sra. Blanche, Roland e Günter circundam o espelho. Acontece que Günter é uma pessoa que, na vida real do protagonista, ele não suporta. Ainda estamos lidando com a sombra e suas projeções. Günter é uma pessoa que funciona como um gancho de projeção para o protagonista.

Pede-se ao protagonista que assuma o papel de Günter. Na apresentação do papel podemos ver que a descrição de Günter certamente contém uma boa carga de projeções de caráter negativo. A apresentação é estereotipada, muito negativa, e seria absolutamente contrária a como o próprio Günter se apresentaria. Eros, o deus do Amor e da Relação, encontra-se ausente. Moreno falava sobre a tele como sendo o oposto da projeção. A tele tem duas vias, seu processo fundamental é a reciprocidade (de atração, de rejeição etc.), e ela contém Eros. A tele se baseia num sentimento e reconhecimento da *real* situação dos outros. Esse certamente não é o caso na apresentação que Roland faz de Günter.

| GÜNTER: | Estou desempregado. Sou mais uma mãe que um homem. Francamente, eu quase tenho peitos. Tenho também uma voz extremamente alta e estridente. Os peitos, eu adquiri praticando esporte. Uns anos atrás eu era campeão de esportes, mas isso foi há vinte anos. Tenho um cabelão comprido e engordurado horroroso. Em geral, pareço um porco, ou uma puta. |
| --- | --- |

310

O protagonista está muito excitado e se veste de Günter. Uma toalha molhada representa os cabelos ensebados, e as almofadas, por baixo do macacão do protagonista, representam os peitos. O protagonista está cheio de energia e está agindo espontaneamente. Sempre que as pessoas encenam sua sombra no psicodrama, o ser humano total lá se encontra.

SRA. BLANCHE: Acho que Günter conseguirá consertar esse espelho! Como ele é prático!

ROLAND: Günter é ridículo e, a propósito, ele tem peitos.

DIRETOR: O que aconteceu com você, Günter?

GÜNTER: Bem, eu cresci, me casei e tive filhos. Estou desempregado e sou casado com uma médica. Meu casamento vai mal, e tenho que arrumar a casa antes de ela voltar do serviço.

DIRETOR: Bem, Günter, isso não parece ser muito legal. Você poderia nos mostrar uma cena sobre a hora em que sua mulher está chegando em casa?

GÜNTER: (ainda representado por Roland) Com certeza!

A plena expansão de um psicodrama significa ser capaz de atuar no papel do outro. No psicodrama surrealista, não há necessidade de se ter cenas que o protagonista tenha vivenciado. O protagonista está agora representando uma cena que existe em sua mente, uma cena onde ele próprio, enquanto Roland, não está incluído. Representar esse tipo de cena é representar a sombra. Os protagonistas, em geral, se divertem e têm um prazer sádico em suas *performances*.

Como regra geral, quando algo está colorido pelo fenômeno da projeção, o protagonista se recusará a ver que o material apresentado tem relação consigo. O *insight* não ajuda, mas a ação sim. O protagonista está representando o material da sombra; pode-se dizer que o mesmo transpira por meio da ação. Após certo tempo, ou numa sessão posterior, o protagonista automaticamente fará algumas conexões com seus próprios traços.

A cena mostra Günter em casa, com a mulher e os filhos.

A MULHER: Deus do céu, que dia terrível na clínica. Eu não agüento mais, e agora tenho que voltar pra casa, pra essa merda com quem me casei. Eu faço tudo, e ele realmente não faz nada! Ele é um verdadeiro *Schlappschwanz*! (que, literalmente, quer dizer: rabo frouxo ou pinto frouxo)

GÜNTER: Oi, como foi de trabalho?

A MULHER: Essa casa está um chiqueiro. O que você fez o dia todo? Vá já arrumar. Estou cheia de fazer tudo. As crianças

|              |                                                                                                 |
|--------------|-------------------------------------------------------------------------------------------------|
|              | me irritam, estou cansada e não quero ser perturbada. Fui clara?                                |
| GÜNTER:      | Vamos, crianças, a mamãe está cansada!                                                          |
| A MULHER:    | Vista as suas meias e pare de andar por aqui. Isso aqui não é um zoológico. Preciso descansar. (monólogo) Meu Deus, eu realmente já estive casada com um campeão e olhe só o que aconteceu. Por que estou agüentando isso? |
| GÜNTER:      | Bem, você está falida. Seu trabalho como médica não rende na nada. Você é um fracasso.          |
| A MULHER:    | Como você ousa falar comigo desse jeito! Se não fosse por mim, estaríamos vivendo na rua. Você absolutamente não tem condições de sustentar sua família. |

O diretor traz Roland mais uma vez de volta à cena na casa da sra. Blanche e encoraja o protagonista a se encontrar com Günter sobre o espelho.

Agora pode-se perceber claramente que a cena inclui temores ocultos de não ser homem. Como um homem pode dominar e perder sua identidade masculina e estar sob o domínio de uma mulher. Essa imagem é adequada quando o ego masculino perde o controle de sua consciência, estando sob o domínio da *anima*. O casamento entre o masculino e a *anima* transforma-se em escravidão, e não numa união frutífera.

|              |                                                                                                 |
|--------------|-------------------------------------------------------------------------------------------------|
| DIRETOR:     | Você poderia, por favor, exprimir seus sentimentos em relação a Günter e também exprimir sua relação para com ele? |
| ROLAND:      | Você dominou tudo, estou cheio de você. Dê uma olhada para o jardim-de-infância que seus filhos freqüentam. É tudo do seu jeito, suas idéias sobre piqueniques, sobre construir casas para as crianças etc. Depois de meio ano, ninguém mais pode suportá-lo. Você tem essas idéias napoleônicas! |
| GÜNTER:      | Você é um psicólogo típico. Não diz nada, nem faz nada. Você é um fracasso!                      |
| ROLAND:      | Fracasso?! Pense um pouco no jardim-de-infância que você ia construir. O que aconteceu? Nada!   |
| GÜNTER:      | Todos me abandonaram e eu tive que construí-lo sozinho. O que você pode fazer com os outros? O que você tem a oferecer? |

Günter, que reflete o lado sombra, está agora abordando um grande problema para o protagonsita, que é uma pessoa introvertida e tem sérios problemas com a extroversão. As pessoas introvertidas também têm um grande desejo de participação, mas isso inclui abrir mão de parte de seu mundo interior e de suas expectativas em favor do coletivo. O problema de uma pessoa introvertida é o equilíbrio entre mundo interior e o exterior. Ou elas se sentem sobrecarregadas pelos outros, ou elas os controlam. Falta certa energia para um livre fluxo entre as pessoas.

Nosso protagonista trouxe à tona essa questão várias vezes, mas, como muitas pessoas introvertidas, chega à seguinte conclusão: é trabalho demais e é melhor não fazer nada.

ROLAND: Posso trabalhar junto com a minha mulher e tenho um cérebro que você não tem (o protagonista hesita, e, então, se cala).

DIRETOR: O que está se passando em sua mente?

ROLAND: Ele tem mais coragem que eu. Tem coragem de fazer algo, mesmo que todos riam dele. Ele é uma criança, e adora o que está fazendo, com todas as suas forças. Mas daí, tudo dá errado. E todos podem perceber seus altos e baixos, *só uma poucas pessoas conhecem os meus*.

Lentamente, o protagonista está fazendo a conexão com sua própria sombra, e o sente. A ação não é um *insight* intelectual, mas sim dramático, vivenciado no momento, e, portanto, podemos ver um efeito terapêutico no psicodrama. Ter consciência da própria sombra é impossível, e sua integração no ego é um processo que freqüentemente está relacionado a uma grande dose de sofrimento e dor chamada *katabasis* (a viagem dionisíaca ao submundo), ou, como diz o provérbio: "Temos que agüentar a própria cruz com paciência". A consciência da sombra não está relacionada com a sua integração. Na melhor das hipóteses, poderia ser um início dessa. Muitas pessoas em psicoterapia, incluindo os psicoterapeutas, geralmente terminam o trabalho psicoterapêutico nesse ponto de partida, ou seja, eles encerram onde, na verdade, a psicoterapia se inicia. No entanto, essa consciência da sombra proporciona ao cliente um sentimento de profundo trabalho em si mesmo. A diferença entre consciência e integração da sombra é a mesma, por exemplo, que ocorre quando duas pessoas falam sobre Paris: uma delas viu Paris em cartões-postais e fotografias, e a outra foi e morou em Paris por um ano.

Günter saiu do palco, e Roland permanece lá com a sra. Blanche, no *hall* da residência dela. A sra. Blanche olha para ele, e, em seguida, para o espelho.

Roland está desempenhando seu próprio papel, e um membro do grupo representa a sra. Blanche.

| | |
|---|---|
| SRA. BLANCHE: | Bem, não acho que ficou muito bom. Gostaria que tivesse ficado perfeito. |
| ROLAND: | *Eu não sei fazer assim tão bem! Eu não consigo fazer do jeito que a senhora quer. Se a senhora quiser que fique perfeito, tem que contratar um profissional. No entanto, eu gosto de fazê-lo para a senhora porque gosto da senhora e não vai ficar ruim. Eu sou bom.* |
| SRA. BLANCHE: | Bem, eu gostaria que tivesse ficado perfeito. |
| ROLAND: | (monólogo) Se eu tivesse um espelho como aquele, gostaria que o trabalho ficasse perfeito. Ela está com a expectativa correta, mas me faz sentir deprimido. |
| SRA. BLANCHE: | Tenho minhas idéias sobre como as coisas devem ser feitas. |
| ROLAND: | Eu fiz da melhor maneira que pude e também preciso de sua apreciação, mas a senhora também pode se adaptar a mim, à pessoa que sou e o que eu sou! Suas críticas machucam e me dão a sensação de que não sou capaz de fazer nada direito. Eu quero ser bom. |
| SRA. BLANCHE: | Sinto muito. Realmente sinto muito. Tenho que admitir que se eu mesma tivesse feito, teria sido pior. Sinto muito. |

Ronald sai do palco. Esse é o fim da cena e do psicodrama. O psicodrama onírico não se volta para o papel da pessoa que sonha. O psicodrama se encerra quando há um fechamento emocional. A escola de Liechtenstein não faz a tradicional distinção entre a vida onírica e a diária. No entanto, deve-se observar que há uma diferença entre Roland, o ego onírico, e Roland, o criador, no psicodrama onírico. Em certo sentido, seguimos o ego onírico em sua jornada através do sonho. Todavia, muitos aspectos da produção psicodramática onírica não estavam presentes no sonho de Roland em si. Ela incluiria o aspecto que os surrealistas chamavam de o "nunca visto" e sua relação com o desconhecido. Segundo uma opinião surrealista, vivenciamos o nunca visto por meio de sua ausência. A evolução do sonho se referiria a esse aspecto em que o ego onírico sai do sonho evocado e traz aspectos que não se encontravam nele. Se fizermos uso de uma mente analítica ortodoxa, poderíamos dizer que isso é representar um aspecto oculto do sonho, mas não é esse o caso.

Realmente não sabemos, ou não temos ninguém que confirme se uma cena é um aspecto oculto ou não. O propósito da produção psicodramática onírica não é necessariamente a compreensão do sonho, mas *a vivência do sonho e a experiência com ele*. Ela transforma as pessoas em criadores, não apenas o protagonista, mas também o grupo. O sonho não é produzido, como no psicodrama onírico clássico, como uma experiência absolutamente pessoal para o protagonista.

A palavra protagonista no psicodrama se refere ao personagem principal da sessão. Será a sua história que irá constituir as fundações para a dramatização espontânea, e o drama será apresentado a partir de seu ponto de vista. Todavia, atualmente isso tem sido entendido de forma bem equivocada. Se um psicodrama for apresentado *apenas* do ponto de vista deste [o protagonista], o tempero da sessão se perde. O grupo e os egos-auxiliares serão apenas figuras de fundo, a sessão de psicodrama será bastante não-terapêutica, a palavra protagonista perderá sua linhagem relativa ao teatro dionisíaco.

A escola de Liechtenstein não considera o sonho como sendo do protagonista em particular. Ao contrário, ela enfatiza o aspecto do *não-pessoal*, relacionado aos deuses e ao coletivo. Portanto, o diálogo na produção dramática é, em certo nível, irrestrita para os egos-auxiliares.

A experiência criativa do protagonista é obtida e compartilhada com um grupo. Os membros do grupo participam da produção onírica e desenvolvem sua própria relação com ela. Portanto, a fase de compartilhamento é, do ponto de vista emocional, essencial nesse tipo de psicodrama.

## NOTAS

(1)  Na teologia, essa palavra é freqüentemente usada no significando: A alma se vai do corpo.

(2)  In-divi-dualidade significa: indivisível duas (naturezas). Vemos aqui que essa palavra também se refere à lei dos opostos, que é muito importante na psicologia junguiana, à qual nos referiremos posteriormente.

## REFERÊNCIAS BIBLIOGRÁFICAS

COWAN, L. (1982) *Masochism — A Jungian view*. Dalas, Spring Publications, Inc.

MORENO, J. L. (1914) *Einladung zu einer Begegnung* (*invitation to an encounter*) [*Convite a um encontro*], Viena, Anzengruber Verlag.

SJÖLIN, J. -G (1981) *Den Surrealistiska Erfarenheten — Upplevelsen*. Arhus, Kalejdoslop.

VON FRANZ, M.-L. (1978) *Time — Rhythm and Repose*. Londres, Thames & Hudson.

_____ (1980) *Projection and re-collection in Jungian psychology*. La Salle, Open Court.

WATKINS, M. (1990) *Invisible guests — The development of imaginal dialogues*. Boston, Sigo Press.

# A dimensão interpessoal

# Capítulo 11

# Os alicerces da inversão de papéis

## *Comentário*

A inversão de papéis foi descrita por Zerka Moreno como o motor que dirige a casa de máquinas do psicodrama. Neste capítulo, Peter Kellermann dá um eloqüente testemunho do poder da inversão de papéis, num comovente exemplo clínico, no qual a circularidade se transforma num fim melhor e num novo começo. A exposição de diferentes tipos de inversão de papéis ajudará a orientar os estudantes bem como os profissionais, à medida que forem desenvolvendo suas habilidades ao usar a mais magnífica de todas as criações profissionais de Moreno. Com aplicações fora do enquadre clínico, essa técnica tem um grande potencial na mudança de situações pouco espontâneas para uma nova forma de funcionar, com novas informações, contra-espontaneidade, impacto e *insight*, todos eles constituindo os alicerces da inversão de papéis.

# A inversão de papéis no psicodrama

*Peter Felix Kellermann*

Mary está de pé, diante de sua mãe, com as mãos estendidas e soluçando, implorando à sua mãe que olhe para ela. Mas a mãe não responde. Mary diz: "Olhe para mim, mamãe!". Mas a mãe está preocupada consigo própria e olha para longe. Pede-se à filha que assuma o papel da sua mãe e, nesse papel, ela diz quietamente: "Se apenas eu soubesse como demonstrar meu amor por você, eu a abraçaria". E, com lágrimas rolando pelas faces, Mary olha a pessoa diante dela, que é ela mesma, e a abraça por um longo tempo, e, ao abraçar a pessoa que, novamente, se torna sua mãe, Mary finalmente é capaz de permitir que ela própria sinta um afeto maternal.

Isso é a inversão de papéis, uma técnica típica do psicodrama e que é considerada por muitos profissionais como o único instrumento mais eficaz no desempenho do papel terapêutico. De acordo com J. L. e Z. T. Moreno (Moreno et al., 1955), esse procedimento é importante não apenas para a socialização interpessoal com os outros, mas também para a auto-integração pessoal. Ele pode, portanto, facilitar a separação, geralmente dolorosa, de crianças e seus pais, e a de pais dos seus filhos, deixando ambos livres para amar o outro por aquilo que eles realmente são. Como tal, a inversão de papéis lembra uma reencenação do processo de separação e individuação (Mahler, 1975).

Neste capítulo, esboçarei brevemente a história do conceito e da técnica da inversão de papéis, esclarecerei seu significado, indicarei as habilidades necessárias ao seu uso adequado e estabelecerei a diferenciação entre duas formas da técnica — as inversões recíprocas de papéis e as representacionais — que têm objetivos um tanto quanto diferentes, podendo ser consideradas como tendo funcionamento a partir de dois quadros de referência diferentes.

## HISTÓRIA

Assim como a maior parte das técnicas emprestadas ao teatro, a inversão de papéis tem uma longa história; ela foi usada em contos de fadas, na mitologia, no drama e na literatura ao longo dos séculos. Além disso, a inversão de papéis sempre fez parte natural e integral da representação de papéis nas crianças. Portanto, não é de se surpreender que o jovem Moreno tenha começado a fazer experiências com inversões de papéis quando brincava com as crianças nos jardins de Viena, por volta de 1908. De acordo com Marineau (1989, p. 46), Moreno utilizou mais tarde a inversão de papéis quando se colocou no papel do *self* de Zaratustra, assim adaptando o método socratiano de ensinar por meio do diálogo, num protocolo chamado "A divindade enquanto comediante".

De acordo com Carlson-Sabelli (1989), a primeira referência concreta feita à inversão de papéis foi descrita, mas não nomeada, por Moreno (1914), em seu poema sobre o encontro:

Um encontro de dois: olhos no olhos, face a face
E quando estiveres perto, arrancarei teus olhos
E os colocarei no lugar dos meus
E tu arrancarás meus olhos
E os colocarás no lugar dos teus
Então, te olharei com teus olhos
E tu me olharás com os meus.

(Moreno, 1914)

Este poema pode ser considerado não apenas como o fundamento espiritual da inversão de papéis, mas também a base filosófica da concepção existencialista da vida segundo Moreno, que reflete sua profunda crença nos encontros diretos e recíprocos entre pessoas que assumem os papéis um do outro. O tratado de Buber, "Eu e você", também veicula uma mensagem semelhante, incentivando as pessoas a se encontrarem como se "Eu-atue-Você" e "Você-atue-Eu" (Buber, 1923, p. 73).

Após sua vinda para a América em 1925, Moreno foi bastante influenciado pelos psicólogos sociais e pragmáticos J. M. Baldwin, W. James e J. Dewey, que enfatizavam a natureza social do desenvolvimento humano, e C. H. Cooley e G. H. Mead, que falavam sobre o *self* em termos de papéis adquiridos pelo mundo exterior (Moreno, 1953,

p. 1x). Ao assinalar certas diferenças entre suas próprias teorias e as desses estudiosos, Moreno parece ter sido bastante influenciado por eles (ver Abele-Brehm, 1989; Hare, 1986), e começou a operacionalizar o conceito de inversão de papéis e aplicar a técnica, primeiro a meios educacionais e industriais (Moreno, 1953, p. 325), e, mais tarde, à psiquiatria, como forma de "objetivar" um paciente psicótico (Moreno, 1940, p. 123).

Em 1955, a família Moreno publicou um trabalho conjunto, "A descoberta do homem espontâneo" (Moreno et al., 1955), que descrevia a técnica da inversão de papéis como auxílio na educação de crianças. Ele contém vários exemplos de inversão de papéis entre a criança Jonathan e seus pais, isto é, uma inversão de papéis em três direções entre um pai ocupado falando ao telefone, uma criança que demanda atenção imediata e uma mãe que toma o partido do filho. O trabalho conclui pela apresentação de 26 hipóteses sobre a dinâmica da inversão de papéis, sendo que a maior parte delas permanece empiricamente não testada até hoje Na época da publicação do trabalho fundamental de Zerka Moreno (1959) sobre os princípios e procedimentos básicos do psicodrama, a inversão de papéis já estava estabelecida como o *sine qua non* desse método.

Desde o trabalho pioneiro de J. L. e Zerka T. Moreno, a inversão de papéis tem sido aplicada a uma ampla gama de meios (Kipper, 1986, p. 161), inclusive, por exemplo, o clínico (por exemplo, Alperson, 1976; Blume, 1971), o educacional (Carpenter, 1968), o industrial (Speroff, 1955; Kelly et al., 1957); no treinamento da comunicação interpessoal (Johnson, 1971b), na dinâmica das negociações e no estudo da mudança de atitude (por exemplo, Johnson, 1967; 1971a; Johnson e Dustin, 1980; Muney e Deutsch, 1968). Entretanto, em sua reinterpretação da literatura, Carlson-Sabelli (1989) constatou que a maior parte da pesquisa sobre a inversão de papéis se relacionava a indivíduos desempenhando papéis de personagens da fantasia, e que ainda existe insuficiente pesquisa para embasar as reivindicações relativas à inversão de papéis entre pessoas reais.

## DEFINIÇÃO

Estritamente falando, a inversão de papéis significa precisamente o que ela diz: uma inversão de papéis: uma filha invertendo papéis com sua mãe, um marido com sua mulher, um aluno com seu professor, ou um perseguidor com sua vítima. Se, por um lado, os papéis (sociais ou "sociodramáticos') envolvidos em tais inversões são geralmente complementares e interdependentes — um não existe sem o outro —, por outro são também opostos que lutam pela unidade. Cada lado é encorajado a entender o ponto de vista de sua contraparte e a descobrir uma forma pacífica de coexistência. De acordo com Brind e Brind, a inversão de papéis:

> naturalmente impele o protagonista a aprofundar e ampliar sua identificação empática com o oponente, assim como esse mesmo processo o impele a ver sua própria auto-representação através dos olhos do adversário, ou do substituto (auxiliar) do adversário, que agora o retrata.

> (Brind e Brind, 1967, p. 176)

Fica claro, todavia, que, dentro do psicodrama, o significado da inversão de papéis foi ampliado para incluir também papéis psicossomáticos, psicológicos, psicodramáticos e espirituais não-complementares que, de acordo com J. L. Moreno (1953, p. 75), compreendem conjuntamente os "aspectos tangíveis daquilo que é conhecido como 'ego'". Um ou todos esses "aspectos tangíveis" podem ser reproduzidos dentro de outra pessoa, e os aspectos da outra pessoa podem ser reproduzidos dentro de nós. Blatner e Blatner sugerem que "nós estamos todos invertendo papéis o tempo todo em nossas mentes, numa espécie de processo contínuo destinado a manter um sentido de união social" (Blatner e Blatner, 1988, p. 119). No entanto, enquanto que tal inversão de papéis é um aspecto essencial de todas as relações mútuas, a característica particular e única da inversão de papéis psicodramática é que ela ocorre na ação, e não apenas na imaginação. A filha, na realidade, se põe no lugar físico da mãe e imita a sua postura corporal, a sua maneira de falar e seu comportamento exterior, enquanto que a mãe faz o mesmo com a filha. Tal exteriorização e concretização das representações interiores facilitam a aprendizagem vivencial, um processo que é, em sua maior parte, de natureza não-verbal e física (Bohart e Wugalter, 1991).

"Inverter" significa converter algo num caráter ou posição oposta. Aquilo que é convertido ou transposto, todavia, não fica totalmente claro. Isso porque, embora a técnica de inversão de papéis pareça ser notavelmente simples (Kipper, 1986, p. 161), um exame posterior revela um processo intrapsíquico e interpessoal complexo, que envolve no mínimo três processos interdependentes: 1) assumir o papel de forma empática; 2) reproduzir a ação; e 3) dar o *feedback* do papel.

Em primeiro lugar, quando dois indivíduos tentam entar nos mundos pessoais um do outro, eles usam não importa quais habilidades empáticas — emocionais, cognitivas e comportamentais — para assumir o papel do outro e "tornar-se" ele ou ela por certo tempo. Esse assumir o papel pode começar por uma imitação superficial, pelo espelhamento ou modelagem, tornar-se uma personificação, uma identificação e uma introjeção mais profunda e completa da outra pessoa. Assim como a empatia, a inversão de papéis se inicia com a percepção de certas pistas sutis no outro, e prossegue por meio do uso coordenado de certas habilidades mentais, que incluem a memória, a fantasia e a consciência de nossos próprios sentimentos e pensamentos no papel do outro. A primeira fase da inversão de papéis, portanto, se apóia bastante na experiência intrapsíquica, que envolve certa compreensão ou percepção do que a outra pessoa vivencia dentro de si. Mas, embora a empatia seja um dos princípios básicos da técnica da inversão de papéis, Moreno enfatizou que apenas a empatia não é capaz de explicar o processo de inversão de papéis: "conceitos tais como 'estados de espontaneidade', 'o processo de aquecimento', 'a tele', e 'o grupamento de papéis' são necessários a uma interpretação adequada" (Moreno, 1972, p. 259).

Em segundo lugar, estejam corretos ou incorretos em sua compreensão, os indivíduos envolvidos na inversão de papéis tentam reproduzir e relatar de forma subjetiva o que eles perceberam no outro. Nas palavras de Moreno, a pessoa que assume o papel da outra "está não apenas sentindo como também fazendo; ela está tanto construindo quando reconstruindo um sujeito presente ou ausente numa relação específica de papéis. Geralmente, pouco importa se a reconstrução é uma cópia idêntica de um meio natural, desde que ela projete a atmosfera dinâmica do meio; ela pode ser mais impressionante que sua cópia idêntica" (Moreno, 1972, p. 259).

Finalmente, a inversão de papéis envolve respostas que se baseiam não apenas em como eu percebo você, mas como eu percebo como você me percebe e assim por diante (cf. Laing, 1961). Na terceira fase do *feedback* de papéis, pede-se aos indivíduos que reflitam em relação a si, assim como sobre as respostas da outra pessoa e sobre a interação mútua. O "*self* observador" deve observar e estar atento ao comportamento "a partir do lado de fora", tanto quando em seu próprio papel quanto no da outra pessoa. Como assinalou Moreno, ao mesmo tempo que as pessoas se tornam emocionalmente envolvidas com a outra, "pede-se a elas que se observem muito proximamente na ação; que registrem continuamente, à medida que se aquecem para o papel, o que esse papel faz com elas, e o que elas fazem com isso" (Moreno, 1972, p. 259).

Obviamente, a inversão total de papéis é impossível. Jamais poderemos conceituar plenamente os sentimentos, atitudes e motivos de outra pessoa, e muito menos reproduzir o que percebemos. Nós todos diferimos em nossa habilidade de nos colocarmos na posição de outra pessoa e de reproduzir a sua experiência interior em ação. A capacidade de inverter papéis depende não apenas de certo nível de funcionamento intelectual, imaginativo, emocional e interpessoal, mas também da capacidade de assumir e desempenhar os papéis que são insuficientemente desenvolvidos em muitas pessoas. Enquanto algumas podem aprender a assumir o papel de outra por intermédio de um aquecimento lúdico e do treino da espontaneidade, outras terão dificuldades na inversão de papéis devido à sua "rigidez mental" (Sylvester, 1970), ou por não desejarem sair de sua descrença.

A capacidade de inverter papéis corretamente foi considerada por J. L. Moreno e Z. T. Moreno (1955) como essencial para o crescimento social da criança, que se desenvolve por volta dos três anos de idade, quando ela sai da fase egocêntrica e é capaz de reconhecer um "você" (Leutz, 1974). Ela só pode se desenvolver se a própria criança tiver tido uma adequada dublagem e inversão de papéis por parte dos pais (Z. T. Moreno, 1975), e isso seria então "um indicador da liberdade do ego-auxiliar, da mãe e da substituta da mãe" (J. L. Moreno, 1972, p. 63). Teorias psicanalíticas correspondentes e congruentes sobre o desenvolvimento psicossocial foram formuladas, por exemplo, por Freud, Klein, Kohut e Mahler, as quais têm também importantes ligações com a psicologia social, embora seus proponentes não reconheçam especificamente essas ligações.

Um outro requisito a uma adequada inversão de papéis parece ser [a posse de] uma personalidade equilibrada, um certo nível de força egóica e uma percepção sensorial comum. A capacidade de inversão de papéis cresce com o desenvolvimento da personalidade, e, especialmente, com a separação entre o "Eu" e o "Você" — a realização da identidade pessoal e o senso de estar separado dos pais — descrito abaixo nos termos da teoria das relações objetais. Além disso, o processo de *feedback* de papéis exige que haja uma diferenciação entre o "Eu" e o "Mim" — a capacidade de existir tanto no presente quanto refletir sobre a experiência por intermédio de um *self* observador tal como descrito abaixo nos termos da psicologia social. Os pacientes portadores de severos defeitos ou conflitos nessas áreas, tais como desordens do tipo narcisista, paranóide, psicótico, autista, ou outras desordens severas da personalidade, terão dificuldades em inverter papéis com pessoas reais (J. L. Moreno e Z. T. Moreno, 1955; Starr, 1977). Com esse tipo de população, a inversão de papéis deve ser usada criteriosamente, ou mesmo não ser usada, para não confundir seu limitado senso de *self*. Em vez de usar a inversão de papéis com esses pacientes, Goldman e Morrison (1984) sugeriram que o ego-auxiliar seja colocado no papel com uma "mensagem fundamental" do outro significativo.

Finalmente, embora as diferenças entre as pessoas possam ser precisamente a razão principal para uma inversão de papéis, elas a dificultarão mais. Nas palavras de Moreno e Moreno, "a técnica de inversão de papéis é mais eficiente quanto maior a proximidade psicológica, social e étnica entre os dois indivíduos" (1959, p. 155). Por exemplo, numa recente sessão aberta de psicodrama, Bárbara, que havia nascido em Londres, teve dificuldades em inverter papéis com Li, do Vietnã, porque ela não entendia a herança cultural de Li.

## O VALOR TERAPÊUTICO DA INVERSÃO DE PAPÉIS

O valor terapêutico da inversão de papéis não é claro. Enquanto que a maioria dos psicodramatistas com tradição clássica sustentam que ela é eficiente para uma grande variedade de situações, alguns psicodramatistas psicanalíticos contestam seus benefícios. Por exemplo, de acordo com Basquin e colaboradores, "a inversão de papéis é inútil, e mesmo calamitosa, porque desdenha as defesas do paciente, não facilita a expressão das necessidades inconscientes, e, portanto, ameaça bloquear o desenvolvimento temático" (Basquin et al., 1981, p. 82). Numa forte refutação da tese deles, Kruger diz que "a inversão de papéis é um modo de reduzir as defesas por meio da projeção e da identificação. Por intermédio da estruturação e integração dos processos pessoais, ela retira o indivíduo do isolamento e da dissociação" (Kruger, 1989, p. 45).

No entanto, embora a inversão de papéis deva ser corretamente considerada como uma das técnicas mais eficientes do psicodrama, ela não deve ser usada indiscriminadamente em todas as situações e para todos os protagonistas. Por exemplo, num estudo de caso de uma [mulher] adulta que havia sofrido abuso sexual, Karp teve o cuidado de não fazer a jovem inverter seu papel com nenhum dos papéis do molestador masculino porque:

compreender as razões por detrás da ação deles não era a tarefa dessa sessão. Vítimas em excesso se perdem na tentativa de compreender e desculpar. Elas podem cair na própria armadilha de entrar num mar de racionalizações, do qual podem jamais retornar.

(Karp, 1991, p. 109)

## DUAS FORMAS DE INVERSÃO DE PAPÉIS

Duas formas principais de inversão de papéis foram diferenciadas na literatura. A forma original, chamada *in situ* (Z. T. Moreno, 1959,

p. 241), "adequada" (Moreno et al., 1955, p. 141), ou "clássica" (Carlson-Sabelli, 1989), envolvia ao menos duas pessoas reais, ambas presentes, invertendo papéis uma com a outra. A segunda forma foi chamada de inversão de papéis "incompleta" por Carlson-Sabelli e Sabelli (1984), porque uma das pessoas envolvidas na situação interpessoal estava ausente e representada por um substituto ("o ego-auxiliar"). Prefiro usar os termos mais descritivos de inversão de papéis "recíproca" ou "representacional" para diferenciar as duas formas porque creio que as designações iniciais adequada/inadequada, completa/incompleta e clássica/moderna transmitem um valor de julgamento desnecessário e errôneo sobre a interação em questão.

As duas formas de inversão de papéis têm objetivos um tanto quanto diferentes, e podemos considerar que funcionam a partir de dois quadros de referência teoricamente diversos. A inversão recíproca de papéis, baseada na psicologia social, é usada principalmente como uma ajuda para se lidar com as pessoas do mundo exterior, como forma de corrigir as percepções distorcidas de outras pessoas e receber *feedback* de si mesmo, e como técnica de resolução de conflitos interpessoais. A inversão representacional de papéis, que se baseia na teoria das relações objetais, é mais usada como ajuda na exteriorização e na interpolação do mundo interior de um protagonista. As duas formas de inversão de papéis serão discutidas posteriormente.

## A inversão recíproca de papéis e a psicologia social

A inversão recíproca de papéis tem como objetivo facilitar o processo de socialização, o processo de aprendizado social pelo qual as pessoas (geralmente as crianças) vêm a reconhecer, praticar e identificar os valores, atitudes e estruturas de crenças básicas das instituições dominantes e representativas de sua sociedade. Como tal, a inversão recíproca de papéis pode ser usada para assimilar as normas sociais (padrões definidos pelo grupo que estabelecem quais comportamentos são aceitáveis ou objetáveis em determinadas situações). O argumento mais adequado para essa técnica pode ser encontrado na psicologia social.

A psicologia social sustenta que as crianças se desenvolvem em interação com seu meio e, especialmente, com outras pessoas importantes, que estimulam ou inibem seu crescimento emocional e cognitivo, bem como seu senso de *self*. Os "outros" significativos transmitem uma realidade social externa com a qual a criança pode se identificar. No diálogo com essa realidade social externa, a criança se torna um objeto para si mesma, desenvolvendo, assim, um *self* como objeto ("Mim"). O *self* como objeto, ou o *self* social, é a primeira concepção de *self*, e se desenvolve a partir das percepções e respostas das outras pessoas. Cooley (1902) usou o termo "*Self*-Espelho" para descrever esse aspecto, que se desenvolve a partir da experiência refletida de uma pessoa que olha para ele — ou para si mesma, por intermédio das outras pessoas, como num espelho. De forma análoga, Moreno e Moreno (1959) descreveram como as crianças usam seus pais como egos-auxiliares naturais não treinados, para ajudar a criança a se iniciar na vida por meio do espelhamento.

Mais cedo ou mais tarde, no entanto, a criança começa a questionar sua concepção de realidade social externa, e o *self* como sujeito ("Eu") se desenvolve. Essa parte subjetiva do *self* responde de dentro, no aqui-e-agora, no impulso do momento. Embora o *self* como objeto seja convencional, exigindo a socialização e a conformidade, o *self* como sujeito irrompe em ações espontâneas, desinibidas, e, por vezes, impulsivas. Mead assinalou que "é assumindo o papel do outro que uma pessoa se torna capaz de voltar para si mesma, e, assim, dirigir seu próprio processo de comunicação (Mead, 1934, p. 253).

De fato, embora a socialização seja uma parte necessária de todo o funcionamento interpessoal, o fortalecimento do *self* como sujeito é uma parte importante do psicodrama. Moreno achava que "assumir o papel do outro é um beco sem saída. O ponto de virada relaciona-se com como vitalizar e mudar os papéis [conservados], como tornar-se um "mudador de papéis" e um "desempenhador de papéis" (Moreno, 1953, p. 691). Na inversão recíproca de papéis, o processo dialético entre o "Eu" e o "Mim" é reencenado, de forma que tanto a objetificação quanto a subjetificação possam novamente se fundir e se diferenciar, para que um novo equilíbrio psíquico seja alcançado. De acordo com Carlson-Sabelli e Sabelli,

> a inversão de papéis possibilita que o protagonista se torne consciente de suas interpretações e as retenha para um reexame, possibilitando, assim, uma maneira de ultrapassá-las. Muitas vezes aceitamos, de forma não-crítica, que acreditamos enquanto interpretamos e avaliamos criticamente as idéias dos outros. Por meio da inversão de papéis, o protagonista se vê como um objeto e vivencia os outros como sujeitos.

> (Carlson-Sabelli e Sabelli, 1984, p. 166)

A partir dessa base teórica, a inversão recíproca de papéis pode ser usada para modificar a percepção distorcida de pessoas, para resolver conflitos interpessoais e para aumentar o funcionamento interpessoal e a empatia. Essas aplicações serão melhor discutidas posteriormente.

## Correção de percepções distorcidas

A primeira e mais óbvia aplicação da inversão recíproca de papéis é ajudar duas pessoas a entender melhor uma à outra, e a modificar quaisquer concepções errôneas que elas possam ter sobre a outra pessoa. Por exemplo, William parecia estar olhando todo mundo "de cima", como se sentisse que era melhor do que todo mundo. Mas quando Eva inverteu os papéis com ele, ela sentiu que sua aparente distância era mais um sinal de sua baixa auto-estima e o medo de ser comparado com outros no grupo. O resultado da inversão recíproca de papéis envolve uma mudança de percepção de *uma outra* pessoa.

Em contraste, a inversão recíproca de papéis também pode mudar a concepção que temos de nós mesmos. Em tais casos, o *feedback* imediato e a imagem especular de como somos vistos pelos outros e por que somos tratados de certa maneira esclarece melhor nossos papéis. Por exemplo, num psicodrama de grupo realizado recentemente, Tom ficava interrompendo qualquer pessoa do grupo que estivesse falando. Esse comportamento incomodou Carin, que, acima de tudo, tinha dificuldades para se expressar. Numa inversão recíproca de papéis entre eles, Tom entendeu e se simpatizou com a posição de Carin, e, mais tarde, alterou seu comportamento dominador. Carin, por sua vez, vivenciou a alegria de ser o centro de atenções, o que deu lhe certo incentivo para compartilhar mais tarde, com o grupo, seu velho sonho de ser atriz.

Idealmente, a inversão de papéis produz uma mudança na percepção, de forma que ambas as pessoas possam ver os outros e a si mesmos de uma maneira nova e recém-criada. O objetivo não é o *insight* ou a consciência em si, mas a espontaneidade; olhar para uma velha situação de maneira diferente ou reorganizar velhos padrões cognitivos de forma a facilitar um comportamento mais adequado (Yablonsky e Enneis, 1956). Nas palavras de Zerka Moreno,

> o paciente "assumiu para si", com maior ou menor sucesso, aquelas pessoas, situações, experiências e percepções a partir das quais está agora sofrendo. Para superar as distorções e manifestações de desequilíbrio, ele tem que reintegrá-las num novo nível. A inversão de papéis é um dos métodos *par excellence* na conquista disso, de forma que ele possa reintegrar, redigerir e crescer para além dessas experiências que têm um impacto negativo, livrar-se e tornar-se mais espontâneo por meio de linhas positivas.

(Z. T. Moreno, 1959, p. 238)

330

Muitos exemplos de inversões recíprocas de papéis relatados na literatura se ocupam de situações relativas à criação de crianças, que ocorrem entre pais e filhos. Por exemplo, após uma discussão entre mãe e filha sobre que roupa a criança deveria vestir, a inversão produziu a seguinte observação por parte da mãe: "Será que eu sou tão agressiva quanto Kay me caracterizou? Minha pobre Kay!" (Z. T. Moreno, 1959, 241). Isto implica uma mudança na posição da mãe. Em oposição, Leutz (1974, p. 47) relatou uma situação na qual a criança não queria ir para a cama. Após a inversão de papéis, o filho pareceu aceitar a posição da mãe e foi para a cama todo sorridente. Assim, enquanto alguns exemplos enfatizam a mudança do ponto de vista do progenitor e outros enfatizam uma modificação do comportamento da criança, idealmente o procedimento produzirá uma ampliação da moldura de referência em ambos os casos.

Numa série de situações pessoais, os indivíduos se apóiam em estratégias de julgamento simplificado, que tendem a confundi-los. Nisbett e Ross (1980) identificaram a fonte de muitos erros de inferência desse tipo na tendência de as pessoas superutilizarem "estruturas de conhecimento" ou "esquemas" preexistentes" que, com freqüência, conduzem a julgamentos viesados sobre as pessoas, a transferências, a preconceitos, a atitudes estereotipadas e a outras atribuições causais errôneas aos comportamentos (Heider, 1985). Nesses casos, o objetivo da inversão recíproca de papéis é ampliar o campo perceptual e corrigir as interpretações bitoladas de mundo anteriores. De acordo com Williams (1989), a mudança de velhos códigos e o estabelecimento de novas idéias é um objetivo primordial do psicodrama. Pela exploração do aspecto de crença de um papel por meio da inversão de papéis, várias atitudes, pressupostos, preconceitos, convicções e expectativas que guiam o comportamento das pessoas são revelados e explorados.

Por exemplo, quando Eva escolheu uma outra pessoa para ser o protagonista, sua amiga Marianne ficou muito ofendida. Marianne atribuiu a escolha de Eva aos ciúmes que Eva teria da posição privilegiada que Marianne tinha junto ao líder. No entanto, ao alternar as perspectivas de Eva e Marianne por meio da inversão recíproca de papéis, elas mudaram seus pressupostos causais e esclareceram seus equívocos.

## A resolução de conflitos interpessoais

A inversão recíproca de papéis é recomendada com freqüência como remédio na resolução de conflitos interpessoais. O pressuposto subjacente a essa recomendação é que se o antagonista inverter papéis com o outro, ambos serão obrigados a ter uma nova visão da situação, e, se tudo correr bem, resolverão suas diferenças. De acordo com Bratter (1967), isto cria uma espécie de tese e antítese dialéticas que, se bem-sucedidas, podem produzir um tipo de síntese ou reunião de duas posições opostas. Williams (1989) argumentou que o valor específico desse tipo de procedimento é que ele possibilita que a pessoa incorpore ambos os lados da díade dialética inerente aos conflitos recorrentes.

Numa ilustração retirada de um grupo psicodramático, consideremos a seguinte troca entre dois membros do grupo, Philip e Pamela. Tudo começou com o atraso de Philip a uma sessão de psicodrama. Pamela disse a Philip que ela estava ressentida com o fato de ele se atrasar, e que ela achava que Philip não estava levando o grupo a sério.

— Não entendo por que você está brava — respondeu Philip. — Eu estava participando de uma reunião importante, e foi impossível para mim chegar aqui antes.

— Bem, então eu explico — cortou Pamela. — Eu espero que você venha pontualmente às sessões, mas você sempre tem boas desculpas para seus atrasos e não leva em conta o que isso acarreta para o grupo.

— Sinto muito que esteja aborrecida — disse Philip —, mas você fica muito chata quando as coisas não acontecem como você quer.

— Eu não vim aqui para ser insultada — berrou Pamela, agora vermelha como um pimentão e aparentemente muito aborrecida. — Você é um idiota.

— Francamente — disse Philip com uma irritação indisfarçável —, você própria está longe de ser um gênio.

— Não venha com "francamente" para cima de mim! — respondeu Pamela, inclinando-se para a frente na cadeira. — Eu estou lhe avisando, Philip, se você não chegar na hora na semana que vem, nós vamos trancar a porta e deixá-lo para fora!

Philip olhou para Pamela com indignação e ira:
— Se você quiser que eu saia do grupo, é só dizer!

O atrito entre Pamela e Philip continuou num crescendo, até atingir um ponto de ressentimento mútuo. O que havia se iniciado como um desapontamento pessoal rapidamente virou uma confrontação aberta, com falta de compreensão mútua, insultos e tentativas de vingança. A interação surpreendeu o grupo, que não tinha a menor idéia sobre o que a havia desencadeado. O próprio líder, surpreso com a rápida erupção de tensões, tentou permanecer calmo, enquanto refletia sobre algo adequado a ser dito ou feito. Na tentativa de trabalhar as diferenças entre eles, sugeriu que Philip e Pamela invertessem os papéis um com o outro.

Após certa resistência inicial, eles concordaram em inverter os papéis e, à medida que se aqueciam lentamente para o papel do outro, repetiram a troca de acusações anterior. Rapidamente, no entanto, começaram a discutir com a mesma veemência, mas com posições opostas. Quando finalmente tinham posto para fora a raiva e exprimido suas fantasias sobre o que se passava com a outra pessoa, caíram em silêncio, olhando seriamente um para o outro. Ficou claro que algo mais estava se passando entre eles além da briga aparente; uma espécie de apreciação e atração de diferenças. Subitamente, começaram a sorrir, e Philip (ainda no papel de Pamela) disse:

— Você é uma besta, Philip! Você não liga pra ninguém a não ser você mesmo.

— Bem, estou feliz por você ligar para mim — respondeu Pamela no papel de Philip. — Eu bem que gostaria que mais pessoas dessem bola pra mim do jeito que você dá.

— Me desculpe por havê-la ofendido — Philip respondeu a si mesmo, saindo agora do papel. — Eu não sabia que você se importava tanto assim.

— Bem, acontece que me importo — continuou Pamela — e é por isso que eu fico tão ofendida quando você se atrasa. Se quer que eu continue a me importar, por favor chegue na hora na semana que vem.

O objetivo da inversão recíproca de papéis é gerar a "tele", esse "sentimento de duas vias" quase místico para "o *make up* real de uma outra pessoa" (Moreno e Moreno, 1959, p. 6). A tele não se baseia na transferência ou em outros sentimentos e percepções deslocadas. Ela carrega consigo um encontro verdadeiro, no qual as pessoas tomam o outro por aquilo que são e por quem são. Como tal, isso pode ser caracterizado como um tipo de "química interpessoal" (Kellermann, 1992, p. 102).

No entanto, a inversão recíproca de papéis não produz automaticamente uma mudança mental em qualquer das pessoas envolvidas. Infelizmente, os resultados positivos das inversões recíprocas de papéis nos conflitos interpessoais e intergrupais são raros, e a reconciliação geralmente é difícil de se obter. Pelo contrário, a minha experiência é de que duas pessoas que estão envolvidas numa colisão frontal estão teimosamente desejosas de não inverter realmente papéis com a outra, enquanto conceberem essa outra como um inimigo. Se eles concordarem em inverter os papéis, fá-lo-ão por um curto período de tempo, repetindo a mensagem principal do oponente, e então se voltarão para a antiga posição de "eu estou certo e você está errado." Conseqüentemente, a

333

visão de Moreno segundo a qual a paz duradoura entre os povos e nações será alcançada se a capacidade de inverter os papéis puder ser cultivada, deverá, portanto, ser considerada ingênua e utópica.

Além disso, Carlson-Sabelli (1989) não conseguiu reunir dados de pesquisa suficientes para verificar o pressuposto de que a inversão recíproca de papéis promoverá a reconciliação e a compreensão entre partes em conflito (Cohen, 1951; Speroff, 1955; Rogers, 1965; Sylvester, 1970; Deutsch, 1973). Parece mais provável que a inversão recíproca de papéis "venha a ocasionar a aproximação de indivíduos que partilham de atitudes opostas, caso suas posições iniciais sejam compatíveis, porém os forçará a uma posição ainda mais distanciada se suas opiniões iniciais forem incompatíveis (Johnson e Dustin, 1970, p. 149). Assim, embora todos saibamos muito pouco sobre os efeitos da inversão recíproca de papéis para recomendar o uso cego da mesma em todas as situações conflitivas, é provável que ela seja mais eficiente em relações cooperativas que nas competitivas (Deutsch, 1973).

É minha posição, dependendo de qual a razão da briga, que qualquer tentativa em direção à resolução de conflitos interpessoais deva levar em conta pelo menos quatro níveis de intervenção (Kellermann, 1993): 1) o biossocial-emocional, que se baseia no encontro e na atenuação da agressão; 2) o intrapsíquico, que se baseia na correção das distorções perceptuais; 3) o interpessoal, que se baseia na análise da mediação e da interação; e 4) a perspectiva do grupo como um todo, que se baseia no sociodrama e na análise de grupo. A inversão recíproca de papéis seria especialmente adequada à segunda fase, com o objetivo de recuperar as emoções deslocadas e reintegrá-las na pessoa (ver a próxima parte, sobre a teoria das relações objetais). Também é apropriada para a terceira fase, na qual a comunicação interpessoal mais adequada pode ser facilitada, mas não deveria ser considerada como o único e mais eficiente remédio para as tensões interpessoais.

## A inversão representacional de papéis e a teoria das relações objetais

Em contraste com a inversão recíproca de papéis, que envolve dois protagonistas, a inversão representacional de papéis é um processo intrapsíquico que lida com uma única pessoa. O outro ausente é representado por um ego-auxiliar que se torna o parceiro de papel invertido. Os egos-auxiliares são usados não apenas para representar os papéis de pessoas realmente ausentes, ou suas representações internas, mas também os do *self* do protagonista (partes ou todo), e/ou de seu mundo simbólico interior em geral. Na verdade, os egos-auxiliares podem representar qualquer pessoa ou coisa com quem um progonista tenha uma relação interior. Por exemplo, num mesmo e único psicodrama, James selecionou membros do grupo para desempenhar o papel de seus pais, mulher e filhos, e também da parte de si próprio que continuava a recriminar-se por não ser um filho, marido e pai suficientemente bom. Mais tarde, ele também escolheu alguém para representar [o papel] do seu carro, um objeto inanimado de valor simbólico significativo. Ao inverter os papéis com essas imagens internas, James teve a oportunidade de exteriorizar suas ligações emocionais e aprender a lidar com elas de forma mais adaptativa.

A inversão representacional de papéis pode ser compreendida a partir da perspectiva dos conceitos psicanalíticos tradicionais, e, especialmente, do ponto de vista da teoria psicanalítica das relações objetais (Polansky e Harkins, 1969; Blatner e Blatner, 1988; Holmes, 1992). A teoria das relações objetais refere-se a uma teoria geral das estruturas mentais que preservam e organizam experiências interpessoais. Baseia-se no pressuposto de que as pessoas interiorizam pessoas e eventos importantes, que então se transformam na representação de qualquer coisa que tenha sido previamente percebida; retratos internos ou imagens na memória de nós mesmos (auto-representação), dos outros (representação de objetos) e do mundo em geral (representação simbólica). As representações mentais também incluem as relações que existiam entre nós e os outros, e as relações entre os outros em vários níveis de veracidade, mantidas juntas por meio de afetos (Sandler e Sandler, 1978). A estrutura completa dessas representações internas, formadas na infância precoce, se desenvolve num drama interiorizado no qual representamos os papéis, e que continua a nos influenciar em todos os aspectos da vida.

O psicodrama, e especialmente a inversão recíproca de papéis, oferece um instrumento extraordinariamente poderoso para a interiorização (e às vezes para a interpolação) de nossas imagens mentais internalizadas, de modo que "elas sejam chamadas à vida, e feitas para aparecer num espaço tridimensional" (Sandler e Rosenblatt, 1962) como um drama interior num palco dentro de um teatro. Esse drama interior pode ser reconstruído por meio da inversão de papéis, de sorte que as imagens do "Eu-e-Você" e "Eu-e-Isso" possam novamente ser colocadas em exame.

O propósito principal da inversão representacional de papéis não é lidar com as realidades do mundo exterior, mas entrar em relação com o mundo interior da pessoa e chegar a algum tipo de paz interior e de auto-integração. Como "regra" geral, Zerka Moreno sugeriu que "o sujeito deve atuar "sua verdade", como ele a sente e a percebe, de forma totalmente subjetiva (não importa quão distorcida ela pareça para o espectador)" (Moreno, 1959, p. 234). Essa regra, de acordo com Carlson-Sabelli e Sabelli (1984), cria um problema para o psicodramatista, que freqüentemente reconhece a necessidade que muitos protagonistas têm em diferenciar a percepção real de uma percepção equivocada. Como regra geral, eles concordam em que os psicodramatistas devem dar supremacia à realidade subjetiva, mas acrescentam que a realidade objetiva deveria ter prioridade para possibilitar que os protagonistas vejam as coisas como elas realmente são. Por exemplo, um paciente que estava relutante em receber tratamento em função de uma doença terminal teve que ser ajudado por meio da inversão de papéis para, inicialmente, reconhecer a realidade objetiva, antes que concordasse em receber tratamento (subjetiva).

Um outro objetivo da inversão representacional de papéis é o de encorajar os protagonistas a assumir mais responsabilidade por suas próprias decisões. Como tal, a inversão de papéis enfatiza a participação ativa dos protagonistas na instilação da mudança. Por exemplo, quando Yvonne pediu ao ego-auxiliar que representava sua falecida mãe que a perdoasse, recebeu instruções para inverter papéis e decidir por si mesma se estava pronta para perdoar ou não. Em outro psicodrama, Eli perguntou ao líder do grupo o que fazer com seu casamento infeliz. Mas, em vez de responder à pergunta de Eli, o líder do grupo sugeriu que ele invertesse papéis com o líder e, a partir desse papel, ele disse: "Bem, antes de mais nada, você tem que assumir um papel mais ativo em sua vida e tomar suas próprias decisões". Um enfoque semelhante em termos de autodireção foi dado por Ruscombe-King, que solicitava aos alcoolistas que invertessem papéis com o "álcool". Falando com uma garrafa de álcool vazia, Tom disse: "Você me faz sentir horroroso!". No papel do "álcool" ele respondeu: "Eu não forço você a me beber!" (Ruscombe-King, 1991, p. 165).

O enfoque último da responsabilidade, todavia, é sem dúvida a inversão de papéis com o próprio Deus. Num caso relatado por Nolte et al. (1975), Cinda perguntou a Deus: "Por que você levou meu pai para longe de mim?". Embora tentando responder à sua própria pergunta no papel de Deus, Cinda teve que se confrontar com as suas próprias concepções de existência e, fazendo com que a morte do pai se tornasse mais significativa, obteve certo conforto para sua dor.

Moreno descreveu a dinâmica da inversão representacional de papéis da seguinte forma eloqüente:

Na medida em que o sujeito participa da produção e aquecimento dos personagens e dos personagens-chave de seu mundo privado, ele alcança uma enorme satisfação, que o transporta para muito mais longe do que jamais vivenciou; ele investiu tanto de sua própria energia limitada nas imagens de suas percepções de pai, mãe, mulher, filhos, assim como em certas imagens que vivem uma existência estrangeira dentro dele, delírios e alucinações de todos os tipos, que perdeu muito de sua espontaneidade, produtividade e poder. Eles roubaram suas riquezas, e ele se tornou pobre, fraco e doente. O psicodrama devolve a ele todos os investimentos que fez nas aventuras extraterrenas de sua mente. Ele assume seu pai, mãe, amores, delírios e alucinações para si, e as energias que investiu neles, eles retornam assumindo efetivamente vida por meio dos papéis de seu pai, ou seu patrão, seus amigos ou seus inimigos; por meio da inversão de papéis com eles, ele já está aprendendo muitas coisas sobre os mesmos que a vida não lhe possibilitou. Quando ele pode ser as pessoas que alucinou, não apenas elas perdem seu poder e magia sobre ele, como também recupera o poder para si. Seu próprio *self* tem a oportunidade de se encontrar e organizar, de juntar os elementos que poderiam ter se mantido cindidos por meio de forças insidiosas, de integrá-los e alcançar um senso de poder e de alívio.

(Moreno, 1953, p. 85)

É interessante notar que Moreno empregou, na citação acima, a linguagem psicanalítica clássica, em sua tentativa de descrever o processo de inversão representacional de papéis como "energias investidas em imagens internas". É clara a ênfase na interiorização de um objeto bom como base para o crescimento de um *self* independente e integrado. Além disso, os processos narcisistas, tais como a idealização, a cisão, a projeção, a identificação e a identificação projetiva, que podem ser consideradas tanto como patológicas quanto como fazendo parte de um desenvolvimento normal, têm todos eles funções importantes no processo de inversão de papéis (ver Kruger, 1989). Assim, podemos concluir que a inversão representacional de papéis em si funciona na facilitação e no aceleramento do processo de separação-individuação (Mahler, 1975), para aqueles pacientes não excessivamente perturbados.

# EPÍLOGO

Mary está de pé, diante de sua filha de oito anos de idade, que quer ser abraçada por ela. Mas Mary sente-se desconfortável com a proximidade da filha e a afasta dela. "Sei que é bom para você estar perto de mim, e a sua necessidade é muito real. Mas cada vez que você se pendura em mim, sinto-me terrível. E quando eu a afasto de mim, sinto-me ainda pior, porque me faz sentir culpada, como se eu a estivesse rejeitando." Como que buscando uma indicação de amor nos olhos da mãe, a filha olha para a mãe com um olhar penetrante e reprovador. Mary diz: "Eu te amo! Mas não posso suportar quando você olha para mim desse jeito!". Na inversão de papéis, Mary olha para si mesma como num espelho. Ela quer que sua mãe a abrace e olhe para ela, e ela fita a mãe para tentar captar uma centelha nos olhos da mãe. "Por favor, mamãe, olhe para mim..." Mas no meio da sentença, ela silencia. Mary é de novo atirada de volta à própria infância e à rejeição de sua mãe. A avó é então trazida à cena. Mary diz que a avó tem uma relação intuitiva e calorosa com a filha de Mary. Mary observa a avó e a neta se abraçarem, e, então, une-se a elas e elas começam a se mover, incluindo todas as gerações de mães e filhas em sua dança.

## REFERÊNCIAS BIBLIOGRÁFICAS

ABELE-BREHM, A. (1989) "Psychodrama and social psychology", *International Journal of Small Group Research*, 5, pp. 29-46.

ALPERSON, J. R. (1976) "Gone with the wind: role-reversal desensitization for a wind phobic client", *Behavior Therapy*, 7, pp. 405-7.

BASQUIN, M.; TESTEMALE-MONOD, G., DUBUISSON, P. e SAMUEL LAJEU-NESSE, B. (1981) *Analytisches Psychodrama, Bd. 1: Das Psychodrama als Methode in der Psychoanalyse*. Paderborn, Jungfermann.

BLATNER, A. e BLATNER, A. (1996) *Uma visão global do psicodrama: Fundamentos históricos, teóricos e práticos*. São Paulo, Ágora.

BLUME, S. B. (1971) "Group role reversal as a teaching technique in an alcoholism rehabilitation unit", *Group Psychotherapy and Psychodrama*, 24, pp. 135-7.

BOHART, A. C. e WUGATTER, S. (1991) "Change in experiential knowing as a common dimension in psychotherapy", *Psychotherapy: Theory, Research, Practice*, 10, pp. 14-37.

BRATTER, T. (1967) "Dynamics of role reversal", *Group Psychotherapy*, 20, pp. 88-94.

BRIND, A. B. e BRIND, N. (1967) "Role reversal", *Group Psychotherapy*, 20, pp. 173-7.

BUBER, M. (1923) *I and thou*. Edimburgo, Clark (tradução inglesa, 1970).

CARLSON-SABELLI, L. (1989) "Role reversal — a concept analysis and reinterpretation of the research literature", *Journal of Group Psychotherapy, Psychodrama and Sociometry*, 42, pp. 139-52.

CARLSON-SABELLI, L. e SABELLI, H. C. (1984) "Reality, perception, and the role reversal", id. ibid., 36, pp. 162-27.

CARPENTER, J. R. (1968) "Role reversal in the classroom", *Group Psychotherapy*, 21, pp. 155-67.

COHEN, J. (1951) "The technique of role reversal: a preliminary note", *Occupational Psychology*, 25, pp. 64-6.

COOLEY, C. H. (1902) *Human nature and social order*. Nova York, Scribners. (Reimpresso em Nova York, Free Press, 1956.)

DEUTSCH, M. (1973) *The resolution of conflict: Construtive and destructive processes*. New Haven, Yale University Press.

GOLDMAN, E. E. e MORRISON, D. S. (1984) *Psychodrama: Experience and process*. Dubuque, Iowa, Kendall/Hunt.

HARE, A. P. (1986) "Moreno's contribution to social psychology", *Journal of Group Psychotherapy, Psychodrama and Sociometry*, 39, pp. 85-94.

HEIDER, F. (1958) *The psychology of interpersonal relations*. Nova York, Wiley.

HOLMES, P. (1992) *The inner world outside: Object reations theory and psychodrama*. Londres, Routledge.

JOHNSON, D. W. (1967) "The use of role reversal in intergroup competition", *Journal of Personality and Social Psychology*, 7, pp. 135-41.

_____. (1971a). "Effectiveness of role reversal: actor or listener", *Psychological Reports*, 28, pp. 275-82.

_____. (1971b). "Role reversal: a summary and review of the research", *International Journal of Group Tensions*, 1, pp. 318-34.

JOHNSON, D. W. e DUSTIN, R. (1970) "The initiation of cooperation through role reversal", *Journal of Social Psychology*, 82, pp. 193-203.

KARP, M. (1991) "Psychodrama and piccalilli: residential treatment of a sexually abused adult", in P. HOLMES e M. KARP (eds.) *Psychodrama: Inspiration and technique*. Londres, Routledge.

KELLERMANN, P. F. (1992) *Focus on psychodrama: The therapeutic aspects of psychodrama*. Londres, Jessica Kingsley.

_____. (1993) "Conflict resolution in psychodrama", conferência apresentada no Depto de Psiquiatria, St. Goran's Hospital, Estocolmo, Suécia, 17 de fevereiro.

KELLY, J. G., BLAKE, R. R. e STROMBERG, C. E. (1957) "The effect of role training on role reversal", *Group Psychotherapy*, 10, pp. 95-104.

KIPPER, D. A. (1986) *Psychotherapy through clinical role playing*. Nova York, Brunner/Mazel.

KRUGER, R. (1989) "Der Rollentausch und seine tiefen-psychologischen Funktionen", *Psychodrama: Zeitschrift für Theorie und Praxis*, 1, pp. 45-67.

LAING, R. D. (1961) *Self and others*. Londres, Tavistock.

LEUTZ, G. (1974) *Psychodrama: Theorie und Praxis*. Berlim, Springer.

MAHLER, M. S. (1975) *The psychological birth and the human infant*. Nova York, Basic Books.

MARINEAU, R. F. (1989) *Jacob Levy Moreno 1889-1974*. Londres e Nova York, Tavistock/Routledge.

MEAD, G. H. (1934) *Mind, self and society*. Chicago, University of Chicago Press.

MORENO, J. L. (1914) *Einladung zu einer Begegnung*. Viena, Anzengruber Verlag. Traduzido por J. L. Moreno.

_____. (1940) "Psychodramatic treatment of psychoses". *Sociometry*, 2, pp. 123-9.

_____. (1953) *Who shall survive?* Nova York, Beacon House.

_____. (1972). *Psychodrama*. Vol. 1. Nova York, Beacon House.

MORENO, J. L. e MORENO, Z. T. (1959) *Psychodrama*. Vol. 2. Nova York, Beacon House.

MORENO, J. L., e MORENO, Z. T., e MORENO, J. D. (1955). "The discovery of the spontaneous man with special emphasis upon the technique of role reversal", *Group Psychotherapy*, 8, 103-29. (Reimpresso em 1959, *Psychodrama*. Vol 3. Nova York, Beacon House, pp. 233-46).

_____. (1975) "The significance of double and role reversal for cosmic man", *Group Psychotherapy and Psychodrama*, 28, pp. 55-9.

MUNEY, B. F. e DEUTSCH, M. (1968) "The effect of role reversal during discussion of opposing view points", *Journal of Conflict Resolution*, 12, pp. 345-46.

NISBETT, R. e ROSS, L. (1980) *Human inference: Strategies and shortcomings of social judgement*. Englewood Cliffs, NJ: Prentice-Hall.

NOLTE, J., SMALLWOOD, C. e WEISTART, J. (1975) "Role reversal with God", *Group Psychotherapy and Psychodrama*, 28, pp. 70-6.

POLANSKY, N. A. e HARKINS, E. B. (1969). "Psychodrama as an element in hospital treatment", *Psychiatry*, 32, pp. 74-87.

ROGERS, C. R. (1965) "Dealing with psychological tensions", *Journal of Applied Behavioral Science*, 1, pp. 6-29.

RUSCOMBE-KING, G. (1991) "Hide and seek: the psychodramatist and the alcoholic'; in P. HOLMES e M. KARP. (eds.) *Psychodrama: Inspiration and technique*. Londres, Routledge.

SANDLER, J. e ROSENBLATT, B. (1962) "The concept of the representational world", *Psychoanalytic Study of the Child*, 17, pp. 128-45.

SANDLER, J. e SANDLER, A.-M. (1978) "On the development of object relationships and affects", *International Journal of Psycho-Analysis*, 59, pp. 285-96.

SPEROFF, B. J. (1955) "Empathy and role reversal as factors in industrial harmony", *Journal of Social Psychology*, 41, pp. 163-5.

STARR, A. (1977) *Psychodrama: Rehearsal for living*. Chicago, Nelson Hall.

SYLVESTER, J. D. (1970) "Mental rigidity and the method of role reversal", *Studia Psychologica*, 12, pp. 151-6.

WILLIAMS, A. (1989) *The passionate technique: Strategic psychodrama with individuals, families and groups*. Nova York, Routledge, Chapman & Hall.

YABLONSKY, L. e ENNEIS, J. M. (1956) "Psychodrama theory and practice", in F. FROMM-REICHMANN e J. L. MORENO (eds.) *Progress in psychotherapy*. Vol. 1, Nova York, Grune & Stratton.

# Capítulo 12

# A dinâmica da preferência interpessoal

## Comentário

Neste capítulo, Adam Blatner examina as relações e as forças que as governam, tanto consciente quanto inconscientemente ordenadas. Moreno referiu-se ao psiquismo como tendo existência entre duas pessoas. No psicodrama, o processo terapêutico se dirige ao que acontece e ao que não acontece entre as pessoas numa relação. A tele era sua forma de descrever as relações humanas a partir de uma perspectiva não-clínica, em oposição à abordagem mais reducionista de Freud. Blatner descreve a utilidade desse conceito na lida com pessoas e lugares, com ênfase na perspectiva humanista, que era uma característica muito pessoal do trabalho de Moreno com seus clientes. Ele desenvolve o conceito de forma direta e clara, que traz essa área às vezes negligenciada do trabalho de Moreno de volta ao palco central e mostra como ela pode iluminar a dinâmica de um grupo.

# A Tele

## Adam Blatner

## INTRODUÇÃO

Enquanto que Freud se ocupava da repressão na psicodinâmica do indivíduo, Moreno privilegiava a sociodinâmica subjacente aos grupos. Ele percebia que havia interações que estavam sendo ignoradas e negligenciadas em muitas situações de grupo, as quais acabavam resultando em desarmonia e disfunção. Moreno intuía "linhas" de atração ou repulsão entre as pessoas, que podiam ser desenhadas num papel como sociogramas representando o "fluxo de sentimentos" que ele chamou de "tele". Nesse sentido, Moreno foi um teórico pioneiro de "sistemas", que avaliava que a dinâmica interpessoal pudesse acontecer não apenas nas mentes dos indivíduos envolvidos, mas também, de maneira mais complexa, no espaço ou campo entre eles.

Tele foi um termo cunhado por J. L. Moreno para descrever "o processo que atrai os indivíduos uns aos outros, ou que os repele" (Moreno, 1937, p. 213). Isto se refere ao fato de que, em qualquer grupo, cada indivíduo vivencia a atração, a neutralidade, sentimentos ambivalentes, ou repulsão, em relação e a partir de cada uma das outras pessoas. Todavia, tais sentimentos com freqüência não são registrados conscientemente, e ainda mais raramente são discutidos de forma aberta. O significado do conceito de tele é que este traz essa dinâmica social sutil para a a consciência explícita. "Encontrar um nome para alguma coisa é uma forma de conjurar sua existência, de possibilitar que as pessoas vejam um padrão onde não viam nada anteriormente" (Rheingold, 1988, p. 3).

O valor do conceito de tele é que ele pode ser usado pelos terapeutas e psicodramatistas em seu trabalho e em suas próprias vidas diárias para: 1) tornar-se mais explicitamente consciente das interações interpessoais; 2) perceber tendências a evitar essas consciências; 3) discutir as origens de tais evitamentos em termos de *background* familiar e cultural; 4) discutir os sentimentos associados de embaraço, vulnerabilidade, e a preocupação em evocar tais sentimentos nos outros; 5) explorar as razões subjacentes às várias reações télicas; e 6) ajudar os pacientes a aplicar a idéia de tele no aprendizado do emprego de todos esses pontos, no grupo e em suas próprias situações.

## ORIGENS HISTÓRICAS

Moreno desenvolveu a sociometria enquanto método para trazer essa dinâmica à tona. A definição mais precisa de tele é "aquilo que é medido pelos testes sociométricos (Moreno, 1934, p. 328). Todavia, a menos que se tenha uma certa familiaridade com o método, essa definição permance obscura. As primeiras idéias de Moreno sobre a sociometria referiam-se ao problema dos subgrupos que eram formados em campos de refugiados, escolas e no trabalho, por meio de designações arbitrárias das autoridades, mais do que as preferências expressas pelos próprios membros do grupo. Ele notou que, quando o grupo podia participar de sua própria formação, conseguia-se uma maior harmonia e produtividade. Ironicamente, ainda hoje esse *insight* continua a ser bastante ignorado.

A sociometria transformou-se num instrumento dos pesquisadores objetivos numa época em que o método científico tradicional havia se tornado um valor em si, e, devido à natureza fenomenológica e subjetiva da tele, eles tinham um uso relativamente pequeno para o termo. Geralmente não dispendiam muito tempo trabalhando com os grupos na aplicação e discussão dos resultados dos testes (Mendelson, 1977, p. 84). Por isso, a tele muitas vezes não é nem mesmo mencionada na maior parte dos artigos profissionais e livros de sociometria e psicodrama, e mesmo naqueles onde é assinalada, geralmente dá-se a ela somente um tratamento dos mais superficiais e breves.

No entanto, na prática, o termo é dos mais úteis, especialmente quando aplicado pelas pessoas nos grupos, durante a exploração de suas próprias interações. E, assim, Moreno continuou retornando ao conceito, devido às suas implicações para a coesão grupal, o processo de encontro e a natureza essencial da terapia. Além disso, ele enfatizou que as aplicações da tele e questões associadas transcendiam o contexto clínico e incluíam todos os grupos da sociedade. Na verdade, ele até mesmo cunhou um termo para sua visão de uma psiquiatria que fosse mais orientada para o social, que chamou de "sociatria", e o jornal de psicodrama que ele inaugurou em 1947 recebeu esse termo como título durante os primeiros dois anos (mudando então para *Group Psychotherapy*).

## REFLEXÕES SOBRE A TERMINOLOGIA

Moreno escreveu pela primeira vez sobre a tele em 1934, em seu principal livro sobre sociometria, *Who shall survive?* [*Quem sobreviverá?*] Ele retirou o termo da palavra do grego arcaico usada para designar a distância: "Assim como usamos as palavras... telefone, televisão etc., para exprimir a ação à distância, também para exprimir a unidade mais simples de sentimento transmitida de um indivíduo para outro, usamos o termo tele" (Moreno, 1934, p. 159; 1953, p. 314). Isso quer dizer que se pode vivenciar a tele com relação a outra pessoa quando nossos olhos se encontram em uma sala cheia de gente. A tele também funciona quando as pessoas estão numa proximidade muito grande: nosso sentimento de territorialidade é ofendido quando os outros que parecem estrangeiros se aproximam demais; e, por outro lado, quando ocorre certo tipo de tele muito positiva, temos vontade de abraçar a outra pessoa.

O conceito básico de tele é intuitivamente conhecido, até mesmo na cultura popular. Por exemplo, no final dos anos 60, uma canção trazia a frase: "Ela está me enviando boas vibrações", e um termo de gíria corrente daquela época era "vibrações". Uma década antes, no musical da Broadway, *Guys and dolls* [*Rapazes e garotas*], o herói canta a para sua namorada uma canção sobre "química", referindo-se ao mistério de sua atração mútua.

Algumas outras palavras que aludem aos fenômenos télicos incluem "afinidade", "clique", "encaixe", "liga" e "ressonância". Mas uma desvantagem desses termos é que eles transmitem apenas os tipos mais positivos de sentimentos, e não dão acesso aos diferentes tipos de tele, dependendo de que papel ou critério esteja em jogo.

Devido ao problema colocado pela introdução de um novo termo, e talvez para evitar a desvantagem do jargão, alguns escritores desse campo têm evitado o uso dessa palavra. Por exemplo, Hart (1980), num artigo sobre os postulados da sociometria, substituiu-a pelo termo "afiliação". Nehnevajsa (1956) conceituou a tele como um "fluxo de afetividade entre indivíduos". Carlson-Sabelli e seus colaboradores (1992) referem-se a "elos" e fazem alusão a pólos opostos de "escolha/atração" e "rejeição/repulsa". No entanto, considerando-se a multidão de conceitos associados a serem descritos, creio ser melhor permanecer com o termo de Moreno.

Uma fonte de confusão nos escritos de Moreno sobre a tele é o fato de ele ter usado o termo em dois sentidos. De forma mais geral, referiu-se à categoria de interações preferenciais como um todo, incluindo repulsas, indiferença, neutralidades e ambivalência, bem como atrações. Seu segundo uso referia-se à tele em sua forma mais positiva e correspondida, caso em que é freqüentemente associada a fenômenos assim relacionados, tais como encontro, empatia e coesão grupal. No uso genérico, a maior parte dos psicodramatistas fala dela nesse último sentido, por exemplo, dizendo a um [ego-] auxiliar potencial: "Você parece estar sentindo alguma tele com relação a esse protagonista". No entanto, deveríamos nos lembrar de que o termo realmente inclui todos os tipos de interações, às vezes mescladas, outras vezes até mesmo negativas.

## AS ORIGENS NATURAIS DA TELE

A tele é uma extensão das tendências inatas dos organismos a exibir uma seletividade. De fato, Moreno (1934, p. 158) aludiu a um tipo primordial de processo preferencial, mesmo no nível inorgânico, como no processo de magnetismo, que inclui tendências dos elétrons e prótons a atrair um ao outro e a repelir os de sua própria espécie. Seria isso um precursor? Num sistema de filosofia de tipo psíquico tal como o de Whitehead, mesmo os átomos "vivenciam-se" uns aos outros por meio de uma qualidade próxima à do "sentimento" (Peters, 1966). Embora possamos medir as forças relativas dessas interações, não temos a menor idéia de *por que* essa força interativa funciona dessa forma.

Nos sistemas biológicos, mesmo os animais unicelulares mais primitivos exibirão uma seletividade com relação às substâncias que ingerem e de que meios se aproximam e se afastam. Os animais mais desenvolvidos adquirem uma capacidade de discriminação na maior parte de suas funções vitais: para comer, na escolha de um parceiro, para brincar etc. Nas espécies mais sociais, essa seletividade exibe uma maior complexidade nas questões territoriais, no instinto gregário e nos padrões de dominância e de submissão.

Os seres humanos também exibem esses padrões, e, devido à complexidade do sistema nervoso, nossas espécies sobrepõem esses instintos a elaborados sistemas de associações, símbolos, imagens e emoções. Os aspectos imagéticos dos processos instintuais constituem a essência do que Carl G. Jung chamou de "arquétipos" e, neste sentido, a tele pode ser considerada como uma função psicológica operando num nível fundamental (Samuels et al., 1986).

A preferência é uma função psicológica fundamental (Northway, 1967, pp. 46-7), e isso se aplica a todos os tipos de atividade: comida, música, arte, estilos de penteado, roupas, práticas religiosas etc. A tele é uma extensão disso: "Assim como o homem tem um contínuo aversão-afeto de sentimento biológico dentro de si (gostar ou desgostar de certas comidas, odores etc.), ele tem também um fluxo de afeição ou rejeição entre si e os demais, sejam eles pessoas ou grupos" (Bischof, 1964, p. 364). No entanto, a dinâmica pessoal relativa à *reciprocidade* positiva ou negativa entre as pessoas faz do fenômeno da tele algo mais complexo do que uma mera preferência. A reciprocidade, um componente-chave da tele, reflete a capacidade humana de perceber ou imaginar como os outros se sentem sobre a relação (Moreno, 1956a, p. 15). O senso de um sentimento recíproco tende a intensificar aquele sentimento, seja ele atração, indiferença ou repulsa.

Embora o termo "tele" tenha sido aplicado com relação a objetos ou símbolos (Bischof, 1964, p. 366; Starr, 1977, p. 6), creio que isso é uma diluição desnecessária do conceito, porque não existe reciprocidade com um objeto e porque o termo "preferência" pode ser usado da mesma forma. O ponto, na verdade, é que a tele é uma extensão da nossa capacidade básica de preferência, e, como será discutido posteriormente, é necessário que cultivemos a consciência de nossas preferências e que nos tornemos conscientes das razões dessas preferências.

## CARACTERÍSTICAS PSICOSSOCIAIS DA TELE

O funcionamento mental inclui mais do que a cognição, que envolve atividades tais como a percepção, a coordenação, o pensar, o rememorar, o simbolizar e o acreditar. Existe também uma categoria chamada "conação", que compreende atividades tais como o querer, o desejar, a motivação, a intenção e a preferência. A conação está mais intimamente associada aos afetos e sentimentos, e os processos conativos emergem mais precocemente no desenvolvimento do que os cognitivos. Está claro que a tele é primariamente uma extensão dessa função conativa.

Todavia, deve-se notar que, à medida que o indivíduo amadurece, a tele começa a incluir uma proporção de processamento cognitivo (Moreno, 1952, p. 155). Para que a tele encontre reciprocidade, um indivíduo deve ser capaz de avaliar as qualidades reais da outra pessoa. A isso se chama de "sensibilidade télica" (Moreno, 1959a). É aqui que o treinamento de papéis e os procedimentos sociométricos perceptuais podem ser de ajuda. As pessoas precisam de oportunidades para explorar suas redes interpessoais em meios suportivos, como, por exemplo, em aulas de psicologia social aplicada.

Uma outra forma de pensar sobre a tele é que ela é a base dos tipos de relações de papéis mais espontâneos e informais. Esses não são tão facilmente analisados pelos sociólogos, que se referiram principalmente à maneira pela qual as pessoas se relacionam em relações "formais" de papéis, isto é, aquelas que podem ser caracterizadas em termos de suas expectativas funcionais, tais como progenitor, empregador, colega, cidadão, consumidor. As relações informais de papéis compreendem aquelas que refletem os processos de seleção de companheiros. Grupos que se formam no recreio escolar, na vizinhança, os relativos a grandes encontros familiares que se subdividem para conversar em particular, "panelinhas" e clubes, essas associações dependem de como os membros do grupo se sentem uns com relação aos outros. Assim, enquanto que uma análise sociológica pode esquematizar quem faz parte das relações formais de professores e alunos num meio escolar, apenas os procedimentos sociométricos poderiam elucidar que professores e estudantes são mais ou menos populares junto aos demais (com relação a certos critérios).

As relações formais são mais determinadas por funções cognitivas, definições de papéis, expectativas, *performances*. As relações informais tendem a ser mais determinadas por funções conativas. Podemos admirar a habilidade de alguém (cognitivo) sem necessariamente gostar daquela pessoa (conativo), e, por outro lado, podemos nos sentir atraídos por alguém contra quem nosso melhor julgamento nos adverte.

Em muitos comitês, o poder efetivo daqueles que têm maior influência pode se basear em quão apreciados ou respeitados são, mais do que em seu *status* oficial. O líder designado em muitos casos não é o líder funcional. Nos grupos de terapia, o terapeuta pode, por vezes, achar que em certas questões ou atividades outro membro do grupo exerce maior influência que o terapeuta, talvez até mesmo de forma não construtiva.

## A TELE COMO DINÂMICA DEPENDENTE DO PAPEL

O psiquismo humano é pluralista, compreendendo muitos papéis (Blatner, 1991). Nossa tele pelos outros depende da relação de papel na qual nos encontramos. Isto não pode ser perdido de vista. Uma vez que a tele varia significativamente com a mudança da natureza do papel (Nehnevajsa, 1956, p. 62), uma pessoa pode sentir maior preferência por outra a respeito de um aspecto específico de sua relação, e haver uma tele menor em outra área. Por exemplo, em determinado grupo um indivíduo pode selecionar outro membro do grupo para trabalhar num projeto, mas, no entanto, sentir-se atraído sexualmente por uma pessoa diferente e buscar a companhia de uma terceira para ir a um evento esportivo. O corolário disso é que qualquer afirmativa sobre a tele necessita estar emparelhada com uma afirmativa qualificadora sobre o critério [usado]: falta precisão quando se diz que A "gosta" de B, embora em certas situações possa ser assim que o processo se inicie. Se quisermos aumentar a consciência com relação à natureza daquela preferência, deve-se buscar o critério para aquela escolha.

A tele também se modifica de acordo com as mudanças nas necessidades ou no contexto. As pessoas solitárias podem constatar que são menos exigentes no que diz respeito à perfeição física, em seus encontros potenciais. Um outro exemplo seria o de um viajante num país estrangeiro, que procura a companhia de um compatriota porque este seria o único a falar a mesma linguagem; todavia, em outros ambientes, haveria muito pouco além disso que eles tivessem em comum.

Não são apenas as situações externas de papéis as mais evocadas na consciência mais discriminada: os vários papéis interiores também devem ser identificados. Nesse sentido, uma sensibilidade crescente com relação a nossa própria tele ajuda as pessoas a entrar em contato com seus diferentes "complexos", ou com o que Rowan (1990) chamou de "subpersonalidades".

## RAZÕES PARA A PREFERÊNCIA

A reciprocidade, como foi mencionado, é apenas um dos muitos fatores que contribuem para a tele numa relação. Outras variáveis incluem o seguinte:

- Objetivos, tarefas, interesses, formas de trabalho ou de recreação em comum.
- Atração (por exemplo, física, intelectual, social, lúdica, espiritual, emocional, artística).
- Complementariedade de papéis (por exemplo, líder/seguidor, passivo/ativo, dominância/submissão).
- Simetria de papéis, preferindo-se alguém que compartilhe qualidades semelhantes (por exemplo, desejar outra pessoa dominante, preferir alguém que também seja de fácil convivência).
- *Background*, interesses, estilo de vida ou valores em comum.
- Diferenças intrigantes, que pareçam "exóticas" ou revitalizadoras.

- Níveis compatíveis de vitalidade e capacidade.
- Semelhanças ou diferenças temperamentais.
- Familiaridade baseada na consistência ou duração da associação.
- Parentesco, proximidade física, aqueles que estão próximos.
- Transferência, semelhanças com outras pessoas do passado de alguém.
- Preconceitos, generalizações baseadas no condicionamento cultural.

(Blatner, 1988b, p. 131)

Cada um desses itens, por sua vez, contém várias subvariáveis que também se sobrepõem, mudando com o humor e o contexto, bem como com o papel.

A primeira variável mencionada, referente ao interesse comum, leva a um outro ponto de discriminação. Jennings (1947) descreve duas subcategorias principais de escolhas: a *sociotélica* e a *psicotélica*. As escolhas sociotélicas se baseiam no interesse comum, tal como ter certo *background* em comum, ou ter um objetivo semelhante, e tendem a se associar a relações formais de papel. As escolhas psicotélicas baseiam-se mais em qualidades pessoais e idiossincrásicas e tendem a estar associadas a relações informais de papel. Ann Hale observa que:

> As razões associadas aos critérios sociotélicos tendem a ser declarações referentes a habilidades, facilidade de relacionamento, inteligência, rapidez ou clareza do estilo da pessoa e honestidade. As razões associadas aos critérios psicotélicos tendem a ser declarações referentes ao nível de conforto, confiança, sensibilidade, prazer no contato e estilo de comunicação.

(Hale, 1981, p. 44)

Por exemplo, se uma pessoa, numa conferência profissional, escolhe participar de um *workshop* porque está interessada no assunto, sua relação com o conferencista e com muitas das outras pessoas que estão participando do mesmo seria de natureza sociotélica. Se aquela pessoa tivesse que escolher um *workshop* porque gostou das qualidades pessoais do líder do *workshop* em encontros anteriores, sua conexão com aquele líder será psicotélica.

As escolhas psicotélicas ocorrem quando as pessoas se reúnem com base em simples atrações mútuas, mais do que em qualquer relação específica de papel. Essas ocorrem mais prontamente em situações relativamente não estruturadas, tal como encontros num recreio escolar.

O valor da distinção entre as escolhas psicotélicas e sociotélicas é que pode-se considerar mais conscientemente que critérios queremos usar em determinada situação.

Algumas escolhas sociotélicas baseiam-se em critérios utilitários. A escolha de um cirurgião para determinada cirurgia pode basear-se numa reputação de habilidade técnica, mesmo que as maneiras do médico à cabeceira do doente deixem muito a desejar. No entanto, para cuidados gerais, a escolha de um médico da família pode basear-se no critério psicotélico de calor interpessoal.

Por outro lado, há ocasiões em que se pode decidir se afiliar a uma outra pessoa, mesmo em situações onde haja sentimentos psicotélicos negativos. Por exemplo, podemos estar organizando um comitê político com uma pessoa cuja personalidade e valores diferem significativamente dos nossos, com o objetivo de promover determinado projeto de lei. Socialmente, nunca nos associaríamos a essa pessoa, mas em termos práticos necessitamos trabalhar juntos, e até mesmo poderíamos procurá-la em função de seus recursos ou capacidades específicas.

## A TELE E A TRANSFERÊNCIA

Um dos fatores mais insidiosos a afetar a tele é a transferência, uma tendência a supergeneralizar uma relação atual, com base em experiências com pessoas semelhantes no passado. A transferência é uma experiência subjetiva, enraizada no indivíduo e baseada na fantasia. A tele envolve ambos os lados, e é, nesse sentido, mais objetiva; ela também se baseia mais nos elementos reais de ambos os lados e na relação (Moreno, 1959a, pp. 6-10).

Na verdade, a maior parte das relações é uma mistura de elementos télicos e transferenciais. "Todas as relações contêm uma mescla de realidade e de fantasia" (Kellermann, 1992, p. 104). Na psicoterapia de base psicanalítica tradicional, a maior parte dos pacientes desenvolve algum nível de transferência, cuja análise é essencial ao processo de tratamento. No entanto, essas reações se baseiam muitas vezes em qualidades ou comportamentos reais do terapeuta, e, nessa medida, são télicos em sua natureza (Holmes, 1992, pp. 45-6). Nas relações cotidianas, também há resíduos de expectativas passadas que mascaram a realidade das pessoas envolvidas.

No entanto, a tele é uma categoria mais geral que inclui a transferência, no sentido de que a relação interpessoal compreende as reações dos indivíduos que participam desse campo; nesse sentido, Moreno foi um precursor do que hoje seria considerada uma perspectiva de "sistemas" (Moreno, 1934, p. 160). A partir de uma orientação de desenvolvimento, a tele emerge mais precocemente na vida do que a transferência, começando com o processo específico de ligação com a mãe, logo após o nascimento. A transferência se desenvolve mais tarde, à medida que a criança se torna capaz de construir representações da mãe em sua mente, e essas então transformam-se no que Moreno poderia chamar de "conservas", que interferem no encontro espontâneo com aquilo que a mãe é no momento presente.

A tele positiva pode provocar uma transferência positiva, assim como gostar de alguém pode levar ao desenvolvimento de expectativas ou idealizações não realistas. Tais interações, comuns em envolvimentos românticos, precisam então ser trabalhadas ao longo do tempo. A tele negativa, por sua vez, pode ser aumentada para uma atitude de desesperança ou ódio, especialmente se as pessoas não forem capazes de encontrar outros papéis nos quais uma aliança mais adequada possa se basear.

A contratransferência consiste na resposta de um indivíduo ao comportamento transferencial de outra pessoa. Embora o termo freqüentemente seja aplicado aos terapeutas com relação a seus clientes, o processo é na verdade mais amplo que isso. Se alguém lhe comunica suas expectativas de certa maneira que gera uma relação de papéis; se como parte de sua tendência a "comprar" essa expectativa você também sente certo ressentimento ou sedução, essa é a sua contratransferência. Ela se relaciona a um outro conceito psicanalítico chamado "identificação projetiva", que pode ser mais facilmente compreendida na linguagem da dinâmica de papel como "reciprocidade de papéis". Aqueles que costumam se envolver [no papel] de salvadores de amigos dependentes, aqueles cuja ira é ativada pelos tipos de "jogos" descritos por Eric Berne (1964), aqueles que reagem mais do que refletem são presas de contratransferências. Se houver uma tele positiva, isso aumentará a intensidade mais do que se houver uma tele neutra ou indiferente.

Um componente do processo terapêutico envolve a reconversão das distorções transferenciais (e contratransferenciais) em interações mais realistas e télicas. Todavia, é necessário um tanto de tele positiva para se criar uma aliança de cura terapêutica. "A transferência impede a cura; a tele age na cura" (Moreno, 1955, p. 319).

## LIDANDO COM A TELE NEGATIVA

Muitos problemas surgem porque as pessoas reprimem ou reagem exageradamente a suas respostas télicas negativas. Ajudar as pessoas a reconhecer como isso ocorre é um tema útil para a terapia, juntamente com a investigação de algumas maneiras mais construtivas de se lidar com a tele negativa quando ela ocorrer.

Há uma série de padrões de respostas envolvidos [nisso]. Um deles consiste em exagerar a tele negativa referente a uma atitude hostil e expressá-la abertamente sob a forma de rebeldia ou beligerância, ou por meio de uma série de esquemas passivo-agressivos. Um outro tipo de resposta seria aplacá-la, ou mesmo ser abertamente amistoso, como se as boas intenções pudessem magicamente agir contra essa "pobreza de encaixe". Talvez a reação mais insidiosa e subversiva seja cair inconscientemente no papel recíproco (como já mencionado no parágrafo sobre contratransferência), o que reflete uma falta de centramento no *self* real" da pessoa (Masterson, 1988).

Uma das questões mais comuns na terapia é a que se refere a fomentar a individuação dos pacientes. Quantos não foram criados em famílias ou sistemas sociais disfuncionais, nos quais, enquanto crianças, tiveram suas preferências naturais ignoradas! Esperava-se que eles aquiescessem às atitudes dos pais — o que faz parte da socialização normal, mas isso pode ser feito de forma excessiva, até atingir um patamar patológico em famílias que são egocentricamente manipulativas. Em tais casos, as crianças crescem com o hábito de passar por cima de seus próprios sentimentos, e, na verdade, fazem uso da formação reativa e defesas contrafóbicas para tentar amenizar e serem co-dependentemente amistosas, mesmo para aqueles com quem vivenciem (inconscientemente) uma tele negativa.

Um outro grupo de razões para ignorar a tele é que a cultura não conseguiu elaborar formas mais construtivas de se lidar com ela. Isso se deve, em parte, ao fato de essas experiências serem embaraçosas; elas vão contra a atitude insidiosa de que devemos (e podemos) ser amistosos com todos. É importante reconhecer que isso é uma convenção cultural que evoluiu para o cultivo da harmonia por meio da negação, mas à luz da tecnologia do processo de grupo, tais questões podem ser abordadas por meio do processo de encontro e da resolução de problemas. Um corolário do que falamos acima é que a falta de uma percepção sobre como resolver o conflito interpessoal implicado promove a resistência à consciência da tele negativa. Os terapeutas podem agir contrariamente a esses evitamentos, ajudando seus pacientes a aprender alguns princípios específicos sobre a tele negativa.

Em primeiro lugar, não atuando aberta ou disfarçadamente por intermédio de uma resposta hostil, ou, por outro lado, sendo abertamente amistoso, comportando-se de forma cortês, profissional, contida. Sabendo que quaisquer tentativas de se auto-revelar ou parecer próximo provavelmente serão interpretadas de forma equivocada.

Em segundo lugar, reconhecendo que, uma vez que a tele é uma resposta essencialmente intuitiva, não é necessário justificar as próprias reações emocionais. Assim, fiquemos atentos às tendências a racionalizar esses sentimentos, de construir um "caso" a partir de várias razões [para justificar] por que é apropriado não gostar da outra pessoa. Isto apenas consolida a tele negativa e torna mais difícil resolver as tensões na relação. Isto as exacerba com freqüência. Em outras palavras, a tele negativa não precisa ser aumentada e se transformar numa reação transferencial. Pode não haver nada de errado com uma pessoa por quem não nos sintamos atraído, e pode não haver nada de errado conosco, se alguém não gostar de nós especificamente. Nunca enfatizaremos suficientemente este ponto.

Um terceiro princípio seria aquele segundo o qual, embora vivenciemos a tele negativa em relação a outra pessoa num papel, pode ser possível que possamos encontrar outro(s) papel(éis) que possa(m) servir como base para uma relação mais cordial.

A tele negativa também pode oferecer uma oportunidade para o crescimento pessoal, na medida em que se possa investigar as razões de uma reação negativa, que podem envolver *insights* sobre uma série de reações transferenciais, bem como preferências pessoais. Por exemplo, num grupo que se tornou mais estabelecido e coeso, pode-se sugerir um experimento sociométrico, tal como descrito por Monteiro e Carvalho. Eles pediram que o grupo indicasse em quem gostaria de dar um abraço. "As incongruências e reciprocidades negativas e indiferentes foram elaboradas, pedindo-se a esses estudantes que explicassem e esclarecessem suas escolhas em pares sucessivos" (Monteiro e Carvalho, 1990).

O reconhecimento da tele negativa nos grupos de psicodrama pode fornecer algumas pistas úteis. Primeiro, a pessoa portadora de tele negativa em relação a vários membros do grupo ou ao diretor não deve ser protagonista, até que as questões que a geraram a tenham sido resolvidas. Uma base de suporte poderia ser primeiramente equacionada, para se verificar se outros papéis poderiam ser descobertos a fim de servir de base para uma conexão télica mais positiva. Além disso, os conflitos que porventura a pessoa tenha com outras no grupo poderiam ser examinados, para ver se as questões subjacentes podem ser resolvidas. Às vezes, a coragem que uma pessoa exibe ao confrontar esses problemas diretamente e com um espírito de auto-exame pode mudar a atitude do grupo e promover uma identidade grupal mais positiva.

Se apenas o diretor sentir uma tele negativa com relação a um dos membros do grupo, talvez um co-terapeuta possa assumir o papel do diretor e investigar o conflito entre o diretor e o cliente, tentando esclarecer a natureza das questões subjacentes. (Eles podem representar as dinâmicas que são importantes para o processo do grupo como um todo.) Alternadamente, se o co-diretor tiver tele positiva com o membro do grupo em questão, o co-diretor pode simplesmente processar o desempenho de papel da questão daquela pessoa à parte da relação com o diretor. No entanto, nem todas as relações podem ser satisfatoriamente trabalhadas. Os terapeutas que mantêm tele negativa com certos pacientes deveriam pedir a eles que saiam [do grupo], e, como corolário, os pacientes não deveriam permanecer por meses, ou um tempo maior, tentando "elaborar" uma transferência com alguém com quem eles nunca realmente se afinaram. "É preciso que haja tele para que se escolha o terapeuta certo e o parceiro certo; é preciso que haja transferência para que se julgue equivocadamente o terapeuta" (Moreno, 1959a, p. 12). Às vezes, como na terapia individual, certos pacientes fariam melhor em mudar para um grupo com o qual se afinassem melhor.

A tele negativa pode ser, muitas vezes, apenas uma parte de um complexo de sentimentos, e a ambivalência, a neutralidade e a indiferença também são reações télicas que merecem nossa atenção (Moreno, 1952, p. 162). Especialmente digna de nota é a maneira pela qual as reações télicas são dependentes dos papéis, e mesmo dentro de determinado papel, cada componente pode evocar uma valência interativa diferente (referindo-se a uma intensidade variável de força de atração ou de repulsão) (Carlson-Sabelli et al., 1992). A investigação desses papéis componentes em termos de suas tonalidades de sentimentos e as razões para tais sentimentos podem conduzir a *insights* significativos. Uma outra estratégia consiste em expandir os repertórios de papéis dos participantes, de forma que novos caminhos para o relacionamento possam ser descobertos.

Assim, ao apreciar os vários aspectos da dinâmica da tele, as pessoas podem ser ajudadas a fazer face às suas situações télicas mais diretamente. Elas podem negociar os critérios envolvidos, buscar ou construir papéis alternativos que possam servir como base para uma conexão mais satisfatória, ou ir em busca de outras relações mais conscientemente, nas quais a tele possa ocorrer de forma mais natural.

## A TELE E A COESÃO GRUPAL

"Já existe tele funcionando entre os membros do grupo desde o primeiro encontro" (Moreno, 1956b, p. 95). Essa citação é um exemplo do uso que Moreno faz desse termo em seu sentido mais inclusivo — a tele pode não ser necessariamente muito positiva. Um grupo no qual os membros têm poucas conexões télicas mutuamente prazeirosas tende a ser instável. A coesão grupal cresce na proporção do crescimento da tele entre o líder e os participantes. Moreno, usando o termo agora em seu sentido mais positivo, escreveu que "a tele é o cimento que mantém o grupo unido" (Moreno, 1959b, p. 1380).

A coesão grupal relaciona-se ainda a uma série de outros fatores, tais como a urgência de sua necessidade comum, a clareza da tarefa do grupo, as normas do líder, as semelhanças ou diferenças nos valores culturais e expectativas dos membros, os métodos usados etc. Um grupo pode tornar-se mais unido porque se defronta com uma força unificadora emocionalmente intensa, como poderia ocorrer a uma unidade militar durante uma batalha. O compartilhamento da vulnerabilidade da condição humana favorece a identificação da criança interna, que frustra as pretensões da fachada social. Embora as pessoas sintam muitas vezes que serão rejeitadas se seus segredos mais vergonhosos forem conhecidos pelos outros, nos grupos mais terapêuticos é a revelação e o compartilhamento exatamente desse nível de imagens baseadas na vergonha que tendem a gerar um sentimento maior de confiança (Nathanson, 1992, p. 252).

Quando a coesão grupal se desenvolve até certo ponto, os membros do grupo mudam seus sentimentos sobre a pertença ao grupo, de um sentimento de ser parte de uma massa de indivíduos para um sentimento de comunidade. Se a coesão grupal continua a crescer em identidade, o sentimento de "nós" se desenvolve e o fenômeno geral fica mais próximo do que poderia ser chamado de "comunhão" (Gurvitch, 1949).

Uma das aplicações práticas desse princípio é que um dos componentes do aquecimento no psicodrama é o de promoção da coesão grupal (Blatner, 1988a, p. 46). Fazendo uso de exercícios que desenvolvem a tele positiva entre os membros do grupo e ao mesmo tempo desenvolvendo suas habilidades empáticas, o diretor estrutura a sessão de forma que as pessoas possam se revelar gradualmente. Por exemplo, no trabalho com duplas, os membros do grupo entrevistam um ao outro a partir de determinado papel. Eles trocam de parceiro e repetem o exercício com um outro papel que demanda um envolvimento um pouco maior (Blatner e Blatner, 1991). Após uma série dessas experiências em dupla, cada pessoa do grupo terá compartilhado com vários outros uma atividade na qual foi necessário correr certo risco e ter imaginação, e, como resultado, sentem se como se ele ou ela tivesse uma série de conexões especiais que serão suportivas na lida com os outros com quem não estejam tão bem familiarizadas.

Uma outra aplicação do princípio da tele é que, num grupo de psicodrama, os membros desempenham uma série de papéis, o que, por sua vez, permite que revelem uma amplitude maior de facetas de sua personalidade. As pessoas podem descobrir mais critérios para gostar umas das outras, e a coesão grupal tende a estar associada com o número de papéis que são compartilhados pelos membros (Moreno, 1934, p. 145).

Uma outra técnica para construir um sentimento positivo de tele entre os membros do grupo é chegar a certo consenso sobre uma série de normas grupais, tais como a confidencialidade, o desejo de se investigar, o compromisso de lidar diretamente com o conflito em vez de mantê-lo para si ou começar a fofocar, o desejo de se tornar mais criativo e fomentar a criatividade nos outros, ou uma abertura para permitir que alguém corrija um comportamento que evocou uma resposta negativa. As normas de grupo que refletem valores superordenados, ou mesmo espirituais, são especialmente poderosas na promoção de tele positiva.

Por outro lado, os ambientes grupais, nos quais o objetivo é o desenvolvimento espiritual, se beneficiam de atividades que fomentam especificamente a coesão grupal. Na verdade, ao ajudarmos as pessoas a se encontrar de forma mais autêntica, compartilhamos de uma qualidade espiritual que o teólogo judeu Martin Buber chamou de relação "Eu-Tu" (Grenn, 1959, p. 1821).

## A SENSIBILIDADE TÉLICA, A EMPATIA E O ENCONTRO

As pessoas nascem com uma capacidade para a tele, mas ela é difusa e indiferenciada no início. A capacidade de avaliação sobre como os outros podem estar reagindo, seja quando possam estar com um sentimento semelhante de atração positiva ou negativa, ou mesmo de neutralidade ou indiferença, chama-se "sensibilidade télica". Quando duas pessoas têm sentimentos divergentes entre si, como, por exemplo, atração/repulsão, ou atração/ neutralidade, isso se chama "infratele", e reflete uma falta de sensibilidade télica acurada da parte de pelo menos um dos indivíduos (Nehnevajsa, 1956, p. 62).

"O sentimento de tele se desenvolve com a idade. Ele é fraco nas crianças e cresce com a consciência corporal" (Moreno, 1987, p. 344). As crianças revelam algumas formas precoces de empatia, na medida em que tendem a reagir à alegria ou tristeza dos outros com sentimentos correspondentes. Também nos programas de berçário, mesmo as crianças menores demonstram preferências em relação a seus companheiros.

Na adolescência, a sensiblidade télica tende a se desenvolver mais naquéles que possuem os dotes naturais de "inteligência interpessoal". Deve-se notar que há um talento para a habilidade social, assim como há um talento para a música, ou para os esportes, e que, enquanto algumas crianças têm maior facilidade inata, também há outras que têm menor facilidade em adquirir essas habilidades (Gardner, 1983, p. 239). E embora haja uma distribuição dessa capacidade, Moreno achava que seria possível aumentar a sensibilidade télica, pelo menos em certo nível, na maioria das pessoas, pelo uso de exercícios de desempenho de papéis.

Por exemplo, Moreno sugeriu que as pessoas praticassem a "sociometria perceptual", usando as seguintes instruções:

Desenhe o seu átomo social. Observe como você se sente em relação às várias pessoas e tente adivinhar o que elas sentem com relação a você. Liste as razões para tais sentimentos. Imagine como elas se relacionam entre si. Então, peça a alguém que o conheça que comente a sua avaliação, ou melhor, peça às várias pessoas que fazem parte da sua rede social que lhe dêem um *feedback*.

(Moreno, 1952, p. 155)

A área do romance oferece um exemplo disso. Os jovens com freqüência ficam apaixonados por outros que não retribuem os seus sentimentos, um exemplo de "infratele". Numa cultura que cria uma faixa estreita de critérios que estabelecem quem é e quem não é desejável, as pessoas tenderão a admirar os clichês culturalmente aceitos com relação à atração. E se ajudássemos os jovens a prestar uma maior atenção nesses outros de sua rede social que parecem retribuir um sentimento de tele positiva? Mais ainda, deveríamos encorajá-los a prestar atenção numa série de categorias, especialmente aquelas que enfatizam interesses comuns, em vez das imagens de *sex appeal* dirigidas por determinada mídia comercial. A implementação desses princípios sociométricos pode ajudar os jovens a amadurecer no aprendizado da avaliação das reações dos outros de forma mais eficiente.

No psicodrama, a sensibilidade télica pode ser cultivada, na medida em que se permita que os protagonistas e egos-auxiliares se escolham. Às vezes, alguém do grupo se ergue espontaneamente para dublar um protagonista, devido a alguma identificação com a situação encenada. Se já não houver um sentimento de um elo especial entre os dois, esse tipo de atividade tende a fomentar essa conexão télica. De forma inversa, um protagonista pode escolher um membro do grupo para representar determinado papel, e, depois, durante a fase de compartilhamento, pode-se perceber que o ego-auxiliar, na experiência de sua vida real, já passou por uma situação semelhante. Essa conexão aparentemente telepática também deriva da sensibilidade télica do protagonista que fez aquela escolha (geralmente sem sabê-lo), e, novamente, estimula um sentimento maior de tele entre os membros do grupo.

A empatia relaciona-se à habilidade de um indivíduo em sentir o sentimento do outro, e a atividade de assumir os papéis, como ocorre nas técnicas psicodramáticas de dublagem ou de inversão de papéis, tende a desenvolver a capacidade de níveis mais precisos de empatia. Se as pessoas envovidas nesse processo têm uma tele positiva com a outra, o ato de empatia tende a ser mais eficiente. Enquanto a empatia é um processo de mão única, a tele envolve ambas as partes, interagindo uma com a outra (Haskell, 1975, pp. 32-3). Devido a isso, no ato de dublar, os egos-auxiliares deveriam verificar suas respostas intuitivas com o protagonista e permitir que seu comportamento emergisse pela interação mútua (Moreno, 1954, p. 233).

Por outro lado, se a tele entre um protagonista e um duplo designado ou escolhido não for positiva, é mais provável que a própria dublagem não pareça "correta" para o protagonista. Se essa situação ocorrer, é melhor que o diretor peça desculpas ao ego-auxiliar, e ajude o protagonista a escolher outro membro do grupo com quem haja um nível maior de afinamento.

A empatia fina é uma habilidade que requer uma mistura de talento e prática. Algumas pessoas são naturalmente mais capazes de perceber os sentimentos dos outros. Infelizmente, a certa porção desses individuos privilegiados falta o componente ético da tele positiva, e eles usam sua habilidade de forma manipulativa, talvez até sociopata. O ponto é que, enquanto que a tele positiva pode aumentar a empatia, e, por sua vez, a empatia pode aumentar a tele positiva, mesmo assim os dois fenômenos não são idênticos.

Algumas pessoas parecem quase incapazes de ser empáticos, porque são muito prejudicados por uma grande dose de egocentrismo. Isso pode se dever a uma falta de inteligência inata, a uma leve imaturidade, a uma desordem insidiosa de relacionamento (como o autismo), ou, mais comumente, uma abundância excessiva de traços narcísicos. De fato, pode ser um tanto quanto diagnóstico pedir que os pacientes de um grupo terapêutico tentem inverter os papéis e ver quão eficientes conseguem ser. Não importa em que medida sejam bem-sucedidos, eles provavelmente desenvolverão uma apreciação maior daqueles que estão tentando entender.

O encontro é uma extensão ainda mais complexa desse processo de sensibilidade télica amadurecida. Ele abrange ambos os lados, tentando criar a empatia entre os dois. O encontro ultrapassa a empatia na medida em que existe aí uma abertura associada do coração de alguém, um ato de vontade, um exercício de imaginação e uma expansão de sua perspectiva. Isso requer maturidade e sensibilidade. Adolescentes apaixonados exibem uma quantia considerável de tele positiva, uma quantia modesta de empatia mútua, e, todavia, tendem a ser limitados quanto ao nível em que podem realmente inverter papéis entre si, que é a essência do encontro verdadeiro.

O "encontro", um termo cunhado por Moreno por volta de 1914, refere-se a um processo no qual ambos os parceiros tentam sinceramente, de forma genuína, se encontrar um ao outro. O grupo de encontro, uma atividade sofisticada de crescimento pessoal, popular no final dos anos 60 e início dos 70, perdeu sua credibilidade, porque falhou em seguir esse princípio. O mero desvelamento, muitas vezes de afetos irados, levou muito freqüentemente a sentimentos não resolvidos; líderes de grupo inexperientes não sabiam como fazer com que aqueles envolvidos no conflito resolvessem suas diferenças através da inversão de papéis.

Ainda mais do que a empatia, o encontro desenvolve a tele, e esta, por sua vez, encoraja as pessoas a se arriscar num encontro. Referindo-se à sua expressão mais positiva, observou Moreno: "A contraparte científica do encontro é a tele" (Moreno, 1960, p. 17).

## PROMOVENDO A INDIVIDUAÇÃO

Uma das aplicações mais importantes do conceito de tele é que ela encoraja as pessoas a prestar mais atenção em suas próprias preferências. Isto, por sua vez, aumenta a autopercepção e ajuda as pessoas na sua individuação. Karen Horney (1950, p. 17) escreveu sobre a necessidade de se desenvover o "*self* verdadeiro", como mencionamos anteriormente. Uma das maneiras mais eficientes de se chegar a isso é ajudar as pessoas a prestarem atenção em suas preferências, especialmente com relação às áreas de interesses, estilos de temperamento e imagens. Muitas pessoas em terapia têm pouca consciência dessas dimensões de autodesenvolvimento.

Uma outra aplicação prática do conceito de tele, então, é pedir que as pessoas do grupo que você está conduzindo discutam suas preferências, incluindo as preferências coletivas às quais decidiram se afiliar, por exemplo, políticas, religiosas, artísticas etc. Peça que elas considerem essas conexões desejadas, esses indivíduos e grupos aos quais gostariam de pertencer. Ajude-as a falar não apenas sobre os que fazem parte de suas redes sociais, mas também quem gostariam que estivesse incluído [nelas]. O falar sobre como escolhem com quem sair, seus parceiros de romance, empregos, *hobbies* e assim por diante, que critérios usaram, leva a uma emergência gradual de um sentimento de *self* mais autêntico.

Assim, a dinâmica de individuação, de ajudar as pessoas a encontrar seu "verdadeiro *self*" e descobrir que ele pode ser aceito e apreciado pelos outros é facilitada em grupo de liderança em que o terapeuta aborda temas na terapia tais como:

- Quem "espera-se" que admiremos, baseados no condicionamento cultural ou familiar, *versus* com quem efetivamente sentimos alguma tele. Por exemplo, tudo bem se um rapaz quiser ser dançarino?
- O que é necessário para que sejamos "populares" junto aos colegas, quando se é adolescente? O que é que você realmente sentia prazer em fazer?
- Se houvesse um clube que tivesse "o tipo de pessoa de quem você gosta", como seria ele?

Faça alguns exercícios sociométricos nos quais os membros do grupo escolhem os outros baseados em certos critérios e, então, permita que eles desempenhem papéis ou encenem efetivamente a atividade envolvida. A atividade de escolher deveria ser enfatizada porque muitas pessoas se sentem desajeitadas em fazê-lo. Elas tendem a se voltar para quem quer que esteja mais próximo, ou a esperar passivamente. Temores de não ser escolhido, o sentimento de vergonha quando quem mais se prefere escolhe outras pessoas, a dificuldade de não aceitar uma escolha que não é preferida, essas e outras reações oferecem uma grande quantidade de material para discussão em grupo.

## OUTRAS APLICAÇÕES DO CONCEITO DE TELE

Um dos objetivos de Moreno era permitir que a tele funcionasse mais na organização, tanto de relações formais quanto informais, de modo que as pessoas que sentem prazer na companhia uma da outra, ou complementam as habilidades da outra, possam escolher trabalhar em projetos de classe, como parceiros de laboratório, ou em grupos, em seus trabalhos. Companheiros de quarto no colégio, membros de comitê e outros grupamentos também deveriam ser designados com base nas próprias preferências indicadas, em vez de quaisquer critérios arbitrários impostos pelos encarregados disso.

O conhecimento do significado da tele nas relações humanas também ajudaria a estruturar as organizações comunitárias. Por exemplo, você pode defender o desenvolvimento de uma variedade maior de atividades e promover a idéia de deixar que às crianças e os adultos escolham seus grupos de trabalho em vez de designá-los. Para estimular a individuação, encorage as crianças a descobrir suas próprias preferências em casa e na escola (Blatner, 1988b, pp. 127-48).

Como líder de grupo, talvez a aplicação principal da idéia de tele seja usá-la apenas como um conceito, ensinando-o aos membros do grupo, de forma que possam falar sobre seus diferentes e por vezes ambivalentes sentimentos de atração e rejeição entre si. Essas discussões freqüentemente evocam associações relativas à infância, referentes a experiências de inveja, vergonha e manipulação com relação a ser gostado ou não, a ser popular ou não, e a ousar procurar um grupo mais compatível (Jennings, 1950). A natureza da tele baseada no papel os ajudará a discriminar entre essas experiências, e a discussão dos vários critérios que afetam suas preferências também aprofunda os *insights* sobre a dinâmica individual e a grupal.

## SUMÁRIO

Moreno descobriu que a tele é uma força poderosa em funcionamento no campo interpessoal. Nomear o fenômeno ajuda as pessoas a começar a escolher como querem se comportar. Capacitar as pessoas a serem conscientes dessa dimensão de interação social tem implicações práticas. Aprender a desenvolver a tele positiva na rede social promove a individuação, a coesão grupal, a capacidade de empatia e de encontro e um contexto para elaborar os conflitos interpessoais.

## REFERÊNCIAS BIBLIOGRÁFICAS

BERNE, E. (1964) *Games people play.* Nova York, Grove Press.

BISCHOF, L. J. (1964). *Interpreting personality theories.* Nova York, Harper and Row.

BLATNER, A. (1988a) *Acting-in: Practical applications of psychodramatic methods.* 2ª ed., Nova York, Springer.

_____. (1988b) *Foundations of psychodrama: History, theory and practice.* 3ª ed., Nova York, Springer.

_____. (1991) "Role dynamics", *Group Psychotherapy, Psychodrama and Sociometry,* 44 (1), pp. 33-40.

BLATNER A. e BLATNER, A. (1991) "Imaginative interviews: a psychodramatic warm-up for developing role-playing skills". *Group Psychotherapy, Psychodrama and Sociometry,* 44(3), pp. 115-20.

CARLSON-SABELLI, L., SABELLI, H., PATEL, M. e HOLM, K. (1992) "The union of opposites in sociometry", *Group Psychotherapy, Psychodrama and Sociometry*, 44(4), pp. 147-71.

GARDNER, H. (1983) *Frames of mind*. Nova York, Basic Books.

GREEN, M. R. (1959) "Chapter 90C: Martin Buber's", in S. ARIETI (ed.). *American handbook of psychiatry*. Vol. 2, Nova York, Basic Books.

GURVITCH, G. (1949) "Microsociology and sociometry", *Sociometry* 12 (1-3), pp. 1-31.

HALE, A. E. (1981) *Conducting clinical sociometric explorations: A manual for psychodramatists and sociometrists*. Roanoke, VA: Royal Publishing Co.

HART, J. W. (1980) "An outline of basic postulates of sociometry", *Group Psychotherapy, Psychodrama and Sociometry*, 33, pp. 63-70.

HASKELL, M. R. (1975) *Socioanalysis: Self-direction via sociometry and psychodrama*. Long Beach, CA: Role Training Associates of California.

HOLMES, P. (1992) *The inner world outside: Object relations theory and psychodrama*. Londres, Tavistock/ Routledge.

HORNEY, K. (1950) *Neurosis and human growth*. Nova York, Norton.

JENNINGS, H. H. (1947) "Sociometric differentiation of the psychegroup and the sociogroup", *Sociometry* 10 (1), pp. 71-9.

_____. (1950) *Leadership and isolation*. Nova York, Longmans, Green and Co.

KELLERMANN, P. F. (1992) *Focus on psychodrama*. Londres, Jessica Kingsley.

MASTERSON, J. F. (1988) *The search for the real self: Unmasking the personality disorders of our age*. Nova York, Macmillan/ Free Press.

MENDELSON, P. (1977) "Sociometry as a life phylosophy", *Group Psychotheraphy, Psychodrama and Sociometry*, 30, pp. 70-85.

MONTEIRO, A. M. e DE CARVALHO, E. R. (1990) "Learning through psychodrama and sociometry: two university experiences". *Group Psychotherapy, Psychodrama and Sociometry*. 43 (2), pp. 85-8.

MORENO, J. L. (1934) *Who shall survive? A new approach to the problems of human relations*. Washington, DC: Nervous and Mental Disesase Publishing Co.

_____ (1937) "Sociometry in relation to other social sciences", *Sociometry*, 1 (1-2), pp. 206-19.

_____. (1952) "Current trends in sociometry", *Sociometry*, 15 (1-2), pp. 146-63.

_____. (1953) *Who shall survive?* Ed. revista e ampliada, Nova York, Beacon House.

_____. (1955) "Psychodrama", in J. L. McCARY (ed.). *Six approaches to psychotherapy*. Nova York, Dryden, pp. 289-340.

_____. (1956a) "The sociometric school and the science of man", *Sociometry*, 18 (4), pp. 271-91.

_____. (1956b) "Fundamental rules and techniques of psychodrama, in J. MASSERMAN e J. L. MORENO (eds.). *Progress in psychotheraphy*. Vol. 3, Nova York, Grune and Stratton, pp. 86-131.

_____. (1959a) "Transference, contertransference and tele: their relationship to group research and group psychotheraphy", in *Psychodrama: Foundations of psychotheraphy*. Vol. 2. Nova York, Beacon House.

_____. (1959b) "Psychodrama", in S. ARIETI (ed.). *American book of psychiatry*. Vol. 2, Nova York, Basic Books.

_____. (1960) *The sociometry reader*. Glencoe, IL: The Free Press.

MORENO, Z. T. (1954) "Sociogenesis of individuals and groups, in J. L. MORENO et al. (ed.). *The international handbook of group psychotheraphy*. Nova York, Philosophical Library, pp. 231-42.

_____. (1987) "Psychodrama, role theory, and the concept of the social atom", in J. ZEIG (ed.). *The evolution of psychotherapy*. Nova York, Brunner/ Mazel.

NATHANSON, D. L. (1992) *Shame and pride: Affect, sex, and the birth of the self*. Nova York, W. W. Norton.

NEHNEVAJSA, J. (1956) "Sociometry: decades of growth", in J. L. MORENO (ed.) *Sociometry and the science of man*. Nova York, Beacon House, pp. 48-95.

NORTHWAY, M. (1967). *A primer of sociometry*. 2ª ed., Toronto, University of Toronto Press.

PETERS, E. H. (1966) *The creative advance: An introduction to process philosophy*. St. Louis, The Bethany Press.

RHEINGOLD, H. (1988) *They have a word for it*. Los Angeles, J. P. Tarcher.

ROWAN, J. (1990) *Subpersonalities*. Londres, Routledge.

SAMUELS, A., SHORTER, B., e PLAUT, F. (1986). *A critical dictionary of jungian analysis*, Londres, Routledge and Kegan Paul.

STARR, A. (1977). *Rehearsal for living: Psychodrama*. Chicago, Nelson Hall.

- - - - recorte aqui - - - -

O PSICODRAMA APÓS MORENO

# CADASTRO PARA MALA-DIRETA

**Recorte ou reproduza esta ficha de cadastro, envie completamente preenchida por correio ou fax, e receba informações atualizadas sobre nossos livros.**

Nome: _____ Empresa: _____

Endereço: ☐ Res. ☐ Coml. _____ Bairro: _____

CEP: ___ - ___ Cidade: _____ Estado: ___ Tel.: ( ) _____

Fax: ( ) _____ E-mail: _____ Data de nascimento: _____

Profissão: _____ Professor? ☐ Sim ☐ Não Disciplina: _____

### 1. Você compra livros:
☐ Livrarias ☐ Feiras
☐ Telefone ☐ Correios
☐ Internet ☐ Outros. Especificar: _____

### 2. Onde você comprou este livro?

### 3. Você busca informações para adquirir livros:
☐ Jornais ☐ Amigos
☐ Revistas ☐ Internet
☐ Professores ☐ Outros. Especificar: _____

### 4. Áreas de interesse:
☐ Psicologia ☐ Comportamento
☐ Crescimento Interior ☐ Saúde
☐ Astrologia ☐ Vivências, Depoimentos

### 5. Nestas áreas, alguma sugestão para novos títulos?

### 6. Gostaria de receber o catálogo da editora? ☐ Sim ☐ Não

### 7. Gostaria de receber o Ágora Notícias? ☐ Sim ☐ Não

**Indique um amigo que gostaria de receber a nossa mala-direta**

Nome: _____ Empresa: _____

Endereço: ☐ Res. ☐ Coml. _____ Bairro: _____

CEP: ___ - ___ Cidade: _____ Estado: ___ Tel.: ( ) _____

Fax: ( ) _____ E-mail: _____ Data de nascimento: _____

Profissão: _____ Professor? ☐ Sim ☐ Não Disciplina: _____

**Editora Ágora**
Rua Itapicuru, 613 Conj. 82 05006-000 São Paulo - SP Brasil Tel (011) 3871 4569 Fax (011) 3872 1691
Internet: http:.www.editoraagora.com.br e-mail: agora@editoraagora.com.br

cole aqui